Developing Talent in Young People

成才之路

发展青少年的天赋

[美]本杰明·布卢姆 主编

刘菁 译

北京出版集团
北京出版社

著作权合同登记号

图字：01-2019-8057

Copyright © 2021 by BEIJING PUBLISHING GROUP, Cradles of Eminence.

Copyright © This translation published by arrangement with Ballantine Books,an imprint of Random House,a division of Penguin Random House LLC

2021 中文版专有权属于北京出版集团，未经书面许可，不得翻印或以任何形式和方法使用本书中的任何内容和图片。

图书在版编目（CIP）数据

成才之路：发展青少年的天赋 /（美）本杰明·布卢姆主编；刘菁译 . — 北京：北京出版社，2021.9

书名原文：Developing Talent in Young People

ISBN 978-7-200-16356-8

Ⅰ.①成… Ⅱ.①本… ②刘… Ⅲ.①家庭教育—通俗读物 Ⅳ.① G78-49

中国版本图书馆 CIP 数据核字（2021）第 037167 号

成才之路
发展青少年的天赋
CHENGCAI ZHI LU
[美]本杰明·布卢姆 主编
刘菁 译

北京出版集团
北京出版社 出版
（北京北三环中路6号）
邮政编码：100120

网 址：www.bph.com.cn
北 京 出 版 集 团 总 发 行
新 华 书 店 经 销
河北宝昌佳彩印刷有限公司印刷

710 毫米×1000 毫米 16 开本 36.5 印张 467 千字
2021 年 9 月第 1 版 2021 年 9 月第 1 次印刷
ISBN 978－7－200－16356－8

定价：96.00 元
如有印装质量问题，由本社负责调换
质量监督电话：010－58572393

DEVELOPING TALENT IN YOUNG PEOPLE

主编

本杰明·布卢姆

撰稿人

劳伦·A.索斯尼亚克

凯瑟琳·D.斯隆

安东尼·G.卡林诺夫斯基

威廉·C.古斯廷

朱迪丝·A.曼萨斯

我们以此书献给参与本项研究的有天赋人士及他们的父母，
为了这项研究，他们把自己的经历和盘托出，
以使后人能从中受益。

致谢 / DEVELOPING TALENT IN YOUNG PEOPLE

　　这项研究工作得以完成，依靠很多人的共同努力，这些人中最值得一提的，是那些详细、坦诚地介绍了自己生活的有天赋人士，以及他们的父母。

　　几位芝加哥大学（University of Chicago）的在校生和近期的毕业生参与了这项研究工作，他们当中的几位对有天赋人士的父母进行了访谈。在此，我们要特别感谢苏珊·布卢姆，她不仅访谈了很多父母，也愿意随时与其他工作人员分享她的看法。另外，我们也特别感谢琼·卡尼、葆拉·索尔贝罗以及丽塔·萨斯曼。

　　希拉·史密斯做了研究神经医学专家的初始工作，对这一组有天赋的人士进行了访谈。由于其他工作繁忙，她无法完成对访谈资料的分析工作，也无法撰写相关章节的内容。

　　伊娜格雷斯·托姆斯·迪特里奇在这项研究工作中担任秘书一职，在这个项目进行的很多年间，她把我们的文件和我们的思路都"管理"得井井有条。她做了所有的打字工作，当发现任何问题的时候，她都会毫不犹豫地给我们指出来。有这样一位在读博士生做我们的秘书，实在是非常幸运的一件事。

我们还要向斯宾塞基金会（Spencer Foundation）的主席 H. 托马斯·詹姆斯博士表达我们的谢意。我们感谢斯宾塞基金会为这项研究工作提供了资金支持，也感谢詹姆斯博士给予我们鼓励和信心。我们希望，这个研究项目所取得的成果可以向他证明，斯宾塞基金会对我们的支持是正确的。

　　我们也要感谢戴维·克拉斯沃。因为我们和他共同拥有一笔来自分类学研究的稿费，而他同意我们用其来支付我们这个研究项目最初的费用。在费用超支、迫切需要资金的时候，我们也用了这笔稿费来救急。

　　最后，我们要感谢芝加哥大学和其教育系的系主任查尔斯·比德韦尔对这一类研究所给予的鼓励和支持，我们非常需要这样的鼓励和支持。我们希望，在这个研究项目中，通过研究、学习与成就相关的最极端个案，会增进我们对于教育的理解。

序 / DEVELOPING TALENT IN YOUNG PEOPLE

我之所以愿意为《成才之路　发展青少年的天赋》一书写序，是因为书中有很多观点特别吸引我。不胜枚举的"金句"不断跳入眼帘，令我禁不住掩卷思考，比如"光忙是不够的，要把重点放在尽一个人所能做到的最好水平"，"工作绝对比玩重要"，"父母教给孩子的价值观里，有两条十分明显：一是要有成效地使用时间；二是做事要做到最好"之类的语句很多，很多。

书中研究了100多位星光熠熠的名人，他们都在各自的领域取得了杰出的成就。研究团队经过深入跟踪，全面访谈，对比分析，寻找到成就青少年天赋发展的密码与规律。这其中，家庭教育起到不可替代的作用，父母格局成为伴随始终的要素。

第一，热爱生活。书中所有成才的青少年，他们的父母无一例外地表现出对生活的热爱和激情，积极生活、用心生活的状态跃然纸上。这些父母都有执着的兴趣爱好，不甘于无所事事，得过且过。他们对生活富有好奇，喜欢新鲜事物，愿意做事，比如园艺、体育、旅游、阅读、摄影、写作等。同时又对某一项爱好相对痴迷，比如游泳、网球、钢琴或绘画，几乎成为"准专业"人员。孩子在天长日久的浸润中，完成了入门的开启。

第二，成就动机。每一位父母都要求孩子，如果一件事是值得做的，那就做到最好。一位母亲说："我们一直坚持的是，如果一件事情是值得做的，那就把它做好。"另一位母亲说："我们一直强调，对待人生的态度应该是，做到自己的最好。"这些父母认为，人生是需要目标的，不是为了填满而填满。努力做到最好，才能使自己的付出得到回报。自豪感是高层次的回报，供给人的精神需要。一个孩子时常体验到自豪感，可以使他处于建设性发展状态，精神得以滋养和丰富。

第三，时间意识。即使天赋溢满的孩子，在他实现目标的中期和后期也会投入超出常人的时间和耐力。为此在孩子天赋乍现的时候，引导孩子让兴趣持之以恒，使爱好变成习惯，必不可少的环节是培养孩子的时间意识。最初爱好只能在业余时间内享受，必先完成"必选动作"，比如睡眠、吃饭、写作业，才能从事"自选动作"，比如做喜欢的事、玩耍等。引导孩子学会利用时间、规划时间、统筹时间，不但有利于培养孩子的边界感、秩序感、自律意识和做事效率，还能为培养孩子持续发展、系统思维奠定基础。

第四，情感陪伴。所谓天赋说到底是把"可能"变成"能"的过程。理论上说，每个孩子都有实现天赋的可能，之所以有的孩子能将天赋变成能力，离不开家人的全情付出——时间、金钱、情感。时间和金钱的付出是必要条件，情感的付出是充分条件。陪孩子上课，为孩子请教练，送孩子参加比赛，为孩子安排行程，都是成才孩子的必经之路。与此同时，成才之路充满竞争，反复练习难免枯燥，埋头苦练遭遇孤独，这些时候父母的理解、宽慰、鼓励和坚持是强大的情感支持，陪孩子挺过艰辛，伴孩子熬过孤独。尤其是到成才的中后期，既有"一览众山小"的自豪，也有"高处不胜寒"的艰难，父母的情感陪伴是关键。

总之，这是一本值得捧读的好书，书中还有极其丰富的思想和内涵，我仅仅是从为人父母的角度提出了几个较有心得的点，更多的发现和获益需要父母们自己探寻。

首都师范大学教师教育学院院长
田国秀

译者序

DEVELOPING TALENT IN YOUNG PEOPLE

很多妈妈喜欢聊与孩子有关的话题。我刚当上妈妈那几年，除了线上、线下聊，也经常做"围观群众"。妈妈们的这种聊天的一个永恒主题就是怎么培养孩子。

说是聊，其实经常是吵。关于怎样才能培养孩子成才，我们每个人都有很强烈的信条。该不该打孩子？让孩子学认字，是从他3个月大开始，还是从他3岁开始？每天练钢琴，应该让孩子练1小时还是4小时？孩子每天的时间是应该由父母安排满档，还是应该给予他自由，让他自己来？人生的起跑线到底在哪儿？……孩子还小，谁也没真正养出过成功人士，所以，妈妈们聊起来也都是纸上谈兵。

那时候我就想，其实，过来人培养孩子的经验、教训应该是非常有用的。但是，想要寻找过来人的经验也不容易。市场上的育儿书琳琅满目，到底有多少参考价值？而且，很多书讲的仅仅是某一个孩子的成长经历。每个孩子都不一样，适合别人家孩子的，未必对自己家孩子管用。就算管用，孩子考上了一所好大学，他离成功也还远着呢。要真想听成功人士父母的经验，为什么不听听诺贝尔奖得主、奥运冠军的父母怎么说？

但这也是困难所在。因为这些父母中的大多数不混论坛，也没几个人写书讲他们是怎么把孩子培养成诺贝尔奖得主或者奥运冠军的。除此之外，促使一个人成功的因素有很多，是因为父母教得好，还是自己智商高？是因为上了好学校，还是因为"天上掉馅饼"？单看一个人的成长经历，我们很难看得出来。所以，有人说成功之路不可复制。但是，就算别人的成功之路不能完全复制，也总有可以借鉴的地方吧。

教育学专家在研究培养人才的有效方式的时候，同样也有这个问题。大多数这个方面的研究都是短期的，比如，一组6岁小孩学钢琴，一组6岁小孩学电脑，一组6岁小孩学画画，还有一组6岁小孩什么都不学。然后过几个月后看看这几组小孩之间的学习成绩有没有区别。或者，一组小孩学奥数，一组小孩打算盘，然后过一段时间看看谁的数学成绩好。诸如此类。但是，这种短期研究还不能证明某种方法对小孩的长期发展有没有影响，如果有影响，是积极影响还是消极影响。

也有教育专家做相当长期的研究。比如一项非常著名的、历时最长的纵向研究，它是由美国人刘易斯·特曼在将近100年前开始的。当时，他是斯坦福大学（Stanford University）的教授。从20世纪20年代起，他和他的团队追踪观察了1500多名超常儿童，记录他们的家庭情况、生活状况、教育经历、个人成就。后来，特曼去世了，但他的学生、学生的学生，以及后来人还在继续研究，他们把这个项目坚持到了最后一位被调查者离世。结果，虽然这项研究确实硕果累累，但对于回答"怎样培养孩子才能让他们取得重大成就"这个问题，却没什么帮助。因为，这些超常儿童长大之后，绝大多数并没有取得什么重大成就。当然，这也不能怪研究人员，特曼他们没有预见未来的本领，当初开始研究的时候，他们并不知道将来这些超常儿童中谁能成才。

所以，看了这些研究，听着妈妈们的争论，我一直在想，为什么不去研究那些已经取得重大成就的人物，以及他们的父母和老师？要想知道孩子成长过程中哪些因素促使他们成才，最好的办法，难道不应该是从已经成才的人那里寻找他们成长过程中的共同之处？

但是这条思路也并非容易实现。第一，多数成功人士在功成名就时已接近中老年了，对小时候的事情不一定记得准确。我们看著名人物的传记，就会发现，有关他们小时候的章节往往很短，很多时候甚至一笔带过。第二，成功本身很难定义，每个人的人生道路也都是独特的，很难说有没有什么规律真的能被总结出来。

所以，当看到《成才之路　发展青少年的天赋》一书的时候，我有一种"终于找到了"的感觉。这本书是一项系统研究的总结，是芝加哥大学一组教育研究人员在1985年出版的。他们的研究目的是发现成功人士成才的普遍规律，理解家庭环境、父母的教育理念、父母为孩子成才所做的付出及学校和老师在成功人士成长中所起的作用。他们的研究对象是音乐、艺术、体育、数学、科学、医学6个领域里获得世界级成功的人士，包括著名钢琴演奏家、雕塑家、数学家、神经学家、奥运会游泳运动员和网球冠军。他们访谈了这6个领域里共100多位成功人士，以及他们的父母，详细记录了大量的资料。这些资料刻画了不同行业的成功人士从童年到青年的成长轨迹，由此，他们不仅总结出了这些成功人士在成长过程中的共同之处，也总结了各个领域的不同之处。

在国外的教育研究领域，像本书中这样的大规模研究是很少的。在国内的教育类图书市场上，本书正好可以与讲述教育成功个案的众多书籍互补。虽然这本书是对于一项专业研究的总结，但它却不是干巴巴的专业报告，而是写给所有对儿童培养感兴趣的读者的。父母和老师不需要有任何教育学背景也能读懂，产生共鸣。本书作者的文笔流畅，他们对于这些成功人士早期生活的描述，特别是引用的成功人士和成功人士父母的自述，不仅读起来生动有趣，而且引人深思，甚至常会让人感动。

在我看来，这本书很有价值的另外一个原因是，它总结出来的成才要素，有一些与国内的流行理念非常不同。比如，国内父母和老师普遍认为：如果想把孩子培养成钢琴演奏家，那就一定要尽早让孩子开始学钢琴，从小就开始进行高强度训练。但是，芝加哥大学的这项研究却发现，他们所调查的二十几位国际级年轻钢琴演奏家，开始学钢琴的平均年龄并不小，练钢琴的时间并不长，多数第一任老师的水平也不是很高，这些老师教给学生的技能并不多，但他们给学生牢牢建立起了对音乐和钢琴的热爱。这种热爱，在几年之后，会转化为他们长期自觉练琴、严格要求自己的毅力。再比如，说到数学家，我们想到的可能是那些从小到大在学校里的成绩一直拔尖的学生。但是，从这本书里我们看到的是，很多数学家在上学期间的成绩并不优秀，他们当中的很多人认为学校对自己没有起到什么作用。

本书虽然已经出版 30 多年了，但是到现在，它仍然是美国一些超常儿童教育协会的推荐书。它的内容不仅没有过时，而且还被新的研究成果频频证实，比如，前几年一项对于国际象棋大师的研究表明，大师与高手之间最显著的区别，不在于智力、训练时间，而在于对国际象棋的"痴迷程度"。

我相信本书里讲述的成功人士的故事会让父母和老师有所触动，有所收获，它的结论也会让人得到很大启发。我还相信，它可能还会让更多人意识到教育研究的重要性。拍拍脑袋想出一些教育理念并不难，但是，这些理念是否正确、是否实用，不可仅凭想象去判断，也不可人云亦云。教育孩子、培养人才，什么才是有效的方法，也是要通过实践检验的。

本项研究的性质及进行此项研究的原因

在过去的 4 年里，一组芝加哥大学的研究人员在我的指导下进行了一项关于儿童天赋发展的研究。在一些领域里，我们有选择地研究了那些取得了最高成就的人，研究是哪些因素让他们得以把自己的能力发挥得如此淋漓尽致。我们的研究对象包括钢琴演奏家、雕塑家、数学家、神经学家、奥运会游泳运动员和网球冠军。

此项研究为如下陈述提供了强有力的证据：在我们研究的领域里，无论一个人最初的天赋和特质如何，如果他没有得到持续且强有力的鼓励、培育、教育与训练，他就不可能获得最高水平的技能。以前有观点认为，特殊素质和与生俱来的能力是一个人天赋发展的必备条件，但我们的研究对这样的观点提出了质疑。

此项研究所选择的大多数研究对象在 35 岁以前就在各自领域取得了非常高的成就。我们研究的主要内容是所选研究对象天赋发展的过程，以及这些人在各自领域里取得最高成就之前，父母、老师及其他人对他们的教育、激励、支持所起的作用。

我们把研究对象限定在美国出生和成长的人，这是因为我们希望把这些人接受教育和学习的漫长过程放在美国的国情里面来审视。我们过去的研究表明，每个国家对于各种天赋的重视程度是不一样的，在各个领域里选拔人才的方法是不一样的，同时，他们为这些有天赋儿童所提供的培养方法也是不一样的。

以往关于学校教育的研究

对于美国和其他国家的学校教育，我进行了长达40年的大量研究。我以往的主要研究结论是：无论什么事情，世界上只要有一个人能够学会，那么几乎其他所有人就都可以学会，但前提是在过去和现在都要有适当的学习条件。这个结论不适用于那些有严重情感和生理障碍的人，因为这些障碍会影响他们的学习。这部分人大约占2%~3%。除此之外，大概有1%~2%的人的学习能力超强，他们也不适用于我的这个结论。目前，我们的研究认为，这个结论适用于能力处于中间水平的学生，这部分人的比例约占95%。

对于这95%的在校生而言，一旦有了理想的学习条件，他们在很多方面就会逐渐变得很相似，这些方面包括可度量的成绩、学习能力、学习进度，以及他们想要继续学习的内动力。举一个与理想的学习条件有关的例子：有些学校在决定学生是否升级的时候，判断的标准是学生是否掌握了所在年级要求的知识点。在这种模式里，老师会帮助学生掌握每一个学习单元里的知识点，待学生掌握后，才让他进入下一个难度更高的单元。在这种模式里学习的学生，其学习成绩要好于85%的通过传统方式进行学习的学生。还有一种情况是，有些学生通过一对一辅导的方式来进行学习。这些学生与接受传统集体教学的学生相比，即使在接受教学之前，两组学生在学习能力和成绩方面没有差异，但在接受不同的教学方式后，前者的平均成绩要高于 98% 的后者的成绩。

到目前为止，这个结论和相关研究只局限于在学校学习的情况，但是它们衍生出很多有意义的问题，这些问题包括：人们在很多领域里的特殊才能是怎样被发展出来的？那些艺术、音乐、体育、学术等领域的人才，那些企业、政府部门及其他行业里的人才，是怎样被发现、被培养、被鼓励成才的？这些天赋极高的人才之所以成功，是靠他们内在的、罕见的特质，还是经过特殊训练与培养？

《人类特质与学校教育》（Human Characteristics and School Leaning）一书的中心观点是：在接受学校教育的时候，大多数人都有能力取得同样好的成绩。我们认为，同样的观点有可能在所有学习领域里都适用，而且它不仅适用于校内学习，也适用于校外学习。所以，我们相信，在美国肯定存在着一个巨大的天赋资源库。这个天赋资源库中有多少人最终能够把自己的天赋发展出来，很可能在很大程度上取决于家庭、学校、社会的组合。这些帮助学生成功的力量，如果使用不当，也很可能会是导致人才资源巨大浪费的原因。

研究天赋发展的方法

这个研究项目开始于如下假设：每个社会都存在着一个巨大的、潜在的天赋资源库，这些天赋资源可能会被开发出来，也可能会被忽视，这取决于外在的发展条件。我们把天赋定义为一个人在某一学习领域或者兴趣方向里表现出来的不同寻常的能力、成绩或技能。这个定义与其他研究所使用的定义不同，以往，其他研究把天赋定义为一个人与生俱来的能力。我们的研究则假定，在一个社会里，个人是否有发展机会，是否受到鼓励，在一个或者多个领域里去发现生命的意义与欢乐，不仅会影响人们是否能够取得杰出成就，也会影响人们以什么标准去衡量杰出成就。我们的研究还假设，天赋发展的意义不仅是在广义上能够更多地为社会做出贡献，而且在狭义上也为个人带来实现自我价值的满足感。

对于我们提出的有关天赋发展的问题，我们曾经考虑过各种寻找答案的方法。比如，长期跟踪、研究几千名儿童，在10~20年的跨度之间研究他们的发展情况。可是这种方法的前提条件是，我们得知道，这些儿童当中有很多在发展天赋方面确实会达到很高的水平。但到目前为止，我们不知道有什么方法可以预测哪些10岁以下的儿童将来会成为出色的音乐家、运动员、数学家，等等。

我们也曾做过其他一些初步研究，试图从杰出的数学家、音乐家、运动员、作家、科学家的传记里找到关于天赋发展问题的答案。但是，这些人在特定领域里的才能是通过怎样的发展过程达到顶峰的，我们并没有从传记里找到相关信息。因为大多数传记里的资料讲述的是这些人在成年之后，达到事业高峰之后的生活与工作。对我们来说，有一件事变得显而易见，这就是，我们要想了解成功人士在其成长过程中的情况，只能是通过访谈的方式来获取，即访谈那些在特定领域里已经取得了很高成就的人。

在那之后，我们做了一个前期研究，访谈了为数不多的在成就方面达到了我们选择标准的数学家、钢琴演奏家和运动员。我们在访谈过程中发现，这些人在以下方面能够向我们提供大量信息：他们是怎么对某个特定领域产生兴趣的，在他们的早期学习阶段，父母及其他家庭成员发挥了哪些作用，他们从老师和教练那里得到了什么样的指导，他们认为是哪些因素帮助他们取得了今天的成就。

在这个探索性质的研究的基础上，我们决定在一些特定领域里选择取得了世界级成就的人士来作为研究对象，通过访谈他们，了解一些关于天赋发展的回顾性的信息。我们的假设是，在这些在特定领域里取得了顶级成就的人那里，天赋发展的规律会表现得最为明显。虽然说不可能有两个人拥有完全相同的天赋发展的过程，但是我们相信，通过研究每一个领域里取得了顶级成就的一个相当数量（20~25人）的群体，一些"图像"会被最清晰地展现出来，让我们从中看到，在这些领域里，怎样才能充分发展天赋。

选择研究天赋发展的领域

当我们开始选择一些领域来研究的时候，有一件事变得很清楚，那就是可以研究的领域的数量真的是有几百个。而且我们决定在每一个领域里研究大约25位具有极高天赋的人士，但是因为时间和经费是有限制的，所以，我们需要把研究的领域的数量控制在6~8个。

从前期研究及文献阅读中，我们发现，很多领域是可以归入同一类的，因为它们互相联系、互相影响。比如，如果我们关注技能或运动项目，我们可以研究很多不同项目的运动员。我们相信，研究几个精心挑选的体育运动项目，会帮助我们理解其他项目。同样地，我们也相信，研究其他领域里天赋是如何发展的，会对了解很多其他相关领域也是有帮助的。

最初，我们决定研究4个领域，它们代表4个截然不同的天赋发展大方向。第一个大方向包括多数体育运动项目在内，我们称之为体育或者运动认知领域，因为这些活动都要求精细运动的协调性，运用身体的技能以及通过训练发展力量或者耐力。第二个大方向包括审美、音乐与艺术领域，它们都需要感知、审美，以及一些特殊类型的动作协调性，还要训练眼与耳对于特定的图像与声音的反应。第三个大方向包括很多强调认知或者智识发展的学科。这些学科通常要求庞大的知识基础，以及解决社会、技术、科学问题的特殊技能、思维方法和手段。在这些学科里，有很多还要求在攻克本学科一系列难题时具有创造性。第四个大方向包括强调人际交往能力的领域，在这个方向中，我们意指那些重视人际交往质量的领域。我们认为，在相当多的职业里，对人与人之间关系的敏感是工作的一个核心要素。我们最初想到的职业是教师、社会工作人员、心理学家、精神疾病专家、行政人员及其他管理人员，还有一些其他工作也属于这一类，这些工作主要取决于人与人之间的关系，取决于对于别人正在经历的情感与困境是否敏感、是否有同情心，以及帮助别人解决个人问题和职业问题的能力。

因此，我们定义了一个非常广的天赋发展的范围，从体育到人际交往。我们把这个大范围看成是一个框架，在这个框架之下又确定了一些需要不同能力、不同学习和发展过程的领域。我们决定在每一个大方向之内选择两个领域，这两个领域应该是有准确定义的，要包含不同的活动，而且要有相对来说比较客观的标准，例如，比赛、奖项、具体成就，让我们可以在每个领域里选择 25 个杰出人士。我们决定在体育方面研究两个项目，希望通过研究这两个项目，在选拔人才、发展天赋、激励志向方面找到一些相似的规律。最终，我们选择了研究奥运会游泳运动员和世界级网球运动员。在这两个项目上，我们有很清楚的标准，可以保证我们所选择的研究对象确实在各自的项目里达到了才能发展的顶峰，而且这两个体育项目是个人努力占据中心地位的项目。在那些以团队运动为主的体育项目里，个人努力在团队取得成功时到底起了多大作用不太容易确定，因为在有些情况下，团队支持在某种程度上成就了个体的成功。

第二个研究大方向是审美领域，包括各种形式的音乐和艺术。我们相信，所有这些领域都需要审美力的发展，所以它们的发展规律会有些共性。经过多方寻觅，我们决定把研究集中在钢琴演奏家和雕塑家身上。与奥运会游泳运动员和世界级网球运动员相似，这两个项目也是以个人努力为中心，也存在很清晰的标准来选择取得了极高成就的 25 个人。我们的假定是，研究这两个项目会让我们找到一些与其他审美领域都有关的规律。

第三个大方向是认知、智识领域。与其他大方向相比，这个方向里的学科与职业更多地依赖于整个教育系统，从家庭教育、小学教育、中学教育，一直到大学、职业教育。在这些领域里，我们最终决定采访从事研究的数学家与从事研究的神经学家。与其他研究大方向类似，我们相信，在这两个领域里找到的规律，也会同样适用于其他那些在发展和受教育过程中强调认知和智识发展的学术和技术领域。同时，这两个项目也是非常个人化的事业，也有很清楚的标准来选择那些把天赋发展到了罕见高度的人。

最后，我们转向计划里的第四个方向——那些需要人际交往能力的领域。但是，不管怎么努力，我们都找不到合适的标准和选择方法，以确定真的能够选出在这些领域里取得了非同寻常成就的人。各种获奖记录、特殊的荣誉、特殊的选拔方式等，都很少是以人际关系方面的才能作为主要选择依据的。我们咨询了这些领域里的专家，但是他们也无法像体育、艺术、认知学科里的专家那样给出好的建议。所以，我们很不情愿地承认，至少在目前，我们找不到客观标准来选择在人际交往方面取得国家级或者世界级成就的人士。

我们知道，这些天赋发展的领域划分界限都不是那么清晰的。我们相信，在每个领域里，都有一些特有的思维、行为和活动方式占中心地位。但是，每个领域里有成就的人都很可能还需要具备其他一些素质。很显然，很多体育运动不仅需要运动能力，也需要思考能力。审美领域里的活动不仅需要某种形式的肌肉或者运动能力，也需要智识能力的发展。毫无疑问，认知、智识领域也需要审美判断能力。所有这些都是要说明，在认知、审美、运动领域里，虽然有一些特殊的能力通常被划分在某个特定领域之内，但没有一个领域可以只需要这些"专科"的才能就可以。尽管在每个领域里，各自的特殊才能很重要，但是其他素质和特性很可能也会发挥重要作用。

选择有天赋人士的方法

在确定了这 6 个领域之后,我们联系了每个领域里一些杰出的专家、教师和学者,去商讨我们可以用什么样的标准来做判断,看看哪些人在那个领域里取得了世界级的成就。这些专家、教师和学者帮助我们寻找有哪些比赛、奖项和其他标准可以拿来作为衡量的尺度,从而寻找到每个领域里最出色的 25 个人。在有些情况下,我们也使用了这些领域里由专家制定的排行榜,这也是一种方法,可以保证我们最后的人选受到了自己领域里国家级专家的认可,从而符合我们这项研究的标准。

我们选中的游泳运动员都在短距离项目中在奥运代表队里赢得了一席之地。我们选中的网球运动员,则是在一些重要的网球组织和杂志的排行榜中占据了世界排名最高的位置。

我们选中的钢琴演奏家在六大国际钢琴比赛中至少有一次进入过决赛;选中的雕塑家则是既得过古根汉姆基金会的奖金,也得过美国艺术基金会的奖金;选中的数学研究人员得过斯隆基金会(Sloan Foundation)的数学奖,并且,6 所著名大学的数学教授评价他们是对数学领域贡献最大的人。根据科学引文索引,这些数学研究人员的文章的引用率是最高的。我们选中的神经学家,每一位都得到过国家健康研究院的一项为期 5 年的特殊的研究基金。除此之外,根据科学引文索引,他们的研究文章的引用率也是最高的,他们的研究成果还得到了 5 所知名大学的神经医学系系主任的高度评价。

这并不是说,我们所选出来的这些人士肯定就是各个领域中最出色的 25 个人。事实上，在每个领域里都可能会找到其他人，和我们最后选中参与研究的人一样出色，甚至比他们更加出色。在我们所做的这一类研究里，不管使用哪种选择标准，都完全可能漏掉一些完全合格的人，可能只是因为他们没有去参加那些比赛和评奖，或者没有被包括在排名榜内。但是，虽然我们可能漏掉了几个天赋非常出众的人，我们所选中的这些人却很明显地属于他们各自领域里最出色的群体。

除了用上述标准去确定在各自领域成绩卓著的人选之外，我们还加了一个年龄限制。除了几个特例之外，在接受我们调查的时候，我们选择的这些人的年龄都在35岁以下。之所以加上这个年龄限制，是因为我们希望这些天赋出众的人还记得他们很小时候的一些经历，而且他们的父母或者至少父母之一还健在，还可以给我们提供一些他们小时候的情况。这会帮助我们去了解，在多年天赋发展的过程中，家庭的作用是怎么变化的。

这些有天赋人士在听说我们这项研究的时候，他们的反应让我们很高兴。最初我们是有所担心的：在我们精心选出来的这些人当中，会不会有相当一部分人会拒绝参加我们的研究？因为我们选择的是每一个领域里具有世界水平的人士，所以，如果这些人中很多都拒绝参加，那么我们的研究就会受到严重的影响，再就是我们不太可能找到其他同样有成就的人士来代替他们。幸运的是，在每个领域里，我们仅仅从最初的名单上划掉了三四个人。有几位之所以没有参加是因为他们要在国外住几年，有几位是因为我们用电话和信件的方式都没能联系上。当然，也有几位没有参加是因为对我们的研究没有兴趣。

收集资料的方法

前面已经提到过,我们决定用回顾的方式来做这项研究。我们的设想是,先找到每个领域里达到世界级水平的人,然后用访谈的形式,试图去了解他们成长和受教育的过程,看看是哪些因素让他们能够在自己领域里达到如此之高的水平。这项研究是关于成长过程的,所以,我们就一定需要了解这些人在每一个重要的成长阶段的情况。基于在教育和个体发展方面的多年研究经验,我们认为,每一个人的成长过程是可以被划分为容易确认的几个阶段的。

因此,我们决定在每一个个案里,如下的信息都是不可或缺的:

1. 在发展的早期阶段,每个人是否有身体、智力及其他相关的特点。

2. 从发展的早期到后期阶段,每个家庭在引导和支持孩子天赋发展中所发挥的作用。

3. 在这些人成长的各个不同阶段,他们能够得到的教育和指导都有哪些种类?质量如何?

4. 在这些人发展自己才能的各个阶段,他们从什么人那里得到了什么样的鼓励、支持、动力、奖赏?拥有什么样的特殊环境?

5. 在成长的每个阶段,这些人有多少时间是用在主动学习上的?训练量有多大?他们为了发展天赋还付出了什么努力?

6. 这些人自己是否还认为有其他相关因素让他们得以发现自己在哪个领域里有天赋,得到鼓励后在这个领域中得以成长?

7. 这些人是以什么方式培养起了行为、兴趣和学习习惯,以及建立起了自己的价值观?并且,这些兴趣、习惯和价值观使得他们越来越投入到自己有特殊才能的领域中去,最终达到我们所认定的人类的极限。

在正式访谈之前，我们先采访了其他一些人，用以试验我们的访谈方法。这些被"试验"的人士还不太符合我们最后选择的标准。这些试验性质的访谈结束之后，我们在工作人员内部进行了一些讨论，以使工作人员能够得到一些训练。这些访谈有一个大致的程序：以受访者讲述自己的经历为主，在访谈过程中，我们会随时提出一些问题，以保证得到我们需要的信息。这些访谈一般持续2~3个小时，在对每个受访者方便的时间和地点进行。在有些情况下，如果需要额外的信息，我们也会在访谈之后给这些人打电话。

正式接受了访谈的人士当中，大多数对我们的研究表现出很大的兴趣，而且对我们的访谈持很积极的态度。我们相信，他们当中的大多数对自己能够参与这项研究，是感觉自豪的。他们中的有些人尤其乐意有机会谈论那些对他们的成长有很大贡献的人，谈论他们遇到过的困难和问题。

我们征求了每一位受访人士的许可，去联系他们的父母和对他们有过重要影响的老师、教练。在我们与其取得联系之后，很多老师和教练都很愿意与我们合作。这些人给了我们很大帮助，去理解发展天赋的一些普遍规律，理解这些人是如何鼓励和支持有天赋的人士，从而在他们的成长过程中发挥了特殊作用，尤其是在天赋发展后期阶段所起的作用。

我们之所以有计划地对有天赋人士的父母进行深度访谈，主要是想让他们以观察者的身份去核实有天赋人士提供的一些具体信息，同时，也希望他们描述出有天赋人士成长早期的一些经历、各个成长时期的家庭环境。在访谈父母的过程中，我们意识到，我们没有时间也没有经费到100多个不同的社区去。因为我们主要是把这些父母当成观察者，于是，我们便想，或许通过电话访谈，应该也可以得到我们想要的信息。为了测试电话访谈是否有效，我们首先在芝加哥地区试验了面对面的访谈，试验对象是一些不符合我们选择标准的人士的父母。然后，我们又对其他一些不符合标准的人士的父母进行了电话访谈。最后，把面对面访谈和电话访谈做了对比。就我们所能看到的来说，面对面和电话访谈都能够让我们有效地达到访谈目的。

对父母的电话访谈非常有用，它提供了很多补充材料。我们本来的计划是与父母进行1个小时的电话访谈，但是很多访谈持续了两个小时甚至更长时间，说起自己成功的孩子，这些父母有很多话要说。只有个别几个父母拒绝接受我们的访谈。有几个在访谈之后还给我们打电话来，补充某些他们认为特别重要的事情。在几乎所有情况下，父母都表示，对于能够参加我们的研究，他们感到很高兴。大多数人都很坦率地回答了我们的问题。

为了保证我们样本所涉及的身份信息不会被泄露，我们采用了一个编码系统，在引用这些研究对象原话的时候使用。这个编码系统是这样的：每一个领域使用一个字母代表，钢琴演奏家用P，游泳运动员用S，等等。有天赋的人士每人就可以用一个字母和一个数字代表，例如2号钢琴演奏家就是P-2，或者3号游泳运动员就是S-3。类似的，父母也用代号，例如P-2的母亲，或者S-3的父亲。①

研究人员

这项天赋发展研究的团队包括7位主要研究人员和1位领衔研究员（布卢姆）。在每一个天赋发展领域里都有1位研究人员负主要责任。他与老师、教练及其他

---

① 译者注：在本书后面的章节里，钢琴家用P代表，取英文Pianist（钢琴家）的第一个字母；雕塑家用A代表，取英文Artist（艺术家）的第一个字母；游泳运动员用S代表，取英文Swimmer（游泳运动员）的第一个字母；网球运动员用T代表，取英文Tennis Player（网球选手）的第一个字母；数学家用M代表，取英文Mathematician（数学家）的第一个字母；神经学家用N代表，取英文Neurologist（神经学家）的第一个字母。

专家、懂行的人商议，确定以什么标准去选择本领域中最杰出的 25 位人士。他也负责访谈本领域里的杰出人士，以及他们的老师和教练，让这些人告诉我们，在某个领域里，什么样的人才会被选中去进行高水平的训练，在有天赋人士取得本领域最高成就的过程中，有哪些重要的发展环节。

其他研究人员负责访谈有天赋人士的父母。因为访谈父母是在访谈有天赋人士之后，所以，这些研究人员事先得以阅读对有天赋人士的访谈报告，也可以与负责访谈、负责写报告的研究人员交谈。这些阅读与交流，保证了访谈父母的研究人员知道哪些问题需要与父母进一步交流。但是，这些研究人员在与父母交谈的时候会比较谨慎，不会泄露有天赋人士在访谈中给出的信息。

在征得被访谈者的同意之后，我们给所有的访谈录了音，在这些录音的基础上，我们对这些访谈进行了总结。

在为访谈做准备的时候，研究人员列出了一系列应该涉及的话题和问题。这些包括前一页列举出来的要点。但是，访谈的本意是要让有天赋人士及他们的父母能够在不受打扰的情况下讲述有天赋人士的故事。所以，只是在需要的时候，我们才会提出我们准备的话题和问题，以保证我们的访谈涵盖了天赋发展各个阶段的主要特点。

每过一段时间，研究项目的协调人员和领衔研究员就会把这些访谈的总结拿出来，与研究人员一起校阅一下。研究人员会定期开会，讨论工作进展、出现的问题，以及下一步的访谈计划。在工作人员会议上，我们会试着把在各个领域里看到的一些初步的规律总结出来，我们也会讨论那些有代表性的案例，以及例外的案例。在为这样的讨论做准备的时候，研究人员还会制作一些图表来总结一些突出的特点，以及这些特点出现的频率。

研究天赋发展的过程

在这4年多的时间里,我们的研究从一个发展天赋的领域转移到下一个领域,我们对这种访谈、回顾的研究方式越来越有信心。有些有天赋人士最初有过怀疑,不知道自己是否还能记得那些10~20年成长阶段的事情。但是,一旦他们开始与我们交谈,大多数人似乎都能够毫无困难地回忆起自己成长过程中重要的细节、时间及影响人物。而且,他们的父母也很热情地向我们叙述了孩子的成长过程,提供了很多细节。除了个别情况之外,有天赋人士和他们的父母提供的信息是基本一致的,所以,这两个彼此独立的访谈可以互为佐证。

当总结这些访谈的时候,我们发现,在同一个领域里,不同的人在天赋发展过程中表现出了惊人的相似性,这一发现让我们感觉非常有趣。而且,尽管我们在各个领域之间发现了很多细小的差异,但在天赋发展过程中,各个领域之间的相似之处还是非常多的。

我们也希望这项工作会让其他研究人员感兴趣,并能够启发他们把类似的研究工作扩展到很多其他领域里去。

完成最后报告的过程

主持每个领域研究开展的人员也同时负责撰写最后收入本书的报告。他们从少数几个有天赋人士和他们的父母开始,对访谈所得的资料进行分析。他们先勾画出从每个个案中看到的最明显的特点,然后把这些特点在个案之间进行比较,来决定哪些是共同的特点,哪些是例外。然后,这些分析被拿到工作人员会议上进行讨论。在可能的时候,在同一个研究大方向里工作的研究人员,如游泳和网球领域，以及在不同大方向里工作的研究人员，如体育、音乐、数学领域，也在一起讨论。

出现在这本书里的报告都在这些会议上进行过讨论，也和这个项目的领衔研究员和协调人员讨论过。在每个天赋发展的领域里，我们发现，最为方便的是把资料分成几个时期来总结：正式开始学习之前在家里的阶段、与第一任老师学习的早期阶段、中期阶段（一般是与一个或者几个高水平的老师学习）以及天赋发展的后期阶段（一般是与大师级的老师或者教练学习）。

本书还包括了3个领域中的个案分析。我们认为，在这些个案里讨论的人物能够最好地代表这3个领域中天赋发展的规律。

除了对6个领域里天赋的发展进行描述之外，我们还收入了其他4章：总结家庭在天赋发展中的作用，随着时间的推移学习过程出现的变化，一些让有天赋人士最终决定选择这个领域作为职业的因素，以及天赋发展的主要规律。

我们的一些发现与目前流行的发展天赋的观点截然不同。所以，这项研究的主要价值也许就在于，它收获了对于人类潜能的大量的、新的理解，对于如何将潜能转化成真实成就，也有新的理解。这些理解，不仅仅适用于天赋发展，在某种程度上说，它们同样适用于所有校内和校外的学习。

我们之所以进行这项研究，还出于另外一个信念：生命的质量依赖于一个人是否能够感觉到，他在人类活动的一个或几个角色里，在一个或几个方面，充分发挥出了自己的能力。在一个社会里，优秀的能力如何被培养出来，衡量优秀的标准如何被建立，取决于社会给它的大多数成员提供多少机会、多少鼓励，能否让他们在人类活动的一个或者多个领域里找到意义和感到快乐。我们相信，在对自己的成员要求很低的社会，很可能就只能产生最低水平的人才。

本杰明·布卢姆

目录 / Contents

第一部分 音乐与艺术 / 1

第一章 学习成为钢琴演奏家 / 3

钢琴演奏家成长的环境与背景 / 7

家庭里的音乐背景 / 8

学习的早期阶段 / 10

学习的中期阶段 / 30

学习的后期阶段：以音乐家身份进入成年 / 42

第二章 钢琴演奏家个案 / 53

背景 / 56

接触音乐 / 58

关于接触音乐的总结 / 61

发展技能 / 63

发展技能时期的总结 / 69

成为音乐家 / 70

第三章 成功雕塑家的成长／77

养育雕塑家的背景／80
早期／85
青春期／95
高等艺术教育：成为艺术生／107
从艺术学生到艺术家／122

第二部分 体育／127

第四章 奥运游泳选手的成长／129

我们处理资料和数据的方法／132
早期／133
中期／148
后期／170

第五章 奥运游泳运动员个案／185

背景／188
家庭背景／189
总结：成功的基础／193
最初接触游泳／194
早期和中期阶段总结／200
最后一步／202

第六章 学习成为世界级网球运动员／205

　　选择网球运动员的条件／208
　　样本／209
　　早期阶段／211
　　中期阶段／230
　　后期阶段／249
　　回顾／261

第三部分 数学和科学／265

第七章 出色数学家的成长／267

　　早期阶段／271
　　中期阶段／294
　　后期阶段／312

第八章 数学家个案：豪尔·福斯特／329

第九章 如何成为杰出的神经医学研究人员／347

　　神经医学研究人员成长的背景／350
　　早期经历，8岁以前／357
　　早期经历，8~13岁／360
　　父母对孩子活动的参与／367
　　青春期／370
　　大学时期：职业兴趣与业余爱好逐渐集中／382
　　学习神经医学研究：医学院／394

第四部分 关于天赋发展的思考／405

第十章 学习的各个阶段／407

学习的第一阶段——早期阶段／411
学习的第二阶段——中期阶段／415
学习的第三阶段——后期阶段／418
历史上关于学习各阶段的观点／422
这些观点与天赋发展的关系／427
学习阶段并不一一对应生理发育阶段／429
其他领域里的学习阶段／432

第十一章 家庭对于天赋发展的影响／437

家庭的价值观／440
天赋发展的早期阶段：父母让孩子开始学习／446
天赋发展的中期阶段：父母根据孩子的需要而调整自己／457
父母在天赋发展后期的作用／466

第十二章 长期的认真学习／473

兴趣初起／476
建立一种与众不同的感觉／478
相信自己的能力／482
优势的积累／486
其他人的影响／494
建立和再建立专业志向／497
总结／500

第十三章 天赋发展的普遍规律／503

教学和学习环境对于天赋发展的影响／507
学习早期／510
学习中期／516
学习后期／521
机遇和目标在天赋发展中的作用／525
对学习各个阶段的思考／529
每个家庭只有一个孩子受到特殊对待／534
人类的潜力和天赋的发展／538

附录／545

第一部分

音乐与艺术

第一章

学习成为钢琴演奏家

劳伦·A. 索斯尼亚克

第一章　学习成为钢琴演奏家

我们邀请了24位40岁以下的美国钢琴演奏家[①]与我们交谈他们的成长过程。他们都至少在六大国际钢琴比赛[②]之一中进入过决赛，而这六大赛事是钢琴界专业人士公认的遴选最出色、最有成就的年轻音乐家的最重要的比赛。这24人中有21人接受了我们的邀请，有两位现居欧洲，不常回美国，所以无法参加我们的研究，有一人则一直没有回复我们的邀请。

在结束访谈每位钢琴演奏家的时候，我们会问他们，是否同意我们联系他们的父母，以便让他们也能参加我们的研究。除了一位钢琴演奏家之外，其他人都同意了。多数人对我们有兴趣更多地了解他们的成长过程表示很高兴。最后，我们有机会对16位钢琴演奏家的父母进行了访谈，收集了旁证，补充了材料。

[①] 后文提到的P-1～P-24指的是24位钢琴演奏家案例。
[②] 肖邦国际钢琴大赛、埃德加·M.列文特里特基金会国际钢琴大赛、利兹国际钢琴大赛、比利时伊丽莎白女王国际钢琴大赛、柴可夫斯基国际大赛，以及范·克莱本国际钢琴大赛。

成才之路　发展青少年的天赋

　　我们将会用4个部分来阐述这一组钢琴演奏家典型的学习过程。第一部分内容包括这些人成长过程中的地域、社区情况，也包括关于他们的家庭环境的讨论。这些内容为理解这些钢琴演奏家的成长经历提供了一个背景信息。其他3个部分把钢琴演奏家成长的过程按照时间顺序分为学习的早期、中期和后期阶段。一般来说，这3个阶段与年龄有关，但又并不仅仅是以年龄来划分的。它们反映的是一个人在音乐和钢琴方面已经积累了多少，他对于创造音乐这项活动的心理感知，以及他对于这项活动的未来设想。此外，这3个阶段还反映了一个人与老师、父母、乐器本身及音乐这个领域有怎样的交流。

　　用3个阶段而不是他们的具体年龄来阐述钢琴演奏家的成长经历，有两个原因。第一个原因是对于不同钢琴演奏家来说，同一种经历可能会发生在非常不同的年龄。比如，这些钢琴演奏家最初在自己家里接触到钢琴的经历，发生在他们婴儿期到7岁之间。他们最初正式上钢琴课的时间则在他们3～9岁之间。[①]在描述学习过程的时候，年龄似乎不是一个很有用的标尺，学生所经历的学习的类别和持续的时间才更有用。第二个原因，也许是更重要的原因，则是钢琴演奏家自己在回顾学习经历的时候，很自然地提出了这3个阶段。这3个阶段在他们的叙述中很容易被定义，他们会谈到一些事情在某个时候开始"起变化"或者"跟以前不同"。所以，他们对于学习过程的描述仍然是以时间为顺序，在适当的时候，年龄也会被提到。但是，这3个大致的学习时期对应着他们学习过程中每一次质变后的阶段。

　　[①] 这个年龄上的差异，还有其他的例子。比如，在一位钢琴演奏家(P-15)上第一堂钢琴课的3年之前，另外一位(P-24)就已经举办了第一场专业的音乐会，而且已经每天练琴4小时。有一位钢琴演奏家(P-5)在14岁的时候就是某音乐学院的全日制学生，跟随一位可能是全美国最著名的钢琴家学习，而另外一位（P-14）在14岁时还在设法在高中功课及少年人通常所做的各种活动之外找到练琴时间，以准备每周与当地一位很好的老师上钢琴课。

学习成为一位钢琴演奏家的早期阶段，开始于最初与音乐的接触，直到他们对于音乐的看法和他们学习音乐、练琴的方式有了第一次大的改变。相比起后两个阶段，我们会用更多细节和更长篇幅来描述早期阶段。这是因为在这个阶段，从一个家庭到另一个家庭，钢琴演奏家们本人及其父母对于音乐和钢琴的看法及做法差异很大。到了学习后期，钢琴演奏家们的思路和做法就变得很相似，父母在他们的学习过程中的作用也变得更加相似。

钢琴演奏家成长的环境与背景

这21位钢琴演奏家的经历，会让人们质疑几乎所有可能存在的对于古典音乐家的模式化印象。尽管他们都有相同的职业，都在琴键上证明了他们有着同样高超的专业水平，但是在其他大多数方面，他们之间的差别非常大，与他们和普通民众之间的差别一样大。这些钢琴演奏家有高的，有矮的，有身宽体胖的，有瘦小的，有内向的，有外向的，有运动型的，有不爱运动的，有理性的，有感性的。他们的业余爱好涉及登山、烹调，有几位就喜欢宅在家里。

在这21位钢琴演奏家当中，有16位是男性。他们中很多出身于中产阶级家庭。其中，6位是独生子女，另外15位则有的是家里的老大，有的是中间的孩子，有的是老小，这3种情况的比例相同。这21位钢琴演奏家的父母的职业有专业人员（35%）、白领（45%），或者蓝领（20%）。

有5位钢琴演奏家是在纽约长大的，有3位是分别在费城和洛杉矶长大的，剩下的10位则是在美国其他城市或村镇里长大的。

在访谈这些钢琴演奏家的时候，他们的年龄在24～39岁之间。第一次在国际比赛中取得好成绩的时候，他们的年龄范围是19～31岁，而其中只有一位超过了 28 岁。在那个时候，他们学习钢琴的平均年数是 17 年（见表 1-1）。

表 1-1 钢琴演奏家学习钢琴的年份（在国际上获得声誉前）

阶段	年龄范围	平均值	标准差
开始学钢琴的年龄	3～9 岁	5.71 岁	1.93
赢得重要比赛的年龄	19～31 岁	22.86 岁	2.83
从学钢琴到赢得比赛的时间	12～25 年	17.14 年	3.73

家庭里的音乐背景

在是否对音乐感兴趣和是否有音乐技能方面，钢琴演奏家的家庭里的音乐背景区别非常大。这些家庭可以被大致分成 4 组：1. 靠音乐谋生；2. 音乐是业余爱好，家里有非常活跃的音乐活动，一名或者多名家庭成员是业余音乐家；3. 音乐是业余爱好，家庭成员被动参与音乐活动，一名或者多名家庭成员经常听音乐；4. 在我们所访谈的钢琴演奏家开始学钢琴之前，家里其他成员没有参与什么音乐活动。如表 1-2 所示，这些钢琴演奏家的家庭里的音乐背景非常多样。

表 1-2 家庭参与音乐活动的情况

组别	家庭背景	人数	百分比
第一组	音乐活动是家庭的谋生手段	4	19%
第二组	主动参与音乐活动，家里有人业余弹奏乐器	5	24%

续表

组别	家庭背景	人数	百分比
第三组	被动参与音乐活动,家里有人业余听音乐	8	38%
第四组	在孩子开始学钢琴之前,家里其他人不参与音乐活动	4	19%

在第一组以音乐为谋生手段的4个家庭里,有两家的父母中至少有一位是专业交响乐团的成员,但他们都不是钢琴演奏家。这些家庭有非常多的音乐活动,比如,钢琴演奏家的父亲或母亲通过在家里教别人学钢琴来增加收入。他们的一些同事、交响乐团的成员是他们关系密切的朋友,经常会一起正式或者非正式地在室内乐小组中演奏。从外地来拜访的乐团指挥或者演奏家经常是家里的座上客。无论是严肃的讨论,还是轻松的聊天,音乐都是他们经常涉及的话题。在这一组的另外两个家庭里,虽然音乐演奏和关于音乐讨论的水平并不高,但是,音乐也是无处不在的。

在第二组家庭里,父母中有一方把演奏乐器当作业余爱好。这些"音乐家"没有从事过专业演奏,但是他们很认真地对待自己的业余爱好。演奏乐器是他们生活里的常规活动,有时候他们还组织非正式的室内乐小组,他们在参与演奏乐器的活动中获得很大的愉悦之情,精神也会得到放松。

然而,第三组家庭的情况就不太容易被清晰地描述出来了。虽然在这些家庭里没有人演奏乐器,但是,音乐也是以不同的形式存在着的。在这8个家庭里,有些家庭收听广播,家里整天都有古典音乐在播放。有些家庭经常听唱片,也收藏了数量庞大的唱片,他们收藏的唱片多以古典音乐为主,但是也涉猎其他种类。有些家庭的收藏品非常集中于一个类型,比如歌剧选曲。有些家庭是习惯性地听音乐,有些家庭则是"热忱地"或者"带着激情地"听音乐。在这些家庭里,音乐活动的深度和广度差异很大，但是，在这8个家庭里，音乐肯定是在某种程度上切实存在的。

很明显的是，在孩子开始参与音乐活动之前，第四组的4个家庭对音乐一点儿都不感兴趣。在这4个家庭中，有一家有一架钢琴，是作为遗产继承来的，但是根本没人去碰它。父母不会弹钢琴，也不允许孩子们把钢琴当作玩具来玩耍。因为家里保姆的关系，出身于这个家庭的钢琴演奏家才有了第一次触碰钢琴的机会。

可是，即使是在这些没有什么音乐活动的家庭里，孩子们去上音乐课似乎也是顺理成章的事情，那在其他家庭里就更是如此了。这些家庭的出发点就是每个人都应该跟音乐有些最基本的接触，音乐课对孩子们来说是"一件好事"。

表1–2可能会让人觉得，在我们所选择的研究对象中，对音乐感兴趣的家庭占很高的百分比。实际上，这些数字与1974年《市场数据》（*Market Facts*）[1]里的非常接近。在那项调查里所包括的848个家庭当中，有44%的家庭里有一个业余音乐家，在所有的家庭中，有79%的家庭说他们经常听唱片，有69%的家庭赞同"每个孩子都应该至少学习一种乐器"这个说法。

学习的早期阶段

几乎从出生开始，音乐就很自然地成为了大多数钢琴演奏家生活的一部分。有一位妈妈（P-7的母亲）说："从第一次把他抱在怀里的时候，我就开始给儿

---

[1] 1974年《市场数据》是由芝加哥大学商学研究生院的威廉·威尔斯博士主持，受美国音乐协会委托而进行的。我们引用的信息来自美国音乐协会的出版物《音乐美国，1974：音乐行业和业余音乐活动巡礼》（*Music U.S.A. 1974: Review of the Music Industry and Amateur Music Participation*）。

子唱歌。"有一位爸爸（P-22的父亲）给他的宝宝唱音程和音符定式，后来他的孩子就开始跟着唱。另外一位妈妈（P-24的母亲）说："从她还是一个睡在婴儿床里的小宝宝时，家里就一直有音乐的声音。我会把收音机打开。她会在音乐的陪伴下睡觉。我只听高质量的电台。通常我会放着音乐，让她在音乐里入睡。"

很多钢琴演奏家提到，在婴儿期，他们是听着音乐醒来，听着音乐吃饭，又听着音乐入睡的。

前面已经提到，有81%的家庭在孩子出生之前就参与一些音乐活动。但是在这些家庭里，有38%的家庭的音乐活动只局限在听音乐，而不是自己演奏乐器，他们听的音乐也不见得是什么高质量的音乐。也就是说，这些家庭并不是特意为了孩子才进行音乐活动，相反，音乐是作为一种家庭活动而被介绍给孩子的。而这些孩子不管是否对音乐用了心，都接受到了音乐的熏陶。

在这21个家庭里，有15家在孩子出生之前家里就有钢琴（在大多数这些家庭里，弹琴的只有孩子的那些在上钢琴课的哥哥姐姐）。"我们有架钢琴。"（P-8）"钢琴就放在那里，那是我们家的一个文化传统。"（P-10）有几家的钢琴是从孩子的祖父母那里继承来的。

钢琴成了所有这些孩子的大玩具，只有一个孩子是例外。[①]有些孩子在还是婴儿的时候就被放到钢琴面前，被鼓励去坑琴，或者起码是被允许去玩琴。有些是自己会走路后摇摇摆摆走去钢琴那里。"用我的手指头和小手掌砸琴，然后跑到我爸爸妈妈那里问：'刚才的歌好听吗？'"（P-2）

有几位钢琴演奏家的父母会把孩子在钢琴上自创的曲子写下来。

有些父母在孩子学龄前的时候就教了他们一些简单的曲子和音阶。有一个妈

[①] 有一位妈妈（P-13的母亲）说："我觉得我当时犯了一个错误。我们有一架钢琴，但是我觉得两三岁的孩子不应该去砸琴，不爱惜东西。我想教他们爱惜东西。"

妈（P-15 的母亲）写了一本日记，记录了她儿子的各种活动和成绩。这个妈妈告诉我们，当孩子 3.5 岁的时候，她记得他们一起坐在钢琴前面，孩子在钢琴上弹出一些简单的旋律。"我那时候想，多好啊，妈妈和儿子这么坐在钢琴前……"另外一位妈妈（P-2 的母亲）回忆说："我教了他一下怎么弹音阶，他一下子就学会了。那时候他是 5 岁左右。"有一位钢琴演奏家（P-23）说，当他 6 岁左右的时候，他和妈妈会一起弹一些小曲子，他弹右手旋律，他妈妈弹左手，然后下一次他们两个调换位置。

有几位父母能够给孩子弹一些简单的曲子。"我会给他弹一些小曲子，我们家里总有一些儿童歌曲的钢琴曲集……早在他学会说话之前，他就能够靠着钢琴曲集里面的插图辨认出曲子。"（P-7 的母亲）"我会给他弹童谣，我们一起跟着唱。"（P-23 的母亲）"从孩子们非常小的时候开始"（P-25 的母亲），"尽管她只有两岁还是两岁半"（P-24 的母亲），父母们就带孩子们去听音乐会。很多家庭都买儿童歌曲的唱片，孩子们学会了"挑选唱片和说出歌曲的名字"（P-15 的母亲）。"儿童歌曲唱片、交响乐的唱片，我都会让他接触一下。"（P-22 的父亲）

"所有孩子都应该上音乐课"

大多数（21 人中的 16 人）接受了我们访谈的钢琴演奏家在 6 岁之前都已经开始上钢琴课。有一位在仅仅 3 岁的时候就开始了。最晚的一位是 9 岁开始的。除了两个人之外，其他人开始上钢琴课，都是因为父母认为孩子应该上钢琴课。[1]

---

[1] 那两位主动要求上钢琴课的孩子也需要等待父母做出这个决定，但是他们做了很多努力。有一位(P-18)的父亲和年长的表兄都以弹钢琴为业余爱好，也经常听家里收藏的大量钢琴录音。他"特别想学弹钢琴，求着父母让他上钢琴课"，而父母在他 5 岁的时候终于答应了。另外一个孩子（P-6）从 4~7 岁这 3 年时间里，几乎是住在一个有钢琴的邻居家，他靠着听来学着弹任何他能够学的曲子。最后，他们家终于添置了钢琴，钢琴课也成了他们家可以接受的爱好。

| 第一章　学习成为钢琴演奏家 |

关于为什么要让孩子上钢琴课，父母列举了各式各样的理由。这些理由可以归结为两个大类：1. 父母的理念认为，所有儿童都应该接受一些正规音乐教育；2. 父母通过观察，认为孩子显露出了音乐方面的天赋（至少是兴趣），值得引起注意。这两大类并不是互相排斥的。除了一个家庭是例外，[①]其他所有家庭都认为孩子应该接受一些音乐教育。有些父母虽然声称他们早就打定主意要让孩子上音乐课，却也承认，决定开始让他们上课，是因为看到了孩子的能力和兴趣。

孩子至少要接受一点音乐教育的态度是不容置疑的，这一点还反映在另外一个方面，那就是这些钢琴演奏家的兄弟姐妹也都上过乐器课。唯一的例外是一个有很多个孩子的家庭。

"因为我们夫妻俩都热爱音乐，所以，我们的共识就是孩子们也要有音乐素养，因为音乐就是我们生活的很大一部分。我们也不知道孩子们会学到什么程度，但是我们想让他们接触一下，之后他们想不想学、想怎么学都可以。"（P-7 的母亲）

也不是所有父母都对音乐的重要性有执着的看法，不过，所有父母都有某种程度的兴趣让孩子学一种乐器。

"我有一个钢琴和管风琴都弹得很好的朋友，我想可能在某个时刻这个情况对我产生了一些影响。我喜欢她的音乐，喜欢听她演奏。我一直跟她说，我们家孩子学钢琴跟她有关……学钢琴好像就是很自然的事情。"（P-4 的母亲）

"我就是认为，如果一个人的生活里有音乐，那会是多么美好。……所以，我也没有特意计划让孩子当钢琴演奏家，也没有催促孩子往这方面努力。我做最离谱的白日梦的时候都没想到我的孩子会成为一名钢琴演奏家，我一直以为他会

---

① 例外的是一个在喜欢音乐的邻居家受了 3 年熏陶的小孩，最后，他说服了自己的音盲母亲。还要注意的是，《市场数据》第 24 页提到，大约 69% 的家庭都说，"每个孩子都应该至少学一种乐器"。

当个物理学家或者工程师什么的。"（P-15 的母亲）

但是，一旦父母认为自己孩子有音乐天赋，这个事实就会让父母加大在孩子音乐训练方面的投入。这些父母对于孩子的观察往往适用于自己家庭里所有的孩子。"我们家所有孩子都有音乐方面的兴趣。"（P-23 的母亲）

有一些钢琴演奏家，因为给了父母这样一个"有音乐天赋"的印象，所以，他们开始上钢琴课的时间可能就被父母提前了。比如，有两个（P-4 和 P-5）家庭都从学前班老师那里得知他们的孩子在节奏方面很出色。这促使这两个家庭为孩子买了钢琴（对于其中一个家庭来说，钢琴可是很昂贵的），并为孩子找了钢琴老师。当然，在其中的一家，妈妈一直都想学会弹琴，在另外一家，妈妈小时候上过钢琴课。

很显然，这些钢琴演奏家的父母重视音乐和音乐创造，不过，这种重视并不那么强烈，音乐也并不是家庭活动的唯一重心。①在大多数情况下，父母给孩子选择钢琴老师的方式，也反映出父母的重心不是那么清晰的。多数父母选择老师，是看老师离自己家有多近。大多数孩子上学前班的时候，父母给他选择的学校都是沿着家门口的路就能走到的学校。同样，在我们访谈的这些钢琴演奏家当中，大多数人的第一任老师就是跟他们住在同一条街上的老师。在 21 位钢琴演奏家中，有 18 位的第一任老师之所以中选，只是因为父母或者父母的朋友知道这些老师在教小区里其他孩子弹钢琴。

第一任老师也很可能是已经在给钢琴演奏家（P-12）的哥哥姐姐上课的那位老师，可能就住在街对面，或者是小区里的一个老师，跟他（P-10）姑姑和姑父住在同一条街上。有一位钢琴演奏家（P-4）告诉我们："我想是因为她是教堂

---

① 在 3 个家庭里，对于音乐的认真态度是大大超出一般的。有 3 位父母有很强的愿望要让自己的孩子长大之后成为职业音乐家。在这些家庭里，孩子早期的学习弹钢琴的强度要比其他 18 个家庭的孩子大得多。

的管风琴师。她住得近，就在我们小区里，距离我们家10条街之外，而且我们听说过她。"

他妈妈（P-4的母亲）证实了这一点："（老师）对他很了解，而且我也认识她。我认为她应该是个合适的初选。她住得也离我们很近，他自己走去上课就行了。"

有两家的父母在当地的音乐学院找到了高于平均水平的老师，但是这也仅仅是凑巧。有一个（P-23）家庭认为那个音乐学院很方便，他们就让他在那里开始学琴。他凑巧从一开始就遇到了好老师。另外一个妈妈（P-15的母亲）去附近的音乐学院打听，人家要求她签1年的合同，她决定签，理由是如果孩子不喜欢学琴，那她自己可以去学。

父母在选择第一任老师的时候，并没有以他们的音乐水准为标准，但是他们也没有把自己的孩子随便塞到别人手里。父母会旁听最初的课程，要么在教室里旁听，要么观察他们的孩子对钢琴课的反应，以确定孩子与老师是否相处得好。在两三个例子里，因为感觉到某些东西的缺失，父母很快就给孩子换了老师。对此，一位钢琴演奏家（P-15）是这样解释的："我母亲做了传统父母应该做的事。她来旁听了最初的课，听了3次课之后，她认为我跟老师之间的关系没有那么融洽，就坚持要换老师。在换了另外一个老师后，她旁听了10分钟的课就离开了，因为她看到这位老师点燃了我的热情，一见面就很融洽。"

从钢琴演奏家和他们的父母的描述中，我们可以看出，最重要的事情是找到一个喜欢孩子、会跟孩子相处的老师。不管那个"沿着街走下去就能到"的老师是谁，其音乐能力和教学能力如何，第一任老师几乎都是热情、充满爱心的，是个"好人"。

"她特别会跟小孩相处。"（P-5）

"她特别好，特别善良。"（P-10）

"她喜欢小孩,她对我的孩子特别好,他也喜欢她。"(P-2的母亲)

"他很会跟小孩相处,有一种天生的对小孩的喜欢,和小孩有共同语言。"(P-15)

"他特别耐心,也不赶进度。"(P-22)

"她带了一大篮子巧克力和金色的小星星,我非常喜欢她。我只要把音符弹对,把节奏弹对,就能得到一块巧克力。"(P-24)

这些温暖的回忆会不会被夸大了呢?尤其是有了后来那些要求更严格、更认真的老师做比较?还是说我们访谈的这些钢琴演奏家就是运气非常好,都有一个让钢琴课成为孩子愉快体验的第一任老师?这些问题的答案不全是肯定的。不过,后来这些第一任老师都把这些有潜力的学生送到更有经验、更专业的老师那里,在这样做的时候,他们表现出来的淡定与欣慰,都说明他们的确是善良、耐心、负责的人。

初期的钢琴课

第一任老师的水平怎样,基本上是碰运气。这些本地的老师可能是优秀的钢琴演奏家,也可能不是。他们可能有过音乐会演出的经历,也可能从来没有,他们可能有钢琴教育的学位,也可能没有。他们可能有教一个未来钢琴演奏家的经验,也可能没有。表1-3列举了这些钢琴演奏家第一任老师的情况,机遇使然,他们多数是非常好的人,但并非都是好的音乐家或非常有经验的钢琴老师。[1]

---

[1] 有一位钢琴演奏家的母亲自己就是钢琴老师,他跟母亲学习到9岁左右。这个例子没有被收入到这一部分讨论中。

表 1-3 第一任老师的水平

平均水平	高于平均水平	水平很高
62%	24%	10%

多数钢琴演奏家（62%）是跟随"本地老师""小区里的老师"开始学琴的，这些老师常常是"很好的启蒙老师"，但"绝对不是音乐家"。这些老师被归入"平均水平"这一类。

5位钢琴演奏家（24%）是跟着高于平均水平的老师上课的。这些老师供职于当地的音乐学院或者大学的音乐系。跟多数钢琴演奏家跟从的那些本地、小区里的老师相比，这些老师接受过比较好的音乐训练，音乐知识更多，对职业音乐圈子也有更多的了解。这其中，有两位老师之所以被选中，就是因为一家（P-29）想选一个"比较像样"的老师，另一家（P-15）认为"比出门就见到的第一任老师要好一点"。

最后，有两位钢琴演奏家启蒙时期的老师非常优秀，比平均水平高出很多。有一位之所以被选中，是在孩子（P-22）的父亲（一位职业音乐人）与他的一些同样也是职业音乐人的朋友商量之后做出的决定。

给较小的孩子（3~4岁）上的那些课每次大约时长半小时。到了孩子6岁的时候，每次课时长就变成了1小时。从一开始，这些孩子就是每周上一次课，这种上课方式贯穿整个学习过程。只有在准备演出的时候，他们才会多上一点课。

在大约一半的家庭里，父母中至少有一位会一点乐器。所以，确切地说，这些孩子最初接受的音乐教育是父母提供的。"我帮了他一点……他开始上课的时候已经认识音符之类的东西了。"但是，所有的父母都很明确地把自己定位为父

成才之路　　发展青少年的天赋

母,而不是老师。①只有一个家庭例外。一位钢琴演奏家（P-15）对他母亲在早期的作用有如下评论,很能反映普遍的情况:"她只是想让我起跑的时候领先一点。"就像中产阶级家庭的父母会教孩子数数和认识字母,为学前班开学做准备一样,这些有音乐能力的父母也会在钢琴键盘上教孩子认识音符,为孩子的第一次钢琴课做准备。

最初课程的主要内容基本上就是学习识谱、介绍基本知识:把纸上的符号翻译成音符,再对应到钢琴的某一个键上,再对应到特定的声音、特定的节奏上去。"老师有一些闪卡,每一张卡上有一个音符。你得马上说出来这个音符是什么,然后她就拿出下一张。"（P-4）"我需要做的只是把音符弹对,把节奏弹对,然后就能得到一块巧克力。"（P-24）这些钢琴演奏家基本上是把约翰·汤普森系列的音乐课本"过了一遍"。②

课程的安排,是既教一些技术（音阶、练习）,也教一些乐理。有一位钢琴演奏家（P-2）举例说,当他弹一个高音的时候,老师可能会说,"这个音难道不是非常好听吗?让你就想让它持续得久一些"。

教学的另外一个内容是参加老师们定期举办的学生演奏会。学生们记得一开始学琴就被扔到演奏会上去。一般每年至少在圣诞节有一次演奏会,在学年结束的时候还有一次演奏会。

钢琴演奏家对他们所经历的早期钢琴课并没有多少记忆,他们记得的只是,去上课,和老师一起工作,而这些都是很正面的经历,有的老师被孩子看成是"第

---

① 他们即使给孩子指导,也仅仅是为帮孩子跟老师正式上课做一些准备。有些家长教孩子认音名。有些教孩子一些简单的旋律。

② 译者注:注意本书里所采访的钢琴演奏家大都出生于20世纪五六十年代,在那个时候,约翰·汤普森系列的钢琴教材在美国钢琴教学里很流行。现在,这一套教材已经被一些更新的教材取代。

二位妈妈"。① "我为那位女士发狂。"（P-24）"上课对我来说可是件大事。"（P-4）

在孩子刚开始上课的时候，有7位钢琴演奏家的父母坐在教室里旁听，并且记笔记。"他们关注的不是我有些地方没有做好，而是我们需要怎么样才能进步。"（P-4）"我得知道她需要做什么，我得指导她、保证她好好地练琴。"（P-1的父亲）

"因为她那么小，老师只好教我怎么去教她。我的意思是，老师是在教她，但是我吸收了这一切。我会记笔记，老师也会把我叫过去，给我解释她的要求是什么。"（P-24的母亲）

"我会在教室里旁听，学习怎么样合理分配练琴时间。"（P-13的母亲）

到了孩子10岁左右的时候，父母就不再去旁听了，有些老师也不再允许父母旁听了。

练琴

在学习的初期阶段，这21位钢琴演奏家练琴的时间相差非常悬殊。有些人是在钢琴上用掉每一分钟，他们拿一部分时间来准备下一次课，拿另一部分时间弹着玩。另外一些钢琴演奏家的练琴时间则仅仅是遵守父母或者老师的规定。但是，那些在钢琴上弹一整天和那些练琴能少则少的都是个别的例子。从6岁开始，比较典型的情况是，为了准备下一次回课，他们每天需要在钢琴上花45～90分钟的时间，每周练习6天。

---

① 有3位钢琴家（P-7，P-8和P-20）没有从他们早期的钢琴课里得到乐趣。他们认为钢琴课是个不得不干的活儿，是个负担。他们去上课，只是因为他们不得不去。

在访谈过程中，钢琴演奏家们没太把初期的练琴当回事。当问到关于他们练琴时间的问题时，一个典型的回答是："噢，一点点，没练多少，大概一个星期也就四五次吧，每次 1 个小时。"在 6、7、8 岁的时候，平均每周练 5 小时，再加上 1 小时的理论课，或许，在一般人看来这样的时间是很多的。但对这些钢琴演奏家来说却是微不足道的，因为他们现在每天练琴 4 小时以上了。

但是，不管被访者自己声称初期的练琴时间有多少，这数字都不能被当成确凿的事实来接受。18~22 年之前每天的情况到底是怎么样的，仅靠记忆是不准确的。但是，如果这些数字不准确，如果我们得到的信息有误，那也应该是低估了这些孩子当初投入的时间。有证据表明，在学琴的早期，这些孩子练琴的时间是有要求的，要么是父母要求，要么是老师要求，经常是孩子在练琴的时候看钟的时间比看琴的时间还多。每天一小时很可能是对孩子要求的下限。与练琴时间相比，对音乐设立的具体目标反而是第二位的。父母和老师对孩子的要求，如果是让孩子在创造音乐的时候，在能力上要达到某个水平，还要指导孩子达到这个水平，这就不太可能总能做到。但是，让他们在琴凳上一定要坐够多少时间，这是可以做到的。钢琴课是 1 小时，练习时间很可能也是每天 1 小时。

练琴的时候，有些钢琴演奏家是由父母陪着坐在琴凳上的，有些则是自己练习，比例大致是一半一半。那些跟着去上课并记笔记的父母很显然是属于陪着练琴的，他们不仅规划孩子练琴，也坐下来陪着孩子练。另外，有几位没有跟着去上课的父母也同样参与了孩子练琴，"到了一定时候，孩子就不愿意父母陪着去上课了。这没问题。但是我一直都是陪他坐下练琴，我认为老师要求他做什么，我就得确定他真的做了。我觉得这对他很有帮助，尤其是在孩子小时候。因为如果没有人陪着，让孩子自己坐下来练琴，还是很难的。"（P-4 的母亲）

在孩子练习的时候，不坐在孩子身边的那些父母，仍然对孩子的练习起了重要作用。他们要求孩子好好坐着练琴,而自己可能从另外一个房间倾听孩子的练习,来判断孩子是否练得不错。父母一直是参与了的,尽管他们不一定每天陪着孩子坐在琴凳上,但是他们会关注、会聆听同时给予夸奖、鼓励、指导。

"我不会坐下来给他上某堂课,但是如果他弹错了什么,我会给他纠正。"(P-22的父亲)这一位的父母和其他几位都说,"他小时候,我听他练琴听得更多,因为那时候需要纠正的东西更多,他更需要指导。"

"每天练琴是定好的规矩。"(P-10)如果妈妈(P-24和P-19的母亲)觉得孩子不好好练琴,她们可能会假装去跟钢琴老师打电话,说我们要停上钢琴课了。多数钢琴演奏家都记得听父母问过:"你今天练琴了吗?"有一位(P-1)记得父母说过:"你要是不好好练琴,那咱们就把琴卖了。"

这些钢琴演奏家很少有不练琴的时候,而且,通常情况下,一个错误(至少是父母所认为的错误)重复出现,是不会被允许的。几乎所有钢琴演奏家都记得,他们有个笔记本,老师在上面详细写下每周练习的要求,这样,如果重复出错,才能够被察觉。父母可以用这些笔记来帮助低年龄的孩子正确地进行练习,也可以检查年龄大些的孩子是否按照要求练习了。

早期的收获

这些钢琴演奏家早期在音乐上的努力得到了相当的关注。因为他们的父母重视音乐,所以,不管孩子们唱歌也好,在钢琴上试弹些曲调也好,都引起了父母的注意和掌声。在孩子们参与音乐活动越来越多之后,他们唱歌就越来越好,弹琴也越来越好,从家庭成员那里得到的肯定也就越来越多。

"我妈妈喜欢听我弹琴。我知道她从中得到很多快乐,所以我有时候就在她

进门的时候冲到钢琴那里，弹她喜欢的曲子。"（P-20）

父母们经常炫耀这些孩子的演奏水平，在亲戚朋友来家里玩的时候，父母经常要求孩子为客人演奏。

"我受到好多好多的表扬，好多好多的关注。给家里人弹奏，给这个客人弹奏，给那个客人弹奏。演奏带来这么多认可与赏识，我一直很喜欢。"（P-24）

这些关注，回过头来，又激励孩子们认真上课，认真练琴。

这些钢琴演奏家看来是些学得快的学生。他们学新东西很快，对老师的指导接受得好，而且能够很快把新学到的知识运用起来。[①]"不管他让我学什么我都学得很快。我一直为回课做很充分的准备。"（P-8）因为这一点，他们引起了老师的格外注意。

这些钢琴演奏家说："老师曾经说过，我是她最喜欢的学生，或者我是他最好的学生。"在学生演奏会的节目单上，这些钢琴演奏家还会被老师放在压轴的节目上，这样的安排是一个学生能力的重要标志。老师也与父母交流孩子们的学习情况，钢琴演奏家也会在一个越来越大的圈子里得到鼓励。

"我知道老师很为我高兴。我从他那里得到很多认可。我父母跟老师谈过之后，也给了我很多认可，因为他们对我的学习进度感觉很好。"（P-15）

小学教师和校长得知这些孩子在学钢琴之后，也邀请他们在学校的才艺展示、圣诞节会演和学年结束典礼上演奏。一位钢琴演奏家（P-15）回忆说，在小学三年级结束的时候，一个老师鼓励他，在一场才艺表演中演奏。他演奏之后，

[①] 钢琴演奏家们是不是学得很快，这是一个有意思的问题。因为他们在正式上课之前已经学了一点，也因为他们每天都必须练琴，而且他们的父母还会努力保证孩子不要练习错误的东西，所以，我们有理由对这个"学得快"的标签感到怀疑。但不管怎么说，只要你拿两个或两个以上的人来比较，那就总有人要比其他人快。而我们采访的这些钢琴演奏家一般是自己那个对照组里最快的。但是，这个贴标签的行为及这标签所产生的影响是重要的，这个标签本身是否贴切，反而不那么重要。

| 第一章　学习成为钢琴演奏家 |

"现场的小孩子们使劲地跺脚、高喊、尖叫、狂呼，我一下子感觉到自己特别受欢迎"。同班同学开始把这些孩子当作钢琴演奏家来看待，而且是同龄人里面最好的小钢琴演奏家。

这些钢琴演奏家说，他们从那时候开始感到自己有些与众不同。他们不知道为什么，但感觉跟其他小孩就是有些不同。他们能够做一些其他小孩做不到的事情。一位钢琴演奏家（P-24）回忆说，从很早开始，"我记得，我那时候就知道自己很特别。我想我知道自己有些不寻常的才能。在我认识的同龄小孩里面没有其他人学钢琴，所以钢琴就是我的东西。钢琴是我得到认可的途径，是我得到关注的途径"。

另外一位钢琴演奏家（P-13）回忆说，她并没有觉得自己有什么不同寻常的天赋，但是别人都说她有，"我只是个小孩，可是我的父母、我的老师、我们学校的校长都跟我说，我将来会非常出色，会很成功，说我很不寻常"。

这些钢琴演奏家在这方面的回忆惊人的一致，当时都自我感觉很不寻常，感觉自己很出色，可是，他们当时到底有多特殊？很明显，他们是自己家庭里最好的钢琴演奏家。有几个之所以是最好，只是因为年龄的关系。也就是说，他们比自己的弟弟妹妹弹得好，或者比手足、父母在同样年龄的时候弹得好。有几个之所以在他们家里最好，是因为他们比起兄弟姐妹来，对音乐更喜欢、更投入。

这些钢琴演奏家当时有可能在各自生活的环境里是最好的，甚至在他们的小镇里是最好的，但这只是相对于他们的年龄来说。如果这些当时生活在全国各地的小区、小镇里的孩子们到一起来比赛，或者放到一个人数更多的同龄琴童群体里，他们中就没有几个会显得很特殊了。有一位钢琴演奏家（P-6）是我们这组研究对象里面在早期成就更突出的一个，但他还记得当他16岁时也就是学琴9年之后，去到一所音乐学校寄宿学习，那时候他发现自己根本就不像他想象的那

23

样有任何特殊之处，"那是一个冲击。以前你一直很闭塞，别人还让你觉得自己是不寻常的，那么你一旦发现有人弹得那么好，还真不容易接受。你可能是个人物，但你绝对不是独一无二的"。

为数不多的几位钢琴演奏家在 9 岁之前取得了一些不平凡的成绩，比如，赢了一场重要的儿童钢琴比赛。总共有 3 个人得到过这样的成绩，其中的两个都是父母对他们的音乐教育投入了大量的精力，在孩子出生之前就对孩子在音乐方面的成功有所规划，陪孩子上课，每天在家陪孩子练两小时琴。但是，大多数的钢琴演奏家在那个时候如果显得特殊，那只是与自己家里其他孩子相比，或者与小区里其他孩子相比。但是尽管如此，这种特殊的感觉在钢琴演奏家的成长过程中还是很重要，甚至是至关重要。它的效果是增加了钢琴演奏家学习和练琴的动力，也促成了父母在这个过程里更多的参与。

不幸的是，对于另外的几位钢琴演奏家来说，在少年时期，钢琴对于他们的意义，还在于以练琴来逃避家里的喧闹和争吵，以练琴来排遣寂寞。

用在钢琴上的时间换来的是学习成果，学习成果又得到老师和其他人的正面评价、对自己的正面感受，以及对于钢琴学习的更加投入。

"小钢琴演奏家"的身份得到认可

同一个家庭里的孩子，为什么会有一个比其他孩子对音乐更加投入？这背后的原因，我们的资料无法解释。不过，这个孩子会被父母或者第一任老师当作倾注精力的对象。最后会有父母或者老师意识到，如果这个孩子要想达到演奏的最高水平，就必须要尽量找到一个最好的老师。

在高中毕业之前，几乎所有钢琴演奏家（只有 1 位例外）都换了至少一次老师，经常是换两次（11位）。在换过老师的这20个人里面，有9个是因为第一任老师意识到，孩子需要更好的老师。"大约6个月之后，老师意识到这个学生有些不寻常之处。"（P-24的母亲）另外一位（P-2的母亲）说："在经过大约一年半的学习之后，第一任老师说，我的孩子需要另外的老师，因为他进度太快，跟她学习已经不合适了。她认为自己水平不够高。"

在一个又一个例子里，是老师主动与父母联系，告诉他们说，到了孩子应该与其他老师学习的时候了。"我的老师似乎认为我需要接受其他老师的影响。"（P-4）据钢琴演奏家们自己的叙述，当老师们评估这些学生的潜力的时候，他们往往都有一种兴奋感。当老师意识到学生在音乐方面的能力水平已经远远超过自己的时候，他坚持"得为这孩子（P-6）做点重要的事情"。

如果老师没认为孩子需要更高水平的老师，父母则最终会做是否换老师的这个决定。在21位钢琴演奏家里面，有10位的第一任本地老师尽管知道自己不是音乐方面的权威人士，却也并没有觉得孩子需要比他们自己更好的老师。这些老师对于孩子进步是由衷地高兴的，这些钢琴演奏家的父母虽然很感激这一点，但对于老师的满足现状却不愿意接受。

"在我父亲看来，如果他给我交学费，那么就算我最后学不出什么来，也得学得比最初好。比如说，我需要老师教我怎么练琴。我当时的情况是随便怎么弹老师都没意见。"（P-22）

"我妈妈当时也意识到了我是××老师那个池塘里最大的鱼，我在13岁的时候弹琴比大多数学生都好，她也认识到，在某一个时刻，学生会超过自己的老师。"（P-15）

通常在那个时刻，父母会做出决定，让孩子换到一个水平更高的老师那里，而这个决定也得到第一任老师的支持。

可以预料的是，第一任老师的水平越高，换老师的时间越迟。但无论如何，除了一个例子之外，其他人都换过老师。表1-4①能够说明，第一任老师的水平，与孩子在什么时候换到一个水平更高的老师那里，是有关系的。第一任老师的水平越高，需要换到另外一位老师那里去的时间就越晚。第一任老师的水平越低，钢琴演奏家们就会越早地换到一个更好的教学环境里去。

表 1-4 第一任老师的水平与其教学时间之间的关系

与第一任老师学习的时间	平均水平	平均水平以上	很高的水平
1年	6人		
2年	3人		
3年	4人		
4年		1人	
5年		2人	
6年			1人
7年			1人

① 这个表格只是根据18个人的情况制成的，因为，如我们已经说过的，有一位学生直到高中毕业都没有换老师，而另外两位学生在初学的时候有过很多位老师，每一位都教得时间不长。这两位无法回忆起他们换老师的确切情况。

确定长期学琴

除了一位钢琴演奏家之外,其他所有人都至少换了一次老师,50% 的人还换了两次。[1]这种变化也反映了钢琴演奏家与父母在其他方面的变化,那就是他们越来越肯于保证在音乐教育上投入时间和资源。比如说,在换老师的同一段时间里,大多数钢琴演奏家还开始去听音乐会,或者经常性地听钢琴演奏录音,也可能这两件事都做。有几个还读了给儿童写的演奏家和作曲家的传记。

一些父母也开始学琴,与他们的孩子一起弹奏。"我开始学琴的时候,我妈妈也重新开始上钢琴课。"(P-4)"因为这样就可以跟他一起练琴。"(P-4 的母亲)

"我记得有一两年的时间,我父母也决定上课,学其他的乐器,这样他们就可以和我一起演奏室内乐。那整个就是方向性的错误,因为他们根本就不知道自己在做什么。他们选的乐器也都是不合适的。"(P-5)

音乐课,一开始或许并没有什么其他意义,现在对于孩子和父母来说却都有着重要的意义。这些孩子还不是非凡的钢琴演奏家,但是他们已经把钢琴学习当成了生活里的常规,他们的父母也是如此。在这些孩子小学毕业之前,他们就朝着钢琴演奏家的生涯进发了。他们被别人贴上钢琴演奏家的标签,他们自己也是这样看待自己的。

---

[1] 在平均 17 年的成长过程里,钢琴演奏家们一般有 3~7 名正式的老师。有些是逐渐换到越来越好的老师那里去的,其他的则有比较大的跳跃。有些在同一水平的老师之间换了一两次,才找到一名水平高得多的老师。

早期阶段总结

虽然钢琴演奏家在多年之后才获得成功,学习的早期阶段却为这个成功打下了基础,布置好了舞台。某些行为方式、某些外部条件在这个阶段频频出现:

1. 音乐是这些儿童家庭环境里不可或缺的一个部分。听录音、看现场音乐会对他们来说是经常的、自然而然的事情。音乐不仅无处不在,而且被赋予很高的价值。这些家庭认为音乐很重要,很美,很有价值。

2. 这些儿童没有权利选择不接触音乐。音乐课是父母给他们安排的。父母对他们的期望是,至少要学一些基本的乐器演奏技能。这个要求并不是特为这些儿童所设,在这些家庭里,这属于对所有孩子的正常要求。

3. 这些儿童最初的钢琴课都给了他们非常正面的经历。他们通过这些课程接触到一个不是自己家庭成员的成年人——热情,有爱心,为他们提供支持。在这个年龄,这些儿童开始了学校学习,所以,他们一天中的相当一部分时间是在自己家庭之外度过的。也正是在这时,这些钢琴演奏家有机会可以跟一个家庭成员之外的成年人进行来往,而且这个人还让他们感觉良好。另外,还有其他各种机会,能够让他们感到自己有能力做点事(弹琴),而且这个能力并不简单。

4. 比起同龄人来,这些儿童在钢琴上花的时间更多。他们把注意力集中在钢琴上,建立起兴趣,也掌握了一些技能。这些儿童用在钢琴上的时间,比其他儿童用在任何活动上的时间都多——也许看电视是个例外,因为其他孩子有可能看了太多电视。这些琴童别无选择。

5. 这些儿童绝大多数都是在有机会尝试各种不同活动之前开始学琴的。这样,上课和练琴都有从容的时间,不需要把它们挤进繁忙的日程表,不需要跟学校作业、童子军活动、放学之后跟朋友一起玩等事情挤在一起。相反,上钢琴课和练琴已经成为常规，所有其他活动都需要给它们让路。

6. 这些儿童在这个时期被贴上了钢琴演奏家的标签。最初，父母会称这些儿童为小钢琴演奏家，然后，对这些孩子的情况感兴趣的老师也会这么做，并告诉他们，有朝一日他们会成为职业钢琴演奏家。这些儿童在进入青春期之前就被他们的同伴、社区，有时甚至是更大范围的听众贴上钢琴演奏家的标签。他们也一次又一次地达到了人们在当时对他们的期望，验证了别人对他们的判断，还因此得到了奖赏。

学习的早期阶段之所以重要，至少有4个原因：

1. 那是开始建立"钢琴演奏家"这一身份的时期，从那时开始，这些孩子从这个身份中找到价值。

2. 那是建立一个行为规律的时期。钢琴课、练琴都被整合到一起，成为日常生活的一个很自然的部分，为日后有可能到来的高强度学习打下了基础。

3. 那是一个建立长期的学习动力的时期。在学习的早期，孩子参与的大多数活动都是父母给选的，也是得到父母支持的。那时候，孩子自己想学什么不是很重要。在所处环境里有机会学什么可能更重要。但是，如果没有强烈的理由去坚持进行某项学习，到了后期，当其他机会出现的时候，比较弱的兴趣就会被轻易放弃。

4. 学习的早期也是形成越来越高的期望值的时期。儿童会形成在他们自己看来是合乎情理的梦想和希望。父母也会受到鼓舞、感到兴奋，因此会提高自己以前对于孩子的期望。未来的时间还有那么多，而过去了的时间里被浪费掉的又那么少，父母和孩子都会很容易地就干劲十足地来增加工作量，而不会有什么抱怨。

在我们跟着这些钢琴演奏家重温他们成长过程的时候，在我们分析他们为什么能够那么多年坚持学琴、持续工作，而成为钢琴演奏家的时候，我们应该记住

成才之路　　发展青少年的天赋

这四点。

学习的中期阶段

"在某一个时刻，孩子会变得沉迷于音乐，沉迷于突如其来的想要演奏的愿望，沉迷于想要出类拔萃的愿望。这会发生在 10～14 岁之间的任何时刻。突然之间，孩子开始感觉到，有什么变化发生了，他这才真正开始工作。这时候回想起来，最初学琴的那五六年就像是儿戏，就是小孩瞎玩瞎闹。"

艾萨克·斯特恩

载于《纽约时报周刊》

1979 年 12 月 23 日

这个年龄范围不一定很准确，但是斯特恩提到的这个规律却似乎与我们所研究的钢琴演奏家的说法相吻合。在通向取得杰出成就的道路上，在某一个时刻，这些才冒头的小演奏家对于音乐和创造音乐开始有了与以前不同的想法。乐谱架上放着的纸张不再仅仅是有着音符的纸，创造音乐也不再仅仅是把那些音符弹出来，然后去捕捉别人眼里的闪光。尽管一个年幼的孩子可能对钢琴演奏采取很严肃的态度，可能每天练琴 1 小时，已经坚持了 5 年，但是，在少年时期，他会找到对于音乐演奏的一种全新的认真态度。

有一位钢琴演奏家（P-1）讲述说，在她大概 12 岁的时候，音乐对于她的意义，以及她怎样去思考音乐，开始发生了变化。"在此之前，事情对我来说一直很容易。我练琴，学会弹新的曲子。可是我从来也没有对它们多想一想。我以前从来也没多想过作品的结构，我应该用什么方法去学习这首作品。但从那个时候开始，我变得更加有意识地去认识作品，更加注意它的结构，我开始研究它的和声结构。"

这位钢琴演奏家开始认识到，音乐是可以拿来研究的。另外一位钢琴演奏家（P-5）则是在十四五岁的时候发现："虽然不是所有音乐作品都让我有这样的感觉，但是，至少通过一些特定的音乐作品，我能够感到自己有些特殊的东西想要表达。"还有另外一位钢琴演奏家，虽然从5岁起就开始弹琴，但是到了11岁的时候，才觉得自己第一次发现了音乐，建立了一种使命感，相信他所做的事情是有价值的。

有一位钢琴演奏家（P-15）在14岁的时候意识到自己到了一个转折点，那时候，他有机会去听一个年长的优秀钢琴演奏家的音乐会，他所坐的位置离钢琴只有3英尺远，是一个很独特的视角。"我还记得那种被冲击、被震撼的感觉，巨大的强弱对比，音乐表达的所有可能性，听到声音带来的真正冲击，真正的柔和的声音……我突然一下就明白了，我所弹奏的极弱根本就不是极弱，我所弹奏的极强根本就不是极强，我的处理比他的要粗糙得多，我对分句的理解极其肤浅……从那个时候开始，我变得前所未有的认真。我坐在钢琴前的时候不再瞎弹了。我不再仅仅因为好玩就每天花两个小时视奏曲子，我真的开始认真工作了。"

在学习的这个阶段，钢琴演奏家用在钢琴上的时间大幅度地增加了。那些以前每天练琴45分钟到1小时的，开始每天练琴两小时。那些以前每天练琴两小时的，现在发现自己每天练琴可能会达到4小时之多。

练琴的质量也发生了微妙的变化，比起仅仅是练琴时间的延长，这个质量变化给人的记忆更加深刻。练琴不再是简单地"练够时间"。对于练琴时间的关注慢慢淡化了，音乐本身的要求被放到了更高的地位上。

有一个问题是，这些行为和态度上的变化是由一个新的、水平更高的老师激发的，还是因为有了这些变化，钢琴演奏家和他们的父母才去寻找更好的老师？不过这个问题就有点像"先有蛋还是先有鸡"一样。按照钢琴演奏家和他们父母的回答，他们可以被分成人数相等的两个组，一组是态度的改变导致他们去寻找更好的老师，一组是新的老师促成了他态度的改变。不管是谁，或者什么情况引起了态度的改变，钢琴演奏家们在改变态度之后的情形，从上课的内容到练习的时间，再到他们参与的其他音乐活动，都是异常相似的。

上课与练琴

到了十二三岁的时候，这些钢琴演奏家基本上都在跟专业老师学琴了，通常这些老师在他们那个地区是很有名气的，而且人脉很广，在音乐圈子里很受尊敬，音乐水平也很高。有几位老师自己也是钢琴演奏家，但是多数老师并不是。对于多数钢琴演奏家来说，这是他们的第二任老师，但是也有一些在那时候已经换过两个或者三个老师了。

和最初开始学琴的时候一样，父母通常会观察换新老师的过程，以确定老师和孩子相处得很好。有时需要花一番功夫，才能找到一个合适的第二任老师，能够用适合孩子的方法给予孩子所需要的专业教学。例如，有一位钢琴演奏家(P-5)说："我们最初做了一个错误的选择。我们找了一任新老师，但是情况很糟糕。我们在一起互相适应得很不好。我当时就想把钢琴课停了，不想再碰钢琴了。那是个灾难性的情形。"

这位钢琴演奏家和他妈妈都回忆说："那位老师严厉得出奇。他会拿一把尺子去打孩子的手腕。我看得出来，这会毁掉我儿子想做的任何事情。""大概三四次课之后，我们就果断把课停了，又找了另外一位老师。这次的情形正相反，我们属于一拍即合。"

在音乐上造诣更深的老师要求更严格，也非常具体。"他总是要求我做到完

美。"（P-6）"他对所有事情都有严格要求。"（P-1）

"一堂课会非常长，非常、非常地具体。她总是在调整我的手的形状及诸如此类的最最细节的事情。她让我给乐曲分句，让我不断地重复练习，直到曲子达到尽可能的优美。"（P-13）

"我接受的训练非常全面。他给我的一些基本技术练习，我到现在还在用。哈农、车尔尼、勃拉姆斯的技术练习，莫什科夫斯基和肖邦的练习曲，这些我认为值得一辈子去弹奏。要真正弹奏好这些曲子是非常难的，要弹好这些都需要出色的技术。"（P-10）

指法、分句、声音的质量、手的形状、语气的表达，以及其他钢琴演奏的技术要素都得到了详尽的讨论。对于一些钢琴演奏家来说，这是他们第一次有意识地接触钢琴技术。对于其他人来说，他们可能对这些概念很熟悉，但是对它们的强调、重视，是前所未有的。

大多数钢琴演奏家说，他们是通过学习优美的乐曲来学习钢琴技术的。

很多钢琴演奏家谈到，他们会用8节课甚至10节课来学习一首曲子，一个音符一个音符、一个句子一个句子地钻研，直到正确地掌握为止。

但是，技术能力并非教学的唯一重点，甚至可能也不是最重要的上课内容。钢琴演奏家们一次次强调的是，在这个阶段，新的音乐空间向他们展现出来。就如有一位（P-23）所说的："那位老师似乎是给我的全身都浸透了某种对于音乐和艺术的感觉。"

另外一位钢琴演奏家（P-7）则这样说："他不断地强调说，在音符的背后，或者在音符的表象之下，有些东西是我们一定要尊重的。除了尊重乐谱上的标记之外，还有一些更加重要的东西——音乐想要表达什么、音乐的内涵是什么，这才是问题的核心。"

钢琴演奏家们不仅被要求刻苦练习技术细节，也被要求去思考他们在弹奏的音乐。另外还有一件事情在这个时期变得重要起来，那就是，要建立自己的乐曲库。

在学习的中期阶段，教学的本质似乎是两件事情的组合：一是为拥有全面的音乐能力而打下一个扎实的基础；二是发展出一套系统的方法来学习音乐和演奏。

钢琴演奏家们学会了如何练习。"老师会非常清楚和详细地列出练习的方式，她会把这些都写在笔记本里。"（P-5）"我记得老师规定了最少的练习时间，我记得是每天不低于3个小时。所以，这时候你就开始认真地学习了。他的标准的确很高。"（P-10）

"练琴变得非常有规律，因为老师有一个练习套路。这首曲子要练多长时间，那首曲子要练多长时间。这首曲子要节拍器的什么速度，那首曲子要节拍器的什么速度。这首曲子你要先慢练，然后再提速。"（P-13）。

钢琴演奏家们不再需要也不再希望父母陪他们练习了，但是，他们时不时地还是需要父母的提醒和督促才去练习。在这个时候，他们之所以练习，是因为他们对自己所做的事情感兴趣，因为喜欢与老师一起工作，"那好像是生存的需要"（P-5），因为老师每节课布置的作业必须要通过练习才能完成，因为老师要求他们练习，因为他们"害怕回课的时候没有准备好"（P-8），还因为他们需要准备演出和比赛。

总之，他们坚持大量的练习，似乎是因为觉得在学了四五年琴之后，习惯的力量就很强大了。

"我早上起来就会练琴，就像早上起来会洗脸、刷牙一样。那是一件非常自然的事情，你把它当作很自然的事情来接受。"（P-4）

学生习奏会、比赛、演出

在学习的中期阶段，演出是这些钢琴演奏家所受的教育里很重要的一个部分。他们参加各种各样的演出活动，从小型的演奏会到重要的音乐会。由老师安排的那些常规的学生习奏会曾经一度让他们非常激动，以前似乎是很重要的事情，现在变得司空见惯了。钢琴演奏家们也举办个人音乐会，也为了学校的项目、社区的组织、妇女组织等而演出，有些演出还有报酬。在这些年当中，最让人激动也最有挑战性的活动是青少年钢琴比赛。这些机会使得他们能够在众多的、有较高音乐造诣的观众面前演出，也许还可以得到殊荣，与全编制的交响乐团合作演出。

有一位钢琴演奏家在6岁的时候参加了一场重要的演出，从那以后，他得到了定期参加演出的机会。另外一位则直到18岁都没有参加过任何重要演出。大多数钢琴演奏家则是在13～15岁之间开始经常性地进行演出，包括在一些相当重要的场合演出。

大多数钢琴演奏家的演出是由老师提议或者安排的。老师会给学生提供比赛的信息，有的时候甚至会亲自开车送学生去比赛。如果某个社区组织给老师打电话，想找人去演出，老师会很积极地把自己的学生送去。如果社区里没有这种机会，老师会自己给学生安排个人演奏会。一位钢琴演奏家（P-6）回忆说："所有事情都是以一种渐进的方式进行的。所有事情都是经过认真严谨思考的。"最初，他为很少的一些听众举办了一场时间很短的音乐会。然后，他举办了一场时间稍微长一些的音乐会。之后，就是一场时间更长的音乐会，听众也更多了。

钢琴演奏家们参加过什么样的重要演出，部分取决于他们居住的地方。比如，在几个城市里，本地的交响乐团每年会为年轻钢琴演奏家举办比赛。参加了这些比赛的钢琴演奏家们不管是输是赢，都从这个过程中积累了重要的经验。另外，比赛通常分为3个年龄组，而3个年龄组的优胜者会得到与全编制的交响乐团合作演出的机会。

在其他一些地区，没有这种交响乐团举办的比赛，但是青年音乐家协会和全国音乐教师协会会组织类似的活动。全国音乐教师协会每年都举办他们称之为"评审"的活动，这其实是音乐考试，由音乐家担任评委，制定标准，考查儿童的学习情况。每个地区分会的情况略有不同，有些地方会评选出每个年龄组的年度"最佳表演者"，或者学生也可以把分数累积起来，几年下来，可以去争取成为某个年龄组的"冠军"。同样的，通过这些评审活动，小钢琴演奏家们也有可能得到与乐团合作演出的机会。小钢琴演奏家们也参加了各种各样的本地比赛。本地的大学或者企业也会赞助这样的比赛。

参加演出和比赛无疑是一种动力，它激励着一个人日复一日地去完成困难的、经常也是枯燥的任务。这些演出和比赛给了小钢琴演奏家一个锻炼的机会，在听众面前展现自己的技能，这些技能是他们永远都在练的，但平时只是独自一人练，或者与老师一起。这些演出和比赛还让他们能够与听众通过音乐来交流，让他们用音乐对听众表达一些什么。这些演出和比赛给了钢琴演奏家们结识其他音乐家的机会，包括那些来做评委和来做听众的、知名的成年音乐家，也包括与他们自己一样的青少年演奏者。这些演出和比赛也给了他们机会，让一些陌生人注意到他们、赏识他们，这些人之中的一些在后来甚至给予了他们直接的帮助。

从14岁起，有些钢琴演奏家在参加过的所有比赛里都会取胜，有些则是输的多、赢的少。与参与比赛相比，赢和输似乎都不是很重要。就算那些没有取得优胜成绩的人也从这些经历中取得一些有益的收获。

老师和父母都指出，钢琴演奏家们每一年都在进步。不管他们在比赛中是赢还是输，当地的报纸都会经常提到他们，在学校和社区里，他们也获得了人们的认可。"我们住在一个很小的社区里，一个孩子不管在什么事情上只要稍微做得比学校里其他孩子好一点，就会上报纸，所以她是名声在外。我保留着一堆一堆的剪报。"（P-8 的母亲）最重要的是，无论是赢还是输，钢琴演奏家们似乎都学会了一件事：离开比赛和演出场地的时候，他们想的是下一步要练习什么，才能够在下一次演奏得更好。

家庭的投入和参与

在钢琴演奏家刚刚进入青春期的时候，他们就被贴上了与众不同的标签。"我在家里当然是最受重视的。我从来都是想什么时候弹琴就什么时候弹琴，我的姐妹们就得给自己抢弹琴的机会。"（P-5）"我爸爸会同意我不做家务事，因为我得练琴。他会说，她得去练琴，所以她不用帮着洗碗了。"（P-8）

"我们确实给了他一些特殊的优待。我们没有干扰他的音乐活动。在我们看来，他不应该在家里干这样那样的家务活儿，因为这些会减少他的练琴时间。当我们意识到他确实有音乐这方面天赋的时候，我们就让他自由支配时间，不逼他做家里其他孩子必须要做的事情。我们意识到他是一个特殊的孩子，不会要求他去洗车。"（P-15 的母亲）

父母所做的牺牲还有很多很多，绝对不仅限于在家里少了一双帮忙干活的手。如果需要，他们会开车带孩子去很远的地方，只为了让孩子跟他们能够找到的、最好的老师学习。"这充分说明他们有多么好……他们非常积极地支持我的任何志向。"（P-7）更加典型的是，一对父母会开车 1 小时带孩子去上课，有时候还会遇到堵车，然后，在孩子上课的时候，父母还得在外面等待。为了让孩子得到尽可能好的指导，有 3 个家庭还把家搬到了外地。

成才之路　　发展青少年的天赋

即使是在经济条件比较差的家庭里，为了让孩子得到所有他为了成为一名音乐家而需要的条件，没有任何牺牲是太过重大、父母不能做出的。"我父母兜里根本没有什么钱，那些日子是很困难的。但是，参加音乐活动的钱总是有的。"（P-10）"我们家不富裕，很节俭。我们的日子一直过得还可以。毫无疑问的是，他需要有最好的老师，以及其他一些好条件。"（P-2 的母亲）"我尽自己那点微薄的所能给她提供尽量好的条件。"（P-1 的父亲）

不可避免的是，在某一个时刻，一架三角钢琴会成为必需品。在那个时候，父母总会凑出买琴的钱。"我们只能做出牺牲，没有其他选择。因为我们希望他能够有另外一架钢琴。他在进步，学得非常好。"（P-23 的母亲）

建立走音乐道路的决心

这些少年人开始围绕着音乐安排自己的生活。不管有其他什么活动，他们都会坚持每天练琴。有些人主要是出于习惯而练琴，有些则是下定决心要证明什么。

"我感觉到一股巨大的力量。当一个人做一件事情做了很长时间之后，会有一种心理效应在起作用，会觉得仅仅是在这件事情上面花了这么多时间，这本身就有不得了的价值了。我觉得，如果要把这个习惯打破，用其他东西取而代之，那只有经历了某种巨大的创伤才能做到。"（P-10）

"我的心气高得不得了。我觉得需要证明自己是有价值的，而最好的证明方法就是通过弹琴。"（P-7）

他们利用了每一场音乐活动的机会。钢琴演奏家们在学校的音乐会上演出，为学校的音乐剧伴奏，在学校的社交活动里和乐队一起演出。在全国范围内，最正儿八经的音乐夏令营有三四个，到了高中毕业的时候，大多数钢琴演奏家已经

第一章 学习成为钢琴演奏家

去过至少一个夏令营,要么曾经在某一个暑假去过,要么是好几个暑假都在那里。同样的,这也通常是老师建议和安排的。

这些夏令营对于钢琴演奏家有巨大的影响。在那里,他们认识了和他们做着同样事情的同龄人,他们之间相互交流经历、相互比试、交换信息。在夏令营里,他们也会见到自己的一些偶像。"除了我的家人之外,对我有着最重要意义的那些人,是我在一个夏令营里认识的。"(P-1)暑假里的这些经历很有教育价值,很有挑战性,也很激励人。

尽管这些钢琴演奏家花了许多时间来学习如何成为音乐家,这却并不能表明他们就缺少朋友,或者在社交方面比较孤独。不过,对于他们中的一些人来说,这倒也是事实。钢琴演奏家们几乎正好可以被划分成两组:一组人有好朋友,无论是初中还是高中,他们都是学校里的活跃人物;另外一组则是大部分时间都独自在钢琴前度过。有些人(P-6)对我们说:"我没有任何朋友,因为我没有时间。"但是其他一些人却是年级主席或者校报编辑。有些人从来也不会打球,甚至不会打保龄球,因为怕伤了自己的手,另外一些人却"总是能够在小区里玩耍"(P-10)。但是,不管他们是喜欢交往还是经常独处,体育运动方向上是积极还是谨慎,他们都在音乐上投入了大量精力,以至于把探索其他发展可能性的机会都放弃了。

"我们没有在其他活动上给予她足够的鼓励。我想,这或许间接地鼓励她走上了音乐道路,因为我们没有鼓励她做其他事情,而是注意保证她有时间练琴和做类似的事情,不让其他事情多占用她的时间。"(P-8的母亲)

考虑到他们的年龄,钢琴演奏家们当时的音乐水平是很高的。而且,他们的音乐水平也比他们在其他方面的水平高得多。在哪一个时刻,他们有意识地决定要成为音乐家,却是因人而异的,有些人在5岁的时候就立下志向了,有些人则在18岁以前都一直无法确定。但是,不管他们是否有意识地确定了志向,他们都会把音乐看得比其他事情更重要，倾向于忽略其他事情。音乐是他们用来"保底"的东西。"因为我除了学习之外还有钢琴，我就从来也没法像班里的其他小孩那样，在对待学校功课的时候有那么强的上进心。"（P-15）

钢琴演奏家们花了多长时间，才有意识地决定要走音乐道路，花了多长时间才在演奏上有了显著的进步，因人而异，而且区别非常大。有时候，一个孩子在一段时间内都没有得到适当的音乐指导，没有人督促他在自己的能力之内最有效率地去追求更高的志向、达到更高的水平。有些拒绝做出选择，拒绝去发现新的天地，他们暂时满足于像往常一样的练习和演出，暂时没有新的目标和动力。有些钢琴演奏家在成功的阶梯上是持续、匀速前进的，有些却是断断续续进步的。但是，到了学习中期即将结束的时候（这个学习的中期通常是4～7年），所有人基本都是义无反顾地走上了将音乐作为人生事业的道路。

父母和老师的一些决定，一旦做出，就很难回头了。比如，为了家里的一个孩子可以跟从某位名师学习，一个家庭可能会搬家到几百英里之外，但一旦搬了家，这个孩子似乎就不太可能在一两年之后宣布说，我对钢琴厌倦了，我想当建筑师，或者学习其他东西。再比如，一旦一个孩子在高中期间被允许只学那些他感兴趣的课程，不学一些其他学生必修的课程，那他就不太可能去申请大多数大学了，而只能申请那些对他的音乐专长有兴趣的学校。有3位钢琴演奏家当时全程退出了常规的学校，由私人教师辅导他们，以达到各州的毕业要求，但是他们的主要时间则是用在了音乐上。在做出这样一个决定的时候，他们的前途实际上就已经确定了。在临近高中毕业的时候，这些人的发展道路大多都已经非常确定了。在那个时候，大多数人考虑去的大学，都只局限于几所高质量的音乐学院，其他学校都已经不考虑了。只有3个人是例外，这3个人最后选择去了综合大学里的音乐学院或者音乐系，这是因为他们想在全身心投入音乐道路之前，再探索一下其他的可能性。

中期阶段总结

在学习的中期阶段，钢琴演奏家们需要学习如何把一件事情做得特别出色，与此同时，他们把其他职业的门也给自己关上了。

1. 他们在那时都已明显地牢牢建立起了上课和练琴的习惯。父母的激励和督促都已经不是很重要了。钢琴演奏家的身份的重要性，对他来说，都是不言而喻的事情了。

2. 他们投入了大量的时间，来学习如何成为一名音乐家。一般来说，这些时间加起来，起码能够顶一份半日的工作。对于有些人来说，所用的时间加起来，更像是一份全日的工作。他们投入越来越多的时间，不断增加学习的深度，用越来越认真的方式，为自己演奏家的身份做准备，并且试验这个身份是否适合自己。

3. 钢琴演奏家们对于音乐活动的看法有了一个重大的变化。在他们还是幼童的时候，他们是在"弹钢琴"，那其实就是在玩。在上课、练琴逐渐成了常规之后，他们进入了"演奏音乐"的阶段，并且被"创造音乐"的可能性深深吸引。

4. 钢琴演奏家们会每周都跟随音乐知识丰富又全身心投入音乐的老师学习。他们谈论音乐、弹奏音乐、生活在音乐当中。对于学生来说，这是一段高强度却又让他们分外重视的经历。他们被督促着去达到最精准的演奏水平，在取得高超技巧的同时，也得到机会去探索广阔的音乐世界。

5. 在这个时期，钢琴演奏家和父母做了很多有利于音乐学习的决定，但是却也因此放弃了很多其他机会，钢琴演奏家的同龄人在这个时期则仍然有这些机会。有两种做法影响很是重大，一种是整个家庭搬家到很远的地方去，另外一种是因为投入音乐的精力很多，导致在其他各方面接受的教育比较有限。此外，还有一些不那么显眼的决定，也使得他们把大量的时间和精力放到音乐里去，而把少得多的时间放到学校功课里去，这也同样限制了他们的选择。

6. 家庭对这些钢琴演奏家的支持是既有深度也有广度。时间、金钱、生活方式都是围绕着能够让一个孩子成为出色的音乐家，而这样做，很可能会使得其他家庭成员为此付出代价。

7. 对于孩子的评价、对于孩子创造音乐的激励，不再仅仅来自于家庭，而是来自于一个更具有音乐背景的大环境。老师怎样评价学生和他的演奏，变得至关重要。其他学生、同伴为他们提供了竞争的动力，也让他看到了自己的价值。

在学习的中期阶段，成功，即使只是自己或者周围人眼中的成功，也给钢琴演奏家的道路定了基调。他们是自己老师那里最优秀的学生之一，在青少年钢琴比赛中能够进入决赛，在演出中的表现会得到好评。究竟要走什么道路？这个问题从来没有被真正提出过。即使当时钢琴演奏家还不能够真正理解"成为演奏家"意味着什么，音乐道路却肯定会成为他们的人生选择了。

"我敢肯定，在她 14～16 岁的时候，她没有真正理解日后可能要付出的辛苦——那些旅行，那些汽车旅馆。那时候，一切都看上去很有荣耀。她在音乐会上演出，大家给她鼓掌，给她献花……其实那只是事情的一面。"（P-8 的母亲）

对于那些十几岁的小钢琴演奏家来说，音乐的世界美丽迷人，像是一个诱惑。

学习的后期阶段：以音乐家身份进入成年

从一个十几岁的、有才能的小钢琴演奏家过渡到一个职业独奏钢琴演奏家，这个过程里最重要的一步，也许就发生在他们开始跟从一位大师级的老师学习的

| 第一章　学习成为钢琴演奏家 |

时候。到了他们十八九岁的时候,所有的小钢琴演奏家都在跟从专业音乐家学习了。这些钢琴演奏家当中有16位,在不同的时期,与5位大师级老师中的一位学习过。这些大师完全了解成为一名巡回演出的独奏家意味着什么。这些大师级的老师都是职业钢琴演奏家,都属于这个很小的圈子。他们当中有些还在经常性地参加巡回演出,有些已经退休,也有些虽然还在演出,但接到的邀请已经不太多了。所有这些老师也都是专业音乐学院里最受尊敬的教授。这些老师起了至关重要的作用,把年轻的钢琴演奏家引入了音乐世界最深处的圣地。

不是每一个想跟从这些老师学习的人都能够得到这样的机会。首先,这些老师不教初学者。其次,不管这名学生技巧多么高超,除非他具有非同寻常的学习动力和自觉性,否则这些老师也不会教他。有一位老师对我们说:"如果他们来我这里的时候还没有内在的上进心和学习自觉性,我就不会收他们。"最后,并不是说只要小钢琴演奏家自己想去这些老师那里学习,就能得到机会去这些老师那里进行面试。这些老师似乎是依赖于熟人和同事来向他们推荐学生,之后,他们会在这些推荐学生中进行挑选,而他们的选择条件是一些比较主观的东西,例如天赋、潜力和决心。

在多年的教学过程中,一些在全国范围内能够算得上是优秀的音乐老师会有机会见到大师级的老师,甚至有机会与他们结交。这些音乐老师会把自己最出色的学生送到大师级的老师那里。这些音乐老师会通过信件、电话来推荐学生,他们也会把学生送到一些比较专业的夏令营去,在那里,学生也会有机会给大师级的老师演奏,这就相当于是非正式的面试。众所周知,中级的钢琴老师只会为非常特殊的学生做这样的事。这是因为,如果他们把很多学生都介绍给大师级的老师,而大多数都没有被接受,那么他们自己很快也就会失去信誉了。

有几名学生是通过演出和比赛而找到机会,进入这些大师级的老师的门下。

他们的演出可能给某一位听众留下深刻的印象,而这位听众会建议他们去跟从某位老师学习。也可能,某位大师级的老师正好也在观众席上,或者正好担任比赛的评委。后来,当其中某名学生去请求这个老师收自己为徒的时候,老师可能认出了他,并且因此收下了他。

就算是仅仅想能够得到一个到大师级的老师那里面试的机会,学生也需要在音乐圈子里至少取得中等水平的地位。学生自己、父母或者老师,还需要知道应该去找谁,应该到什么地方去找。不过,一个小钢琴演奏家想要知道合适的人、合适的地点在哪里,也并不需要出生在有音乐专业背景的家庭里。在小钢琴演奏家做好了准备、到了应该与大师级的老师学习的时候,他们和父母大概已经花了 7~10 年的时间来了解音乐的世界,结识人,让别人听自己的演奏。就算那些在孩子开始学琴之前根本就不参与音乐活动的家庭,到了这个时候,似乎也学会了应该到什么地方去找合适的机会。

有趣的是,小钢琴演奏家们自己倒似乎没有积极主动地去拜访大师级的老师。也许在某一个时刻,他们梦想过要跟这些老师学琴。一旦联系上了,他们也冒着被拒绝的风险去大师级的老师那里面试了。但最主要的是,在这件事上,老师和父母似乎比小钢琴演奏家更加积极主动,小钢琴演奏家通常则是被老师和父母推着往前走的。

"我想,他只是觉得自己被关照得很好。如果那些考虑他下一步去向的人不是圈子里的人,不了解行情,那事情就会不同了。但是,他接触的人是了解音乐这个领域的。"(P-22 的父亲)

跟从大师级老师上课

在 12~19 岁之间的某个时刻，小钢琴演奏家开始跟从大师级的老师学琴。大多数是在 15~17 岁之间开始的。这段经历的重要性，是怎么强调也不过分的。

能够被这些老师接收到他们的工作室里去，这本身就被看成是最高的荣誉。钢琴演奏家们经常带着敬畏之情提到他们开始跟这些老师上课的情形。"一想到这个人居然肯教我，居然肯把他的时间给我，就让我觉得几乎没法承受。"（P-6）"塞尔金之后，还有谁在那儿学习过？"（P-5）"范·克莱本在朱丽亚音乐学院上的学，我也是在那儿上的学。范·克莱本跟列文涅夫人学的琴，我也是跟她学的琴。"（P-7）"她对我说的话就像上帝的旨意一样。"（P-13）

跟这样的老师学习，本身就是激励，是动力，是教育。这些老师就是小钢琴演奏家梦寐以求想要成为的人。这些老师对学生最重要的作用，就是他们自己为学生提供了最高水准的榜样。小钢琴演奏家仔细观察老师是怎样坐在钢琴前面，怎样看乐谱，怎样为演奏一个曲子或者一个风格的音乐做准备，怎样在乐谱上做记号，身体怎样移动。他们倾听老师的每一个停顿，每一个渐强，每一个颤音。他们观察老师对于其他音乐家的态度，对于各种音乐风格的态度，对于演出和比赛的态度。小钢琴演奏家学到了工作的态度、习惯和方法，而他们之所以能够学到这些，常常只是因为他们能够与大师相处，而并不是因为他们有意识地要学这些。

"他可不仅仅是教你怎么弹琴，他教你的时候，每个字都像是来自上帝，只是通过××先生的口而传递给我。而我就像一块海绵那样把每一个字都吸收进去了。我学到了面对音乐的正直、诚实、全心全意，对于音乐创造和自己的艺术家身份的完全忠诚。"（P-6）

成才之路　　发展青少年的天赋

"我相信，她从××老师那里得到的一些东西，是她不可能从其他任何人那里得到的。××老师从那 25~30 年的音乐事业中得到了太多的经验，他给她的一些经验，我相信没有别人能够给她。"（P-1 的父亲）

"他是想教我成为一名音乐家，而不是教我仅仅成为一名钢琴演奏家。那才是他的真正要求。一个人要有一种开放的态度，一个更为包容的态度，这比仅仅学习怎么弹钢琴要更加重要。"（P-4）

"学生不仅仅是在跟一位钢琴老师学琴，而是在跟一位全面的音乐家学习。他审视一首曲子的方式，跟绝大多数人相比，可能就是从一个宽得多的角度出发。关于音乐创造，他的整体的态度很特别。与这样的人一起工作，真是我巨大的荣幸。"（P-22）

小钢琴演奏家们是幸运的，因为，大师级的老师可以给学生的，是比表面印象多得多的东西。他们对自己这一领域有着极其深刻的理解。他们了解出色的和不那么出色的曲目，他们了解乐曲的复杂性，它们的优雅，它们的戏剧性，以及它们的简单之美。

"她有一种很强烈的直觉，知道一首曲子需要怎样被组织在一起。她可以从曲库里拿出一首最弱的曲子，而仍然让它给人整体的美感。我认为这是一件非常了不起的事情。所以，我从她那里吸收来了极其丰富的知识，在最复杂的曲子里也能够看清道路，为什么它从这个地方走到下一个地方又走到再下一个地方。你看得到所有的山岭和谷地。"（P-23）

"他训练了我的钢琴技巧，但是，成为一名音乐家，与成为一名钢琴演奏家，是有所不同的，而这不同，在每一次上课的时候都变得越来越清楚。因为我们谈的是音乐。我们开始努力更有头脑、更智慧地去理解句子的结构是如何安排的，意义是什么，你想要表达什么，而不仅仅是你要在某个乐器上做什么。"（P-4）

这些老师知道有哪些作品是年轻的钢琴演奏家们需要大致了解的，又有哪些作品是需要深度学习的。

大师级的老师们有一个前提要求，那就是他们的学生是认真的，任何事情也不能阻挡自己的学习。他们给学生留的曲目量非常巨大，而且要求学生在学习这些曲目的时候能够达到他们所设立的高标准。

"他是个不可救药的紧盯着任务的人，让人非常难以置信。他能把你的魂儿吓跑。你像是在演出一场音乐会，而不是上课给老师弹琴。你走进琴房，要做好演出的准备……接下来的一个小时，你会被批得体无完肤。"（P-5）

老师们从来不容忍粗糙和懒惰。他们布置的功课要求学生投入超量的时间和高度的注意力，每天至少要花 4 个小时。当一名学生的任何一节课没有达到老师们要求的时候，他们从来都会毫不迟疑地表达自己的失望。反过来，如果老师们认为学生弹奏得很好，他们的满意和愉快表现得也是明显的。

跟随一位大师级的老师学琴，需要有耐心，有强大的内心力量和自律性。老师会经常出去巡演，所以，每次钢琴课的时长会比较长，但是也会很不规律，例如，每次课两个小时，但是每 3 个星期上 1 次课。这些老师重视音乐多于重视学生，所以他们对学生的指令很可能是简短而生硬的，他们不会照顾学生的情绪。老师们精心选择了最有潜力和对音乐最为认真的学生，他们也期望学生有能力、有内心的动力。他们布置曲目的时候，就期望下次课学生回来的时候，这些曲目已经被打磨到近乎完美的程度了。

最后，大师级的老师们所知道的，远不止怎样创造音乐。他们知道怎样演奏。他们认识其他的音乐家、经纪人、乐团指挥。他们也知道，对于一个正在上升的独奏钢琴演奏家来说，哪些机会对他们来说很重要，哪些机会是他们能够得到的。

生活在音乐家中间

跟随大师级的老师上课的过程，在一定程度上，也是与其他极其出色的年轻音乐家一起工作的过程。在此之前，处在成长期的钢琴演奏家们只是在一个非常松散的意义上可以说是有一个"班级"。他们在学生习奏会上听到老师的其他学生的演奏，在参加比赛的时候，他们会结识其他的年轻音乐家。但是，直到开始跟随大师级的老师学习，他们才拥有了志向和能力一致的同伴，以及与这些同伴朝夕相处的机会。

"当我进了柯蒂斯的时候，我发觉，我不是唯一弹琴出色的人，有其他一些小孩弹琴真叫神了。那是一种强烈的冲击。以前我一直很闭塞，别人还让我觉得自己非常优秀，那么一旦发现有人弹得比自己好，还真不容易接受。在这里，每个人都会有一种感觉，你可能是个人物，但你绝对不是独一无二的人。"（P-6）

这些年轻钢琴演奏家会与同伴建立起令人激动的友谊，但彼此之间又会有很激烈的竞争。钢琴演奏家们互相交流，看看各自都有些什么作业，各自都在用什么样的方法达到老师的要求，偶尔，他们也会一起诉苦水，抱怨老师对他们的"虐待"。他们互相交流经验，分享他们得到的一些关于比赛、演出和活动信息。他们一起去参加重要的演出，一起看电影，玩扑克牌。

当然，年轻的钢琴演奏家们彼此之间也有竞争。有时候，他们会比赛看谁能以最快的速度弹肖邦练习曲，这属于比较轻松愉快的竞争。当他们"练琴的时候，常常也会有一种竞争之类的东西，如谁能练得最多，这非常激励人"（P-8）。他们也为了学校里的奖项而竞争，为了得到老师和经纪人的注意而竞争，以及"要证明我也是个人物"（P-13）。

也许，最能够让学生焦虑的事情是老师举办的大师课。在每一次大师课上，一名学生要当着老师的所有其他学生的面，给大家弹奏，然后由老师点评。钢琴演奏家们对于当着同学们的面演奏、被同学们掂量，是非常在意的。他们会担心自己的水平可能有些缺陷，或者整体水平还不够高，而这无疑也是一个动力，让钢琴演奏家们"在不让自己发疯的前提下，能练多少小时就练多少小时"（P-6）。

练琴

练琴的动力，不仅仅来自于担心或者竞争。钢琴演奏家们说，在一所著名的音乐学院，跟随一位出类拔萃的老师学琴，这个事实本身就会建立一种期望："每天练琴的时间要在 4～7 小时。"（P-23）老师们会布置大量的任务，除此之外，还有大师课，还要准备演出和比赛。有一位钢琴演奏家说，他整天都在练琴，因为他急于"达到可以以钢琴演奏为职业的水平——开演奏会，取得声名，继续演奏音乐，让它听起来完全是你想要的那样，诸如此类"。

在学习的后期阶段，钢琴演奏家们在态度上的最重要的变化之一就是"音乐不仅仅是个自然的存在，我要为自己的音乐做主"（P-10）。创造音乐成了非常个人的事情。"你已经听过其他人弹奏某首曲子，比你弹得还好，但是他们仍然无法把曲子弹得完全合乎你想要的效果。"（P-2）这个态度也是钢琴演奏家们从老师那里学来的。

"他促使我思考，让我试验，让我明白，我需要找到自己想要的表达方式。你要知道什么是正确的，什么是错误的，但是，声音和音色的可能性绝对是无穷无尽的。他就是这么教我的。"（P-24）

他们是否想过要放弃这一切？有些人说："从来没有想过！"另外一些人说："当然想过！"但是，真正的问题是，还有什么其他事情是他们能够做的。"有好几次我都做好准备要放弃了,可是我不知道我想做什么别的事。"(P-8)"没有其他事情像音乐那样让我有兴趣,我学音乐的时间远比做任何其他事情的时间都长。"(P-10)"音乐是我所知道的最容易的谋生方法,那是我会做的事情,那是我受了训练要去做的事情。我不知道如何把任何其他事情做得同样好。"(P-24)

终曲

在学习的后期阶段,父母的作用明显要减小了。一旦小钢琴演奏家开始跟随一位大师级的老师学习,父母的作用就局限在为孩子提供支持,而这主要集中在经济上的支持。他们出钱供孩子上学,出钱租孩子首演的音乐厅,送他去欧洲参加比赛,等等。他们也从来都是孩子的热情听众。但是,父母对孩子的具体帮助,现在就被其他人取代了。这些人因为自己有过这样的经历,他们知道音乐世界是什么样子的,也知道小钢琴演奏家应该做好什么准备。

通过老师和学校,小钢琴演奏家们对于钢琴比赛有了越来越多的了解,包括哪些比赛历史悠久、比赛都有哪些种类、各个比赛的地位如何。音乐学院也会组织一系列内部的比赛,主要是为优胜者提供举办个人演奏会和与学院交响乐团合作演出的机会。地区性、全国性和国际性比赛也很多,这些比赛通常是把重点放在某一特别类型的曲目上。钢琴演奏家们用自己弹起来最得心应手的曲目参加各种不同的比赛。他们也为了得到各式各样的奖励而挑选比赛。有些比赛,钢琴演奏家们是为了物质奖励而参加,而另外一些则可能是为了得到独奏演出或者与交响乐团合作演出的机会而参加,还有一些比赛则可能是为了能够在有影响力的音乐家和经纪人面前演出而参加。当然,每一次比赛都是一次机会,不仅可以加深听众对自己的印象，增加将来成功的机会，也可以学习怎样作为一名钢琴演奏家去获得听众的接受。

钢琴演奏家们开始越来越多地关注自己的事业发展。在上课的时候，他们越来越独立，他们聆听老师，但是却不一定同意老师的想法，也不一定听从老师的建议。他们开始寻找和建立自己的音乐风格。这些做法也得到了大师级老师的鼓励。

钢琴演奏家们开始发现和解决他们自己音乐上的问题，而不是去解决老师提出来的问题。

"他给我制定一个高标准，也提供了一对艺术的耳朵。但是，老师不是跟你一起雕琢一个一个小段落的人，他不会做得那么细致，但他们会给你反馈意见，会对你的音乐做出回应，他有一种非常成熟的思维方法。"

在过去，这些老师被学生看成"上帝"，而现在，他们似乎失去了一些无所不能的光环，钢琴演奏家们开始从各种各样的专家那里寻求建议和诠释。最后，钢琴演奏家们开始非常大胆地追求自己的事业。

我们访谈的这些钢琴演奏家，为公众所熟知的还不是很多。但是，从我们做这项研究的角度来看，他们都已经取得了最高水平的成绩，尽管，他们刚刚开始一生的事业。我们无法得知，30年之后，他们之中有几个或者是否有任何一个会成为声名卓著的钢琴演奏家，我们甚至不会知道，到了那时候，有几个人还仍然是钢琴演奏家。

我们设计的访谈是有深度、重视细节地去了解钢琴演奏家们在重大国际比赛中获奖之前的那些年的学习，以及这样的学习是如何积累起来，最终让他们赢得了国际大奖。但是，在得奖之后那些年他们的情况如何，我们也了解到了一些。我们听到，对于一些钢琴演奏家来说，寻找专业的经纪人成了一件非常耗费精力

成才之路　　发展青少年的天赋

的事情。我们也听到，争取机会举办大量的高质量演奏会也成了一项全天候的工作。一些钢琴演奏家的生活被洽谈音乐会和建立关系网给占满了。有些开始学习如何旅行，如何在忙乱不堪的日程当中见缝插针地练琴，如何一个星期接着一个星期、一个城市接着一个城市地演出，而且是要有质量保证的演出。而在所有这一切当中，还要保持对钢琴的热情和自己的精力。尽管他们已然成为了职业演奏家，他们仍在继续学习。

第二章

钢琴演奏家个案

劳伦·A. 索斯尼亚克

第二章　钢琴演奏家个案

　　在前面一章里，所有的钢琴演奏家都得到很多机会来讲述自己，但是读者却无从得知任何一个钢琴演奏家的完整故事。这是因为，我们想要研究取得了卓越成就的年轻钢琴演奏家的成长历程，而这肯定需要的是对一个群体的研究。而我们分析的重点在于提炼出他们中所有人或者绝大多数人所共有的特点。我们会研究2～3人的经历，寻找共同之处或者不同之处，然后，另外两三个人的个案又会被拿出来研究，然后这两三个人和前面那两三个人再放到一起对比，如此等等。当然，在每一位钢琴演奏家的故事里，细节是有区别的，但是，我们要寻找的是在一个大的框架内，他们成长环境中的共同点。这些共同点应该存在于所有这些我们选出来的杰出钢琴演奏家的成长过程当中。

　　但这一章要呈现的是一位钢琴演奏家的成长故事，有着很多只有他一个人才经历过的生活细节。这一章的意图是要突出展示成功的学习过程当中独特和动态的方面。

我们选择丹·格林的故事作为代表，来刻画这一组人的成长经历。先要说明，我们用了化名来保护这位钢琴演奏家的隐私，这一章里所有其他人的名字也都是化名。我们选择他，有几个原因：第一，如果我们能够选择一个有代表性的故事，丹的故事就最有可能被选中。他的故事既没有过分强调我们早些时候所发现的钢琴演奏家成长的模式与过程，也没有略去这些模式与过程中的内容。通俗点说就是，他这个个案毫不极端。第二，丹的故事里很少或者几乎没有戏剧性的时刻和至关重要的转折点。没有一个特殊的意外事件会让不当心的读者受到误导，从而认为他的成功是出于偶然。我们选择丹的最后一个理由是，我们在把他的故事介绍给读者的时候可以不必披露他的真实身份。所有的钢琴演奏家在丹的故事里都可以看到很多自己的影子，因为他的成长经历与其他钢琴演奏家的成长经历非常相似。丹的故事凸显了所有21位钢琴演奏家成长过程中大多数的重要因素。但是，他的故事仍然是个体的、独特的。

背景

丹是在特纳斯维尔长大的，那是中西部的一个小城市，仅有35000人口。他的父母都出生和成长在那附近的更小的镇子里，之后慢慢挪到特纳斯维尔去了，那是"离他们最近的大城市"，他们在那里相识并且结了婚。格林太太是家庭主妇，为了得到一些额外收入，偶尔也做一点秘书工作。格林先生是一位修理工人，在方圆多少里之内都有非常好的名声。他工作的速度很慢，但是他在对待自己的工作上，是个真正的完美主义者。

据格林太太说，在丹出生之前，她和丈夫就谈论过，"希望丹能够成就什么

| 第二章　钢琴演奏家个案 |

事情。不管那是什么事情，我都希望他能够做得出色。我想让他成为一个真正的男人，有能力，善于与人交流。我不想让他成为一个一事无成的人。"

丹证实了这个说法。"我觉得我父母都意识到，在他们的童年时期，他们的机会少得可怜，也许，在他们成年之后，他们在某种程度上仍然感觉缺少机会。所以，他们也许非常迫切地想在自己能力范围之内尽可能地让孩子能够有机会做点什么……我不知道他们是不是深思熟虑之后才这么做的，可能那只是一种直觉。

"他们并不是觉得自己的人生不幸福。我从来没觉得他们这么想过，一次都没有。但是他们总觉得，现在是我们的机会，给孩子提供条件，让孩子去做我们从来没有机会去做的事情。

"在我看来，他们对我的期望，不是我一定要在哪个方向发展，而是做事情要有模有样。当然，在我成长的过程中，他们看到的很明显的一件事，就是弹钢琴是我热爱又能够做得很出色的一件事情，所以我往这个方向发展就是很自然的了。"

丹成长的环境，从很多角度来看，都与多数钢琴演奏家的成长环境非常相似。① 努力工作，把该做的事情做好，不仅是父母的言传，也是他们的身教。"诚实、坦率，是我父母一贯尊敬的品质，他们认为这样的品质很重要。"他父母最大的愿望就是孩子能够比父母生活得更好。最终，是钢琴给了丹机会，让他能够通过努力而取得成功，实现他父母的梦想。但是，在丹出生的时候，音乐却不是他家的生活重心。

格林太太有一些音乐基础，在还是个小女孩的时候，她上过四五年的钢琴课。格林太太说："我有一个叔叔会用小提琴演奏民歌。他特别喜欢，我当然也特别

---

① 需要指出的是，丹是家里的独生子。但是，我们的经验表明，他虽然得到了母亲的很多关注，这种关注与大家庭里"有音乐细胞"的孩子得到的关注并无不同。我们被一次次地告知，这些钢琴演奏家在家里是受到青睐的孩子，而其他的孩子就得自己照顾自己。钢琴演奏家自己和父母都同意这个说法。比如，一个有3个孩子的母亲说："我女儿觉得我们偏心（偏向那个钢琴演奏家）。"当问到"那你有没有偏心"的时候，她很痛快地回答说："是的，我想我确实偏心。"

57

喜欢听……那基本上就是我们全部的音乐生活。"格林先生小时候，他的家庭对音乐有兴趣，特别是唱歌。他的兄弟姐妹都唱歌，有几个甚至也学了一点乐器。在经济上能够负担得起的时候，格林先生也会收集唱片。

"过去他偶尔会买美国广播唱片公司（RCA）红印鉴唱片，我也就这样听到了一些钢琴演奏家的演奏，像伊图尔比和鲁宾斯坦，还有一些歌唱家的唱片。我记得，我开始学钢琴之后就听了这些唱片。他们也有古典音乐唱片。我父亲会听这些唱片，他会舒服地坐下，闭上眼睛专心地听。"

接触音乐

在上学之前的几年里，丹喜欢在沙坑里玩，他总是在搭一些小城堡。他喜欢玩积木，玩硅胶变形玩具，可以一玩就是几个小时，他还特别喜欢研究电话号码簿。格林太太每天晚上睡觉之前都给他读书。

丹的学前班老师发现他喜欢玩那些敲击节奏的乐器——木鱼、铃鼓、三角铁。他真喜欢这些乐器。她对他的父母提起了这件事。"学乐器就是这么开始的，不知道怎么一来，他就选了从钢琴开始。"格林太太回忆她当时的想法，"嗯，这绝对是开始考虑钢琴的时候了。""我学过四五年琴，所以我想这也是一个因素。"

"我们买了一架漂亮的钢琴。那是个很大的立式钢琴，琴键是用象牙做的，最重要的是，它有非常好的音色。我一直记得那架钢琴的音色。"

格林太太说："不管你最后学什么乐器，我认为钢琴都应该是最初学习的乐器。有这么一个基础非常重要。我们从来就没有考虑过其他可能。"[①]她还说，"我

[①] 在四年级的时候，丹上过很短一段时间的小提琴课。按照他母亲的说法，"还可以，但是他似乎就是更喜欢钢琴。"

有一个朋友钢琴和管风琴弹得都很好，我想可能在某个时刻这个情况对我有了一些影响。我喜欢她的音乐，喜欢听她演奏……让丹开始学钢琴似乎就是很自然的事。我喜欢她的弹奏，她做的事是我也很想能够做到的……"

格林太太安排丹跟着附近教堂里唱诗班的指挥和风琴师开始上最初的钢琴课。在还差一个月就满 6 岁的时候，丹开始跟着 A 太太上课。"她住得近，就在同一个小区里，而且我们知道她。"

丹从 A 太太那里学会了认识音符。"她有这些闪卡，每一张卡上有一个音符。你得马上说出来这个音符是什么，然后她就拿出下一张……我们甚至在家里也有一套卡，我妈妈给我用。"

格林太太旁听了丹的钢琴课，也指导他练习。

"妈妈旁听过我上课，但是她不是每一节课都来。她注重的不是我做得好还是不好，而是我们课后需要怎样练习。我记得，在我初学阶段，我的所有老师都有一个笔记本，他们会详细地写下来，下一个星期应该做什么。但是，我知道我妈妈也是会做笔记的。

"在学琴的最初几年里，妈妈会坐下来陪我练习。我每次开始学一个新曲子的时候，我们都会先识谱，还要拍击节奏。我妈妈会陪我一起做这些。"

格林太太解释了她为什么这样与丹一起练习。"到了一定时候，孩子就不愿意父母陪着他去上课了。这没问题。但是我一直都是陪他坐下练琴，来确定他是在做老师要求的练习，起码从我的判断来看，能够符合老师的要求。因为如果没有人陪伴，坐下来练习是挺困难的事。而且，他当然也喜欢弹二重奏。那是一件大事，那比其他任何事情都有趣。当然，格林先生非常喜欢听我们两个一起弹琴，那样的时刻就把整个家庭都凝聚到一起了。"

格林家注重丹的学习，还反映在父母二人自己也都开始参加更多的音乐活动。

在丹开始学习弹钢琴之后，格林太太也开始跟同一名老师上课——"这是为了帮助他，因为我们想做所有力所能及的事情……"格林先生上了一段时间的声乐课。丹说："这些事情给我留下了非常好的印象。首先，我的父母自己会参加音乐活动，我指那些非常正式的音乐活动。其次，他们对我的学习也表现出了极大的兴趣。"

从学习的初期开始，参加演出就是丹的生活里一项很常规的活动。

"显然，学琴之后，我很快就学得很好，开始在学生习奏会里演出了。所以，我记得我从很小的时候开始就一直在演出。可能是我开始上钢琴课之后6个月吧，我就参加了第一次演出，那是在A太太的家里，所以，它跟到其他地方去演出还是完全不一样的。但是那样的音乐会上也有很多椅子，有架钢琴。"

但是，丹解释说："我可不是神童。我可没有走到钢琴前坐下来就弹得像贝多芬或者莫扎特那样。"

在学习音乐最初的三四年里，格林太太一直陪丹练习。练琴是每天日程的一部分。"我们总是有节假日的，"格林太太说，"但是从来就不会间断练琴和上课。我认为，除非有什么非常非常重要的事情，否则，上课和练琴就不应该被中断。"一开始，格林太太安排丹每天练两次琴，每次坐下来练15分钟。很快，丹就可以一次练更长的时间了。"到了丹10岁或者11岁的时候，他到了想自己独自练琴的阶段。"

"我总是在早上上学之前练琴。我们家总是六点钟起床，到六点半，我就开始练琴了。在我必须要出门上学去之前，我会至少练个45分钟。因为我总是听他们说，这样做，如果我放学之后没有时间，那我仍然保证了每天练琴。我一直相信这是做事的正道。这个方法很有道理，所以，我就一直是这么做的。一般来说，我在放学之后还会练琴。但是，那就不总是件容易的事了。我住的居民区里有很多小孩，我当然也是个正常孩子，喜欢玩……我早上起床之后练琴，就像早上起床之后要洗脸和刷牙一样。那是一件非常自然的事情，你就像接受任何一件正常的事情那样接受它。"

当丹上了四年级的时候，他开始跟从另外一位老师上课。

"我父母觉得我需要另外一位老师，可能 A 太太也提出了同样的建议，她似乎认为我应该从其他老师那里得到一些影响。在我的记忆里，我们从来没有跟老师发生过任何冲突或者分歧。他们可能就是都觉得那是一个应该换老师的时机。我想，在自己能够教给学生什么这个问题上，我的三任老师都很诚实。"

格林太太说："换老师的决定是我做出的，这个我能肯定。我就是觉得学生需要一些变化。那些老师都是很好的老师，但是我觉得一个老师能够把学生带到一定的程度，然后学生就会需要另外的老师，能够让他对音乐有更浓的兴趣。这就是我换老师的原因。"

"我认为 B 太太可以为他做更多的事情，她确实做了，她为他做了太多的事情。"

关于接触音乐的总结

如丹指出的，他父母有心培养他的音乐能力，而且这"可不仅仅是个次要的兴趣"。格林先生和格林太太都很积极地参与丹的音乐教育。格林一家是一个特别以孩子为中心的家庭，这与其他钢琴演奏家的家庭非常相似。家庭生活是围绕着孩子的活动而安排的，而不是让孩子的活动围绕着家庭生活来安排。当孩子越来越深入地投入到音乐当中去的时候，父母也愿意改变自己的生活和日常活动，来适应孩子的生活。

丹提到，他的生活当中有一个方面是他认为不同寻常而又对他最终的成功至关重要的："我有一个非常独特而重要的背景，那就是，我父母没有其他的动机，他们唯一的动机就是对他们的儿子，以及儿子做的事情抱有莫大兴趣，他们非常喜欢这样。他们从来没有说，'嗯，他一定要成为一名钢琴演奏家。'当我逐渐成为钢琴演奏家的时候，他们当然非常高兴。但是他们并没有下定决心非要我成为钢琴演奏家。我觉得，也许，这就是为什么我成功了，而其他一些人没有成功的一部分原因。"

丹也许觉得他父母的这种做法是非常独特的，在很多人眼里，这似乎也确实是非常独特的。但是，在我们访谈的那些钢琴演奏家当中，丹的"独特背景"似乎是非常典型的。

在丹的音乐教育当中，最初的框架和秩序是由格林太太在钢琴老师的指导下建立起来的。那位老师的钢琴水平并没有什么特别之处，但她是格林一家的朋友，所以格林一家对她可以信任，与她相处感觉舒服。丹需要一个框架和秩序，正如格林太太所说："让一个小孩自己坐下来坚持学习，没有人陪伴，是很困难的事情。"另外，第一任老师和自己的母亲可以合作，这对于丹的成长也许同样重要。如果格林太太觉得不方便坐在房间里旁听、记笔记、监督孩子练习，丹也许就不容易学会把练琴当成一种习惯。

对于是否学钢琴，丹没有任何选择余地。学琴是他的父母做出的决定，就像他们也决定了其他一些事情一样，例如，让丹加入童子军。丹加入了童子军，但是，他对此并不感兴趣。格林太太说："丹不喜欢童子军这件事令我有些失望，但他就是不感兴趣，所以最后也就算了。我不在场，所以不知道他对童子军的什么事情不喜欢，但是那对他就是没有吸引力。他的领队说，他就在房间里坐着，不肯跟其他人一起出去活动。"

有些父母是参与孩子的童子军活动的，但是，格林先生和格林太太显然没有参与。相反，格林太太去旁听了丹的钢琴课，而很多其他钢琴演奏家的母亲可能根本不会想到要这样做。

发展技能

在进入大学学习音乐专业之前，丹有过3位钢琴老师，B太太是第二任。

"看，这3位老师里面，没有任何一位既是教师也是艺术家。他们自己没有钢琴演奏家的身份。他们就是家乡小城市里很好的老师。我不会说他们比一般老师好很多，但是我会说，我知道他们的水平在平均以上。"

B太太是一名学校教师，也是一名钢琴老师。与丹的第一任钢琴老师相比，B太太在音乐方面的水平要更高一些，名声更响一些，也有一些程度更高的学生。而且，"她的要求高得多，当时我父母觉得我需要一个更强的老师。"当他们决定换到B太太那里去学琴的时候，丹和他的父母对他们当地的音乐圈子还不够熟悉，还没有听说过一个水平比B太太更高的老师。但是，又过了两年之后，丹就换到一个水平更高的老师那里去了。[①]

尽管这几位老师缺少音乐方面的深度造诣，但他们所有人对丹的要求却都很高。

"我从来也没觉得我有可能逃避掉一些任务。换句话说，如果有什么东西做得不是很到位，你知道，他们不会说，'算了，我们往前学吧，下次再改。'我从来就没觉得有这种可能性。我一直都知道，我必须要完成任务，要做到让老师满意为止。"

[①] 丹跟B太太上课的情况，很好地说明了孩子是如何从边玩边学的早期阶段过渡到学习去创造音乐的中期阶段。B太太的知识仍然不够多，不足以给予丹一个扎实的技术基础，而这技术基础是他在之后的学习中所需要的。但是，她比A太太所知道的东西要多，她也把自己所知道的东西倾囊相授。但也许，更重要的是，她把格林一家带进了一个更宽广的音乐教育的世界，这个世界是他们以前从来不知道的。从那时开始的两年之后，他们很容易地就给丹换到了一位更合适的、中等层次的老师，因此，丹也就有了中等层次的音乐活动，例如比赛。

跟 B 太太学习的时候，"我知道，如果她认为我应该从某首曲子里学会某个东西，她就会坚持要我学会。那不是仅仅要把正确的音符弹出来……而是要做到哪里要如何分句，哪里要弱，哪里要强，还有一些大局上的事情。她的诠释也许是很好的，也许不好，谁知道呢，但是她会坚持要我做到那样……我当时觉得那种做法很好，学习就应该是那个样子的。"

丹在家乡的几任钢琴老师都有一个笔记本，他们会详细地写下来，"下一个星期应该做什么"。他们都写些什么呢？"下一个星期我是否应该重复弹奏某首曲子，是否有哪个地方我这周没有注意，但下周需要注意。反正那总是重要的、让我能够进步的事情。"

丹说，在他从一位老师换到另外一位老师的过程中，各位老师的笔记本看上去没有什么不同。

"老师们或多或少都做大致差不多的事情。如果你弹一首曲子弹得非常好，他们会在笔记本里贴一个小贴画，或者小星星，甚至贴两个。我记得 B 太太有时候还会画好多加号。

"B 太太会在谱子里某个地方写上：下星期上课之前背谱到此。所以可以肯定的是，背谱开始成为我训练的一个部分。

"我一直记得，如果 B 太太给我布置一首曲子，她会在曲子标题上画一条线，那意思就是这首曲子是给下个星期布置的……我觉得所有这些加在一起，是有意义的。这种具体的做法在告诉你，下一个星期你得到了什么任务。这个任务是属于你的，你要去设法完成它。"

大概在丹上五年级的时候，他和父母开始去听音乐会。在丹的家乡，有一个音乐会系列，"那是我听到的唯一的现场音乐会。平常在家，我也听收音机、听唱片，也去参加社区里的音乐会。"丹所就读的公立学校里，他的老师也非常支持学生去听那个音乐会系列。

"她把自己的一本艺术家手册送给我了,这本书附有一张唱片,还有在社区的系列音乐会上参加演奏的所有音乐人的照片。那好像让我有了一个想法,那就是,这一切是更高一层的东西。我非常喜欢这一切。我认真看了那本小册子,并且仔细地读了每一位音乐人的所有信息。"

B太太是全国钢琴教师协会的会员。当丹开始跟她学习钢琴的时候,他就作为她的学生开始参加每年一次的协会考试。

"那算不上是一场比赛。你只是自己和自己比,有一个评委给你打分,但根据的是他的主观标准。然后,在他们的证书上有很多音乐项目,他们在每个项目上会填一个加号或者减号,然后所有这些会被加起来,成为你的总成绩。那是一个学生努力的目标……很多老师加入了这个协会,他们所有的学生都会去参加考试。你付些费用便可以去接受评委的检验。"

尽管在他练琴的时候,格林太太已经不坐下来陪他了,丹仍然继续坚持每天练琴。"但是她知道我的学习情况。她读笔记本上的留言,督促我做老师留下的功课。但是在那个时候,练琴真的是我自己的事情了。"但是,他父母在这个时期仍然起了很重要的作用,让他坚持努力。

"肯定有一些时候我是不想练琴的。我从来没有因为不练琴而受到过惩罚,但是我能够意识到:第一,如果我不练琴,他们会很失望,因为他们对我的期待是我要好好练琴的;第二,他们对钢琴有兴趣,我会觉得,如果我练琴,他们就可能会很高兴。再说,他们很快就会跟我说,必须要练琴啦。如果不努力,那你就会一事无成,会没有做好下次去上课的准备,如此等等。另外,还有一件事他们也会提起,那就是明天可能又会有其他的事情出来,你又会想要去做那件事,所以你明天也可能练不成琴,那为什么今天不把琴练了呢?不过,我感觉,我不想练琴的时候是很少的。我是个靠得住的人。"

丹还有其他的练琴动力，来自他的同学，来自他正在建立的小音乐家的身份。

"我对钢琴确实有兴趣。而且，住在我们那个小区里也有好处。其他小孩对我弹钢琴这件事很羡慕。他们知道我会弹琴，而他们不会——在整个小区里，没有其他任何一个孩子在学钢琴。所以，有时候他们会显露出一些兴趣……我练琴的时候，他们经常会过来坐在我们房子前面的门廊上，很安静地听我弹琴，不会打扰我。这给我留下了很深的印象。"

开始与B太太学琴的两年之后，12岁的丹又换了老师，换到了他们那个地区水平最高的老师那里。在那个时候，他和格林太太都已经对本地的音乐社区很熟悉了，知道本地最好的老师是谁。

"当B太太的学生到了需要一位更好的老师的时候，B太太通常会把他们送到C太太那里。C太太一直就在教城里最出色的学生。丹已经接近那个少年时期了，所以我认为，如果有一个人能够好好培养他，那个人便是C太太了。"

"这个决定主要是由我们做出的，而不是由B太太做出的。我知道她会很愿意继续教我。但是我能感觉到我妈妈考虑换老师的想法，嗯，实话说吧，我开始在小城里受到关注，随着我演出得越来越多，我们也开始听说其他的老师了。我们听说，C太太一直是教最好的学生的老师。"

上课、音乐活动、书本费都变得越来越贵了。与我们访谈过的其他几位钢琴演奏家不同的是，丹从来没有得到过免费的钢琴课。格林一家的经济条件很一般，但是为了丹在音乐方面的发展，他们总是能够凑到钱。"我们总是保证他能够上课，不管怎么样，我们做到了。"丹补充说："我有个姨妈，我母亲的姐姐，她也会资助我们一些。有时候她会给我妈妈一些钱，给我上课用。她并不富裕，但她单身，所以经济条件会好一些，她会帮我们一把。"

丹这样说他的父母："他们会帮助我在我所做的事情上取得成功。换句话说，他们会愿意看到我的演奏会给听众带来愉悦感。我确实就有这个天赋。对他们来说这就足够了，这样的回报会让他们愿意继续支持我。"

跟 C 太太上的课，与以前的课不一样了。

"我们总需要决定如何来分句，我们要决定这首乐曲在表达些什么……我能感受到她对音乐的表达投入了更多的关注。不是仅仅弹音符，不是那些机械的层面。这些肯定是不能缺的，这些也是最基本的，但它们不是最后的结果。换句话说，最终，你想要表达什么样的音乐？这个问题被提到了更高的层面上，也可以说，被提到了更深刻的层面上。当然，这里说的深刻也仍然还是一种比较初步的深刻。"

每天的钢琴练习需要至少 1~1.5 小时。"没有哪个星期是我没练琴的，甚至没有哪天是我没练琴的。我一直坚持练琴。"

"我记得每次坐下来练琴的时候我都变得全神贯注。同时，我也终于发现，如果我每天练琴的时间只有 1 小时或者 1.5 小时，那我就需要非常集中注意力。当然，我现在仍然能够理解它的价值……你希望你会得到自己想要的成功。你很明确地知道你希望在什么方面取得成功……我当时专注于学习曲目，深入到曲目背后去，希望能达到作曲家所想要的效果，或者是别人要求我能够做到的效果。"

丹的父母似乎从来也没有厌倦过听他练琴。

"当爸爸晚上回家的时候，他已经非常累了，但如果我需要练琴，他不会让任何事情来干扰我。他不会说，'看，丹，我太累了，我不想听见钢琴声。'我从来不记得有这种事。我能够记得的唯一的事情是与之相反，他们对我学琴总是全力支持的。"

格林太太不仅参与丹的音乐学习，她还开始把音乐当成自己的工作。当丹

14岁左右的时候，他教了一些初学的学生。但是教了一段时间之后，高中的活动和其他打工机会对他来说变得更加重要了，于是格林太太就接手了这些学生。

"他就是到了一个他不再想继续教学的地步，所以这就成了我的工作了。我就继续教他们，然后，其他学生陆陆续续地来了。我只收初学的，如果他们显露出真正的天赋，我就把他们送到其他老师那里去。我认为我不能拖他们的后腿。"

在丹九年级的时候，C太太鼓励他去参加了一个地区性的年度比赛。

"那是一个成绩可以累积的比赛。你第一年的时候去参加，如果赢了，就会得到一个证书。如果得了第二名，你就会拿到一个积分条，这就意味着你可以参加下一年的比赛。然后第二年的参赛曲目会有变化。它们总会变得更难一些。"

丹的成绩非常好，参加这个比赛也就成了他一年一度的活动。

"我一般会和C太太以及其他一些参加比赛的学生一起去，这样我们便可以分摊费用。我记得，有的时候，C太太干脆就自己出钱，我父母可能会给她几块钱算是汽油费。"

C太太开始为丹安排各种各样的演出。据格林太太说，当地的一些社区组织会"给C太太打电话"，"她就会选一个学生，代他们过去演出"。格林太太不记得这些组织是否点名要她儿子去演出。但她记得："我当然总是在背后做工作，促成这样的事。如果是参加比赛，我觉得他肯定是有些紧张的，但是他每次都参加了，而且状态越来越好。当然，他不会每次都赢，但是做这些事情是很好的练习。"

除此之外，丹还为自己创造演出机会。他说，他总是在为自己策划演出，争取出成绩的机会……"我才不会只等着别人来给我演出机会，我总会愿意在教堂或者在学校演出。"

丹很简单地总结了在这个时期里自己的发展："我总是在进步。无论是我自己，还是身边的人都会要求我进步，正是这样的督促，我的确在不断进步。"

发展技能时期的总结

作为一位小音乐家，在很多方面丹都在不断地积累着自己的专业技能。最明显的是，他在一些基本的钢琴演奏技巧方面发展出了一定的能力。在全国教师协会每年的考核当中，丹每年都可以达到"评委头脑里自己设立的标准"。不管 B 太太"坚持要他在一首曲子里学会什么"，或者 C 太太"更注意一些什么"，不管一堂课的"细节"到底是什么，作业的"具体内容"是什么，从其他音乐人士对他的评价中可以看到，老师教给他的东西，他真的学会了。

音乐创造意味着什么，丹与他的父母也有了越来越多的理解，而且不仅仅止于具体操作的知识。当专业钢琴演奏家在他们那里的系列音乐会上演出的时候，格林一家不仅会去听，还开始用不同的方式去听，用不同的方式去思考音乐的创造。在这个时候，弹奏正确的音符和正确的节奏就成了不言而喻的事情，需要思考的是怎样弹奏得有"风格"、有自己的"诠释"。为了有趣而弹琴、为了家人和朋友而演奏，也成了不言而喻的事情。而同时需要思考的是，是否要以演奏为职业。在现场聆听专业钢琴演奏家的演出，感到自己与他们之间的距离触手可及，可以拿他们的职业生涯来当作榜样而研究，正是这些，改变了所有人的看法。自己所做的事情意义何在，在这个阶段，他们对此有了不同的理解。

格林一家也开始学习音乐圈子里的规矩。他们学会了区分水平更高的老师和水平不那么高的老师，区分更出色的学生和平均水平的学生。他们知道了全国钢琴教师协会的考核，知道了音乐俱乐部联盟的比赛。他们还知道了，如果想在全国大范围内的音乐圈子站住脚，哪些人、哪些场所和哪些曲目会起到关键作用。格林太太把给丹找到"最好的"老师当成自己的职责。丹也开始结识一些人，比如，在丹第二次参加全国教师协会考试的时候，结识了对他进行考核的一位在大学任教的音乐家。后来，这个人在丹的音乐道路上成为了一个重要人物，帮助他取得了成功。

格林太太和丹的钢琴老师一直在帮助丹巩固他的自我约束能力，这是想要取得非凡成绩所必需的。格林太太不再坐下监督丹练琴了，但是在心理上她仍然影响着他。丹知道他父母对他"大致的期望是什么"，什么会让父母深深地失望，什么是"必须要做的"。丹所跟从的每一位老师，和前任老师相比，都向学生传递了一种更严肃地对待音乐的态度。每一位老师都对上课和演出有更高的要求。要想达到这些要求，丹就要越来越努力，在音乐上的投入也要越来越多。

最后，在多年努力学习技能的过程中，丹也开始建立起自己作为一位音乐家的身份。"在我们的社区里，没有其他任何人学钢琴"。丹的同伴们开始把他当作钢琴演奏家来看待，格林太太认为他是一个"一流"的钢琴学生，有很大的潜力，需要尽可能接受最好的指导。丹在小城里也开始受人关注了。

成为音乐家

丹以一个小钢琴演奏家的身份，得到了城里一些人的关注。格林太太说："好像人人都有兴趣知道丹做了什么，他对事情有什么看法。"在这些人当中，有两位是职业钢琴演奏家的父母，他们的孩子比丹年长很多。

在丹的模糊印象里，家乡小城里有好几个人建议他考取专业音乐学校，而不是待在城里的公立高中。但这就意味着他们家要搬到几乎1000英里之外的地方。格林先生和格林太太否决了这个主意。这与我们访谈过的其他几位钢琴演奏家的父母不一样，那些父母在听到这样的建议之后就采取了行动。但是，在他十二年级结束的那个暑假，父母让丹去了位于另外一个州的专业音乐夏令营。暑假的这

| 第二章　钢琴演奏家个案 |

个经历，使丹得以与来自全国各地的同伴一起学习，跟来自全国各地的专家上课，"真是一个让我开窍的时刻"。这次经历给他带来了一些重要的收获，收获之一就是他认识了一位著名的钢琴演奏家，以及他手下的几名学生。他是一名教师，高中毕业之后，丹就开始跟从这位教师学习。

C太太对丹的成长有着特殊的重视。丹的说法是："她把我的能力跟她的其他学生一比，跟她听说过的学生一比，她就知道，我有一些不同寻常之处。"她鼓励丹去参加音乐俱乐部联盟的比赛，那是每年一次为高中学生举办的比赛，成绩可以累积。在第三年参加的时候，他取得了"全州总分第一名"的佳绩，再下一年，他赢得了"总分第一名"。事实上，如果在丹的高中阶段，C太太没有对他的音乐发展采取如此严肃而认真的态度，丹也许会进普通大学，日后可能会成为一位律师、一位政客，或者其他什么人，但是不会成为一位钢琴演奏家。

在高中期间，丹非常积极地参加课外活动。在高中三年级，他是年级学生联合会主席，在十三年级，他是全校学生联合会的主席，他总是很投入地组织活动，制作胸章、海报，如此等等。他非常喜欢数学、历史和公民课。在高中期间，曾经有一段时间，他也规划过其他的职业可能。"不是真正的政治，但是我想过外交之类的专业领域"。当然，他也在很多学校集会上演奏了钢琴。他一直在打工，还曾经在城市图书馆的音乐部门实习。

丹很期待进入大学深造。他有一些亲近的朋友，在他看来，到了大学，他们也会继续做朋友，他们都谈论着加入兄弟会之类的事情。在高中期间，他参加的政治活动和辩论活动也曾经使他考虑过政治、外交方面的职业。

但是，在那个时候，格林太太的期望，就不仅仅是丹"做某件事能够做得好"了，在那个时候，她已经全心全意投入了丹的音乐事业。"他已经走了这么远，如果停止，那会是非常荒谬的事情。"丹成为一位钢琴演奏家似乎是更为顺理成章的事。

在高中毕业之后继续学习钢琴、争取成为一位钢琴演奏家,这个决定"不是一天之内做出的,但最后的决定迟早是要做的"。"十一至十三年级,是我们都要思考这件事的时候。"按照丹的说法,最重要的转折点,"是当我以一个十三年级学生的身份赢得了市里一场大型交响乐团比赛的时候。那给了我一个与乐团合作的机会,而这个机会来到的时刻特别重要。我知道我的老师那个时候很生我的气,因为她特别希望我能够进大学学音乐。她到现在也还总跟别人说,她当时是怎样给我争取音乐方面的机会。可我却说,'我的计划是学政治学、历史或者类似的学科。'后来我赢了这个比赛,当然她就正好可以利用这个机会来劝说我。对我来说,那也是有意思的一件事情,因为以前都是大学生获胜,还从来没有高中生赢过这种比赛。所以,这场比赛起了重要的作用。"

格林太太的回忆,在细节上稍微有所不同,关于C太太如何"操纵"她儿子也有些不同说法。按照她的说法,那时候丹对政治学的兴趣逐渐变得比对钢琴的兴趣大得多,对于是否参加这场比赛,丹很是犹豫不决。

"我简直是慌了神,因为我觉得他是不会参加比赛了。当时,老师是这样对丹说的:'这样吧,丹,你先去报上名。这样,如果最后一分钟你觉得应该参加比赛,起码你没有错过报名时间。'他就去报了名。结果最后他赢了。我认为正是这个事件决定了他在大学阶段选择了钢琴,而不是政治学。不管怎么说,事情解决了。我跟C太太一交流,她就把这事妥善解决了。"

丹还需要决定高中毕业之后与哪位老师学习钢琴,在那个时候,有几个人给了他重要的帮助。C太太当然是其中一个。全国教师协会考核时候的一位评委对丹的演奏印象深刻,后来一直与丹保持着联系,在丹需要指导的时候也给予了指导。除此之外,丹在音乐夏令营也结识了几位年轻钢琴演奏家。在这个时候,丹对于音乐圈子已经有了足够的了解，他知道，在他事业发展的这一阶段，他需要选择一位合适的老师，而不是先选择一所音乐学院，然后让音乐学院给他指定一位老师。他在各个音乐学院也认识很多老师和学生，他们帮助他逐步确定了他的选择目标。

丹到几位音乐老师那里去面试，之后，这些人会告诉他，他们是否愿意收他做学生。他考虑了自己的各方面能力，听取了比他资历更深的音乐家给他的建议，最后，他选择了一位老师，这位老师也是C太太极力推荐的。

"跟这位老师在一起，我强烈地感受到了一种对音乐充满热忱的爱，而我与其他老师在一起的时候没有如此强烈的感觉。我还感到，他对我的才能也抱有极大的欣赏。"

关于对老师的选择，丹补充说，"这位老师不想教我成为一位钢琴演奏家，而是想教我成为一位音乐家。那才是他的标准。

"我的曲库有非常严重的缺陷，可怕的缺陷，D先生完全知道。我的曲库里应该有哪些最基本的东西，如果要发展诠释音乐的能力，又需要有哪些经历，在这些方面，我要学的东西太多了。他是个要求极其严格的人，认为我一定要学到所有这些。我们工作起来简直就是魔鬼训练，他的要求就是这样。

"他训练了我的钢琴技巧，但是，成为一位音乐家，与成为一位钢琴演奏家，是有所不同的，而这不同，在每一次上课的时候都变得越来越清楚，因为，我们谈的是音乐。我们开始努力更有头脑、更智慧地去理解句子的结构是如何安排的，意义是什么，你想要表达什么，而不是你要在某个乐器上做什么。"

丹一开始与D先生学习就说："我的目标很远大，我不想只成为一位钢琴演奏家，我想成为一位音乐家。什么加入兄弟会、参加辩论会之类的事情，就都被放弃了。D先生绝对不会允许我做这些的。我是去他那里努力工作的，那么，被其他事情占用时间和热情就是完全不可能的。"

丹立刻开始了每天四五个小时的练琴。"老师给我布置的任务那么多，不做到每天四五个小时的练习，就绝对不可能把作业完成。"丹还需要准备他的个人演奏会。还在大学一年级的时候，老师就要求他在学校里举办独奏会。"而且，我们有考核，每6个月一次，所以，我有一些非常具体的目标，必须要达到。

"他的条件是，如果我是认真的，他才肯教我。我当然听说了他是一位非常出色的老师，他的确是；我也听说他是一位非常出色的钢琴演奏家，他的确也是。在那个时候，我已经足够成熟，我能够看到他对我提出的要求都是必需的，只有要求自己发挥全部能力去做到必需的要求，事情才有可能成了。

"我还意识到，我当时在一些方面是落后的，如果我还希望打入一个非常小的圈子，能够有所作为，能够在一生中都不断进步，那我就真的要这么努力地工作。"

在高中非常有人缘、非常活跃的男孩子，开始把自己与几乎所有人都隔离开来，除了他的钢琴老师。"我没有什么时间去参加社交活动。"但是丹还是得找到时间去打工，因为他需要这钱。他找到了一个稳定的工作，给芭蕾舞课做钢琴伴奏。"然后，当然还有一些比赛。我开始赢得所有我参加的比赛。这也让我得到了一些奖金，我把这些钱都存起来了。"

丹讲了这么一段经历，来说明他对音乐创造的矢志不渝，也说明他老师的高要求。"我入学的时候，学校在夜里和周末是不开放练琴房的。周末的时候，老师会到琴房来，把我放进去，然后把我反锁在里面（笑），到时候再回来让我出来。有时候半夜也这么做。不过有时候他也给我钥匙，但这实际上是不被允许的。"

他补充说："我彻底投入进去了。那就像有一种力量，让我不由自主地立刻投入到一件事情里面。你知道自己走在一条正确的道路上，很美好、很正确的道路。事情发展得很好。"

5年之后，学生和老师对他们所付出的努力都非常满意。D先生坚持说，如果丹想要在一些小细节上再精心打磨，他就应该到其他地方去学习。D先生把丹送到了他自己的一个老朋友门下，他也是一位广受尊敬、卓有成就的音乐家。丹既高兴又惊讶地发现了"一个全新的视角，但对音乐的态度却完全相同"。在那之后不久，丹建立了自己的声誉，成为了一个值得人们认真关注的年轻音乐家。

在丹正式结束了音乐"学习"、开始音乐家生涯之后的短暂时期之内，他在职业和个人生活方面都非常成功。现在，他又有了时间，来做另外一些他感兴趣却与音乐世界相距甚远的事情。

格林太太说："我们对音乐比以前更加热爱了。如果不是因为丹的缘故，生活就不会这么有意义。这么说似乎有些夸张，但这一切真的让我们的人生彻底改变了。"

第三章
成功雕塑家的成长

凯瑟琳·D. 斯隆

劳伦·A. 索斯尼亚克

第三章　成功雕塑家的成长

在这项研究里，我们访谈的雕塑家①都符合这一领域里的专家提出的鉴定杰出成就的标准。每一个人要么获得过古根海姆学者奖（Guggenheim Fellowship），要么就是他的作品获得过罗马奖（Rome Prize）。②除此之外，他们还都从全国艺术基金会得到过最大限额的艺术家个人奖。

在我们选择样本的时候，有25位40岁以下的雕塑家符合这些条件。有20位（12位男性、8位女性）同意与我们讨论他们的成长经历。我们也访谈了其中15位的父母，以得到佐证和补充资料。

---

① 后文提到的A-1~A-20指的是同意与我们讨论他们成长经历的20位雕塑家案例。
② 译者注：古根海姆奖，是美国古根海姆基金会每年一次的奖项，获奖者是已经在艺术和创造性活动领域里表现出非同一般的能力、有望成为自己这一代中最成功艺术家、学者的人物。罗马奖：由美国罗马学院颁发的给艺术家和学者的年度奖项。这两个奖项都是艺术领域里含金量非常高的奖项。

养育雕塑家的背景

这些雕塑家成长在全国各地不同的城市和村镇,有5位是家里的独生子女;其他的,有些是家里最大的孩子,有些是最小的,两者人数同样多;也有人是3~6个兄弟姐妹当中中间的一个孩子。

他们的家庭情况各种各样。有几个经济条件很好,有几个则非常贫穷。有两位父亲是医学博士,他们非常满意于自己的社会地位。与他们相反的是,有一位父亲是"贫民区里的地头蛇",还有几位父亲只受过小学教育。

在雕塑家的父亲当中,55%有大学学位。父亲们的工作五花八门,差异非常大,我们没法找到一个实用的系统去把它们归类。例如,一位父亲是商业杂志的编辑,两位是销售人员,两位是制造业人士,一位是蓝领,两位是大学教务长,等等。少数的母亲有大学学位,大多数母亲都是家庭主妇,起码在她们的孩子还没有离开家的时候如此。那5位有工作的母亲之所以工作,是因为她们的收入对家庭很重要。有两位是别无选择:她们的丈夫去世了,她们是各自家庭里唯一养家糊口的人。

父母的价值观及他们对子女的期望

尽管这些家庭的社会和经济地位相差很大,父母所受的教育也相差很大,但是,作为一个群体,这些父母在他们的价值观和对孩子的期望上却惊人地相似。要做自己真正喜欢的事情,要尽自己所能把这件事做到最好,这是父母传递给雕塑家们最重要的信息。有一位雕塑家(A-6)说:"我父母用了很多时间和很多精力跟我们谈。他们认为一个人应该怎样做事,而做事的方法则是应该要让自己喜欢去做这件事，要把事情做好。关于自己作为一个人要怎样成长。我父母对我具体做什么事情并不那么关心，但是他们非常关心我是怎样生活，是否有高质量的生活。"

另外一位雕塑家（A-3）解释说："我父母希望我有雄心壮志，但是他们倒不真的在乎这雄心壮志具体是什么，只要我不犯法就可以。"

父母强调的重点在于一个人应该怎样生活，而不是一个人具体要做什么事。

"我父亲希望我们所有人都能够做到一件事，那就是我们要当好人。对他来说，这可能比我们成功还更重要。做一个好人就意味着要为社会做贡献，尽力而为，要有原则。"（A-18）

另外一位雕塑家（A-20）很肯定地认为，不管她选择任何职业，她父亲都一样会高兴的，"在我父亲心里只要那是我想做的事情就可以去做。只要我没有说，'我想做这件事、那件事，但是我做不了。'我觉得他不可能接受那种情况发生"。

从另外一位雕塑家（A-14）那里，我们听到的是，"我妈妈总是说，如果我开心，她就会开心。"

父母自己也说到他们对孩子的期望，而他们的说法证实了他们给孩子留下的印象。"我就是想让孩子们快乐，让他们生活得充实，进大学，就这些。"（A-4的母亲）

"我们真的没有什么很具体的期望，我是说，很多父亲会希望儿子继承父业。但我们一点也没有这种想法。你知道，我们就是希望他生活得好，如果有可能的话，把自己的能力发挥出来，就是这样了。"（A-5的母亲）

父母还试图给孩子灌输另外3件事：接受良好教育、有经济保障，以及有美好的婚姻（特别是对女孩子来说）。对父母来说，这些也是重要的，是美好生活的组成部分。

成才之路　　发展青少年的天赋

　　除了一位雕塑家之外，其他人都觉得上大学是顺理成章的事。"一直的共识就是我们都得上大学。"（A-4）"在我妈妈脑子里从来就没有过疑问，我就得上大学。上帝啊，不管我想不想上，都得去上。"（A-8）

　　在有些家庭里，大家对这个想法都如此了解，已经没有讨论的必要了。"我认为我父母已经如此肯定我将来会进大学，他们从来也没想到要给我点咨询或者建议什么的。"（A-18）在其他家庭里，大学是经常被讨论的话题，也会很早开始为上大学而制订计划。"这个上大学的事儿是我父母要很严肃地讨论的。我们一直就听他们告诉我们说，要进好大学，要去东海岸。"①（A-3）

　　父母想让孩子进大学的理由是各种各样的。有些父母强调的是，一个有深度也有广度的通识教育，对拥有充实的生活很重要。其他一些父母会强调大学学位在"找一个好工作"（A-14）的时候是很重要的。但是，不管理由是什么，这个愿望都是很强烈的。不过，在大学毕业之后是否还要继续正规学习，却是很少被提及的事情。

　　尽管父母也说到，他们也很在意孩子经济上是否能够有保障，但是很明显，他们没有像前面提到的其他那些生活准则那样，把这一点向孩子表达得那么清楚。事实上，也许是不经意间，父母向孩子传递着这样的信念：经济收入不是衡量成功的标准。②

　　"我们周围的人对物质主义有一种藐视。我们家从来就对赚钱不感兴趣；部分原因是我父母经济情况不错，部分也是因为那不是他们的价值观。"（A-3）

　　就算是在最穷的那些家庭里，雕塑家们也从来没有学会把让人愉悦、让人充实的工作等同于收入好的工作。前者对高质量的生活是必需的，当然，如果后者

---

　　① 译者注：美国的东、西海岸是顶尖大学最为集中的地方。
　　② 有些父母后来对此很后悔。当事情变得很明显，他们的孩子在考虑以艺术家为职业的时候，他们突然就表露出对孩子的担忧，不知道他们能否过上还不错的物质生活。

82

也能兼顾，那就真能让生活特别美好了。

雕塑家的父母也对孩子们说过，希望孩子们有一天结婚，建立自己的小家庭。雕塑家本人似乎是把父母在这件事上的意见当成了陈词滥调，认为父母只是用这种方法来表达自己的一种心情，也就是希望孩子能够生活幸福。[①]有一位雕塑家（A-19）想让我们知道，她父母对她缺乏明确的期望，她说："他们就是想让我嫁个好男人，生活幸福。"一位男雕塑家（A-7）说，他的父母"可能会想让我进一所以学生会玩乐出名的大学，有一段愉快的时光，然后结婚，回到我们家乡，开始成年人的生活"。

雕塑家和他们的父母一再提到的是，在孩子成长的过程中，父母没有给孩子指出明确的职业方向。"我觉得我父母对我的期望比较模糊。他们大致的方向就是要把这孩子教育成一个好人，受人尊敬，成为上中产阶级。"（A-2）"我妈妈希望我们尽量做我们想要做的事情，我觉得那是她最看重的。我们的选择是自己做的，而她会支持我们的选择。"（A-17）在多数情况下，父母没有试图给孩子建议一些职业可能性。有些父母说，他们很注意不要给孩子具体的建议，因为他们对自己成长过程中感受到的压力很反感。

"我真的不记得我想过让孩子当医生、律师、商人，或者从政。我觉得，我丈夫和我都认为，我们来自那种特别希望让小孩长大以后要当医生或者当律师的家庭。关于这种好像人就非要当医生或者当律师不可的想法，我们好像并不痛恨，但是也不怎么喜欢。我们两人都有一种感觉，那就是人要有自由去做自己想做的人。我真的想不起来我有过什么具体的想法。一直以来，我丈夫对于孩子们以后应该做什么，比我还要放手。"（A-3的母亲）

---

① 但是，有几位家长似乎直到今天也真的牵挂子女的婚姻状况。他们很自豪地谈到成功的婚姻，带着不解谈到还没有结婚或者离了婚的孩子。

家庭对于艺术的参与

我们访谈过的一位雕塑家的父亲是位商业艺术家,其他父母则没有一个是通过艺术活动来谋生的。但是,有些家庭对艺术非常热爱。

在一半多的家庭里,一位或者两位父母对艺术懂得很多,或者很会欣赏。这些父母当中,有一些在大学里上过艺术课,或者后来开始自己画素描画之类的。尽管他们绝对是业余爱好者,但是他们发现在业余生活中,艺术活动是很令人愉快的。"我爸爸画过水彩画。我记得他一直在画。没有那么认真,但是我知道他时不时就会画些画。"(A-9)"我记得我妈妈画素描,给我们画人像,画得相当不错。"(A-1)

这个群体里的其他父母会经常去美术馆参观,积极支持当地的艺术活动,或者与艺术家、艺术收藏家建立友谊。"星期三下午我爸爸不上班。我们通常去画廊,或者去看望他的艺术家朋友们。他会带我一起去。"(A-6)"我父母对艺术非常尊重,对去博物馆之类的事情有兴趣。"(A-3)

在另外5人的家庭里,父母自己对艺术这个领域不是很感兴趣,也不太懂。"但是,虽然他们并不熟悉艺术,他们却的确把艺术看成是一个值得追求的领域。"(A-11)

"我妈妈不懂艺术。但她带我们去美术馆,做了母亲应该做的所有事情。总的来说,她对文化方面的事情很是支持。就像一位19世纪的妇女那样支持文化,把它当成生活里有品位的事情。"(A-8)

剩下的父母,比较显眼的特点是对艺术很少有支持。在这些家庭里,父母对艺术和艺术活动要么是从来不在意,要么是没觉得有什么好的。

"在我们家没有什么'高雅文化'。我们不去美术馆,也不去音乐会。在我

成长的过程中，我父母对任何艺术形式都没有什么感觉。"（A-7）

早期

雕塑家早期的行为似乎很普通，也各式各样，就像我们觉得一般小孩都应该的那样。一个小男孩总是跟他哥哥一起玩，"就是像一般小男孩那样，玩卡车，玩汽车，当牛仔"（A-3的母亲）。有几位女性记得玩"小女孩的游戏"，诸如"穿漂亮衣服打扮自己，给别人化妆"（A-1）。

在大多数情况下，不论是男孩还是女孩，雕塑家们似乎都玩的是差不多的东西。"我跟我的邻居玩。我们骑自行车，在一片没有被开发起来的空地玩。"（A-9）"我跟朋友一起玩，看漫画书，去看电影，或者去买饮料。绝对很平常，跟任何其他人做的事都一样。"（A-2）一位女性（A-6）记得她和妹妹玩冒险的游戏。"我会假装自己是个女英雄。"一位雕塑家有个哥哥，他从弟弟的角度讲了同样的事情。"我们会演戏。……他是超人，我就只好当吉米·欧森。"（A-3）[①]

在家里学画画

雕塑家当中，多数在还是孩子的时候都喜欢画画。他们"总是在画画"（A-4），不只是在下雨天或者生病的时候才画。有些画漫画，或者照着书本、杂志和报纸上的画模仿。有两位对动物特别感兴趣，他们画马、蜜蜂、恐龙。其他的用画来表现父母给他们讲过的故事，或者给自己编的故事配画。

[①] 译者注：吉米·欧森是漫画《超人》里的人物，是超人在报社里的记者同事。

成才之路　　发展青少年的天赋

大约 1/3 的雕塑家，在艺术活动方面有一个成年人可以做榜样。也许父母之一或者一个亲戚喜欢偶尔做点素描，或者学水彩画，或者学做陶瓷。

"我是在充满了绘画和音乐的家庭里长大的。从我很小的时候起，我就参与这些事情，要么看别人做，要么自己做，就像玩儿一样。那是我爸爸喜欢做的事，不是为了谁而做。所以我就得以体验到，这就是打发时间的一种方法。很多人没法得到这个体验，但对我来说，这似乎就是很自然的事，如果我想做什么艺术活动，我就开始做。"（A-6）

这些雕塑家开始学基本的技巧是通过观察成年人，或者偶尔一次的、非正式的"课程"。

"有个亲戚会教我怎么画画。我和他在一起的时候，我可能画了不少画，他会很耐心地给我解释我什么地方做得不够好。他花了一些时间帮我，因为有一些共同的兴趣，让我们的关系很密切。"（A-5）

"奶奶会把报纸拿过来，让我照着画上面的一些画，她自己也会画些画。我没有模仿她，但是我会坚持画画，她就会给我一些帮助。就是这样，我跟奶奶一起度过一段时光。"（A-14）

大多数雕塑家的父母不是业余艺术家，也没有这样的亲戚，也没有人和他们一起进行这方面的体验。但是，孩子们仍然会因为自己的艺术活动而得到成年人的赞赏和关注。

"我知道我小时候就画画，我也知道这些画可能让他们都惊呼了一大阵子。是我引起他们惊呼的。我尽量地做这些事情，因为我非常想得到所有人的认可。"（A-17）

"当我很小的时候，我会画一张画，然后到处跑着给所有人看。这种经历非常有趣，我会吸引好多注意力。"（A-4）

父母给孩子们买了素描本、水彩和各种颜色的纸张。他们把孩子们的画挂在家里各个地方，也保留起来。

雕塑家和父母告诉我们，喜欢画画的这个孩子，至少没有遭到过家人的反对。即使父母没有为了孩子的美术作品而"惊呼一大阵子"，他们也会把画画当成是适当的、可以被接受的方式，可以拿来消磨时间。"我觉得他们好像不知道应该做什么，怎么鼓励我。但是他们从来没有给我泼过冷水。"（A-10）"我觉得，他们对我谈不上鼓励，他们只是没有阻止我。他们没有叫我停下来，没有去怀疑我做的事。"（A-5）

在这些人早期尝试做艺术作品的时候，一个惊人的相似性，是他们的作品在本质上是有目的的。在这些活动的背后有一个原因，有他们想要达到的目的或者效果。他们很少只是信手涂鸦或者随意给书里的什么画涂上颜色。他们是在创造一部作品。

创造这些作品的目的是要准确地描画一个主题。在这个意义上说，他们是"现实主义"，要把一个物体或者景色准确地复制出来，或者要模仿其他人的风格和形式。有一位雕塑家（A-19）在回顾她最早的艺术活动的时候，笑了起来，把自己称作"跟随大众的艺术家"。"你知道，树都被画成绿的，天空总被画成蓝的。"

雕塑家们照着书籍、杂志和报纸上的画去画画，例如，想要复制一个卡通人物。有两位回忆到他们对动物有特殊的兴趣，所以他们就练习给宠物画素描，或者照着图画书来画，直到他们能够画得非常像为止。另外两位把多幅画装订在一起，讲述一个故事，那便是他们自己做的图画书。

建造模型

和画画一样被频繁提到的另外一个活动，而且常常被雕塑家们认为是更重要的活动，是建造一个物体。我们样本里至少65%的人一直是喜欢动手的。这包括"做模型飞机，拿肥皂雕刻个东西"（A–15），以及其他各种跟建造有关的活动。"从一开始我就喜欢动手做事。有一个很重要的时刻，是在我5岁的时候，他们认为我可以开始使用折叠刀了，这样我就可以雕刻东西了。"（A–2）"我记得从很小的时候起我就喜欢造模型，搭堡垒。总是用手在制作、建造什么东西。"（A–10）"我造了好多东西，树屋，以及类似的东西。这更多地就是建造东西，而不是在搞艺术，但是我一直就喜欢把各种东西放到一起。我喜欢锤锤打打、钉钉子。"（A–9）

有些孩子也会在成年人做类似事情的时候去观察，也由这些成年人指导，或者非正式地给上点课。那个5岁开始用折叠刀的男孩，就是由他叔叔和他叔叔古玩店里的一个合伙人教会了怎么用折叠刀，以及其他一些工具。

通过"帮助"父母或亲戚做这些成年人在做的工作，孩子们获得了使用工具的经验。最初，他们会观察，会帮大人拿个工具，举个灯来照明，等等。很快，他们就会得到一些简单的任务。有一位雕塑家（A–12）的父亲很喜欢做家具，改造家具是他的业余爱好，她是这样回忆她最初做木工的经历的："在一块属于我们家的地盘上，有些破旧的房子，我们就把它们拆了，把木头留下。我的工作是把钉子起出来，然后在一块石头上把钉子砸直，把所有东西摞起来。我爸爸用这些木头造了个工作室。他会把一块木板竖起来，钉两个钉子，我就负责把钉子砸进去。"

不过，孩子们主要是独自做这些建造工作的，没有成年人帮助。如果他们有个样板，那通常是个飞机或者汽车模型的套件。他们更多的是用硬纸板和胶水工作，而不是锤子和钉子。

"我们有好多好多的硬纸板，我和一个朋友会拿它们搭建东西。我们就好像是舞台设计者一样。我们会做各种各样的玩具，搭建一些三维模型。"（A-11）

"我妈妈有一些她小时候的书，诸如童话王国这类的书。所以我们（雕塑家和姐姐）就会做一些立体的仙女、城堡、云朵。"（A-4）

在之后的几页里，我们马上就要看到，艺术和建造模型的活动只是孩子们生活的一个小部分。但是，孩子们做了很多这样的活动，他们喜欢，而且他们还常常喜欢独自做这些活动。有一位雕塑家（A-5）在家里是唯一的孩子，"照着书画画是我自得其乐的方法"。另外一位雕塑家则是通过做模型和建城堡来自得其乐的。

"模型越复杂，就越能让我入迷。别人以前会觉得很吃惊，我能够在自己房间里一待就是三四个小时，完全沉浸到做一艘军舰当中去，不看电视上的米老鼠，不出门。"（A-10）

一部艺术作品又带出另外一部作品。孩子们发展了技能，也从自己的错误当中学到了东西。那个帮她父亲起钉子、砸直钉子的雕塑家，决定做一个喂鸟的小房子，当作自己的第一个独立完成的作品。

"我好像对砸钉子特别有热情。我做了个喂鸟的小房子，它特别可爱，房顶上甚至还有瓦片。我把它放到厨房的窗户外面，所有的鸟都飞来了，站在小房子顶上，往里面看，然后飞走了，再也不回来了。所以，最后我就把它拿下来，看看里面，才发现，里面全是钉子，根本没法下脚。"（A-12）

建三维模型的那一位（A-11）说："如果它倒下来，我们就会找个其他方法再搭一次。那真的很有意思。如果成功了，挺好；如果没有成功，那就换一种方法好了。"

有一个对飞机模型特别入迷的孩子，先是用商店里买的模型材料来组装，后来就自己设计了。"我会拿我的一个模型来，用硬纸板做一个完全不同的。我的设计需要我用压紧硬纸板的方法来做出机身的形状。这是很细致的活儿，很复杂的设计。那就像雕刻。我花了很多时间做这些事，那都是我的空闲时间，我就想做这样的事。"（A-14）

其他校外活动

在上小学的时候，这些孩子有多少空闲时间来做这些事，区别是很大的。有些孩子在放学之后就基本没有什么正规的活动。其他人在放学之后会有各种各样常规性的课程。

如果他们有什么常规性的课外学习，那很可能是音乐课。雕塑家当中有一半人在小时候会乐器，典型的是从9岁、10岁的时候开始，学了两三年之后就停了。在雕塑家当中，上音乐课的人数比上宗教课和参加童子军的人加在一起还要多。

大约1/4的雕塑家是我们可能会称作"课外班孩子"的人，如果他们的父母有兴趣让孩子学习什么，或者如果有很方便就能去上的课，后者是更加普遍的情形，那么他们就会被送去上这些正规的课。这些孩子上网球课、舞蹈课、马术课、法语课，通常会上1~3年。

很明显，在所有这些课外班当中，有一种课是缺失了的，那就是校外的艺术课程。20位雕塑家当中，有4位在小学期间上过某种形式的课外艺术班。但是，他们在这些课上的经历，再加上他们上这些课的时间是如此之短，使得我们很难把它们看成是正式的艺术教育课程。有一位艺术家（A-6）这样描述他在7岁时候上过的课："我爸爸带我去了两个艺术课。我觉得那里没有什么教学，你就有个小桌子，有陶土，你想做什么就做什么，然后他们给你烤一下。"

有一位母亲（A-3的母亲）这样描述她给自己的两个儿子找到的艺术课："我找到了一个在周末教课的人。那些课其实没有什么系统，就像是创造活动课，老师给孩子们一些木头，让他们随便拿它做个什么出来，或者做一些不同形状的东西。后来他搬到纽约去了，那些课也就停了，那之后的好几年，我也没找到类似的课。"

我们猜测，这些孩子之所以没有在课外上正规的艺术课，是由艺术教育和艺术领域的本质决定的，而不是因为父母有意识和无意识决定的，或者由孩子的想法决定的。如果艺术教育课和音乐课一样好找，至少我们样本里那些"课外班孩子"可能会去上艺术课。但是情况不是这样的。

给孩子的一对一的艺术课是很少见的。就算是集体课，比如在社区活动中心的课，也不是很常见。如果想让年幼的孩子得到一些特殊的艺术教学，他们得费很大力气才能找到这样的机会。关于这一点，最终对于社会和艺术家个人的成长是坏还是好，是另外一个话题了。而且，人们一般把艺术教育当成是小孩在学校里课程的一个常规部分，这和宗教课、网球课甚至音乐课都不一样。所以，父母们很少会认为，自己有必要确保孩子们接触一些艺术。

小学

雕塑家们确实在小学里接触了艺术。但是，他们不认为这些经历当中有很多教学成分，甚至跟艺术关系都不大。一位雕塑家（A-5）对于这些课程的评论代表了很多人的看法："那就是为了玩的，我觉得那跟艺术都没关系，那不过就是让我们在教室里画点画。"另外一位（A-11）解释说："小学里的艺术课被当成手工课，但是艺术不是手工，艺术是一项智力活动。"

老师们决定孩子应该画什么，以及用什么方法画。"你要用一个椭圆、一个圆圈和一个三角形拼出一只知更鸟。"（A-2）所有人都要做出一模一样的作品，而这经常取决于上课时候的季节。万圣节的时候，全班就都给复印下来的南瓜涂颜色，到了感恩节就给画上的火鸡涂颜色，圣诞节的时候则是圣诞老人，复活节的时候是兔子。"教室里有好多小小的窗口，每次过节的时候我们就在这些小窗口上画点图案——春天的时候画郁金香。"（A-12）

根据雕塑家们对这些课的不同反应，可以把他们分成两组人。对有些人来说，这些课是学校生活里很令人愉快的部分，"总是很好玩"。（A-8）

"那基本上就是一节自习课。我记得当时我主要关心的就是看看别人都在做什么，然后照着做一下。"（A-7）

对另外一些人来说，这在有时候会是很让人烦恼的经历。

"我有时候会与老师闹矛盾，他们说我没有照着老师要求做。我会做一些跟老师布置的作业完全无关的东西。我想，他们是觉得我没有听懂要求。"（A-14）

小学老师对他们的作品的评价，不管是好是坏，似乎对这些孩子们都没有任何影响。在那时候，他们已经做了很长时间的艺术作品了，也常常得到家里人的鼓励和肯定。所以，一个老师对他们的作品偶然做出的评语，对他们的行为不会有任何影响。我们听到一些故事，比如有一名五年级学生，老师认为他的"精致的绘画反映出道德问题"，仅仅因为这些画是他照样子描下来的。"我因为描这些画挨了好多训，我对这反感极了。而在那个时候，我妈妈却会把这些画收起来，保存起来，所以我非常高兴。虽然在学校的经历不太愉快，在家里却能得到肯定，那种感觉真好。"（A-2）

回忆起小学的时候，他们一般是没觉得有什么特别的感情。有些雕塑家一直是班里的好学生，有些人的成绩则维持在 B 或者 C。但是不管成绩如何，他们大多数时候都没有对学校里的学习成绩太上心。他们说，自己没费什么力气就达到了父母的期望值，但是主要原因是父母对他们的期望也不太高，他们轻易就能做到。

在作业上用的时间很少。他们说，这是因为作业也不多。大多数父母也没有管他们在作业上用了多长时间，或者作业做得怎么样。父母们说，作业是孩子自己的责任。

在 3 个例子里，父母在一段时间里需要关注孩子的作业，因为有一位或者多位老师认为，这些孩子有所谓的"自律问题""想吸引眼球"。而到了这些孩子五六年级的时候，这些问题似乎也就消失了。

雕塑家们在谈到小学的时候，会用以下的评论或者类似的话轻描淡写："我在学校很愉快。我不是班里最差的学生，也不是最好的。我跟所有人都处得来。"（A-9）

早期阶段的总结

在早期阶段，父母、老师和孩子自己都没有预见到这些孩子有一天会成为杰出的艺术家。"我从来就没有这么想过"（A-10 的母亲），类似的话，我们从各个父母那里一次又一次听到。有一位母亲（A-3 的母亲）说："我的两个儿子在学校里不管做什么都做得很好。他们是好学生，但是，在我的记忆里，在小的时候，他们也没有显出任何特别强的偏爱。事实上，我当时觉得他们也许会很难决定自己的职业，因为他们所有科目的成绩都非常好。一直到了高中，××才对艺术表现出很大兴趣。"

但是，现在回头再看，我们可以看到，以艺术家为职业的种子是很早就播下了的。

首先，这些孩子们花了大量时间做出了很多艺术作品和建造了各种模型。他们是用自己的空闲时间来做这些事情的，有些时候，甚至是在学校里应该做其他事的时候，他们也在做艺术作品。在大多数时间里，他们是在学着复制一张画、一件艺术品，或者把一个三维的物体转化到二维来呈现。他们"复制"，他们"描图"，他们"照着"动物画画（活的动物或者标本），依照他们生活里的其他事物画画。他们仿照自己看到的一些物体和有用的东西来搭建模型。孩子们在那个时候是在发展视觉的敏感和手眼的协调，这些在他们所做的艺术活动里都是必需的，而且他们也在发展对自己能力的信任，这也是同样重要的。

其次，画画和搭建模型在雕塑家的家里都是受到鼓励和支持的活动。将近一半的孩子看到过自己的父母和亲戚从事这些活动，目的很明显，就是为了让他们自己愉悦。在我们的样本里，除了有两个人可能是例外，其他孩子在年幼时候投入到"艺术"中的努力都得到了父母的注意和称赞，有时候是毫不吝惜的称赞。

父母对孩子的艺术活动到底有多支持，也许有一个更好的证据，那就是这些父母保存了孩子最早时期的相当大量的作品。"我留着所有他做过的东西。那些东西一直就放在房子里展览。"（A-10 的母亲）很多父母都是这样告诉我们的。特殊的作品得到特殊的对待。"我女儿五六岁的时候，看到一棵冬青植物，她就画了一幅画，那真是把我的眼睛吸引住了。那看上去那么栩栩如生，又那么有艺术性，我给它加了个画框，把它挂在家里，挂了好几年。"（A-4 的母亲）

雕塑家们给父母的话提供了佐证。"我的画都被保留下来了，被很用心地保存着。而被扔掉的那些，都是我自己扔掉的。"（A-8）我们问这同一位雕塑家，她父母是否也保留了她的其他作业，例如，她写的故事，她犹豫了一下才回答："没有，我肯定他们没有留着那些。我肯定他们没有留着。"（A-8）然后她就笑起来了。她以前从来就没有意识到她父母给了她的艺术作品这么不成比例的关注，而且她也比较肯定，她母亲自己也从未意识到这一点。

在这些雕塑家的成长过程里，另外一层考虑因素就是父母没有给他们规定明确的发展方向。父母让他们做的所有事情——学校里的学习、音乐课、舞蹈课似乎都不是很吸引他们，父母也并没有特别鼓励这些孩子们认真地投入到这些活动里去。

孩子们很少因为他们在音乐、学业以及其他方面的成绩受到赞扬。他们也没有被送到高水平的老师那里去。没人注意到他们含苞待放的"潜在才能"。他们的老师和父母都没有在这些方面帮他们建立梦想。孩子们在这些活动里的表现既不是特别差，也不是特别好。在一段时间里，他们也许从这些活动中，得到了一定的愉悦，但是他们从来也没有完全投入到这些活动中去。看上去，虽然他们参加了一些由别人给他们选择的活动，但谁也没有期望孩子们对这些活动太过投入。从父母那里，他们得到的信息是他们应该自己给自己找到想做的事情。

青春期

雕塑家们逐渐长大，开始有史多机会独立于自己的家庭，自己决定自己的行动，这时，他们的关注点各不相同。作为青少年，他们彼此之间不同的地方远比相同的地方多。

20位当中，大约有5位很明显地把自己与同伴和几乎所有其他人隔离开来了。这些雕塑家记得，"那不是我生命里一段愉快的时光"（A-11）。其他人以很传统、很健康的方式成了学生团体（学生自治组织、校报、体育校队）的领导。"我一般是人缘很好的。"(A–15)有几个记得他们的青春期就是"少年狂时代"(A–6), 定义是摇滚乐、与异性约会、飞车。最后,还有几个面临的最主要问题是家庭里的矛盾和自律问题。

有1/3的青少年在学校里学习非常好——"我是班里第一名",有一位(A–2)这样说。有一位(A–19)全优生是这么解释她的好成绩的:"我就是个疯狂的学生,我喜欢学习,但是我也觉得,这多少也是因为我害怕那整个系统。你知道,我可不想失败。"

有几个雕塑家的学习成绩则非常不理想,他们说,自己是非常差的学生。对于想进大学的孩子来说,当差生的意思是"平均分大概就是73、74吧"(A–7)。多数人的成绩不好不坏,他们说自己的成绩跟那些想进大学的同学比起来,也就是平均水平吧。"我好像各科成绩都是B,学习是B,体育也是B,就是个拿B的孩子。"(A–10)

更多参与艺术活动

这些青少年的共同点是在这个时期开始更多地参加艺术活动。他们做了更多的作品,他们的工作更加系统。他们也更加公开地表露出自己对艺术的兴趣。同龄人和家人把他们当成是有艺术能力的人。他们也开始把自己看成是有一定艺术能力的人。这些当然是逐渐发生的,发生在一个大约6年的阶段里。

有一位雕塑家(A–7)的经历,可以作为一幅速写,反映出这个阶段里的诸多变化。他在上七年级的时候,已经画了很长时间的画,他画画纯粹是为了自娱自乐。但是,很显然,他并不愿意去认真思考自己的作品,以及这些作品可以怎样放到艺术的大框架里。他举了一个例子来解释自己那个时候对艺术的欣赏水平,那是他们班去参观一所有名的美术馆，那是他最早的几次美术馆之旅之一："我们基本上就都在看雕塑里的女人和男人的私密部位，觉得非常不可思议。那就是我参观画展的体验，那个时候，我也就喜欢看这些。"

在上初中的时候，他"开始画水彩画"，把这种表达方式看得比其他的都重要。"我们住在一个漂亮的乡下地方，我会走到水边，坐下画水彩画。"当问到他怎么处理自己的作品的时候，他说："最初，我就是把它们收起来了。后来我开始让朋友们看。"

他的朋友们很喜欢他的作品，这不一定是因为审美的原因，还有一个原因就是他能做一件他们做不到的事情。对 A-7 来说，最重要的是，"我的朋友们说：'哇，你能做这么不一般的事情。'我觉得，这多多少少让我开始感觉到自己是什么人，这是画画的结果。"

当 A-7 对艺术的兴趣被大家看到之后，"我的艺术朋友的圈子就扩大了"。当他 16 岁的时候，他通过一个朋友的朋友听说了一个艺术夏令营，是离他们家不远的一所大学给高中生办的。他决定要去参加这个夏令营，在那里他可以什么也不做，只搞艺术作品，"也看看这是不是我真的想做的事情。看看我是不是愿意做这一行，也许我会进大学学艺术呢"。

那一个夏天的高强度的艺术工作，并没有在当时给 A-7 的生活带来戏剧性的变化。但是，第二年，他决定在学校里选修一门艺术课程。当到了要为上什么大学做决定的时候，A-7 选择了学习艺术，他去的学校是夏令营里的一个同学大力推荐的。

这些具体的画水彩画的经历和从"朋友的朋友"那里听来的关于艺术夏令营的消息，是 A-7 特有的经历。但是他继续在艺术方面做出努力，以艺术家的身份得到别人的认可，等等，却是大多数艺术家成长过程里共同的特点。

艺术创造受到认可

也许可以说，在那时候，孩子们对艺术创造的兴趣成为公开的了。有些时候，这意味着他们开始给别人看自己的作品，而在这之前他们只是自己把这些作品收着。更经常的是，这意味着他们的朋友意识到了他们创作了多少作品，这就像他们也会在那个时候意识到，自己的每个朋友都有些不同的能力和兴趣。

随着孩子们对艺术的兴趣被越来越多的人了解，他们开始被别人当成了"班里的艺术家"（A-10）或者"家里的艺术家"（A-3）。例如，在学校的年度纪念册里，他们被别人称作"伦勃朗第二"（A-11）或者"诗人、艺术家"（A-4）。尽管这跟雕塑家们后来所理解的艺术一点关系也没有，跟懂行的业余人士所理解的艺术也没有关系，但这种独特的标签似乎有着无穷的威力。

伴随着这些标签而来的，有机会，也有负担。"我给学校画过风景画。"（A-11）"如果需要做什么特殊的作品，如果老师想让我们做些特殊的事情，给橄榄球赛做个宣传画什么的，我总能被选上。"（A-8）"我给所有的比赛画了宣传画，对吧？还有所有舞会的会场布置。我不会把这些叫作艺术，这些就是写美术字、做布景之类的事情。"（A-19）

因艺术创造而带来的与众不同的感觉

"我能做一些与众不同的事情"（A-11），这是我们一再听到的陈述。"艺术是我能做的那一件事，我姐姐就做不了。"（A-4）"当我发现我能够画得非常好的时候，没人能够超过我的时候，我真的就去追求往这方面发展了。"（A-14）

有一位雕塑家的父母让孩子上了一对一的艺术课，他们的意图很明显，就是要让他能够感到，他能够做一件他哥哥做不到的事情。

"在他上初中的时候，我们对于他表露出来的态度有些担心，他觉得他永远也不可能做到像哥哥那样好，或者感觉自己总是在阴影里。就是在那个时候，我们感到需要给他找到一个兴趣，让他们俩能够有区别，让他有机会去做一件他哥哥不会做的事情。艺术好像是他感兴趣的东西。我就找了个老师，每周六在他家里上绘画课。那位老师是个艺术家，后来成了一个商业艺术家。所以我就把小儿子带去了。"（A-3的母亲）

虽然他们在艺术上感到自己很特别，但这并没有妨碍他们在其他方面的能力。父母在初中期间给找了私人美术老师的那位雕塑家（A-3）还记得，在高中，"上艺术课的时候，我总是比大多数人都好。在（学校的）其他科目里我也一直是最好的学生之一"。

另外一位雕塑家（A-2）说："我总是班上第一名，一个受尊重的好孩子。所以，如果放学之后我用4个小时耗在艺术课上，谁也不会责备我。"

有几个孩子体育成绩很出色。"体育好是受人接纳的一种方式，而艺术只是我性格里的一束侧光。"（A-5）有两位是不同寻常的小音乐家。"我在音乐方面很出色，在美术上也是最好的。"（A-8）

但是，一般来说，这些雕塑家即使在几个方面都有很强的能力，他们还是会把艺术看得与体育、音乐和其他事情都不一样。其他的活动是"所有人都做的事情，我也就做了"（A-14）。艺术则是他们自己的领域。艺术不仅仅是别人提供给他们的活动，那是他们自己找到的爱好。

把自己当作艺术家来看待

通过正式的和非正式的方式,这些孩子们被介绍给了其他和他们有同样兴趣的人,于是,他们所认识的艺术爱好者的圈子扩大了。最后,他们开始试着给自己贴上艺术家的标签,然后用各种方式审视自己,看看这标签是否合适。

这些小艺术家有多出色呢?他们在自己的同伴里是"最好的"或者是最好的之一。有一位(A–14)说:"没人比我做得更好。"另外一位(A–5)说:"我觉得另外有两个孩子比我画得更好。他们也进了艺术学院,最后给沃特·迪斯尼或者类似的机构工作。所以,我会欣赏他们的作品,他们也会欣赏我的。"

那些搭建模型、雕刻和做焊接雕塑的人,不一定画画好;那些画画和素描好的人,不一定能够很好地做三维模型。

雕塑家被他们的同伴认定是出色的艺术家,有时候,他们的高中老师也这样看待他们。在那个时候,他们当中没有一个人被职业艺术家或者艺术评论家注意到。但是,因为他们的生活与职业艺术家的生活没有交集,他们也就不需要得到这些人的认可,仍然可以觉得自己是艺术家,并且对此感觉良好。他们从来就没有注意到这方面评价的缺失。

父母的参与

在这个发展阶段里,雕塑家们可以分成人数相等的两组:在一组人那里,父母很明显地是在帮助孩子发展艺术能力;在另外一组人那里,父母则没有给予什么帮助,或者给了很少帮助。那些支持和鼓励孩子进行艺术活动的父母,一般是通过几个不同途径来这样做的。有5个家庭在这个阶段给孩子额外找了艺术老师。

他们在博物馆找到了艺术课、特殊的高中艺术项目，以及一些艺术家开办的周末和夜校课程。

雕塑家们记得，这些课程主要是相对随意的一些艺术领域的入门课。在那里，他们得以尝试在家里和在学校接触不到的艺术媒介，或者第一次照着模特写生，或者在博物馆得到"内部参观"的机会。他们结识了其他一些对各种艺术创造感兴趣的人，这些人有和他们同龄的，也有比他们年长的。有两位雕塑家记得，他们当时就知道，自己的老师是职业艺术家。

父母为孩子寻找艺术课，这件事情，似乎比他们上课的时候做了什么更加重要。艺术课不是那么容易找到的。在社区里，在某个特定的年龄，上艺术课的孩子并不多。父母需要做出一些努力才能找到这样的课程，这些孩子们也知道父母在为他们做一些不寻常的事情，甚至，这也许是因为这些孩子们本身就不同寻常。

"我妈妈认为我应该接受正规教育，跟一位职业艺术家学习，她也愿意带我跑那么远的路，交通拥挤的时候，单程就要一个多小时。"（A-8）

"我妈妈愿意帮我找到一些学习机会，她也真的付出了努力。上艺术课听起来可能不算一回事，但是它后来被证明是很重要的，它帮我往前迈出了一步。"（A-17）

其他父母在给孩子提供设备和环境，以帮助孩子发展艺术能力的时候，也是很不怕麻烦的。例如，有一位雕塑家（A-19）在16岁的时候得到了一套小型的焊接雕塑工具，作为圣诞节的礼物。他父亲教会了他如何安全地使用这些工具，然后就让他基本上想做什么就做什么。"然后，到了我的下一个生日，我就得到了配套的氧气罐。事情就是这么进行的。"另外一位父亲会做木匠活儿，他把自家的阁楼给雕塑家（A-14）和弟弟改造成了一个艺术工作室。在那里，两个青少年除了在高中期间画画之外，还学会了张开画布，以及制作撑画布的支架。

父母把这些青少年的作品放在家里显眼的位置陈列起来,这在雕塑家看来,也是一种表达支持的方式。

"父母把我的画在家里挂得到处都是,我父母可不觉得家里只能挂名家的画。在高中的时候,我每画一张画,就会被挂在客厅里最显眼的位置。"(A-3)

偶尔也有人后来觉得这种表达支持的方式有些令人感到尴尬。"我画了很多马、很多风景、很多花。我妈妈到现在还把这些挂在墙上呢。回家对我而言是个严重打击。去年我跟我最喜欢的老师,还有两个研究生一起出去野营。他们到我妈妈家去吃晚饭,家里满墙都是我的那些画,我简直是难为情极了(笑)。他们每个人都特别好,他们什么也没说。可能他们的妈妈也都是这样的吧。"(A-19)

高中里的艺术活动

在初中和高中期间,雕塑家们在学校里上过什么艺术课?想要得到这类信息是很困难的。20位雕塑家当中有14位在学校里的确上过某门艺术课。剩下的1/4的人在学校没上艺术课,或者什么也不记得。

有三四个在学校上过艺术课的人记得,每年几乎都上艺术课,其中一位,在高中的最后两年,每年都上一门以上的艺术课。其他人的经历有如下这些:"我在初中的时候上过一门艺术课,那没什么重要的,我还上过一门工业艺术的木工课。我在木工课上就是个中等学生"(A-18)。雕塑家们对这些经历没有什么实质性的评论。

学校不会把艺术当作学术性的科目。学生们一般把艺术当成是"为了挣学分而选的课,不用做什么功课,是给功课不及格的学生的"(A-12)。"艺术课上全是进不了大学的学生。"(A-4)雕塑家们不记得这些课有什么有挑战性的内容，或者从这里得到过什么知识。他们画静物，照着模特写生，做了一些"项目"。"今天，同学们，我们来描画感情。"（A-8）

雕塑家们认为这些课存在的最大问题，同时也让这些雕塑家对这些课程满不在乎的主要原因，似乎是老师们把艺术仅仅当成了一套手艺，这也许是因为他们自己不是职业艺术家吧。艺术课上没有认真地思考和讨论，似乎也不是能够为未来铺路的活动。有一位雕塑家（A-3）这样解释："在高中，艺术是一个受到很多限制的科目。那不是什么你可以追求的事情。然后我进了大学，那里教艺术的人都是职业艺术家。那才称得上给艺术赋予了生命。"

另外一位雕塑家（A-14）也描述了这种困境。"我的高中艺术老师好像是跟我说了我很不错"。"我不觉得她跟我说过任何关于进艺术学院的事，没有说过任何这方面的事情。"（A-14）"职业辅导员也没说过这些。"这个年轻人知道自己在艺术方面很出色。但是他不知道能拿它干什么，能用它走到哪里。

为上大学做准备

当这些青少年高中毕业的时候，仍然没有什么迹象可以表明他们未来会取得非同寻常的艺术成就。他们还没有被职业艺术家、艺术评论家注意到，没有得到这些人的鼓励，甚至连本地的艺术老师都没有注意到他们。没有哪个懂行的人给他们提过建议，让他们为了得到最专业的艺术教育而去某所学校，或者要跟某位老师学习。

14位是抱着"以艺术为专业"（A-9）的想法进大学的，但那只是一个很模糊的想法。只有两位进的是专门的艺术学院，另外有两位有更具体的想法，想学建筑——"只因为它有挣钱的可能"（A-14）。所以，这两位对艺术学习有一定的决心。有 4 位甚至根本没有考虑艺术，这其中之一也没有准备进大学。但是，这些人的决心有多大，可以更好地从另外一个角度看到，我们注意到，在选择大学的时候，这些年轻人的选择标准并不是他们在某个学校会得到什么质量的艺术教育。①

尽管这些年轻人对艺术创造有着浓厚的兴趣，但是他们对于艺术学习却没有什么直接体验，对于这样的学习会有什么内容也理解得十分有限。用通常的标准来看，他们都还不够格接受专业艺术教育。大多数人都拿不出艺术院校招生办所要求的作品集，高中成绩单上也只有很少的几门艺术课（就在这几门课里他们的成绩也不见得都是 A），也没有艺术老师或者艺术家给他们写推荐信。

他们不仅缺乏资历，在生活里也缺乏一种方向感，这两者几乎总是同时存在的。父母没有给他们建议任何方向，所以他们没有什么可遵从的指导，也没有什么可以反叛的对象。尽管他们从艺术创造里得到很大的愉悦，但他们并没有意识到，学习艺术、创造艺术，蕴含了什么样的可能性。年轻人知道他们要进大学，但也只是个很笼统的目标，这从他们选择大学的方式上就看得出来。

"我没得到什么指导。"(A-6)"我去××大学并不是出于什么特殊的原因。"(A-10)"主要是我父母给我选的。"(A-4)"那主要是父母的建议。"(A-9)"我去哪所大学好像不是我生活里很重要的决定之一。"(A-8)

如果父母对某所学校，或者某一类学校非常看好，年轻人也就顺从了父母的偏向。在一个例子里，有所学校是这个家庭"传统上"大家都去的学校。有两三个父母建议孩子去常春藤大学或者同样水准的学校。下一个最有可能起决定作用的因素是离家距离和学费开支："我爸爸就是不想让我大学第一年就离开家。"

---

① 即使他们想这样选择，我们也不清楚他们如何能够做到。年轻人的父母和年轻人自己都还没有得到关于艺术世界、职业艺术家应该受到什么教育的足够信息。周围也没有什么人让他们可以去询问。

（A-1）"我们很穷，那所学校一学期只收50美元，离我们家只有半英里远。"

（A-19）只有在最后，需要在两个各方面情况都相当的学校里选一个的时候，艺术方面的考虑才起到一些影响。"最后选中的学校有一栋楼专门是给艺术系的，所以它比另外那所学校看上去更有吸引力。"（A-4）

青春期的总结

在雕塑家们离开高中之后，仍然没有什么明显迹象能够预示他们未来的成功。他们和父母也并非预言过未来的成功。但是，他们在那之后的发展也并不完全是个谜。他们已经为自己在艺术上的发展打下了坚实的基础。在这些青少年的经历当中，有几个显著的特点似乎尤其重要。

尽管很多年龄小的孩子们都画画、素描、搭建模型，以及进行类似的活动，但是，雕塑家们在青春期仍然继续进行艺术活动，而对很多其他人来说，这类活动经常就被扔到一边去了。这些雕塑家从这些活动里得到很多愉悦。有些人以成年人为榜样——他们看到父母、叔叔、教父为了愉悦自己而进行艺术创造。其他人的艺术活动也从来没有受到阻止，从来没有人使得他们去怀疑自己的艺术活动是否恰当。

艺术创造是他们生活里很自然的一部分。那不仅仅是学校的活动，也不仅仅是每周一次的课外活动。那是他们在做完所有必做的事情之后，自己选择要做的事情。青少年没有去想这些事，不管在哪里，任何时候他们想要做艺术创造，他们很自然地就做了。那是"他们是什么人""他们怎样生活"的一部分。

雕塑家们因为自己的艺术活动得到过奖励——也许在青春期的时候比以前更多。在青春期期间积累起来的好处，我们可以想到的有：

● 能够让自己感觉到自己是一个什么样的人。

● 感到自己有能力。

● 有至少一种方式能够让他们感到自己很特别，和自己的兄弟姐妹、同班同学都不一样，甚至比他们更好。

● 在学校和在家里得到一些特殊待遇，例如，为了指导学校剧院搭布景，可以免上一节课，或者自己的作品会在家里显眼的位置陈列，或者听到父母夸耀自己的才能。

最后，这些孩子们在其他任何方面都没有发展出同样强烈的兴趣。没有任何事情与艺术争抢他们的时间与投入。有些青少年在其他方面也相当不错，例如学业、体育、音乐，但是，出于各种各样的原因，他们没有觉得对这些活动要有那么大的投入，也不确定自己在这些方面是否很成功。有些人说，其他的活动不如艺术对他们那么有意义，因为它们是"别人也做的事情"（A-14）。另外一些人则更加看重父母重视的某项活动，而不是学校强调的活动。"音乐是学校里的，艺术是在家里受到鼓励的，但是，在学校里就没有。"（A-8）

还有一些人说，他们没有觉得自己在其他方面有多强的能力。但是，有大量证据都表明他们在那些方面其实也还是很不错的，这些证据如果放在另外一个青少年身上，他可能会感觉自己挺出色的。例如，有一位雕塑家（A-18）谈过这样的经历："在高中毕业班的时候，我在我参加的体育项目里得了全州第一名。我不是做奥运选手的材料，但是我在州里能得第一。州里的比赛不是那么容易的，我一直很为那个成绩自豪。"

当问到他怎么知道自己不是做奥运选手的材料时，他给出了如下的解释："你会知道这种事情。在你很投入地去做的任何事情里，你会开始知道顶峰在哪里。你是在谈一个每年需要投入四五个月的运动，每天下午放学之后都要训练，每次两个半小时。你的比赛对手是那些要经受同样严格训练的人。你知道真正出色的是哪些人。"

另外一位雕塑家（A-9），在小时候是网球运动员，"我 12 岁的时候上了州里的排名榜，但这什么意义也没有。有一次，我有机会参加了州里的年度比赛，结果被人打得落花流水。我抽签抽上了跟全州第一号种子对阵，他打得太好了。"这些是最明显的一些例子，它们说明，这些青少年完全有可能以其他事情而不是艺术来确立自己是什么人。为什么他们没有能够这样做？他们给出了各种各样的解释，但是没有任何解释有足够的说服力。为什么一个人会觉得自己在某方面很出色，在其他方面不够出色，就算事实与此相反也仍然如此认为？这不是我们这项研究可以解决的问题。在这里，重要的是，这些人在高中毕业的时候，他们最受吸引、让他们感觉最好的那一项活动是艺术创造。

这些青少年在当时还缺乏一些公认的成绩，这些成绩常常会把那些走艺术道路的人和不会去学艺术的人区分开，但是，他们却仍然为成为艺术家做了充分的准备。他们有基本的技能，有学习的动力，这两者都是成功的艺术学习所必需的。"重要的不是我受过多少正规的教育，而是我一直都在画。"（A-8）"我认为，我可能确实知道我最好的牌是哪一张。"（A-17）但是，他们需要真正地学习艺术。事实上，他们需要跟某一类特定的老师在某一类特定的坏境里学习艺术。

高等艺术教育：成为艺术生

除了一个人之外，其他所有雕塑家都在有资格授予学位的正规大学里学习了艺术。有 3/4 的人得到了艺术硕士学位。但是，他们倒不一定是高中一毕业就开始了正规的艺术学习，他们的本科专业也不都是艺术。

对有些人来说，道路是曲折的。例如，"我进大学的时候是想成为一名建筑师，后来我转到了心理系，最终又转到艺术系。"（A-5）另外一个在高中毕业之后先工作了3年，然后才进大学，本来他是想学历史的，结果他拿了一个社会学学位，然后进了艺术学院，在那里他拿到了艺术的学士和硕士学位。

对其他人来说，道路则是平坦的，六月份从高中毕业，九月份就在艺术学院（或者综合大学的艺术系）注册。

"我到那里的时候，就知道我绝对是来对了。那就像是打开了一扇门。我知道我是和我认同的人在一起。我觉得那便是最适合我的那双鞋，我很高兴找到了它。"（A-17）

随便进一所艺术学院或者艺术系是不够的。有几位雕塑家转过学，其中一位说，"在第一所学校里，艺术课更多的是给那些对教育很执着、想毕业之后教书的学生设立的。那不是培养艺术家的。"（A-1）那样的教育不是给我们这些学生的。

很显然，有某种很特殊的环境，是在这个时期对雕塑家的成长起关键性作用的。这个环境包括本身就是职业艺术家的老师，包括同学当中那些有志创造优秀艺术作品的人，以及某种交流信息的圈子，让学生可以了解一些在他们当时视野之外的艺术世界的情况。在这样的环境里，学生们日夜地学习，学习成为艺术家。

以艺术家为老师

如果要从雕塑家们的专业艺术教育里挑出最重要的一个成分，那可能就是这样一个事实，即他们的老师都首先是专业艺术家。"他们都是第一流的人物，是专业的。我的老师里没有一个是首先是老师，其次才是艺术家。"（A-15）一个又一个的雕塑家提到了老师的专业地位。

周围有这么多专业艺术家，使得学生们意识到，在艺术里也有他们的未来，有些东西是值得去追求的。有一位雕塑家（A-12）这样解释了一位老师的重要性："他首先是位艺术家，其次才是指导老师。那对我很有吸引力。那是我第一次看到和我脑子里的想法相吻合的人。"

老师把艺术家的生活毫无保留地展示在学生面前，在教学和工作室之间，他们好像生活得非常好（A-10）。他们也为学生做出了榜样，让学生看到了一位艺术家的生涯。

"那里的老师非常好，因为他们就在那里创造自己的艺术。你看到了整个的过程。从开始创造，到最后包装好运出去，到艺术展开幕，然后在媒体上读到评论。你能看到所有这一切。"（A-19）

"老师自己就是一位艺术家，他的工作室就在我们学生工作室旁边。他做了些作品出来。我们看到他的作品做出来、运出去。知道老师就在那里，对我来说是重要的事。"（A-18）

雕塑家们谈到了那些"完全彻底地献身于艺术"的老师对他们的重要性，"因为你能理解那种态度、那种投入。"（A-12）专业的老师们激励了学生，让他们充满活力。

"你遇到的可不是每天来干那非干不可的6小时或者9小时工作的人。他们是在告诉我们，他们相信的是什么，而那就是艺术。那是最让人激动的事情。他们把我们的情绪都煽起来了，那就像演员迫切想上台一样。"（A-17）

大约有1/3的雕塑家得到过机会，跟一位专业艺术家做学徒之类的工作。例如，有一个学生有两个暑假都跟着一位当代雕塑创始人工作。

"有人问我想不想给他工作，我说，'你开玩笑吧？我不要报酬也给你干。'结果，我们每天一起吃午饭，那就让我们可以进行讨论，建立同事关系，而不是仅仅的老板和雇员的关系。那就像一个年轻的心脏外科医生和一个年长的心脏外科专家之间的关系一样。从某个角度说,那个工作是我给他当学徒。我不是他的得意门生,我只是他的雇员,但那可是一个值得珍惜的位置。"(A-15)

有些雕塑家和他们的艺术家老师只有短暂的接触,那就是正规的画室课。但那也足够好了。"他是艺术界一位非常重要的人物。他在这所学校教学,这本身就很有意义。"(A-7)

这些专业艺术家对学生的要求是很高的,因为他们对自己的要求就高。"他们的要求高得不得了。我记得我要工作到凌晨四五点,但是我喜欢极了。"(A-17)"周围的气氛充满了能量和思想。你一下就长大了,你的老师都是专业人士。我们去了纽约,看那里的艺术展。我知道这些的重要性。"(A-8)有一位雕塑家(A-3)问了一个问题,一下就把跟专业艺术家学习的重要性挑明了:"如果你不接触那些能做出优秀作品的人,你怎么能知道会有些什么可能性?"

这些艺术家老师所起的重要作用,在学生发展天赋的过程中,在他们努力达到非常出众的水平的过程中,也许是怎么也无法低估的。这些老师不仅为成功的学习营造了大的氛围(激励学生,以身作则,给学生提出高要求),而且也用多种方式提供了个性化的指导和鼓励。老师给学生们提供了暑假艺术活动的信息,并且安排学生去参加这些高强度的学习班。这些学习班让学生们接触到了其他专业艺术家,以及对艺术非常认真的同学,也接触到了不同的艺术家带来的不同视角。当有些学生没有足够的作品,或者没有质量足够高的作品,无法申请出色的研究生院的时候,有些老师帮了忙,让他们得以入学。在几个例子里,老师甚至安排了学生作品的展览,他们希望学生的作品能够得到艺术评论家的评价。

几乎所有艺术家都能够说出一个对自己的人生起了重大影响的老师。[①]"在我人生里起了重要作用的人,我的定义是,一个在某些方面可以称为楷模的人,让别人会想去努力成为他那样的人。"(A-17)"有一个老师对我起了决定性的作用。我一开始上那门课,就知道,这就是我想要做的。"(A-18)"在了解了那位老师之后,我已经能够感觉到他是那种不可能不改变你人生的人。"(A-8)

高强度、与同伴一起进行的工作

艺术家老师们创造了一个大环境,在这个环境里,学生可以学到很多,学到如何创作优秀的艺术作品。学生们也互相帮助,理解这个大环境,最大限度地利用它。

"从某种角度来说,最重要的老师,其实是其他的同学。因为他们跟你的水平更相近,他们是跟你一样凌晨三点还在工作的人。他们是你可以学习的人。你知道,你从老师那里可以学到大的东西,但是你从其他同学那里可以学到日常的细微之处。"(A-19)

"他们都像我一样认真,"一位雕塑家(A-5)这样说到他一小组的同学,"我们交谈得很多,互相启发,我们的想法互相渗透。"

有两位雕塑家用很相似的说法,描述了同学之间的友好竞争,这种竞争既有教育意义,也给人鼓劲。

"我朋友会给我打电话,说,'来看我最新的作品呀。'我就会想,'好嘛,我得再勤奋一些,再快一些,因为她刚又完成了一件作品。'那种感觉真好。"(A-4)

"我觉得艺术家之间有很多竞争,但是我希望那是一种健康的竞争,那本身

---

[1] 有两位说出的是同一位老师。他们在不同的年份、不同的学校里,跟这同一位老师学习过。

成才之路　　发展青少年的天赋

就是件有价值的事。当一个人做了一件非常好的作品的时候，其他人会转过身来说，'太不可思议了！'然后他们就会冲回家，去做一件更好的作品。这种事情经常发生，棒极了。"（A-6）

　　有几位雕塑家还记得自己成为了艺术课上的"明星"（A-2）。但是，更多的雕塑家会说，"我不是那个在学校里得奖的学生"（A-7）。同一位雕塑家告诉采访他的研究人员说："我的那个班，大概有5个人都能进你这个组成为你的调查对象。①他们是最顶尖的人。我们可能都用某种方式展现了自己的潜力，但是那时候我们当中没有一个人是鹤立鸡群的。"（A-7）

　　另外一位（A-10）在同一所学校上学（但不同年份）的雕塑家发现："一开始，有些人的天赋非常惊人，他们随便碰一下什么东西，都能搞出个佳作。我不是那些人当中的一个。我没有那种……所谓的天生的能力。"但是他和大多数其他雕塑家都发现，天生的能力并不足以成就一位出色的艺术家。"你的思考也很重要，……还有你的决心。"（A-10）在他的班上有20人，"有人在工作室里工作到晚上十点，有人在外面狂欢"。他和其他大多数我们访谈过的雕塑家一样，属于在工作室里工作的。

　　"一直到我进了大学，我都没觉得自己有什么天赋。现在我知道了，几乎所有人都有天赋，重要的是进取心，此外，重要的是，要让你自己能够去这么想，能够投入到某些想法里去。"（A-1）

　　"我迫切地想要了解有关艺术的一切。我读了所有的艺术杂志、所有能够读到的艺术书籍。我熬夜到凌晨三四点钟，画画，然后第二天又起来去上学，然后回来接着画。"（A-5）

　　"我白天黑夜地工作。那不再只是一门课，那不再只是混过关就算了。我整

---

① 指这项对杰出艺术家的研究项目。

晚整晚地画画。我读图书馆里所有的书。我真的是干起来了。"（A-8）

"比所有其他事情都重要的是坚持不懈和勤奋努力。"（A-4）

雕塑家们大多都承认，他们的同学既全力以赴又富有天赋。大约有 1/3 的人感到既惊讶又感激，因为他们能够与一组"最出色的"（A-9）同学一起学习，或者"最终能够在艺术界取得成就的人"（A-17）。①"这些小圈子怎么形成的，是很有意思的事"，有一位艺术家（A-8）这样说。她数出了几个同学的名字，这些人后来在几个不同的艺术领域里都取得了不寻常的成就。另外一位雕塑家（A-19）说："那些研究生里有比例大得惊人的一部分到现在还在从事艺术工作。我得说，至少有 75% 都干得很不错，卖得出作品。我敢打赌，95% 的人至少还在创作，这真的很不寻常。在那个时候，那所学校很与众不同"。

发展职业技能和态度

有 6 年左右的时间，雕塑家们观察专业的艺术家，与他们共同工作。当然，也从同学那里学习，并相互竞争。这个时期被称为是"高强度"（A-2）的时期。这些年的学习安排，包括学习艺术的语言、艺术的历史、创作的过程，以及创作优秀艺术作品所需要的技术。在这个时期接近结束的时候，它还包括学习如何让自己创作的优秀作品进入市场。

有些雕塑家得到了正式、全面的教育，学习了艺术的语言、历史、艺术创造的程序和技术。

"我们全都得选的那个系列就叫作'基础课'。不管你想做什么事情，它都

---

① 我们这个研究的样本包括在同一所学校学习过的雕塑家，或者跟同一位老师、在不同年份学习过的雕塑家，但是没有包括任何一位老师。

为你提供一个基础。它包括艺术史、色彩课、二维设计课程、三维设计课程，也许还有印画技术，这个我不太确定，还有人体绘画。不管你后来往哪个方向发展，这都是你可以使用的基础。"（A-17）

雕塑家们无一例外地都已经在所有这些方面进行过一些学习了。虽然没有谁正式要求过他们，但是他们都选择了自己的"核心课程"，当有必要或者有兴趣的时候，自己探索了艺术的各个方面。

雕塑家们接受的专业艺术教育，有很大一部分是做作品。学生们得到的任务，目的是让他们学习如何用某种特定的媒介创作，或者表达特定的艺术概念。"你得到的任务是必须创作一件金属的作品。"（A-14）

"他说，'好吧，我看到你已经有一些经验，知道怎么把创作材料削下去。但是你还从来没有做过需要把材料堆积起来的工作。'他说，'在现在的雕塑业里，这个更有意思。'他说，'我想给你一些东西，我想让你用这些来创作。'4个月以后，我就做出了这么一个作品。"（A-18）

"头两年，我们要做作品，我们要学习的是，当我们的脑子里想做什么作品的时候，怎么用手把它做出来。那是一种练习，然后我们慢慢就得依赖于自己的想法了。"（A-10）

做这些作品的过程往往是在其他同学面前进行的，在学校给学生提供的很大的教室里进行的。教授们会观察学生的工作，时不时发表一些评论，当学生有问题的时候，也有时间和学生讨论。

"没人会站在你身后，手把手教你怎么做这个怎么做那个。不过如果他们看到你的作品里有什么好的地方，哪怕仅仅是一幅油画，他们也会给你示范怎么做得更好。我们学了某些技巧，以及与雕塑有关的某些工艺——雕刻、焊接工艺，还有一些别的什么。然后就得到了许可，去探索自己的想法。"（A-14）

第三章 成功雕塑家的成长

在接受了几年正规学校教育之后，学生们听到的关于技术和技巧的讨论就少了，更多的是关于"艺术中的问题，以及怎样让作品与这些问题相关"（A-14）。很多人在一段时间内大强度地学习艺术历史、艺术评论，不是因为这些内容本身，而是想发现它们能够怎样帮助自己创作更好的作品。"研究生阶段的学生开始学习前人的思考和论述。"（A-15）

有几位艺术家对于前人的成就如此之感兴趣，他们开始复制其他艺术家的作品。现在，他们不是像小时候那样，照着报纸上的漫画来画了，他们是试图复制杰克逊·波洛克①的作品，以及其他重要的艺术家的作品。"我想做一些吉亚科梅蒂②那样的作品。我也做了一些亨利·摩尔③的作品。"（A-9）他们的复制品在这个时候更加有深度了。只是简单地复制一幅作品已经不够了。他们是在试图理解"吉亚科梅蒂作品的本质是什么，鲁本斯④作品的精髓是什么"（A-7）。这些复制品完成的时候，学生们还没有"意识到怎样把别人的影响与自己的想法区别开，怎样用更丰富和更细致的方法去学习别人的影响"（A-9）。

有些艺术家在那时没有意识到，他们在创作艺术作品的时候是在模仿其他艺术家。他们是在作品完成之后"才发现这一点的"，"我是在经历一个杰克逊·波洛克时期，一个早期毕加索时期。然后我才好像是进入了我自己的时期。"（A-20）不管这种模仿是有意的还是无意的，很多雕塑家都会经历这样一个阶段，之后又会从这个阶段里走出来。

通过创作作品、上课、和老师交流、模仿其他艺术家、进行非正式的讨论，学生们逐渐学到了艺术创作的语言、历史、程序和技术。"我开始形成了一些主

---

① 译者注：杰克逊·波洛克：20世纪美国著名艺术家，抽象印象派的重要人物。
② 译者注：吉亚科梅蒂：20世纪瑞士著名画家、雕塑家。
③ 译者注：亨利·摩尔：20世纪英国著名雕塑家、艺术家。
④ 译者注：鲁本斯：文艺复兴时期著名画家。

要的思路和概念。"（A-7）"我的专业意识形成了。"（A-18）

最终，雕塑家们需要创作出属于他们自己的、独特的作品。他们说，自己作品的思路"可能来自于对其他事物和作品的观察"（A-9），但是，艺术家们找到的问题和他们提出的解决方法，却需要是独特的。

"在艺术里，你要提出自己的问题。艺术上的问题通常来自近期的历史。如果在第五十七街的墙上挂了抽象印象派的画作，学艺术的学生通常就会看到这一点，他们会说：'现在，我可以从杰克逊·波洛克开始走到哪里去，下一步我可以做什么。'"（A-8）

很多雕塑家认为，自己学会发现和解决问题，主要归功于同学之间的交流和竞争，并认为这是重要的因素。他们说，与同学进行的高强度、有深度和广度的讨论，迫使他们走出仅仅是模仿从书里、画廊、博物馆看到的作品的阶段。

"我们会不停地剖析大家的作品。我们是很好的朋友，但是我们会对各自的作品发表一些很严苛的评论。他们成了我的良知。如果你有3个最好的朋友质问你为什么要这么做、那么做，那你就很难蒙混过关。你不能只是说，'这是我从一本艺术杂志上看来的。'"（A-5）

决定成为雕塑家

当艺术家们开始专业学习的时候，他们的志向是艺术创作，但是很少有人立志要创作某一特殊类型的艺术。①"我根本没想到我的兴趣会是雕塑。"（A-15）在那个时候，别人很难期望他们知道自己的特殊兴趣，因为他们对艺术上的可能性还知之甚少。

---

① 20位艺术家当中，有两位是一直就把自己的努力全部投入到雕塑中。

| 第三章　成功雕塑家的成长 |

大多数艺术家学习了绘画，是很好的画家，后来才转到雕塑去。在学雕塑之前先学绘画，很少是他们自己的决定。这通常是他们的艺术家老师替他们决定的。"教学是以绘画为中心。"（A-3）"绘画是唯一一种成本低，又容易理解容易操作的形式。所以他们就让你从绘画开始。"（A-19）而且，"要想让人把你当成艺术家来认真看待，你就必须得会作画。所以我就先当了画家。"（A-11）

据说，通过绘画来教授艺术的原理，比通过雕塑来教要容易。学生们绘画通常也比做雕塑作品快。这样，如果正规教育的时间一样多，学绘画的学生就会比做雕塑的学生得到更多的课时。绘画一般也比雕塑便宜，绘画也几乎从来都比雕塑需要更少的工作空间。

有些艺术家的绘画只持续了很短的一段时间，就转到雕塑去了（或者先转去陶艺，再转到雕塑）。一半以上的人在进了研究生院的时候还在画画。到目前，只有一位还在画画——这样挣来的钱可以为她的雕塑工作提供时间和材料。

从绘画到雕塑的转变过程，是他们越来越深入地学习艺术创作的过程，到了一定时候，他们就可以确定哪一种艺术形式最适合他们的长处和兴趣。

"有些人对色彩更感兴趣，有些人对形状更感兴趣，还有些人对空间更感兴趣。这些都是艺术的元素。在你往前走的时候，你会发现你最感兴趣的是什么。有些艺术家对黑与白最投入。我不是个搞色彩的人，我是注重空间的人。于是，你会发现你必然要去选择某种艺术形式。"（A-8）

"绘画没有那种魔力。它是二维的，这不够激动人心。我不是一个特别会运用色彩的人，那绘画就不适合我，雕塑才适合我。"（A-10）

改做雕塑的决定不是脑子里想出来的，而是在实践中形成的。

"我开始画越来越有立体感的画。这意思是，它们是类似浮雕的画，好像要从墙上伸展出来，我开始画这种画，然后就一直画。最终，它们成了物体，它们

有了属于自己的三维的存在。"（A-17）

"好像只有表面是不够的，我还想看到一幅画的背后和旁边。"（A-20）

"对我来说，那恰好就是我在画一幅画，然后意识到，撑开油画布的画框才是成画的关键。那就是说，你一旦对画面背后的结构产生了兴趣，你就可以改变这个结构。所以，这画就逐渐变成了很多块木头，木头上面有些画布，然后它们就变成了三维的物体。我本来是在画画，但是那画达不到我想要的效果，所以我就做了改动，然后一幅画就变成了一个雕塑。"（A-6）

"那些画变得越来越大，我开始画70英尺的画，甚至到了一个都没法做支撑画布的框子的地步。这意味着，一个框子需要一部分一部分地搭起来。我当时还让工程师帮我设计。但是，这存在一个问题，一个技术问题，画布会坠下来。而我意识到，我其实是在用空间来工作。我画的画如此之大，它会变化，如果你换一个角度看，它就会是另外一个样子，而这些都是我有意的。如果你站在中间看，它会是在走出你的视野。我已经意识到我在做的事情，其实是在画布上雕塑。观众的走动则是最关键的东西。从那时起，我就开始在室外做雕塑了。"（A-8）

有趣的是，根据他们是否在乎雕塑是个实物这一特点，艺术家们可以分成两派。有些人说，因为他们一直就喜欢建造模型、搭各种东西，而且总的来说喜欢动手，他们偏向于雕塑而不是其他任何艺术形式，就是很自然的事情。

"我认为我一直就是对实物更感兴趣，对物体之间的关系感兴趣。喜欢与真实的物体有关。"（A-12）

"我想做三维的作品，因为我可以改动它。我总可以摆弄和改动那个实物，而不是让它有个终点。"（A-5）

也有些人说，他们感觉过程对自己没有什么重要性，最终的产品才是一切。如果他们自己构思作品，然后把大多数具体建构的工作交给学生，或者在有能力雇工匠的时候让工匠去做，他们是完全情愿的。

"我一直对物体有兴趣。它的体积、形状、表情，与我想象的体积、形状、表情的比较，以及与我作为一个观赏者的比较，这些都比实际去做更重要。我想要的是一种状态，而不是一个活动。在过去的五六年里，我的作品都是构思好了之后，在工厂里用金属压出来的。"（A-15）

"我关于工作的态度，并不是说为了做体力劳动而做体力劳动就是好的。我做雕塑完全是为了追求我希望达到的效果。我以前画画，其实可能更应该继续画画，因为它容易。你用不着这么努力工作。"（A-6）

父母的参与

很多雕塑家的父母对于孩子们上大学的时候开始投入艺术学习，是感到惊讶和不安的。

"从观念上来说，他们对此不反对，他们只是担心这能不能挣钱，能不能以此谋生。我小的时候这不是个大问题，因为小孩对艺术有兴趣总是好事。没有任何理由认为这孩子将来会蠢到想把艺术当成自己的生活方式。我妈妈跟我说过，她的一个朋友在大学里就是学艺术的，但后来做了律师。在他们看来，如果学建筑可能会更靠谱一些。但是，我并没有受到他们的过多压力。"（A-3）

在这个时候，父母脑子里所想的，就不是做事要愉快、要喜欢自己所做的事这样简单了，他们这时候想的是自己的孩子怎样能够过上比较像样的生活。

"我爸爸基本上是说，'好了，够了，你上了荣誉学生榜，非常好，太好了！你被耶鲁大学研究生院录取了，这真是太棒了！我们为你骄傲！但是，最根本的问题是，到了你必须要自己养活自己的时候，你怎么养活自己？醒醒吧，你必须明白，我不会一直养着你的。'他一直这么说，一直到我25岁的时候，我的作品在古根海姆美术馆展出的时候，他才停止说这种话。在那个展览上，我是在全国范围里作品被选中的10个艺术家之一。"（A-7）

"我妈妈会为我成为一个艺术家而担心。'你以后怎么谋生？''你能不能选点建筑课？'她真是被这个学建筑的想法迷了心窍。"（A-10）

但是，一般来讲，父母们并没有使劲劝阻孩子，让他们不要以艺术为生命，他们只是提供了一些"实际的忠告"。

"实际的忠告，比如，当艺术家可能不是个好主意，因为你没法挣到钱，所以也许你在做一个艺术家的同时，还应该想出一个什么其他挣钱的办法。"（A-6）

"在某个时刻，我爸爸说，'嗨，你知道，我希望你去上一点制图课。因为如果你上了这样的课，你可能会发现你搞建筑有优势，那你就可以业余搞艺术，这样你就可以谋生了。'我没去上制图课。他后来也就没有再提过。"（A-9）

有几个父母似乎对孩子要成为职业艺术家的决定是非常恼怒的，在几年的时间里，他们把自己的不悦向未来的艺术家很清楚地表明了。但是，大多数父母很坦然地接受了孩子的决定。在他们能够做到的时候，他们提供了经济上的支持，包括学费、艺术用品、租金等各种支持，有时甚至就是为了让艺术家能够全日地搞艺术创作。那些没有余钱的家庭给孩子腾出地方让他们工作，寻找代用的、便宜的艺术用品，而最重要的是，他们持续给孩子提供情感上的支持。

父母们教不了孩子怎样搞艺术创作。但是，他们愿意，也能够从孩子那里学习。一位母亲（A-10的母亲）说："我真的学到了很多。他谈论这个艺术家那个艺术家的时候，我也能跟得上。"雕塑家们为了他们的父母的投入和进步感到很高兴。"我妈妈现在完全就是发烧友。她加入了美术馆的会员俱乐部。她对当代艺术很是了解。"（A-19）"我妈妈真的有了兴趣，她有了更加智慧的角度。看看现

在是什么情况,她花了很多时间去美术馆,读关于各种作品的信息。"(A-6)

高等艺术教育总结

在艺术家们学习的后期阶段,有几个值得注意的特点。

第一,他们跟随了一位或者几位已经成名的老师学习。这些老师给学生们做出了表率,让他们看到专业活动是什么样子的。他们把雕塑家介绍给其他人,介绍给艺术机构,也让学生获得了艺术领域里很重要的一些经历。他们督促着学生像专业人士那样思考和行动。

第二,雕塑家们几乎总能够从什么人那里得到支持和鼓励,帮助他们往前再走一步。"有时候是老师,更多时候那是朋友或者其他艺术家,在不同的时候会有不同的人。他们给我的很多是情感上的支持。"(A-11)有些雕塑家对他们从父母那里得到的经济上及感情上的支持都格外感激。其他人则谈了很多来自老师那里的很具体的支持,这些老师帮他们联系了研究生院,联系了第一次作品展,联系了艺术评论家来品评他们的作品,等等。

第三,雕塑家们还有很幸运的一点,那就是他们可以和其他对艺术创作也很认真的同学一起学习。在他们努力达到老师提出的高要求的时候,同学们之间互相提供了情感上的支持、技术上的帮助。他们互相促进,去达到各自能力的极限,也互相帮助去挑战这些极限。同学的水平、老师的水平,都为学习艺术创造营造了一个充实的环境。

第四,雕塑家们也夜以继日地工作——创作艺术,学习艺术,安排展览,等等。他们有雄心,"有成为一位杰出艺术家的雄心,而不仅仅是要出名"。(A-8)他们愿意坚持,付出持续的努力,这些是实现雄心壮志所必需的。

从艺术学生到艺术家

下定决心

"在我大学四年级以前,一直没有意识到自己内心想当个艺术家。后来,当我真正接受了艺术的选择,在那一刻我才意识到,这可能是我愿意用一生去做的唯一的一件事情。其实,这不是我做的一个选择。"(A-19)

当然,一路走来,选择总是要做的,包括上艺术课,用比做其他活动多得多的时间去搞艺术创作,在大学里选择艺术专业。一般来说,做出这些决定的时候,他们并没有意识到这其实已经是在给自己的生活设定方向。而且,这些决定都与成为一个艺术学生有关,与成为艺术家则是完全不同的事情。当雕塑家们最终为自己的生活发现了方向的时候,他们常常惊讶于这个决定有多么明显。"我想,我只是回到了我一直在做的事情。"(A-2)

要做一位艺术家的决定是"一个逐渐的过程,或者从一系列事件里得到的启示。那不是一道强光,那也并不是只发生在某一个时刻的"(A-18)。同一位雕塑家回忆说:"很清楚,在高中,如果我想过要走哪条职业道路,那肯定得是和人打交道的,如果我想从政,我可能能行;在大学里,如果我想研究生物,或者人类学,或者考古学,我可能也能行。到了决定是否搞雕塑的时候,我不知道自己是怎么决定的。我想可能是对物体的一种亲近感吧,以及喜欢动手做事。当然,还有这么多我亲近的人。"(A-18)

至少有一半的艺术家也有能力做艺术创作以外的职业,这是很明显的。有一位肯定是可以成为一位很好的音乐家,有几位有机会加入家族的生意,其他人也完全可以选择顶尖大学里那些顶尖学生毕业之后可以胜任的工作。但是,很少有人意识到这些可能性,他们的生活完全沉浸在艺术创作中了。

"那是一段累积起来的经历。你结识越来越多的比你的梦想还要高远的人,对艺术世界了解得越来越多,这些都会留下烙印。艺术一直就在那里,是让你可以伸手触及的东西,你还没有拥有它,但是你知道对你来说是正确的选择,它对你非常有吸引力,所以你便会奔着它去了。"(A-17)

当他们发现了自己人生的方向之后,他们就怀揣一种狂热"奔着它去了"。"我从学校里得到的,是完全彻底的决心,无论如何,我要成为一位艺术家。"(A-8)"那对我有利害关系,我必须要追求它,而且我必须要全力以赴。我没有其他任何事情可做,也不想做其他任何事情。"(A-5)"失败是绝对不可容忍的、绝对不允许。"(A-4)虽然他们早期的作品并没有得到关注,但他们的精力、他们工作的强度,都引起了人们的注意。"我做所有事情都要做到百分之百。"(A-12)

学习怎样生活在艺术里

"艺术世界里的学习有从书本里学习的一方面,也有训练动手的一方面,但是,在所有这些之上,关键的一步是要学会生活在艺术里。"(A-8)

对艺术家来说,他们的幸运之处在于他们的决心是非常强的,他们的决心甚至可能是必不可少的,因为"学习生活在艺术里",在很大程度上,就意味着他们需要日复一日、月复一月地搞艺术创作,而且经常无法从别人那里得到反馈。当得到反馈的时候,也不总是正面的、能够给人以鼓励的。

"作为一位艺术家,关键的一点就是,你只能坚持做下去。"(A-6)"如果你没有内在的动力和自律,不能坚持下去,那别人是不会在乎的。"(A-11)

"你必须要有自觉性,你对自己所做的事情必须要有完全的信心。结果不会像数学那样非对即错,在艺术上,事情不总是这样的。你也不一定能得到回报,也不一定一直能得到回报。那些做了一些烂得不能再烂的作品的人,经常还能挣大钱,而有些杰出的艺术家是根本不被人所知的。很多满足感往往是来自内心的。"(A–10)

雕塑家们的志向,让他们能够日复一日地工作。此外,艺术家的群体也会帮助他们坚持工作。

"拥有一个人数很多的艺术家群体,你将得以结识一些和你在做同样事情的人。他们会成为你所受到的教育的一部分。和他们的交往成了你工作的后盾。在一开始,那只是一个人帮助另外一个人。"(A–6)

"对我来说,置身于一个艺术家群体里是无比重要的,因为那给我带来反馈。"(A–9)

"我一次又一次地回到目前的状态里去。我觉得,作为一位艺术家,最重要的事情是要置身于其中,要了解那些人,要知道正在发生什么。"(A–8)

几乎所有艺术家都经历过考验,看他们是否真的决心要过艺术家的生活。

"我其实在从学校毕业之后的七八年间挣扎得很辛苦。这在一定程度上是因为我在乱碰乱撞地寻找自己的身份。在离开学校之后,这一问题对我来说并不容易。"(A–17)

"有些事早晚会发生。你只能把自己所有的都发挥出来、利用起来,你只能做到这样。你需要坚持工作,坚持等待,不断地坚持下去。我猜,有些人可能需要比别人用更长的时间。"(A–8)

那些感觉到了一定程度的成功的人,经常谈到自己很幸运。但是,他们也会补充说他们做好了准备去抓住机会,而且非常努力地工作,当机会来到自己身边的时候,能够去利用它。

第三章　成功雕塑家的成长

"我就有这么好的运气,总是能够在正确的时间、正确的地方遇到正确的人。这不是我的本事,但就是这么奇怪,事情总是能让我碰到。所以我不能说我的成功是我自己一个人干出来的。我真的很幸运。但是我的一些同学,那些还没有成功的,他们可能对自己做的事情没有感到那么兴奋,可能不那么愿意刻苦工作。"（A-19）

"好的艺术家是非常多的,有的会被发现,有的不会。一旦你得到机会,你必须得有真才实学能够拿得出手,否则就没用,不过我的幸运之星总是眷顾我的。"（A-10）

不管是否存在幸运之星,雕塑家们都意识到,他们是工作了多久、多苦之后,才在艺术界赢得了一席之地,得到别人的尊敬。

"我到现在还被人当成年轻艺术家来评论。我已经40岁了。我在纽约展出作品已经大概10年了,在这里展出,在国际上展出。结果我还是得到这个'年轻艺术家'的称号。我只是觉得这很滑稽。"（A-11）

尽管他们在年长者那里被当作是"年轻艺术家",他们当中的很多人却已经不年轻了。这些年长者、更加有地位的艺术家,也获得了古根海姆学者之类的荣誉。

在目前,一些雕塑家的地位已经受到广泛承认了,其他的还在挣扎。他们似乎都相信,自己在做自己想做的、让自己快乐的事情,而且,不管他们受公众认可的程度如何,都值得继续做下去。

"我完全确信,我在做自己应该做的事情。"（A-8）"没人会在早上给我打电话,说,'嘿,小家伙,该起床和水泥了。'没人让你做这些事,没人需要你做这些事。你去做,是因为你想做。"（A-20）

"对我来说,这是个兴趣问题。如果一件事能让我保持注意力,让我有兴趣做,那它就确实是一件能够让人满足的事情。艺术创作就是这样一件事。我总是

觉得它非常有意思。所以这就是我为什么做艺术。"（A-6）

"对我而言，我的作品确实是有意义的。我认为，我一直就在创作自己想要创作的艺术。在某种程度，我之所以成功，部分原因是我找到了让我满意的自我身份。因为这真的不是为了其他人而做的。当其他人对我的作品有反应的时候，那真是太好了，但是那从来就不是重点。我的创作是为了我自己，这能让我坚持下去。"（A-19）

目前，我们样本里所有的雕塑家都是从事雕塑工作的职业艺术家。他们"比较容易为艺术痴迷，所有的时间都在考虑艺术"（A-2）。他们做自己喜欢的事情，而且做得非常好。

第二部分

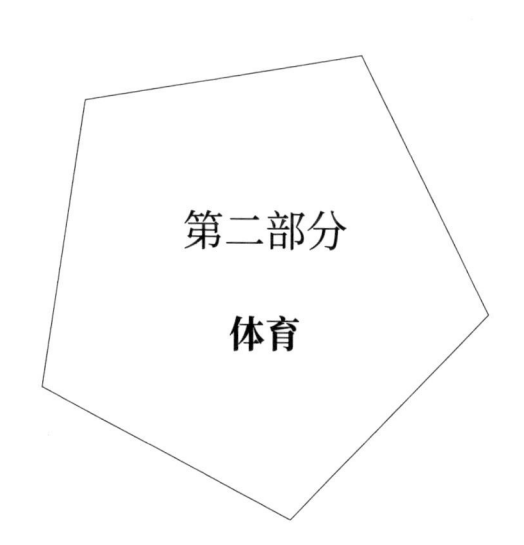

体育

第四章

奥运游泳选手的成长

安东尼·G. 卡林诺夫斯基

| 第四章　奥运游泳选手的成长 |

为了研究游泳才能的发展，我们最初联系的研究对象，包括24位短距离自由泳运动员（男女都有），在1968年、1972年和1976年的奥运会上，他们至少有一届是美国游泳代表队的成员。但是，他们在奥运会上所取得的成绩如何，没有影响他们是否被收入这项研究。我们访谈过的运动员里，有些在奥运会上成绩非常出色，有些则没有取得他们所希望的成绩。最初联系的这些人当中，有12位男性，12位女性。我们联系他们的时候，他们的年龄都在18～34岁之间。

在研究结束的时候，我们与24位运动员当中的21位[①]进行了访谈，与他们的父母当中的至少一人也进行了访谈。最后的样本里有10位男性和11位女性，都是奥运自由泳短距离选手。[②]对游泳运动员的研究是按照一个访谈

[①] 后文提到的S-1～S-21指的是接受访谈的21位奥运游泳选手案例。
[②] 除了六位之外，其他所有参加了我们这项研究的运动员都已经退役，不再参加比赛了。

大纲进行的，一般需要 1.5~2 小时来完成。

我们处理资料和数据的方法

我们从游泳运动员那里收集到了数量庞大的资料和数据，在试图从这些资料中找到规律的过程中，我们发现，一个很有用的做法是把所有信息按照时间顺序大致分类，分成专业发展的早期、中期和后期阶段。我们这样描述研究对象的职业生涯，并非想造成一个印象，即每一个发展时期都有一个固定的时间段。早期、中期、后期每一个时期有多长，对于每个游泳运动员而言都不一样。这就像每个钢琴演奏家的各个发展时期都不一样长，每个数学家的各个发展时期也不一样长。而不变的是每一个发展时期里需要完成的任务：在每一个时期里，有特定的技能需要学习，有人与人之间的关系需要形成——运动员与父母的关系、与教练和队友的关系，还有价值观需要形成。把一个发展时期和下一个发展时期分开的，是运动员学到了什么样的技能，形成了什么样的与其他人之间的关系。

有一件很重要的事是我们应该注意到的，那就是在专业发展的每一个阶段，需要完成的"工作"不仅是技能的学习。当我们谈到早期、中期和后期的任务的时候，我们也想让人们注意到另外两件事，那就是，我们研究的这些人与其他人之间形成的关系，以及从中持有的态度和形成的价值观。在这项研究之前，我们从来没有如此明确地认识到，学习在本质上是一个人与人之间相互作用的过程。在研究了 21 位游泳运动员之后，我们可以完全肯定的是，如果没有很多人直接起到的支持、教育和其他作用，任何人都不可能成为一个有着奥运水准的游泳运动员。因此，在我们讨论天赋的时候，我们的讨论重心很少是游泳运动员自己，更多的是运动员与父母之间的关系，运动员与教练之间的关系，以及父母与教练之间的关系。

早期

现在,我们从早期开始讲起。通过解读获得的资料,我们发现,在这些年里,孩子们是用玩耍的方式接触游泳的,他们在这些年间会发现,参加有组织的比赛、成为游泳队一分子是件多么激动人心的事情。这是很长的一个时期,这个时期从未来的奥运选手出生开始,直到他们初次接触水,在水里觉得很舒服,学会游泳,再到最后认识到游泳是一个他们想在其中出成绩的运动项目,也许甚至是他们想要出成绩的唯一的项目。这些年是至关重要的,甚至比这之后的那些年还重要,因为我们的研究对象是在这些年里对游泳有了兴趣,并投入了其中。随着时间迁移,这个兴趣逐渐转变成自身的动力。如果在早期的这些年里,这些年轻运动员没有对游泳感到兴奋,甚至激动,没有获得一种自己很成功的感觉,那就不会有中期和后期阶段。

背景:价值观、态度与行为习惯的发展

从一个孩子出生到他进入小学的这段时间里,孩子与父母之间形成的纽带,对于他形成什么样的价值观,有着最重要的影响。这个纽带也会影响孩子的学习态度,这个态度日后能够影响他的学习能力。简单地说,不管是言传,还是身教,那些培养出高能力、热爱学习、日后有成就的孩子的父母,都能够传递给孩子们这样一些信息:聪明比不聪明要好,阅读、主动学习比看电视或者浪费时间要好,对某些任务承担起责任、自己为自己负责是非常重要的。那些没觉得学习有多重

要的父母，或者是那些由于各种原因没有能够让孩子们接受这些信息的父母，他们培养出来的孩子在学习上容易遇到更多困难。在教育学研究当中，有一些研究是关于家庭环境如何影响孩子是否成功的。虽然这些研究所考量的主要是学生在学校里能否成功（认知的成功），但是，同样的结论，毫无疑问地对在游泳上是否成功也是有效的。也就是说，那些教育孩子要自律、要负责任、要看重成功的父母，比起那些不这样教育孩子的父母来，更易教育出有成就的孩子。

按照游泳运动员和他们的父母的说法，在游泳占据了他们家庭生活的中心地位之前，如果任何人愿意探头看看他们家里，他会觉得一点出奇的地方都没有。所有的家庭都是完整的，有父亲、母亲、2~3个孩子。孩子的年龄一般是相差3岁。亲戚们离得很远，跟他们的联系也不太频繁。21对父母当中，有75%的人至少受过大学水平的教育，30%上过四年制大学或者受过更高的教育，12%在大学之后继续深造，完成了商业、法律、医学或者牙科方面的专业教育。除了4个家庭之外，在其他所有家庭里，父亲都是家庭经济的主要支柱，母亲是家庭主妇。在那4个家庭当中，母亲也分担了外出工作的责任。父亲通常是白领或者销售人员，出去工作的母亲是教师、护士或者秘书。父母当中只有4个从事专业工作。

这些父母大部分是在美国大萧条时期成长起来的，在第二次世界大战期间步入成年。有几位运动员或者他们的哥哥姐姐，是在他们的父亲离家参战期间出生的。和很多在这些考验人的年头里挣扎过的人一样，这些父母相信努力工作、自我牺牲和自律是有重要价值的。

"他们就是有这种职业道德，认为一个人应该努力工作，然后才会得到收获，不付出就没有回报。我基本上就是受着这样的教育长大的。"（S-9）

我们可以看出来，这些父母传递给孩子的信息是"只要你想做什么事，把心思放在上面，而且努力去做，你就能够做到"。（S-12的母亲）

有一个典型的想法，可以代表这些父母的职业道德，这是波默·常总结出来的，这个总结来自于他对家庭价值观与学校成绩之间关系的研究："成功人士是通过努力工作去取得成功的，成功是他们永远在追求的目标。他们不会躺在过去的荣誉上休息。人需要工作，需要不断地向他们自己证明自己的价值。完美主义是为了达到一个值得追求的目的而必需的手段。"

有趣的事情是，尽管几乎所有父母都有这种强烈的职业道德，但只有大约 1/3 的父母是身体力行的。具体地说，只有大约 1/3 的父母似乎是在自己的工作当中持续不断地追求更大的成功。多数父母则似乎在主流的工作大军当中给自己找到了一个舒适的位置，然后就待在那儿了，既不加快脚步，去争取更高的工资或者升级，也不放慢节奏，以免被减薪或者降级。可以肯定，他们在工作上是努力的，如果有闲暇时间，多数人利用了这个时间做家务，而不是追求在工作上的不断进步。下面的这一段话，是从一次访谈里摘录出来的，它描述了一个家庭里父母的目标和追求，而这个说法并非是特例。

"他们的眼界很窄，两个人都是如此，到现在也如此。他们想要的只是他们所看到的那一点东西。如果他们看不到，他们也就想不到。他们的标准是典型中产阶级的标准。他们没有我这样的想法——要走出去，去挣钱。他们只是想能够付得起账单，有不错的生活，看到孩子们很快乐。他们并不想要比这些更多的东西，只想要一个简单的生活。"（S-9）

当然，有几个父母和游泳运动员提到，大萧条和战争极大地改变了他们的职业规划，特别是接受高等教育的计划。但是无论如何，我们看到的是，父母倡导的职业道德和父母自己遵循的职业道德之间的差异，造成了一种张力，这个张力，在我们的游泳运动员的事业中找到了释放的途径。

后来，当孩子们深深投入到游泳运动当中去之后，绝大多数父母都发现，为了保证孩子成功，没有任何牺牲是过于巨大的，没有任何代价是过高的。事实上，有几位父亲做出了调整，使得自己能够从工作中抽身出来，还有一位甚至提前退休，为的是能够送孩子去参加游泳训练、比赛和进行针对性训练。我们可以看到的是，他们的工作准则是："我要让我的孩子拥有那些我自己没有得到的机会。"（S–10 的父亲）

S–13 的母亲想让自己的孩子成为音乐家，但这是唯一的一个例外。我们访谈过的所有其他父母，在计划要孩子的时候，没有一个在心里为孩子设想过任何宏伟的计划。

"我没有想过让他们成就什么，当时我什么也不知道，我想我可能比较迟钝吧，没有想过这些。有了孩子之后，我忙着照顾他们还忙不过来呢，没有时间去想这些。我从来没有过'我的医生儿子'或者'我的律师女儿'之类的想法。我所想的就是希望他们幸福，不要受到伤害。"（S–1 的母亲）

"太多父母会说我孩子要当这个要当那个，我没有这么做，因为我觉得他们自己应该决定他们要做什么——你不能给他们决定。你只可以建议。"（S–4 的母亲）

没有一个父母承认他们想过要培养一名奥运游泳选手。

"我不记得我考虑过孩子们可以有什么样的职业规划。我没想过要培养第一任女总统，或者类似的事情。我也没想过要培养一名运动员。我就是想让他们成为会让我感到骄傲的孩子，也让他们为自己感到骄傲。我们就是普通父母，尽力养育孩子而已。"（S–9 的母亲）

事实上，与我们的猜测相反，在大多数游泳运动员的家庭里，游泳在当时和过去都不是父母生活的一部分。在我们的样本里，有略少于 30% 的家庭，父母一方或者双方有过游泳比赛的背景。这个背景是什么性质，有多认真，差异很大。

有的是在基督教青年会参加过一两个赛季的比赛，有的是多年参加业余体育联盟的比赛甚至奥运预选赛。

但是，在另一方面，大约有75%的游泳运动员，父母之中至少有一个人肯定对体育感兴趣，但通常，这兴趣并没有那么强烈，因为这些父母本人并没有去积极参与体育活动。很典型的情况是，这种兴趣是父母在上高中和大学期间形成的，但是，成年人身上越来越多的责任逐渐把这个兴趣推到一边去了。不过，这些父母仍然看得到体育和比赛的益处，他们鼓励自己的孩子参与体育运动和比赛。有些人认为身体的强壮和积极的心态是有联系的，其他人认为竞技体育和个性与健全人格有关联。

"参加一些体育活动是很重要的。如果你有个运动员型的孩子，精力很充沛，你肯定会希望孩子参加一些体育活动。这会帮助他们保持好的身体状态，帮助他们的身体和心理都进入一个好状态。"（S-12的母亲）

游泳运动员和父母看到了竞技体育的价值，而我们则从这里看到了他们务实的态度。他们所考虑的是，比赛会让孩子们表现出自己最好的一面。比赛会让他们给自己的能量找个出口，给他们一个有意义的目标，让他们懂得勤奋工作、自律和条理性的重要性。就如一位母亲（S-12的母亲）说的："如果你没有竞争心，你就会在纷纷乱乱的生活之中找不到目标。"他们强调身体的活动，特别是体育活动，因为这些活动很具体，他们也有条件参与这些活动。由于各种原因，我们这些游泳运动员的父母更能够在游泳池里看到孩子的勤奋和自律，而不是在教室里、在图书馆里、在钢琴前面。

对于这些父母来说，他们的孩子不应该在纷纷乱乱的生活之中找不到目标，这对他们来说非常重要。从一开始，他们就强调，必须要设立目标，必须要勤奋工作和有自我约束。有一位游泳运动员（S-15）说："我们家从来没有任何人相信有捷径可走。"其他人用如下的方式描述了他们的家庭：

"我拥有一个非常快乐的童年。虽然我是在一个很严格的环境下长大的，但是，如果我现在有孩子，我会希望用我父母培养我的方式去培养我的孩子。我们是一个有着严格规矩的家庭。我们看待工作的态度是，'尽你的最大努力，否则就干脆不要做。要一直工作到把事情做好为止。'"（S-17）

"从6岁开始，我就有自己的职责，我有家务要做。我知道自己的职责是什么，也知道必须要先把这些做完才能出去玩。所以，从很小的时候开始，我就受到了自我约束的教育。我觉得，一名运动员，任何运动员，都必须是一个自律性非常强的人，这样才能够坚持进行严格的训练。"（S-19）

我们样本里的所有游泳运动员，在他们的生活被全年不断的游泳比赛占据之前，在家里都有过很正常的、长期的家务职责。家庭对他们的期望是，他们要定期履行这些职责，而且要正确地履行这些职责。

"我们一直教育孩子们，有些做法是正确的，有些是错误的。我们一直坚持的是，如果一件事情是值得做的，那就把它做好。一件事情，不管你已经做过多少次，你永远应该争取把它做得和上一次一样好，或者更好。"（S-14 的母亲）

但是，在早些年代，这些游泳运动员主要是通过父母的以身作则，而学会了追求完美。

"一直以来，我做事就一定要做到最好。我爸爸就是这样。做到说得过去是不行的，一定要做得好。我能记起我爸爸在家里做家务，我没法给出一个具体的例子，但是如果什么东西没做好，他会拆开重新做。他从来就是这样。"（S-5）

通过父母的榜样作用，他们开始意识到珍惜时间的重要性。独立能力也是受到了特别强调的。

"我爸爸的观点是，'到了你18岁的时候，你最好知道你要干什么，因为到那时候你就得靠你自己了。'他们的思维非常自由化，特别是我爸爸。他们好像说过，'你就放心给你自己做决定吧。做你想做的事，我们支持你。如果什么事真的出了大问题，我们会帮你。'"（S-8）

"他们教了我们独立的能力。你不会看到我每个周末给家里打电话。他们没有纵容我的依赖性。他们培养的是独立性——独立于同伴，独立于父母。"（S-15）

也许，最重要的是，游泳运动员在这些早期的年头里还体验到了父母为了孩子、为了孩子的幸福的全力以赴。跟大多数成年人相比，这些游泳运动员的父母首先把自己当成是父母，其次才是丈夫和妻子。在中期阶段，这肯定是事实。在那个时候，游泳进入了家庭生活的所有层面。但我们相信，在早期阶段，这同样也是事实。我们之所以得出这样的结论，是因为，在以下的父母访谈摘录里，在游泳运动员谈话时的语调里，我们可以看到，父母对孩子的无条件支持是非常明显的。

"如果吉恩在其他什么事情上很出色，而不是游泳，我也会很高兴的，只要努力把一件事情做好就好。不管我们需要做什么，我们都会很高兴地去做。如果她想要成为一名芭蕾舞演员，我们也会一样高兴，或者滑冰，滑冰比游泳还麻烦。但是不管她做什么，我们都会鼓励她，也愿意为她付出。"（S-17的母亲）

"我父母一直在身边。我不记得有过任何一次他们出去旅游而不带我去的。现在回想起来，这是一件好事。我了解我的妈妈和爸爸，他们一直和我在一起。"（S-7）

"我爸爸妈妈都不逼我做什么。他们真的不懂体育当中的奥秘。比如我妈吧，我回到家，说，'哎，我今天游出了一个什么什么成绩！'她就会说，'太棒了！太好了！我爱你！'但是她真的不知道这个成绩意味着什么。不管我做什么，她都鼓励我就是了。"（S-8）

我们可以看到的是，这些奥运游泳选手的家庭和其他家庭之间，有一个重要的区别，便是在这些奥运选手的家庭里，父母和兄弟姐妹心甘情愿地鼓励孩子、支持孩子。这是一个基础，在这个基础之上，成功的重要性，以及通过勤奋努力地工作来获取成功的价值观，就可以逐渐成为这些游泳运动员内在的、强有力的信念了。

接触游泳

虽然总体来说，父母们对于竞技游泳都很陌生，但是，像大多数父母一样，我们的研究样本里的这些父母都认为，哪怕只是为了在水里的安全起见，他们的孩子也应该学会游泳。所以，在孩子们 1～7 岁之间的某个时候，这些奥运选手就第一次接触到了游泳。他们第一次接触游泳的平均年龄是 4.5 岁，几乎所有人在 6 岁之前就掌握了基本要领，可以浮在水里和游来游去。最初的游泳课时间很短，除了个别的几个例子之外，最初的课都是只有夏天的几个星期，这些课程也很随意，重点在于打基础，让孩子能够在水里游，并且在过程里感到有趣。

在多数情况下，这些游泳选手的第一任老师是打暑期工的高中或者大学学生。偶尔会是一位高中橄榄球教练充当老师。他们很少一开始就遇到一个大牌老师，一位出色的游泳教练，这种情况只出现在一两名选手身上。有几个父母是自己教会了孩子这些基本技巧的。但是，总体上说，父母和孩子基本上都不需要有什么特别的付出，只要小孩去上这些课就够了。

与此同时，他们这个阶段的收获也很小。从技术角度来说，重点是学会自由泳。老师也教了几招蛙泳和仰泳。在这些未来的奥运选手当中，有不到 5 个，由第一任老师教了点蝶泳、转身的姿势，或者注意了划水动作的完成质量。和多数在城市公园和游泳俱乐部的游泳课上学游泳的人一样,我们的研究对象也同样形成了不少坏的游泳习惯,以至于后来他们不得不付出很大努力去改正这些坏习惯。

最初的比赛:乡村俱乐部的游泳

平均来看,我们的样本里的游泳运动员们,在那之后的两年半里,也就是从 4.5~7 岁之间,只在夏天为了好玩而游泳。在这个时期,没有训练,没有比赛,只除了偶尔跟兄弟姐妹、朋友甚至跟父母的比赛。

"我哥哥和我会比赛,不过那只是比着玩的。我们会和我妈妈比,一开始的时候,她当然很容易就赢了,但是到我们越来越大的时候,到了我大概 13 岁的时候,我就和我妈打平了。"(S-19)

在 7 岁左右的时候,我们的游泳选手中大约有一半加入了乡村俱乐部的游泳队,或者是加入了一些水平相当的游泳队。其他人则省略了这一步,直接去了业余体育联盟。我们过一会儿再讲这些人。加入乡村俱乐部游泳队的原因,是为了能够有更多时间使用游泳池,也是为了能够有一个更加有组织的活动场地,可以和其他同伴来往。这背后的想法,就是想在夏天有一个地方可以和兄弟姐妹及朋友们玩。这些是暑假的活动,重点在于好玩。"训练很好玩,我们玩了很多游戏,小鱼和鲨鱼之类的,我们玩得如此之起劲,根本就没感觉到自己已经筋疲力尽。"(S-1)有两个游泳运动员是跟着兄弟姐妹和朋友们,这一大队人马一起去乡村俱乐部游泳。训练是定时的,但是时间很短,频率也不高,每个星期 3~4 次,每次 1~2 小时。在这个时候,父母基本就是观众,他们对游泳本身并没有什么投入。

这些选手当中,所有加入了乡村俱乐部游泳队或者基督教青年会游泳队的那些人,基本上都非常成功。"她真棒,她对水就是有一种天然的爱,她立刻就成了一名好的游泳选手。她的手臂动作很好。"(S–13的母亲)

"第一次比赛之后,他们就把她放到俱乐部代表队里去了。她就是一个了不起的小游泳运动员。在去了业余体育联盟之后,她打破了好多个全国纪录。她从一开始就是个赢家。所以,我们很容易就对游泳产生了热情。"(S–17)

即使是在游泳竞技的最初阶段,这些游泳选手当中的很多人就似乎是出奇地优秀,虽然没有出奇到被人称为神童的地步,但是,考虑到他们才开始游泳不久,成绩可以说非常不错了。当然,多数是"小池塘里的大鱼",而有些人也很清楚这一点。

"我们周围创造了好多纪录,但是这儿真的是个小池子。我们都意识到了自己的竞争对手是什么人。创纪录的感觉真的很好,但是同时我们也知道,我们其实没那么优秀。"(S–21)

但是,不管是否意识到了自己的竞争对手是什么人,他们所有人都发现,早期的胜利非常有诱惑力,对父母和对游泳选手自己而言都如此。他们也觉得,在这项运动中迈出下一步是很自然的事情。对他们来说,游泳似乎越来越少地被当成是个娱乐节目,而越来越多地像个体育项目了。

至少,在回顾的时候,有些父母及几名游泳运动员都认为,正是在这个阶段,后来成为了奥运选手的那些孩子,与他们的兄弟姐妹相比,特别是与那些也在游泳的兄弟姐妹相比,差别开始显露出来了。有时候,人们注意到的差别是身体上的:"所有事情对×××来说都显得那么容易,但我们的另外一个儿子就学得费劲,到了比赛的时候,他赢的次数也没那么多。"(S–16的父亲)"我兄弟和我都是蛙泳选手。他也参加个人混合泳,但是他从来就不是很灵活,他的蝶泳一直有问题。"(S–19)但是,更常见的是,这些人之所以显得与众不同,是因为他们的头脑和心态。"她从来就能够做到她想做的事情。她有一种精神上的力量,她从来也不妥协。根本不顾某件事多么让人泄气。"(S-13 的母亲)与兄弟姐妹和同伴相比,他们经常被描述为更加坚决、更加大胆果断、更加有竞争心。我们的游泳选手们从一开始就表现不俗,在有些人看来,他们是有天赋的。

下一步:加入业余体育联盟

事实上,在 21 位游泳运动员当中,有一半多的人在游泳事业上迈出的第一步是加入业余体育联盟,他们在这里开始全年游泳,以比赛为目的。这通常是在他们 6~7 岁的时候开始的。这些小孩没有过乡村俱乐部的"快乐时光",他们直接进入了业余体育联盟的年龄组游泳比赛。①但是,无论是这些直接参加业余体育联盟游泳队的人,还是那些先参加了乡村俱乐部游泳队的人,他们做法背后的原因都是一样的。这些业余体育联盟的俱乐部很方便,有些兄弟姐妹或者朋友已经加入了。

"我们隔壁邻居家有个男孩参加那个业余体育联盟游泳队,所以我们想,我们也可以试一试,看看那是什么样的。"(S-2 的父亲)

"我们家里有个笑话。家里人之所以带我去参加游泳比赛,是因为我们家里其他所有人都去了。他们给我在一些项目中报了名,也只是因为,每过一会儿,我妈就可以知道我在哪儿。我要是没在那儿,她就会去找我。"(S-6)

"我们搬到了新城市,有个新的业余体育联盟队正好刚开始招募。在我们以前的城市里,我姐姐是游泳队的,所以,我一点都没多想,就很自然地跟在姐姐后边加入了新的游泳队。"(S-9)

---

① 年龄组别的比赛通常分成 5 个组:8 岁及以下,10 岁及以下,11~12 岁,13~14 岁,以及高年级组。

因为业余体育联盟负责组织美国所有的业余选手参加正规的游泳比赛，游泳选手们就或迟或早都要跟它打交道。在我们的样本里，那些走了一个过渡步骤、参加了暑期俱乐部游泳队的选手们，后来也换到了全年制的业余体育联盟游泳队，比较典型的情况是在9岁或者10岁的时候换的。换的原因多种多样，有的还是因为想跟朋友在一起，有的则是被业余体育联盟游泳队的教练看上了。

"教练把我从暑假俱乐部冠军赛里拉了出来。他看到了我在游泳比赛时候的表现，就问我和父母，有没有兴趣到业余体育联盟游泳队去游泳。我就是这样开始的。"（S-17）

"嗯，我和我的兄弟在自己的年龄组里都是成绩最顶尖的，没有什么竞争对手。我的教练有一天就看看我，说，'要不，你去业余体育联盟游泳队吧。我觉得你会不错。'一开始我有点害怕，但后来我去参加了一次比赛后，发觉也没有什么区别。"（S-18）

跟大多数乡村俱乐部游泳队相比，业余体育联盟游泳队把游泳看得更加严肃。对他们来说，赢得比赛非常重要。这种态度就要求游泳运动员和他们的父母投入更多的时间、精力、财力，比一般暑期游泳俱乐部的游泳队的要求更高。对游泳选手来讲，典型的情况是，如果转到业余体育联盟游泳队去，就不仅意味着要开始全年都游泳，而且还意味着每周12~16个小时的训练（每周训练6~7天，每次2~2.5小时）。当然，有几名游泳选手在刚刚加入业余体育联盟游泳队的时候，没有这么多训练，也许每天只训练1~1.5小时。但也有几个训练得更多，每天训练2次（暑假甚至每天3次），每天训练的时间多达4小时，每周训练6天。对于那些以前在乡村俱乐部游泳的孩子来说，这意味着增加了2~3倍的训练量。

在选择去业余体育联盟游泳队的时候，在这21位游泳选手当中，有16人并没有考虑教练的水平和游泳队的档次。最常见的情形是，他们选的队是当地唯一的一个队，或者是对他们而言最方便训练的一个队。我们刚刚说过，有几个人是由业余体育联盟游泳队的教练招去的，这些教练认为他们在自己的队里可能会取得不错的成绩。偶尔，也有一些不太纯粹的动机，比如，一个教练正好需要一个12岁的小孩去凑成一个接力队，这种因素就决定了这个游泳选手的第一个真正的（全年的）教练水平如何。在 80% 的情况下，运动员和家庭选择某个教练或者某个游泳队，主要因素并不是教练教学的水平如何，或者选手能够参加的比赛水平如何。最重要的是是否方便。

"业余体育联盟游泳队的俱乐部离我们家大概就 5 分钟车程。我爸爸妈妈说，'汤姆，如果那个地方离我们家再远出去 5 分钟车程，我们可能就不让你去了。'那地方太方便了，没法不去。如果那个地方离我们家再远 10 分钟，或者说，再不方便 10 分钟，我就不会去了。因为他们就不会支持我了。"（S–15）

在这个时候，只有非常少的几个父母看出了一些迹象，感到自己的孩子有潜力。事实上，不是所有的选手在这时候都显露出了潜力，更没几个父母能够指导孩子应该如何选择教练。总的来说，游泳还不是家庭里的大事，还只是孩子自己的事。大多数父母对游泳都懂的不多，他们没法区分谁是优秀教练，有一套好的训练方法；谁是普通教练，训练方法很平庸。对他们来说，游泳的好处很简单："我妈妈看到我不待在家里，挺高兴的。游泳是我喜欢的事情，我结交了同伴，肩膀也越练越宽了，我的作业、学校里的功课也越来越好了，因为我更加有条理，更加有自我约束力了。"

"你不可能每天训练 4 小时，我的意思是，你得学会把一天里其他的事情挤到日程里去。在训练的时候你不会拖拖拉拉，所以，你也不会把其他事情往后推。你必须用一种很有条理的方法把它做完。"（S–15）

"我爸爸因为我去游泳而松了一口气。我想他的感觉是，'她不会有麻烦了。

游泳对她而言是件好事，是件健康的事情。她是在做有积极意义的事情。'他是全力支持我的。他认为这是件大好事。"（S-19）

尽管总体而言，父母们对教练的水平都没有很注意，但是，最终这些选手们跟随的教练水平都很好。在我们的研究对象当中，有大约2/3的人，他们在业余体育联盟游泳队里的第一任教练，要么是曾经带出过至少一个进入了全国排名榜的高年级选手，要么是当时手下正好有这个档次的选手。这些教练中的大多数都试图向学员们表明，游泳是一门科学。训练的重点，尤其是在赛季的早期，是手臂动作、转身和把握节奏。赛季的前半程是适应阶段，游的总距离非常长。后半程就是速度训练了。除了两三个例外之外，在其他所有情况下都是男孩、女孩一起训练的。这对女孩尤其有帮助，因为她们是与旁边泳道的男孩竞争的。

在进了业余体育联盟游泳队的第一两年之内，我们的游泳选手当中，大多数人就被很清楚地认定是自由泳选手了。但是，也有几个直到他们事业的后期还一直被认为是主攻蛙泳和仰泳的运动员。不过，不管他们最倾向于哪种泳姿，基本上所有运动员是4种泳姿都练的。在我们的样本里，那些参加了1968年奥运会的选手们，在10岁、11岁和12岁的时候极少有人做力量训练。但是，在那些参加了1972年和1976年奥运会的选手当中，力量训练却很普遍。

早期阶段总结

进入业余体育联盟游泳队是一个标志，在那时候，游泳运动员和游泳运动之间的关系有了重大转变。尽管父母和游泳运动员们都说，去业余体育联盟游泳队似乎是很自然的事，但是过后再看，我们发现，游泳运动员和父母都愿意为了参加业余体育联盟游泳队而做出比以前大得多的投入，这就反映出，关于这项运动是否要坚持下去，他们的想法已经起了变化。在加入业余体育联盟游泳队之前，这些游泳选手说他们游泳只是为了好玩。加入之后，他们的首要身份、最重要的身份则是游泳运动员了。逐渐地，学校的作业、闲暇时间，以及不游泳的朋友就都淡入背景中去了。尽管这些其他活动仍然是重要的，但是，在游泳运动员的心目中，它们排第二位。对于运动员当中的大多数人来说，迈出去业余体育联盟游泳队的那一步，是他们承认了自己的选择，这个选择便意味着要在游泳运动中出类拔萃。因此，这个时刻标志着早期阶段的结束。

至此，有必要对早期阶段做一个总结。我们一开始就注意到，我们研究的21名游泳运动员都来自以孩子为中心的家庭，而且这些家庭都有很强的职业道德观念。我们可以看到，这些家庭鼓励孩子要有自我约束和责任心。在家里，父母也以身作则，向孩子们展示出自我约束和有责任心会带来什么样的收获。

在这个环境里，游泳是偶然发生的事情。尽管很多父母更重视体育而不是其他活动，比如学业，他们却没有一个人预见到了自己的孩子在游泳上的巨大成功。对他们来说，游泳就是一个让孩子有事干、让孩子能有个目标的活动，同时也是一个交朋友和参加团队活动的机会。

早期的成功改变了这一切。我们的游泳选手没有一个在第一年里破了全国纪录，但是大多数人的成绩都很好，这让他们愿意更多地投入到游泳之中，更经常地游泳，与更强的对手比赛。在下一个部分里，我们会看到，他们继续了自己的成功，而成功又导致他们对这项运动更执着地坚持。但是，在中期阶段，父母也需要决定是否坚持对这项运动付出。在中期阶段，游泳成为了家庭里的大事。

成才之路　　发展青少年的天赋

中期

　　在中期阶段，游泳运动员们磨炼着这项运动里的无数细节，他们刻苦训练，去掌握这些细节。在我们的研究对象中，完成这个转型的标志似乎是他们每天增加了一次晨练，也就是说，他们开始每天训练两次。在中期阶段，他们的心态是要不断加强竞争能力。在早期阶段，游泳选手们开始把游泳当成是一项运动，而在中期阶段，他们面临的任务是要明确自己游泳运动员的身份，并且是要在这项运动里给自己占上一席之地。在我们所研究的这些人士当中，我们猜想，这个过程对于那些省略掉了乡村俱乐部游泳队直接进入业余体育联盟游泳队的人来说，是开始于7~8岁左右，对于那些在暑期俱乐部游泳队游了一两年的人来说，是开始于10~11岁。

　　要想成为一名游泳运动员，特别是一名成功的游泳运动员，远不是靠一己之力可以做到的。在中期阶段，我们对这一点看得最为清楚。如果认真对待游泳，就需要游泳运动员身边所有的家庭成员都付出大量的时间、金钱、精力，要忍受很多的不方便。如果我们想把事情说得比较简单，我们可能会说，中期阶段的另外一个难关是游泳运动员和他的教练要能够说服家庭成员，让他们觉得这样的投入是值得的。但实际上，我们知道事情不是这么简单的。在中期阶段，经常是游泳运动员的家庭成员，也就是他们的父母，要说服运动员和教练，要更加努力，要去充分利用孩子父母所提供的支持。就是这种家庭和运动员之间、家庭和教练之间、家庭和学校之间（游泳是要占用学习时间的）的互动，以及运动员和同伴（参加游泳的和不参加游泳的）之间的互动，导致了一个网络的形成。这个网络对游泳运动员才能的发展起到了不可或缺的支持作用。这个网络提供了必需的资源，使得游泳运动员能够越来越多地投入到游泳当中去，让他们认准目标。

在中期阶段，有一种热忱伴随着这些游泳选手最初的勤奋努力。对于游泳，他们显示出了一种新的认真态度，对这个项目的投入也增加了。其他的兴趣爱好则会让位，甚至最终就消失了。跟游泳无关的友谊开始淡化了。他们开始寻找新的、更好的教练，而且找到了。他们投入游泳的时间大幅度地增加。训练的重点在于动作的准确，在于要学会有效地游泳、提高速度。勤奋是必须的，自我约束和内在动力是铺路石。中期阶段的重要性就是这些，没有这些，就没有体育，只有娱乐。

最早的成功及其影响

我们的选手进入了发展的中期阶段，一个最明显的标志，就是他们在业余体育联盟比赛里获得的成功。在加入游泳队的一年之内，除了3名选手之外，其他所有人在本年龄组的比赛里成绩都很好。大多数从一开始就是赢家。在父母的回忆里，很典型的是："他从第一天开始就是赢家，一旦他消除了比赛的紧张感，他立刻就成了个明星。他总是赢。他就像一条鱼一样。"（S-1的母亲）以及，"她破了不少业余体育联盟的本地纪录。她在自己年龄组里总是第一。"（S-16的母亲）

从游泳运动员那里，我们听到的是，"游泳是我最大的本事。我一开始接触游泳成绩就很好。我进了泳池就可以打败任何人。"（S-2）"我很快就开始在我的年龄组里取胜了……我开始得冠军，也就是这样开始得到正面反馈的。从一开始就这样。"（S-11）"我在年龄组（在8岁及以下组里）比赛里非常成功，得了好多第一名。"（S-17）

最早的成功对运动员的影响

我们的运动员当中,有 90% 最初的成功都主要来自于本地的比赛,正是这些并非十分困难的成功,激发了孩子们对这个体育项目的坚持和努力。这些成功,使得早上起床去训练更容易了,使得放弃闲暇时间更容易了,使得刻苦训练更容易了。当他们的成绩偶然滑坡的时候,这些成功使得他们能够忍受失败,继续努力。早期的成功为我们的游泳运动员开辟出了未来的道路。

"我喜欢取胜的感觉,我 10 岁的时候就第一次打破了我这个年龄组的全国纪录。我到今天还记得,我回到家,跟我父母说,我打破了自己年龄组的全国纪录。爸爸说,'你还能做得更好。'我说,'爸爸,你知道,有一天我要去奥运会'。"(S-7)

"当她加入游泳队的时候,她非常高兴,因为她可以看到自己的进步。随着时间的推移,她的成绩越来越好,开始打败一些以前她当作榜样的女孩。从那个时候开始,一直到奥运会之后,她从来就没说过要放弃。"(S-5 的母亲)

经常的情况是,游泳选手的成功让他们发现了游泳的重要性。很多人变成了队里引人注目的队员,因为当他们成绩好的时候,全队的集体成绩也好。

"成绩好是很有意思的。在我上初中的时候,我上过报纸。正因为如此,我的朋友们很佩服我。你从队友那里、从对手那里,都得到一定程度的尊敬。取胜是得到关注的一个途径。"(S-6)

在中期阶段,对我们的研究对象来说,属于一个游泳队,成为游泳运动员群体里的一员,是至关重要的事情。

"你在一个队里训练的时候,你和其他队员互相都很喜欢,你们都在努力得到教练和队友的认可,那就是你为什么要在那个集体里。"(S-8)

需要有人在那里，帮助运动员坚持每天的训练；需要有人在那里，注意到运动员的成功。

"在那些早期的年头里跟我一起游泳的人，从那个时候到现在一直是我的朋友。如果你和我一样和这些人一起在水里泡了太久、太多个小时、太多天，一起有过太多的痛苦，太多的喜悦，你也肯定会建立起非常强烈的纽带。"（S-9）

"如果你得独自一人去做这样的事，我觉得你不可能做成。而你一直是跟其他人在一起，你知道他们也和你一样经受着痛苦，在经历你所经历的事情。你们是一起做这件事的，而所有人都知道这是很艰苦的事情。它确实是。但是，不是所有人都在同一天有特别糟糕的感觉。也许，有一天你去的时候会说，'噢，不行！我坚持不下去了！'但对于另外一个人来说，那天也许是个好日子，他会说，'不要放弃，咱们能行。'一个星期以后可能他们会有很糟糕的一天，可是你那天正好状态很好……这就让你们更像是一个团队了。那可能是让我能够把游泳坚持下来的原因。即使我成绩不好，进不了全国比赛，我可能还是会坚持游泳，就是因为我每天会见到的那些人。"（S-16）

最早的成功对教练的影响

教练们也注意到了游泳选手的成功。我们可以看到，他们对此会有不同的反应，这取决于他们是只注意到了运动员的成绩，还是既注意到了成绩，也注意到了成绩背后运动员的性格成分，比如说，运动员的意志、他们的竞争心和他们想取得成绩的愿望。在我们的研究里，比较典型的教练注意到了这些，他们注意到，是运动员的意志、竞争心，以及他们想取得成绩的愿望促使了他们的成功。跟那些只注意成绩而不注意运动员性格、人格的教练一样，这些教练在看到游泳选手早期的成绩的时候，也同样要求他们付出更多的努力。但是，与前者不同的是，他们愿意与游泳运动员建立一种更加个人化的关系。这种关系的本质是这样被描述的："在这么多年里，我的业余体育联盟游泳队的教练就像是我的父亲一样。他哪儿都带我去，我们一起做所有事情，非常亲密……我不想让你觉得我是在炫耀，但是随着时间的推移，我显然成了他带出来的最好的运动员，比其他人好得多。"（S-9）

"教练对游泳的生理学和所有技术层面的知识懂的并不是特别多。他只是有直觉和经验，而且他还是个好朋友。"（S-11）

"我在业余体育联盟游泳队里的第二任教练就像我的另一位父亲一样。很多时候，队里的小姑娘们，还有一些小伙子们，会觉得，'天哪，这家伙总是跟我过不去，他这是故意的，他就是不喜欢我。'他确实是特别严格，因为他以前也是游泳运动员，他自己就是这么长大的。但是另一方面，如果结束训练的时候你的情绪很糟糕，他会给你家里打电话。周末，训练结束的时候，我们会一起出去玩。"（S-13）

"我的第一任业余体育联盟游泳队的教练和我相处得特别好，他就像我父亲一样。我对他有很多崇敬。我总是在他身边，每天都能见到他。很多时候，当我父母不在，或者其他一些时候，我就会跟他诉说一些事情。我们的工作关系非常密切，他需要知道所有事情。"（S-16）

"他给了我非常多的关注，关注我手臂动作的细节、起动、转身，这些在后来都给了我很大帮助。有很长时间，在每次比赛开始之前，他都会陪我走到起跳台，跟我说说话，跟我说说比赛当中应该想着哪些事。我觉得他是把我当成了他的小女儿。"（S-17）

从教练的角度来看，与运动员之间的个人关系有着实用价值。我们访谈过的一位教练是这么说的:"即使你表现出一副要把他们生吃了的样子,他们仍然需要知道,你是他们的朋友。否则你就没法让他们听进去你的话。"他们想让游泳选手在这个体育项目当中看到,这里有对他们个人的挑战,要使出自己的全力。如果想做到这样,就要求运动员对这项运动做出一种个人的承诺。但是第一步,自然是对教练的承诺。

"教练就是上帝。你就是笨,就是不如教练懂得多,至少在头几年的正规游泳比赛里是这样。他告诉你应该做什么,你照做就是了。你就是个盲目的疯子,恨不得把心肝都掏出来。你肯按他的要求做任何事,给他很多很多的尊敬。"(S-8)

"当××先生来的时候,那真是很奇怪。那就好像上帝从门外走进来了,你会做他要你做的任何事情。我被这家伙彻底吓住了……那就是对这个人的尊敬,而且很自然,没有其他任何教练能够像他一样。我也不在乎在他之后我还有过哪个教练。在我心底里,他一辈子都是我的教练。"(S-13)

有两三个教练是仅仅注意到了游泳选手的成绩,他们对选手的反应就没有什么个人情感。他们的教学方式是更加机械的。他们的重点是团队,是短期内的成功。跟我们所了解到的那些更加典型的教练不一样,这些教练并没有付出努力去了解自己的游泳选手,去了解选手们想要什么,需要什么,能够承受什么。这些教练做的第一件事,也是唯一的一件事,就是增加游泳选手的训练量。有时候这种做法完全失控。

"我14岁的时候经历过这样一个暑假,我在游泳池里真的是每周训练7天,每天3次。那是我参加了那个队之后的第二个夏天,我的教练说,'我们要开始一个魔鬼训练日程,但是我认为这会让你们更出色。'可是,每个人都会有自己的工作方法,头脑上的和身体上的,你得把这两者兼顾起来。你不能就把一个人扔到游泳池里,让他往死里练。我那时候每天游9~10英里,我真是彻底累垮了,

成才之路　　发展青少年的天赋

体力上和头脑上都是。

"当时，我的教练忽略了一件事，那就是，不仅仅要训练体力，还要训练心理素质。他从来就没有问过，这个人能不能够承受这种大强度训练带来的心理影响。一段时间之后，我实在受不了了，我对这个教练失去了信任。"（S-7）

尽管其他任何运动员都没有从教练那里接受这么大强度的训练挑战，但是，那些有过类似教练的运动员，都很一致地表达了他们对教练的不认同。和S-7一样，他们都意识到，这样的教练对运动员完全不了解，不知道他们想要什么和需要什么。

"我们的教练是个好人，但是他的有些做法我们并不认同，反而让我们觉得凭借自己的力量能够做得更好。所以，我们就对他有了一些抵触，我们做他吩咐的事，却是按照我们自己的方法做。在比赛的时候，我从来不会走上去问他，'嗨，你觉得我应该怎么做？'我不记得他怎么鼓励过我，或者帮我建立自信。我记得的主要的事，就是他在那里给我们布置训练任务。我觉得，我的成功都是我自己的功劳，或者很大一部分是我自己的功劳。"（S-13）

在这种情况下，多数人觉得他们是处在两难的境地里。他们愿意听教练的话，做教练布置的任务，但是，他们又怕那样会什么成果也没有。可能会有第三条路，能够把他们从这个困境里解脱出来。有些人让父亲或者母亲介入，担当了一个"非正式的"教练的角色，取代了那个"正式的"教练。

"到了那个时候，我爸爸才是事实上的教练。他学会了足够的知识之后，我才得以继续参加这项运动。"（S-7）

"我对游泳的所有知识都是从我儿子的第一任业余体育联盟游泳队教练那里学的。后来的一位教练告诉我，我儿子曾经说过他唯一的教练就是他爸。其实，在孩子定型的那些年里，他的第一任业余体育联盟游泳队的教练才是他的真正的

教练。我只是记住了他所有的指导,头应该是什么姿势,怎么样把手臂放进水里,踢腿,呼吸。"(S-2 的父亲)

其他人换到了另外的教练那里。

"我们决定要换教练,于是便换到了××教练那里。他手下不一定有出色的冠军运动员,但是他的态度对路,就是我们要找的,是一种更加个性化的训练方法。换句话来说,每个人所做的训练都不完全一样,我们喜欢这样。"(S-11)

还有一些,例如前面提到的 S-13,开始自己给自己当教练。"作为一名游泳运动员,我的任务就是要学会怎么给自己当教练。"(S-13)

不管游泳选手们的教练是什么类型,他们所受到的额外训练和关注,带来的结果是更大的成功,另外,他们的自我价值也会越来越以游泳为中心。在中期的这些年里,我们的研究对象所处的环境给了他们越来越多的限制,训练和比赛占据了越来越多的时间。在我们这组游泳选手平均年龄到了 13 岁的时候,他们意识到,如果想继续游泳,他们要达到的要求就会异常地高。意识到这一点,迫使几位游泳选手暂时停了下来,开始认真思考是否值得继续坚持下去。

"14 岁的时候,我在教练的帮助下,做出决定,开始全年游泳。那时候,我决定对游泳全力以赴。我的所有朋友都是玩其他体育项目的,你知道,这样你就会失去一些什么。事情如果自然发展的话,你是会跟着朋友一起参加活动的。我现在想,你如果真的想出类拔萃,不论在什么事情上,你都得把所有的宝都押到这一件事情上。"(S-8)

"那时候,我刚开始跟这个业余体育联盟游泳队训练,所以我不太知道结果会怎么样。我们刚搬了家,我刚开始结交新朋友,诸如此类。我需要投入很多时间,但我不太确定我是想和朋友在一起,还是想继续游泳。"(S-21)

但是,我们研究对象当中的大部分人并不是有意识地做出了决定,要继续游泳。更经常的情形是，在参加了两三年的竞技游泳之后，他们已经有了一个生活常规，而他们就倾向于继续这个已经习以为常的生活方式。当然，他们的成功，也使得他们越来越不可能质疑自己的常规。

"我爸爸非要我游泳，游泳就是我非做不可的一件事——跟刷牙一样。"（S-5）

"我一下就拥有了所有这些本年龄组的全国纪录，原因是从我一开始加入游泳队的时候，就每天训练两次。我从来没有真的想过这个，没有想过我的朋友都不这么做。对于拥有朋友这事，我从来也没有过太大的兴趣，他们对我来说总是显得那么孩子气，我不在乎那个，游泳更有意思。"（S-9）

"其他孩子在做的事情算不了什么。他们在做什么？他们去棒球小联盟训练，目的是想能够被棒球队录取，而我在另外一个项目上已经是最出色的了。为什么我要放弃这个，去做平庸的事情？"（S-11）

教学

在中期阶段，教学的重点越来越多地放到了手臂划水的准确性上。游泳选手们在进入中期阶段的时候，通常在4种竞技泳姿上都已经有很好的基础，但是缺乏在细节上调整的能力。大多数也缺乏耐力和制定战略战术的能力。中期阶段的教学就是以这些方面为目标而进行的。在中期阶段，每周训练的次数和每次训练的强度都大幅度地增加了。实际上，在这个阶段里，游泳运动员真正体会到了游泳原来需要多么大量的工作。

在中期阶段，所有游泳选手都开始每天训练两次，有些是逐渐开始的，一开始每周只有几个早上有训练，但是，在选手们加入业余体育联盟游泳队的一年之内，除了两个选手之外，其他所有人都是每天早晨便开始训练了。早晨的训练典型的是用"低强度划水"（只用手臂）游比较长的距离，以及一组①打腿训练，或者是用自由泳姿游长距离。在训练之前，通常是30～45分钟的力量训练（常规性的力量训练，在参加了1968年奥运会的选手当中，要少见一些）。所有的都算上，早晨的训练要持续两个小时。在每个赛季的第一个月，下午的训练也强调调整训练，长距离的游泳通常是自由式。在赛季逐渐展开之后，下午的训练就越来越多地放到速度训练、技术和战术上。限时训练②是常规，因为它可以教会游泳选手如何掌握节奏，也可以培养心脏耐力。划水动作的训练被设计成要提高力量却又不损害效率。意思是不能够像个风车一样一路挥臂到底，要学会动作的平滑。打腿的力度，只要达到可以让身体在水里位置很高就可以了，要减少阻力。但是不要过于用力去打腿，免得因为过于疲劳而游不完全程。

"教练对挥臂动作很重视，只有很少的教练会如此，因为大多数教练实际上不是教练，而是训练员。训练员让你一圈一圈地游，教练则让你做打腿和泳姿的技术练习。在13岁的时候，我开始把这个体育项目当成一门科学来看待。我开始读健康方面的书，开始看训练泳姿的教学影片。我会每天看一个小时的教学影片，然后出去自己试着练。我们也做了很多力量训练。"（S-10）

"教练会几个小时几个小时地帮我练泳姿，让我去感觉和体会。我的意思是，我看起来就像在做慢动作一样，可是那真的很好，因为，到最后，在50米池里游自由泳的时候，我可能会比别人少挥臂15～20次，可是其他人就跟不上我了。你知道，那种感觉真的很棒！"（S-12）

下午的训练一般会在两个半小时左右。这样，在进入业余体育联盟游泳队的

---

① "一组"：是训练当中的一系列用米或者(英制)码来衡量的距离。一组当中的每一个单元有多长，一组当中有几个单元，会有差异。例如，一种分组方式里面可能会包括8个200米游泳，另外一组可能是3个1500米游泳。

② 限时训练是各段程都要在规定时间内完成的训练。

两年之后，我们的游泳选手当中，除了个别一两个人之外，其他人都是每天游泳4个小时或以上，每周训练6天，有时候7天。到了暑假，在训练上投入的时间就更多了。

通常下午的训练是特意被设计成非常有竞争性的。队友们常常会两个一组，同时游一套同样的泳程。绝大多数人不管是男孩还是女孩，都做同样的训练，只有两三个例外。很自然地，同组的游泳选手开始了互相竞争，看谁最先游完全程。对于我们的游泳选手来说，当"兔子"，做接力比赛里的第一棒，是很重要的。当然，刚加入游泳队的时候他们没有那么快，但是在大约一年之内，大多数就成了接力比赛中游第一棒的人。

有一位运动员提到，她曾经用过其他方法，让自己在训练的时候能够练得更加刻苦。尽管其他运动员没有特意提到这一点，我们相信，他们当中的大多数都研究出了类似的方法，让他们对训练能够保持投入。到了这个时候，训练已经成了一项非常艰苦的活动。

"我记得在游泳的时候我曾想，我一定要在到达游泳池里某个位置之前就追上我后面的那个人。换句话来说，在你一圈一圈游泳的时候，你会跟往另一个方向游的人交臂而过，我就使尽全力游，争取在第二条黑线而不是第四条黑线的地方跟他们相遇，或者争取到那一端池壁的时候再遇到他们。有时，我还会默默唱一首歌，争取在歌结束的时候我会到达泳池里的某一个地方，或者看看在到达泳池里某个地方之前我需要换气多少次，或者能不能憋住气。"（S–17）

对游泳选手的要求

他们的目标也开始变了。已经没有必要在每周参加的比赛里都去争取胜利了。

注意力开始转向了时间，转向了自己能够游得多快。在中期阶段，大多数游泳选手会与教练一起制订训练计划，制定比赛目标，计划取得什么样的成绩。只有几个人说他们没有制定过这样的目标，或者这目标是他们自己独立制定的。而对于那些制定了目标的人，这个过程总是从游泳运动员自身开始的，他们把目光定在要在某场特定的比赛中取胜，或者得到一定的名次，例如，在全国比赛里得到名次。然后，他们会把这个目标换算成取胜或者取得特定名次所需要的时间，然后他们会从这里开始，再去制订短期的计划。

"教练有一套系统，用来规划一个赛季内的时间，这样，孩子们就可以有目的地训练。在赛季开始之前，他会坐下来说，'这些比赛是我们想要出成绩的比赛，我认为，你们应该考虑在这些比赛中取得佳绩。'这就好像是个谈判一样，然后，他会说，'为了取得佳绩，你每一个泳程需要达到的时间就得是这样的。'"（S-10）

"他会在一张纸上把这些都写下来，到他写完的时候，这纸上就会全是数字，这些数字对我来说非常重要，对他而言也非常重要，但是对其他任何人都没有意义。他会把这张纸放在我的衣物柜门上，这样，我每次去训练，它就会盯着我，对我们所有人来说，这就好像成了一个让人觉得安全舒服的小毯子，因为它说明教练知道我们的水平在哪里。"（S-10）

"教练让我们做一些小的目标卡片，就是一些小小的 3 英寸高、5 英寸长的卡片，上面写着我们的泳姿或者其他什么。我曾经有过一些对于游泳速度的目标。'我想游 30.3 秒，我现在的成绩是 32.0 秒。'我的目标一直就是要在每个赛季里提高我的速度。我从来没有真正把赢得比赛、得第一看得很重。"（S-18）

我们的游泳选手与教练一起协商出来的目标固然很重要，但是他们明确表示，他们的队友也为他们提供了高标准，而且是更加能够强烈感受到的高标准。在中期阶段，对我们所研究的这些人来说，有一件事情变得非常重要，那就是他们每天都要证明自己。这是在几年的游泳之中培养出来的心态，有一名男运动员（S-6）把它很好地表达了出来："我猜，我就是有一股傲气，我就是想做得好，我受不了第二名的位置。我不喜欢被别人打败，我受不了被别人打败。"所以，就像我们的一位运动员（S-5）说的那样："你走进下午的训练场地的时候，就能感觉到那种紧张的情绪。"

"我是个小热门，队里有两名男生总是想和我过不去，可是我总是能够跟得上他们。一开始，他们俩有一个会使劲往前跟我拼，另外一个就休息，然后第一个人就休息，第二个人就使劲往前跟我拼。他们没有意识到自己在做什么，但是我的水平却在这样的竞争里越来越高了。到了我12岁的时候，我已经有7项（本年龄组）全国纪录，得过13次全国冠军了。"（S-13）

"从9岁开始我就跟所有男生一起游泳，就是在那里我学会了要刻苦训练。他们是我的榜样，也给了我动力。到了一定年龄，你眼里就会有个目标，你会非常渴望实现这个目标，而你身边有这些年龄大的人在推你往前走——那些你要追上的人，你要打败的人。"（S-8）

"我训练的时候从来没有输过。每一组训练我都会赢，每天都赢，一天又一天。我一直就想能够保持成绩。"（S-8）

"在你跟一组人一起训练的时候，每一条泳道上可能得有四五个人，一共可能有6~8条泳道。教练可能会让两条泳道练蝶泳，两条泳道练另外一种泳姿。很多时候你会和其他泳道的人一起出发。如果是在一次一次做重复限时训练，大家就都会一起出发。这样，当然就会有谁谁在你这边，谁谁在你那边。通常在同一条泳道里，最快的选手先出发，第二快的人第二出发——这样你就不会追着前面的人的脚跟游。所以就有了竞争，我把它叫作友好的竞争。这让训练变得容易

了。有时候你可以自己掌握节奏，可是其他时候你就是在跟人比高低。有其他人在场，是好事。"（S-18）

父母的参与

尽管所有的父母在一开始的时候都把游泳当成是他们孩子的娱乐活动，但是，在一年之内，或者，对于那些成功没有来得那么快的人来说，两年之内，孩子在各自年龄组里的持续成功，就改变了他们的态度。从孩子的角度来看，他们是这么说的："如果要坚持下去，我就得尽全力，不能混事儿。"（S-14）

从父母的角度，"每过一阵我就会观察她，而她呢，会开始在那儿玩。那让我非常生气，因为我抱着两个孩子，还得开车接送她。我跟她说，'你要是不想认真努力，你就再也不要来了。因为我们也往这里付出了我们的精力。这不仅仅是你的事，这是全家的事，还得花钱——事情就是这样的。而且，你是在耽误教练的时间。'"（S-20 的母亲）

游泳仍然应该是有趣的事情，但是大多数父母对于他们孩子的潜力有了新的认识。他们还清楚地看到，这个潜力要想得到发展，就依赖于他们自己是否愿意往这项体育运动中投入越来越多的时间和金钱。教练们也促成了这个认识。父母之中的至少一方，但常常是双方，做出了这种投入，没有例外。他们在游泳比赛上做义工，卖奖券给游泳队集资，给孩子安排日程，每天晚上最多要做 3 次晚饭——给孩子爸爸做 1 次，给其他子女做 1 次，然后还得给小游泳运动员做 1 次。除了两三个父母之外，其他人每天都花了大量时间开车接送孩子（有时候也接送孩子们的队友）去训练、去比赛。在认真参加了业余体育联盟比赛的一两年之后，我们样本中的家庭都毫无疑问地把一个孩子在游泳上的成功看成了全家的事。我们从父母那里

成才之路　发展青少年的天赋

听到的是："游泳就是我们的生活方式。我们的所有的假期和剩余的钱都放到周末游泳里去了。那就是我们的娱乐活动，游泳、游泳、游泳。"（S-1 的母亲）

"我能说的就是，游泳成了一种生活方式，不管我儿子需要什么，我丈夫都会提供。"（S-7 的母亲）

"晚饭桌上的谈话通常是关于体育的，很少会谈论政治。我想这是因为我们对游泳都太投入了。我们应该多做一些文化事儿，可是我们并没有去做。"（S-17 的母亲）

从游泳运动员那里听到的是，"游泳在我们家里，那几乎肯定是让人着迷的，但是那是有一定道理的，因为我是全国最好的运动员。在我投入到游泳当中去之后，全家都投入到这个运动里去了，而所有事情都是围绕着它转的。"（S-11）

"有一个时期，我们所有人（家里所有的孩子）都游泳。那真叫疯狂，因为妈妈爸爸就像赛车一样，得把我们送到特定的地方去，而我们都在不同的游泳馆游泳。我和我哥哥几乎总是离家在外，因为我们在业余体育联盟游泳队游泳。"（S-13）

"当你这么投入的时候，那几乎就是一种生活方式。我敢肯定，其他体育项目或者活动也是一样的。我妈妈爸爸会来看比赛，接送我们去这里去那里。他们很喜欢和其他父母在一起，我们则喜欢和其他小孩在一起，所以那是个很好的全家活动。我觉得事情至少是这么开始的。"（S-18）

说到金钱投入，我们的估计是，正常状态下，每一对父母，每年投入全年游泳的花销在 1000～2000 美元之间，这是最初四五年的情况。说到时间投入，那这方面的投入就是巨大的了。有一种很常见的情况是，母亲或者父亲每天早上五点半就起床，送孩子去训练。孩子游泳的时候，父母就得等上大概两个小时。然后，如果是上学的日子，游完泳就需要赶着把孩子送到学校去；如果是周末，就赶着回家做早饭。这同样的程序在每天下午又得进行一次。这次是从学校开始，把孩子送去训练。我们的研究对象里有不到一半的人说他们是和其他家庭分工接送孩子的。周末也不轻松，因为通常会有事先定好的训练，如果没有训练，就会有比赛。尽管现在有越来越多的游泳队是集体坐大客车去比赛，在我们的研究对象参加比赛的时候这样的情形可不多。典型的情况是，父母之一，或者父母两人一起，有很多个周末是在游泳比赛中度过的。

有一些父母，在孩子的游泳生涯里起到的作用，则不仅仅限于后勤保障。这些父母直接参与到了孩子进步的过程里，在有些情况下是每天都参与的。在中期阶段，父母有两种很常见的直接参与方式：第一种是更常见的一种，就是为孩子设立目标和提出要求；第二种则是直接给孩子当教练。两种方式都很重要，它们也显示出，有些父母在孩子游泳的事情上是多么的懂行。

父母给孩子们提出了什么具体要求，用什么方式提出要求，区别是很大的。有一位父亲是一个极端，他干脆在圣诞节的时候给了13岁的女儿一块手表，后面刻着"蒙特利尔，1976"（指蒙特利尔1976年奥运会）。还有一位母亲给10岁的女儿指点出来谁是奥运选手，女儿是自己年龄组里很出色的一位选手，这位母亲说："你也可以像他们那样，只要你想要。"（S-14）也有不那么极端的，一位母亲说，"我们一直就让孩子们在年龄小的时候不要过于兴奋，因为我们不想让他们小小年纪就学疲了。但是实际上我们家庭生活的重心是认真地游泳、参加全国比赛，这是家里每个人努力的目标。"（S-12的母亲）

还有那位父亲，"一直给孩子灌输要赢的想法。他们说那只是一场游戏，但你可别让他们骗了你。"（S-2的父亲）还有父母做了如下的事情："在孩子成长的那些年里，我丈夫一直给每个孩子都保留着一本笔记本，上面有他们的成绩，这样，当他们需要设立目标的时候，就可以根据这些成绩来制定一个在我们看来是可行的目标，他做了所有这些事。教练做了所有的指导，但是我丈夫会说，'你觉得你今天能够游出什么样的成绩？'以及类似的事。"（S-12的母亲）

"我爸爸有一张图表，最上面是游泳比赛里的各种不同的项目，旁边竖排是我参加过的各种比赛，在每个小框里他会填上我的成绩。如果有一个成绩是我那个星期里的个人最好成绩，他会把那圈起来。我的任务就是要打破那个圈起来的纪录。"（S-15）

有两三个父母是他们孩子所参加的游泳队的助理教练，但是他们特意不参与到对自己孩子的指导中去。还有3位父母，在孩子发展的中期阶段，自己给孩子当了教练。这些父亲承担起了给自己儿子当教练的任务，但是没有一位是"正式"这样做的。那样的教育模式是不可能拿到使用游泳池的时间的。相反，每个父亲都是"教练背后的教练"（S-7的母亲）。他们也是"盯着你的泳姿，让你不会形成坏习惯的人"（S-2）。S-12的父母是最积极的，他们给儿子们搞来"一套恢复训练的课程，那是每年年初，三四月份，在他们回到游泳队之前的时候。因为，给他们最好的条件是很重要的事情，如果他们要做这件事，何不用正确的方法做呢。所以他们会上一些起动和转身的课程。"（S-12的母亲）

这些课程是由俱乐部的一位教练给他们上的。

天赋

这些游泳运动员和父母们做出如此巨大的投资，是有很多原因的。一瞥之下，我们可以看到3个原因：父母非常热切地要给孩子们他们自己没有过的机会，孩子热爱游泳，也喜欢一起游泳的同伴，还有就是孩子早期的成功。在孩子发展的中期阶段，第四个因素出现了，那就是：孩子有天赋。它能够说明，或者证明，在一个孩子的游泳生涯里付出的时间和金钱都是值得的。

我们在研究过程中，发现了一个让人很是惊讶的现象：通常需要相当一段时间，这些游泳选手才被别人称为是有天赋的。实际上，至少是要在地区内取得了成功之后，别人才会把一个孩子说成是有天赋的，更经常的是，这要等到他们在全国范围内（业余体育联盟）取得了一定的成功之后。因为这种档次的比赛是在中期阶段才开始参加的，所以我们认为，孩子天赋得到承认，应该是中期阶段发生的事情。

例如，有一个孩子（S-7），在 7 岁就开始参加比赛，10 岁的时候就破了本年龄组的一项全国纪录。但是，他妈妈说，是到了他 11 岁的时候，"相邻城市的基督教青年会的游泳教练在几次比赛里看了我儿子的表现，他过来跟我们说，'我跟你们说，你们这些人都没有意识到，你们这孩子是个明星。'"（S-7 的母亲）

与这个例子相似，另外一个母亲回忆说，她女儿的教练从来也没有真正看到她的潜力，尽管他们每天一起训练，训练了 5 年。

教练觉得她很好。但是他不知道她有多好，因为那时候他手下有另外一个女孩显然是更有前途的。他承认说，她是高于平均水平的，但是可能达不到另外那个孩子的水准。"（S-5 的母亲）

结果呢，她入选了奥运代表队，而另外那个女孩没有入选。

S-1 在 15 岁的时候是全国最好的自由泳选手之一，那时候，才有别人告诉他说，他"有点本事"。可是，他 12 岁的时候就打破了一项本年龄组的全国纪录，而且，他已经连续两年参加高年级选手的比赛了，成绩也很好。

在我们访谈过的几乎所有运动员当中，情况都是一样的。

"我 11 ~ 13 岁之间的时候被打得一败涂地。到了我开始真正取得好成绩而

成才之路　　发展青少年的天赋

且在16岁进了全国高年级比赛的时候,别人才开始说我有天赋。可是我在那之前已经辛辛苦苦训练得身体都要散架了!"(S-4)

"我刚开始游泳的时候成绩不错。我认为自己很幸运,具有一些先天的能力。我哥哥体育也很好,但是他游泳就没有取得那么大的进步。我知道自己有一些先天的能力,别人也是这么和我说的,但是我也玩命训练来着。"(S-18)

"我之所以参加游泳运动的唯一原因是我姐姐。你瞧,我姐姐先开始游泳的,她一下就名列前茅了,获得了自己年龄组里所有的第一名。然后我妈妈就带着我一起去游泳训练,因为她反正得带我姐姐去。我妈妈是公开这么承认的,'你能够得以参加游泳,唯一的原因就是你姐姐得去。'在我姐姐离开家去上大学的时候,我已经开始显露出潜力,于是我妈妈就允许我继续游泳了。但是,真实的情况是,在最初我姐姐才是那个出色的孩子。"(S-19)

一次又一次地,我们研究的游泳运动员们把他们的天赋描述成是"一种对水的感觉"。按照我们访谈的教练们的说法,对水的感觉就是一种能力,可以让人即时(不需要思考)知道,每一个时刻身体在水里的位置,可以对不合适的位置迅速、高效、完全地做出调整和更改。这种能力,可以让运动员在任何一个时刻都能够意识到自己四肢的动作,而且可以非常细致地控制这些动作。根据霍华德·富尔比的说法,这种感觉还有一个心理成分,一种镇定的接受能力。富尔比还提到,这种水感是天生的特点,还是在接受高水平训练的过程中学会的,专家们还有不同的意见。他本人持后一种意见。

对于一些游泳选手来说,有一种好的对水的感觉,就意味着,"所有事情对我来说都很容易。我从来没觉得游泳运动中有任何事是很难的。我是觉得游泳对我来说很舒服。"(S-13)"我可以很容易就掌握很多人觉得比较难的事,而那些事情对我来说就很自然。"(S-16)

对另外一些人来说，好的水感意味着时间和感觉。

"我学得很快，而且我一直在纠正划水动作方面做得很好。"（S-6）

"我记得我对自己在水里的动作有很强的意识。我记得，我就是觉得这些事非常有意思，彻底分析自己的动作，体会、感觉和知道自己在水里究竟是在做什么。"（S-17）

"我的划水动作很协调、平滑。别人跟我说，我在划水时看上去好像丝毫不费劲。对我来说，游泳可不是不需要费劲的。我曾经在游泳上付出了非常大的努力。但是，我在水面上的划水动作很慢，在水下推水的动作很有力，但是很多人并不知道，他们只是知道我的动作看上去很轻松！"（S-18）

有几个父母也描述了同样的能力。

"她有一种把划水的动作组合在一起的能力，在她游自由泳的时候几乎就是完美无缺。她能够控制自己，控制自己的动作。"（S-3的母亲）

"我儿子知道划水的动作应该是怎样的。他能看得出来什么时候他做得对，什么时候做得不对。他可能对于游泳有最好的理解——怎么按照自己所要的那样改变动作。"（S-12的母亲）

有几个父母也评论了他们的孩子不寻常的协调能力。例如，S-16的母亲说："她的协调能力十分好，一点都不笨手笨脚，很灵活。不管她试着做什么，她都很快就能出成绩。我的意思是，不管那是什么项目，她都做得好。"（S-16的母亲）

游泳选手们也注意到了这一点。很多父母说，在开始游泳之前，他们的孩子似乎就显得是非常的协调，而且是从很小的时候就是这样。"我的小儿子从很小开始锻炼身体就特别协调，他哥哥长得很快，但就是有点笨手笨脚。小儿子长得很慢，所以他就没有经历过那个笨手笨脚的阶段。"（S-10的母亲）有一两个游泳选手修正了他们父母的说法，他们指出，他们的协调性是在水里才有的。"我

的体形像个竹竿，很不协调。在陆地上我可能得送掉我自己的小命。"（S-5）

未来的奥运选手和他们的兄弟姐妹之间、与他们的同伴之间到底有什么区别？我们一再问父母这个问题，却极少听到有父母说，区别是"水感"。相反，他们说到让人难以置信的独立性、决心及竞争心，所有这些才是后来走得最远的游泳选手们的共同特征。S-5的母亲描述她的女儿是一个"激烈的竞争者"，她姐姐也游泳，但是她和姐姐就不一样。S-12的母亲把自己的儿子描述成是一个想要让自己进步的人，"他总是想要当最好的那一个。他是个竞争心非常强的男孩子。"

其他人说了如下的一些事情"我儿子个头不是很大，他一直就很瘦。在小学里他打橄榄球。他总是反应很快、很灵敏。在学校的功课上，他是我所有的孩子里成绩最出色的。当他下了决心要做什么事情的时候，他就会去做。比如他打橄榄球的时候，他是队里个头最小的一个，但他可是个小老虎。那个教练到现在还提起他。"（S-4的父母）

"她很不一样——从她两岁起，大家就都知道这一点。她性格多变，又非常独立，总是要自己的事情自己做。她很聪明——我其实不知道她是不是比别人聪明，但是她做事的决心更大。"（S-9的母亲）

"她总是自己给自己设定目标，即便是在还是个很小的孩子的时候，也是这样。她一旦决定了要做什么事，那就基本上没法让她意识到这事会不成功。"（S-14的母亲）

"她总是做自己想做的事情。跟有些孩子你可以讲道理——我当然也花了时间跟她讲道理，但是我不知道是否对她产生过任何影响。她拥有一种精神的力量，不管事情有多让人悲观，她也从来不会放弃。"（S-13的母亲）

"在每一个家庭里，即使所有的孩子都是以同样的方式被养育大的，他们也都是不一样的。我的大女儿很外向，成长得很顺利，总是有约会，在同伴当中很有人缘。而我的小女儿（游泳选手）却害羞得多，敏感得多。如果学校里留的作业是写一千字的文章，她就会写两千字。她总是努力要做到最好。"（S-17的母亲）

游泳选手们同意这些说法。有几个说到，是什么样的动力，让他们在中期阶段全心全意地投入和保持竞争心，如下的叙述即是一例："有一点我可以告诉你——我恨失败。那还要起源于我爸爸所带给我的影响，'你知道，如果你是个失败者，没有人会注意你；如果你是胜利者，那人们就开始听你要说什么了。'"（S-7）

中期阶段总结

中期阶段最主要的任务，就是要成为一名游泳运动员。从我们的研究当中，我们看到，这个任务可以被分成3个部分：获得成为出色游泳选手所需要的技能，建立一个人与人之间互相支持的网络，逐渐过渡到在心理上对这项运动的完全投入。完成这3个部分当中的每一个，都需要时间、金钱和精力的极大投入。

和游泳运动员有直接联系的所有人——家人、朋友、老师、教练，都曾为游泳运动员所追求的事业做出自己的一份贡献。父母付出时间、金钱，他们不要求游泳选手在家里做家务，不要求他们去打暑期工。因为游泳训练的花费很大，所以游泳选手的兄弟姐妹们能够从家庭里得到的资源就经常比他们应得的要少，很多似乎还从父母一方——有些时候双方那里，得到更少的时间和关注。而且，几乎所有这些兄弟姐妹还都要忍受另外一点，那就是他们会时刻被拿来与自己更有天赋的手足做比较。因为认真投入游泳需要大量的时间，所以，学校里的朋友们就不太会有很多机会与游泳选手来往。很多人还故意避开这些"名人"，因为他们觉得自己不如这些游泳选手优秀、不如他们重要，这就让问题更加复杂了。当然，游泳选手在所有这些问题上都是要付出代价的。

尽管所有人都要付出这些代价，游泳选手的事业还是不断在发展，他们越来越成功了。我们能够看到两个原因：第一，父母、手足和朋友很少花时间去质疑他们的付出；第二，游泳选手越来越多的成功让他们更加坚信，自己的付出再多也是值得的。简单地说，所有的人都被卷入了这些游泳选手的事业当中，而成功则像滚雪球一样，越来越大。S-9的母亲很生动地描述了这个过程："如果我早知道我们会被卷入什么样的事情之中，我就会说，'你为什么不去做几个纸偶玩玩呢？'当时，我一点都不知道我们会被卷入什么样的事情。我们的大女儿来对我们说，她要加入游泳队，因为她的所有的小朋友都在队里，当时我们就说可以。加入游泳队只需要25美分，差不多是这样，所以听起来没问题。后来，我们家这位未来的奥运选手决定也要游泳，那个时候，游泳已经变得很有意思了——她们赢了几场比赛。后来我们搬到了另外一个城市，突然一下，游泳就变成整个家庭的大事了。那时候即便想停也已经太晚了。我想，就算我们参与进去的时候就知道我们要面对的是什么，我们还是会做同样的选择。但是，我当时根本不知道我们被卷入的是什么样的事情，一点都不知道！"

后期

在学习成为一名游泳运动员的后期阶段，与之前的阶段相比，最大的区别在于运动员对这项运动投入的强度、巨大的训练量，以及教练和队友的出众的素质。在这个后期阶段，游泳训练，以及从游泳当中学到的东西，成了游泳选手不可分割的一部分。一个人到底有多少天赋，在这时候有了一个清醒的认识，需要做些什么才能让这种天赋结出果实，在这时候也有了了解。在后期阶段，高强度的刻苦训练、个人和家庭的牺牲、在比赛中的锻炼，都成了再平常不过的事情。跟过去任何时候相比，成功也都成了更加习以为常的事情。选手自己充满自信，教练、父母和队友也充满信心。对于选手在这项运动当中在未来的可能性，大家都有一种兴奋的感觉。为了实现这种可能性，游泳选手后期阶段的每一天都被游泳所占据，游泳，游泳，还是游泳。

在后期阶段，我们看到，游泳选手对自己在这项运动中的位置有了一些认识，懂得了作为一名游泳选手意味着什么。这包括两个部分：第一，要懂得游泳对自己已经起到了什么作用，在当时又在起什么作用；第二，要懂得自己为了游泳需要做些什么。要找到这两个问题的答案并不容易。这样深度的见解，是每过一段时间才会得到一点的。我们的游泳选手并没有在进入后期发展阶段的时候一下子就明白了这些道理。对于他们当中的大多数人来说，这样的理解，在进入后期阶段的时候是刚刚开始的。

向后期的过渡

与我们所研究的其他领域一样，在游泳运动里，一个选手进入发展后期阶段的标志，似乎是他转到一位大师级的教练门下。这样的教练是一位有成就的专业人士，有很多成功的记录，有能力帮助学生成为最好的自己。大约在他们最初加入业余体育联盟游泳队的两年半之后，我们所研究的21位游泳选手当中，有14位就转到了另外一位教练那里，或者是加入了一个水平更高的竞赛队。我们把这些教练称为"终极"教练，因为这些教练是在游泳选手入选奥运会时候的教练。

有3个因素，把这些教练与游泳选手们以前的教练区分开了。第一，在任何时刻，这些教练都在训练好几个冠军级的运动员。这样的结果便是运动员会在头脑里形成一种观念，或者说期望，在自己的项目里，要能够达到最高、最严的要求，而这种观念占据了他们思维的主导地位。因为跟队友的竞争是每天训练计划的一部分，我们的游泳选手就会发现，跟这些教练训练，就意味着每天都要尽力做到最好。第二，当这些教练看到一名选手，觉得他有希望在国际比赛里取得成功的时候，他们也毫不犹豫地把目标定在这个高度。第三，这些"终极"教练在自己的工作上是行家，他们经验非常丰富，把游泳运动当成科学来看待。与此同时，也许还更重要的是，他们也会变通。他们不会实行教条主义，在任何一天，如果常规做法太不符合实际情况，他们也会相信运动员，相信他们知道什么对自己是最好的。

在我们研究的21位运动员里，有15位在入选奥运代表队的时候，他们当时的教练已经培养出过至少一位奥运选手了。这些"终极"教练已经训练过参加国际顶级大赛的运动员，他们知道需要什么样的训练、什么样的准备才能够在这些比赛里出成绩，也非常清楚地知道这些比赛会给运动员带来什么样的压力。

"别人问我，我的第一任教练、第二任教练、最后一任教练有什么不同，我总是会跟别人说，最后的那个教练有能力把训练转化成心理训练，他知道怎么做身体训练，他也知道怎么做心理训练。在我看来，他能给任何人做好参加比赛的准备。他能说服任何人做任何事情——至少他能让我做任何事情。"（S-19）

"他就是能让你做一些你可能觉得你永远也做不了的事情，他也自己以身作则。在游泳比赛方面，他好像总是知道你在做什么，你应该达到什么水平，你能够达到什么水平，并跟你谈话。他是在心理上给你打气。"（S-21）

这样，在业余体育联盟游泳队待了几年之后，游泳选手会刻意策划，转到一位新教练那里，而这就标志着游泳选手自己的看法有了转变。这是进入"大联盟"的一步。

"我父母和我决定要去一个更好的俱乐部,那儿有规模更大的训练队,而且这个俱乐部有更宏伟的计划。在我当时的那个队里,我已经达到了我能够达到的水平,因此我需要去一个规模更大的队,去做更大的事。"(S-16)

"我们家里所有人都同意,我们得去加利福尼亚州,因为其他地方都不能去。她需要那个教练,需要那种竞争,那是一个出了好多优秀运动员的地方。我跟她说了,现在你是小池塘里的一条大鱼,到了那儿,你就会是大池塘里的一条小鱼。但是她想去。"(S-20的母亲)

当然,我们的研究对象当中,并不是每个人都是事先计划好,要换一个更好的教练,要去一个更好的游泳队,等等,从而进入发展的后期阶段。在那7位没有刻意计划转换教练和游泳队的选手当中,有5位(两男三女)已经有非常好的教练了,在进大学以前,没有换教练的必要。还有两位(一男一女),只是出于偶然,才换到了他们的"终极"教练那里。在最后这两位的情况当中,那个女孩换到了她的"终极"教练那里,只是因为她的第一个业余体育联盟游泳队的教练离开了她所在的俱乐部,来接任的那个新教练正好是一个更好的教练。那个男孩换到了他的"终极"教练那里,只是因为他们家搬到了另外一个州,有一个对他们家来说最为方便的游泳馆,他就在那里开始游泳。

我们认为,这些游泳选手进入发展后期阶段的标志,是他们开始经常性地参加业余体育联盟高年级组全国比赛,包括室内和户外的比赛。到了那个时候,他们都是排名在最前面的选手,但还有潜力能够走得更远,这些对所有人来说都成为了明显的事情。就如一位游泳选手(S-6)所说,到了他进入了高中、入选了全国高年级游泳比赛并且去参加了比赛的时候,"我知道我需要做什么,我认为我就是有一股傲气,我就是想做得好,我受不了第二名的位置。我不喜欢被别人打败,我受不了被别人打败!"

当然，我们这些研究对象，在他们第三四次参加高年级全国比赛的时候，通常就会取得好成绩。而这个时候，他们就真正进入了发展的后期阶段。

"我的训练一直都是同样的内容，直到19××年我在全国高年级比赛里拿到了名次的时候，都是如此。那次比赛，让我进入了泛美高年级队。成功地走出这一步，让我体会到了一种感觉，感受到了出色的滋味是什么。当一名出色的游泳运动员，可以到各种地方去旅行，在观众面前展现自己的能力。你知道，那几乎就像一个火种，它让我继续为了下一场全国比赛而努力。在那之后，我感觉我比以前更尽心尽力了，我知道了做到出色是什么样的，我想要继续保持领先的地位。"（S-16）

教学及游泳选手与教练的关系

优秀的教练总是在寻找更加有效的方法去训练自己的游泳运动员，但是，在发展的后期阶段，却很少有新的训练内容和指导方法被引入进来。在后期阶段引入的很少几个变化，通常是为了打破长期以来每天的常规训练的单调性，或者是防止运动员过早地进入状态。这种变化的一个例子，在我们样本当中的一两名运动员那里实行的，是为了要同时达到这两个目的而引入了水球，在每个赛季的前几个月里作为恢复状态的训练。一位采用了这个方法的教练说："总的来说，我们做得很过分。我们为了一个在4月份才进行的比赛，而让运动员在12月份就进入了状态。打水球是另外一种方法，让他们在夏天的休息之后恢复状态。对多数小孩来说这也很有趣，而且有些人打水球也打得很好，这样，他们的自我形象也好起来了。"（S-1的教练）

尽管训练方法本身很少有变化，后期阶段里运动员的训练和以前的训练还是有不同的。毫无疑问地，训练强度比以前任何时候都更大，自然也更痛苦。在一组训练的每个单元（有时候也被称为"一轮"）之间，在一组和一组训练之间，休息时间更加短暂。同时，每次训练里要游更长的距离。在学年当中，我们的游泳选手每天要训练四五个小时，每周6~7天，周末还有比赛。在暑假里，训练时间达到了每天6小时。训练时每个选手游的距离都是不一样的，而且在赛季的每个阶段也不一样。在我们的样本里，那些参加了1968年奥运会的选手，如果在高强度训练的时候一天游12000码[1]以上，那就属于不寻常的了。那些参加了1972年和1976年奥运会的人，他们一天之内游的距离有可能达到22000码。我们的研究对象中的大多数都用了所有4种泳姿来完成这个距离。在发展的后期阶段，除了几个年龄最大的选手之外，其他人都进行了常规的力量训练，有几个还进行了严格的节食，以避免因多余的体重让他们的速度慢下来。

在后期阶段，目标比以前任何时候都更加明确了。在大多数情况下，这些目标是要达到某个时间，而不是要赢得某场比赛。尽管我们所研究的游泳选手当中，有很多都说，在参加奥运会的两三年之前，他们就开始希望自己能够入选奥运代表队，但是没有任何一个人在奥运会之前两三年曾经设计过专门针对奥运预选赛的训练和比赛计划。长远计划，再长，也长不过一个赛季。他们最经常的是把精力集中在高年级全国联赛上。

对于大多数的游泳选手来说，进入发展的后期阶段，还意味着，与教练的关系也与以前不同了。他们都有与几个教练长期合作的背景，在各种不同的情况下参加过比赛，而且能够保持成功，游泳选手们的自主性已经比过去强得多[2]。到了他们在全国高年级联赛里取得好成绩的时候，大多数人已经意识到，他们敢和

---

[1] 1码等于0.914米，12000码等于10968米。
[2] 平均来说，一名游泳选手从开始游泳到在全国高年级联赛里开始取得好成绩，需要8年时间。

成才之路　　发展青少年的天赋

任何人比试。他们把所有的训练都做过1000次了，已经参加了几次全国冠军赛了，他们觉得自己知道怎样才能发挥出最好水平。所以，他们开始在教练那里寻找一种更紧密的合作关系。当然，他们不是很直接地这么做，也不是一下子就能做到。但是，逐渐地，关于在训练和比赛中应该如何做，他们开始要求有更多的发言权。在多数情况下，他们也得到了发言权。可以想象，当游泳选手们对自己的事业有了越来越多的控制权之后，他们就越来越多地感到教练很尊重他们的反馈意见，他们也就越来越多地投身于这项运动，现在，这是他们自己的运动。

游泳运动员和教练之间的关系，在多大程度上成为了一种合作关系，则取决于一系列因素，例如，游泳运动员的年龄，他们有多成熟和有多强的责任心，他们训练有多努力，以及他们过去的成绩如何。这也取决于教练有多愿意变通。我们可以看到的是，不管是在运动员自己心里，还是在教练心里，都没有任何一位运动员被看成是真正与教练可以平起平坐的人，在他们参加了自己的第一场奥运比赛之前尤其如此。在参加了奥运比赛之后，有几位运动员确实提出了要求，要对他们的训练有与教练同等的发言权。但是，在大多数情况下，这个要求所带来的是教练与运动员关系的巨大裂痕，这些运动员最后要么是找了另外的教练，要么是彻底退役了。

教练与运动员之间的合作，在一件事情上最为明显，那就是他们如何减量，也就是在大赛之前如何减少训练量。下面这一段比较长的描述，节选自我们对一位运动员的访谈，从描述中我们可以看出，在后期阶段里如果教练和运动员没有能够共同对运动员的训练负责，有可能会出现比较困难的情况。我们把它呈现给读者，因为它揭示出了最好的教练必须要有什么样的变通能力，他们对自己的游泳选手必须要有什么样的信任，以及一个世界冠军级别的游泳运动员必须要有什么样的自信。故事的开始，S-16描述的是，在成为了全国最佳女游泳运动员的三四年之后,她遇到了困境。

"事情就是不对。我总是赢不了比赛。我的教练和我都知道这是实情,但是我们就觉得'唉,下次我们会赢'。然后,到了下一次,同样的事情又发生了。我觉得,我是在那个时候开始失去信心,失去对自己的信心。我妈妈看出了这一点,看出了我比以前退缩,你知道,我没有抱着必胜的信念出去比赛,要当最成功的那个人,我好像就满足于我当时所做的了。"(S-16)

S-16解释说,她觉得问题出自教练在大赛之前让她训练得太狠了,没有及早开始给她减训练量。她继续说:"我觉得我确实对教练失去了信任,而且我认为他可能也知道。为了春天的全国比赛,我给自己减少了训练量,我相信我对自己更了解。我想表达的是,很多功劳是属于他的,但是,我也很大程度地依赖了自己的感觉。我觉得,我给自己减少训练量这件事,可能让他感到受了伤害。但那不是因为我不信任他,而是因为我想信任自己,想为自己做的事情做主,如果失败了,那我也知道那是我自己的过错,是我自己把事情搞砸了。自己给自己减量对我们两人来说都是一步险棋。对他来说,我知道,坐在那儿,让我自己做,是很难的。他想在任何事情上都有控制权,但是我也想啊!最后,我们联手,效果还不错。"(S-16)

队友

在早期阶段,队友是重要的,因为这些队友让我们的游泳选手持续保持了对于这项运动的激情,让他们想成为这项运动的一部分。在中期阶段,队友帮助我们的选手承受了越来越大量的、艰苦的训练。在后期阶段,虽然队友们仍然有激情,仍然给予我们的选手以支持,他们却在我们的选手的事业上起了比以前重要得多的作用。这是因为，他们自己也是冠军级的游泳运动员，在每天的训练中他们使得我们的选手得以给自己设立非常高的标准，让我们的研究对象无可避免地必须要勤奋努力，让自己能够成为世界最好的游泳选手。[①]

　　这个作用的重要性是如何高估也不为过的。我们看到，我们研究的游泳选手，90%以上在每天与队友共同训练的过程中，互相竞争，得到了重要的收获。一个很明显的事实是，除了这些出色的队友，没有其他人能够让我们的游泳选手充满激情地去达到世界水平，到达自己的目标，没有其他人可以让这些目标显得如此之近在眼前，如此之具体，如此之紧迫。教练和父母也许可以在游泳生涯的早期给他们灌输激情与坚持，但是，他们不可能像游泳池里旁边泳道上的那个强有力的竞争对手一样，给选手们带来持续努力训练的动力。

　　在我们的样本里，有一位女性非常好地描述了队友给她的强烈影响。她一开始就说到，在她的第一个业余体育联盟游泳队里，她是唯一一个认真的游泳选手，而这对她来说是多么地成问题。

　　"我会做得非常出色，在训练时成绩简直就是惊人，在本地和地区的比赛里成绩也非常好，可是，到我去参加全国比赛的时候，我就是没有那种心理上的专注度，而你需要这种专注度，让你能够把心思集中在比赛上。我猜那是因为我就是没觉得我跟去那些比赛的其他选手一样好，因为，尽管从时间上来说，我跟她们一样好，甚至更好，但当我跟她们比赛的时候，我就游得不好。"（S-19）

　　尽管她在训练的时候能够游出破纪录的时间，但是她在全国比赛中一再地失败，由于这个原因，她最后去了另外一个游泳队，换到了她的"终极"教练手下。在很短的时间里，她就开始在高年级全国比赛里出好成绩，然后入选了奥运游泳队。

---

　　① 应该记住的是，除了个别几个例子之外，游泳选手们在发展后期的队友们，已经不是在这之前的发展阶段里的队友了。

"事实是，我在跟与我同龄的高年级选手——国家级的选手们一起游泳。坦白地说，在自由泳上，是她们推着我进步的。每天跟她们一起训练，我向我自己证明了我能够和她们并肩，能够打败她们。这让我逐渐树立起了自信。那是我的第一个重大突破。"（S-19）

在 S-19 对自己经历的叙述中，有两个观点尤其有意思。第一，队友之间的竞争，如我们之前提到的，是从中期阶段开始的，但是在后期阶段，它与以前是不一样的。S-19 的说法是，当她去了新的业余体育联盟游泳队之后，她开始和"与我同龄的高年级选手——国家级的选手们"一起游泳，和她们竞争。一个重要的区别是队友们的游泳水平。在发展后期，我们样本里大多数人的游泳队里都有多个全国级别的竞争对手。

S-19 的第二个观点是，关于队内竞争如何能够激发运动员进步，如何提升自信心的。队内的竞争不仅促进了游泳选手们身体上的进步，也促进了他们心理上的进步。我们的游泳选手每天都要对抗真正的竞争者，在这个过程里，他们学会了如何控制他们在比赛前的对于失败的紧张感，如何掌握节奏，如何在压力之下集中注意力，这种压力比墙上的一个钟所带来的压力要真实得多。他们也体会到了真正的胜利所带来的满足。而随着每一次成功，他们的自信也增加了。对于像 S-19 这样的游泳选手来说，虽然每天都累得筋疲力尽地离开训练馆，但是，能够成功地顶住队友的挑战，这是比什么都重要的事情。

父母

乍看起来，父母在游泳选手发展的后期阶段似乎仅仅是加油的观众。事实上，他们在这个阶段确实比以前更多地充当了观众的角色，但是他们的角色绝对不止于此。尽管多数父母对孩子游泳的直接影响少了，但是他们对孩子的游泳事业的投入却是和以前一样的，在有些例子里，在后期阶段的投入还要比以前的任何阶段都大。举一个例子，虽然我们的游泳选手当中的大多数到了可以拿驾照的年龄，在发展的后期，可以自己开车去训练和比赛。但是，至少他们当中有一半的人在十六七岁之前[1]就已经用后期阶段那种快节奏训练了一两年了。他们的父母得一直接送他们，去训练，去比赛，去上学，直到他们可以自己开车为止。

所有的父母也得接着为孩子们准备加餐，这是在下午晚些时候或是晚上训练的必需。为了能够去参加重大的比赛，父母还要从单位请假，或者改变假期的行程。所有父母也得接着出相当可观的钱，交俱乐部的会员费、比赛的报名费，买游泳衣，还要支付旅行和食宿费用，这有可能是一大笔钱。有一位母亲说，最多的一年要9000美元。[2]这些费用一直要付到游泳选手们在他们的项目里进入了全国比赛的前三名为止。在那之后，他们通常会得到队里的资助，或者企业的奖学金。如果是去国外参加比赛的话，有时还会得到业余体育联盟的资助。

在后期阶段，我们的样本里有六七个家庭还被迫要做出比我们刚刚描述过的还多的付出。在这些家庭里，因为他们的愿望是想要看看孩子究竟能够在这个体育项目里走多远，所以，为了去找一个更好的教练，他们就需要把家从美国的一端搬到另外一端。或者，他们会把孩子一个人送到另外一个地方，去跟随一个更好的教练。在做出了这种长途搬迁的家庭里，至少有两个，只因为要寻找一个更好的游泳队，而需要接受一些不很愉快的后果，这后果便是父亲与家里的其他人需要有短暂的分离。这是因为，这两个父亲工作的地方都离游泳馆附近的家很远，无法每天往返，所以，在工作日，他们就离开家，住在离上班地点近的、租来的

---

[1] 译者注：16岁是美国法定的可以开始驾车的年龄。
[2] 译者注：这是一笔相当可观的费用，因为在美国，20世纪六七十年代，9000美元几乎是普通人家一年的收入。

一个房间里。他们两人都是到周末才回去与家人团聚。

由此可以看出，在发展的后期阶段，大多数父母做的是幕后的工作。他们在孩子的事业里投入了越来越多的时间、金钱和精力，让事情能够顺利进行。在表面上，他们就像观众一样，去参加每一次比赛，为孩子们加油。但是实际上，如果没有他们，很多努力就无法进行。尽管这些年轻选手进步的速度是难以置信的快，教练们的专业水平是难以置信的高，但是，如果父母们不愿意付出任何需要付出的东西，那么，孩子们参加奥运会的梦想是永远不会实现的。

奥运会

游泳选手与父母的最终目标就是入选奥运代表队，得奥运金牌。正如一位母亲（S-13 的母亲）所说："能够入选奥运代表队比所有其他事情都重要。那才是终极目标。她根本不去梦想其他事情。"我们的估计是，从游泳选手在高年级全国联赛中得到第一名，到他们去奥运会参加比赛，当中一般有两年的时间。这样，我们样本里的游泳选手，平均来说，从开始全年游泳和比赛，到达到他们职业的顶点，需要 10 年的时间。具体的经历，是 6~14 年的游泳和比赛。

在我们的研究对象当中，除了 6 名选手之外，其他人都只参加了一届奥运会，而这同时也是他们的游泳比赛生涯的终结。尽管我们的游泳选手有很多在奥运会比赛之后还继续游泳，但是没有几个人像以前那样刻苦训练了，也没有几个保持了好成绩。那些继续游泳的人分为三类：因为体育奖学金的原因必须要继续游泳的，为了好玩而继续游泳的，或者为了要向自己证明什么而继续游泳的。当然，任何一位游泳选手都可以因为所有上述原因而继续游泳，但是对于大多数人来说，3 个原因当中会有一个是主要的原因。因为最后一个原因而游泳的一组人尤其有意思。这组人也绝对不是 3 组里人数最少的一组。从那些需要向自己证明什么的人那里，我们听到的是如下的说法：

"我觉得我从来就没有达到自己的顶点！差得远了！我觉得我没有达到自己的目标，我想要一枚个人金牌，可是我在个人项目里没有发挥好。我对我取得的成绩当然很高兴，可是我不想再去奥运会了，因为我已经拿到一枚接力金牌了。如果我再去，发挥不好，没有拿到个人金牌，那我会非常恼怒，我想让事情终结在一个亮点上。

"但是我想，这同时也就是我为什么在奥运会之后还继续游了 3 年吧，想看看我到底能做到什么程度。我不想离开，其他人都还在继续游泳。"（S-13）

我们也许可以把 S-13 及和她想法差不多的运动员称为"恋恋不舍者"。恋恋不舍的本质，是一种不确定的心态，在上面的描述里被很精彩地表达了出来。他们在成长的时候一直相信自己很特殊，我们的游泳选手中的多数，在没有赢得自己个人项目金牌的时候，都不知道怎么接受这个事实。他们的问题在于，奥运会 4 年才有一届。要想再来一次，时间太长了。他们已经很累了。这样，有一个问题就一直留在了他们那里，却无法发现答案了，那就是：他们真的是像自己所想象的那样出色吗？他们真的是像别人告诉他们的那样出色吗？

当然，由于各种各样的原因，这个体育项目的本质就是它是一定会终止的——一名成功的选手在奥运会之后就没有其他比赛可参加了。所以，即使是那些在奥运会上取得了好成绩的运动员，在他们的运动生涯终止之后，也经历了很多的动荡。关于他们自己的价值，有很多问题，有很多怀疑。

"在那一个时刻，它让你觉得非常快乐。它让你觉得你是地球上最了不起的人。有这么多的人仰慕你，几百万人、几千万人都知道你、知道你是谁，但这就像身处朋友之中却感到孤独一样。那是很困难的事。相信我，很困难。

"我在奥运会得到的几块金牌挂在我家墙上,它们不会和我说话,不会在任何事情上帮助我,它们是历史遗迹。"(S-7)

对于我们的大多数游泳选手来说,奥运会之后的一到两年是他们重新定位自己的时候。那个时间,是他们和学校、和不游泳的朋友重新建立联系的时候,他们得发现新的目标,新的挑战。在我们看来,他们从游泳中学到的是一些非常重要的事情:如何给自己设立现实的目标,如何坚持不懈地刻苦努力,如何掌握工作的节奏,如何为自己收获的成功与失败负责。也许,最重要的是他们了解到,如果自己愿意付出努力,那么,自己能力的极限在哪里,这不仅仅指身体上的能力,而更多地指的是一个人的综合能力。当我们与他们交谈的时候,大多数似乎都能够心平气和地对待自己。有几个已经步入正轨,有了看上去会非常成功的另外一个职业。

后期阶段总结

在游泳能力发展的后期阶段,一名选手获得的、对于自己的了解,与其他领域里的人对自己的了解是非常不同的,这是因为游泳能力发展的后期阶段很快就变成了他们游泳生涯的最后阶段。当一名游泳运动员意味着什么,了解这个,也包括要了解一个人当游泳运动员的时间,或者说,当全国领先的游泳运动员的时间,不会很长。意识到他们出成绩的时机"要么是现在,要么永远也不会再有",这件事本身就会带来焦虑,而这种焦虑,却也使得游泳运动员、他们的家庭和教练能够更容易去接受这个项目对他们的越来越高的要求。

在发展的后期阶段,游泳要求人们做出极大的付出,这是毫无疑问的。风险和回报都越来越大,训练的难度越来越大、时间越来越长,竞争越来越激烈。在发展后期，运动员的任务是发现自己的极限在哪里，在自己的极限处推动自己继续向前，直到身体或精神再也承受不了，否则，机会就不会再有了。是什么让我们所研究的游泳选手们如此特殊？除了支持他们的家庭、水平高超的教练和他们的天赋极高的队友之外，还有一点，那就是他们本人为了出类拔萃，不惜付出任何代价。

　　未来的天赋发展方面的研究，应该更仔细地去研究出色人物及其家庭都付出了什么样的代价，并去发现是什么原因让他们愿意承受这样的付出。

第五章

奥运游泳运动员个案

安东尼·G.卡林诺夫斯基

第五章 奥运游泳运动员个案

现在，我们在这里要向读者介绍一位游泳运动员的故事，这是为了给我们前面关于如何发展游泳潜能的讨论注入生命。尽管我们从 21 位游泳运动员和他们父母那里都收集来了类似的资料，但我们选出彼得·史密斯[①]的经历，特别向读者介绍。我们在这里只介绍一个人的经历，因为我们认为彼得在这些奥运游泳运动员里是有代表性的。从我们可以看到的情况来看，他是一名很典型的游泳运动员。

我们介绍彼得·史密斯的经历是希望通过了解他，通过观察他和家庭在他的游泳生涯当中所做的调整，使读者可以更清楚地理解，为了发展极高的天赋，所有有关的人都需要做出什么样的努力和付出。也许，更重要的是，我们想让读者感受到，这些努力和付出是在什么样的环

---

① 这位游泳运动员的真实姓名在这里被隐去了。

境里发生的，也想让读者看到，没有任何一个人可以说，游泳运动员的巨大成功都是由某一个人一手造就的。

我们之所以说彼得是一名典型的游泳运动员是因为几件事情。

第一，他参与到游泳运动中来，又全身心地投入进去，这是一个逐渐演化、深思熟虑的过程。但是，这种深思熟虑，并不表明他们事先计划好了这一切。彼得的父母都没有在他还是小婴儿的时候，从他身上看到一个长大后会是奥运游泳运动员的潜力。尽管他们确实希望儿子将来很成功，我们对彼得和他父母的访谈却让我们相信，这个成功，在最初的时候，本来是可以来自多个不同的渠道的。

第二，尽管彼得天生就有很强的体育能力，他却需要经过好几年的时间（我们估计是6年），才被别人认为是有天赋的。在我们的游泳运动员的资料库里，这是一个最常见的特点。虽然也有例外，但是，他们当中的大多数是在已经为了游泳而付出了相当多的时间和精力之后，才被别人说成是"天生的游泳好手"或者是"有游泳天分"的。

最后，彼得的游泳生涯，按照他与他父母的关系及他与教练的关系，似乎可以被分成3个或者4个有明显区别的阶段。这些阶段，与他对自己的期望的变化，也是对应的。

背景

在我们访问他的时候，彼得已经30多岁了。几年前，他从大学毕业，从那时到现在，他已经成了一个很成功的商人。他有很好的表达能力，在谈到自己时看上去很坦率。在回忆过去的事情的时候，甚至是20多年前发生的事情的时候，他回忆起细节来毫不困难。我们对他母亲的访谈证实了他本人谈到的很多经历。

在彼得和他母亲的观点有非常大的出入的时候，我们会在文章里加上说明。与我们对所有父母的访谈一样，对史密斯太太的访谈，与对彼得的访谈，是由两个不同的研究人员完成的。在与彼得的访谈中出现的话题，经常成为我们对他母亲提问的基础，尽管如此，他具体说了什么，我们从来没有告诉过他的母亲。我们也没有把他母亲的回答在之后与彼得的交谈之中又告诉他。

家庭背景

乔治·史密斯和玛丽·史密斯有两个儿子，彼得是老二，两个孩子相差3岁。他的父母都在美国中西部的小镇上出生和成长。两人都曾在离家不远的州立大学上学，在大萧条的最后几年里接受到了大学教育。史密斯先生是靠一份体育奖学金交了大学的学费，史密斯太太则是靠打工读完了大学。大学毕业之后，史密斯先生在一个银行里找到一份工作，并且开始读夜校，想拿一个更高的学位。尽管几年之后他拿到了这个学位，但在那个时候，他已经确定，换一个专业对口的工作代价太高，所以，他一直留在了最初工作的地方。

史密斯先生是在一次公务出差的时候结识了史密斯太太。在那个时候，玛丽在小学里教书，暑假的时候就在夏令营里做辅导员。他们结婚之后不久，第二次世界大战就爆发了，乔治·史密斯就离开美国去参战了。彼得是在爸爸回来之后出生的。

彼得、他的哥哥汤姆，以及父母之间的关系，主要有两个主题。第一个是关于成功的重要性，关于勤奋才是通向成功的道路。第二个是史密斯先生和太太希望儿子们成长为诚实和正直的人。史密斯太太偶尔会提到，在小时候，孩子们有时会觉得这两个价值观彼此会是有冲突的，但在他们到了青春期之后，这个问题

成才之路　　发展青少年的天赋

就没有再被提到了。

乔治·史密斯和玛丽·史密斯希望孩子能够有尽可能多的机会在他们自己选择的领域里成为成功的人。儿子们参加的活动，如果他们认为是正当的，他们就都努力给予了支持，在孩子失败的时候他们则是有耐心和包容的。当他们觉得孩子们在重要的事情上快要落后的时候，或者当孩子们没有履行自己的职责的时候，他们也从来不怕给孩子下命令，或者逼孩子做什么事。但是，玛丽的说法是，他们会努力地先等待，看每个孩子自己是否能够找到正确的方向。

从彼得的角度来看，父母二人都很严格，讲规矩，但对孩子非常关心。

"他们并不压制我们——很多父母在给孩子支持的时候实际上是在压制孩子。别人叫这些父母是小联盟父母、游泳父母……随便你叫他们什么吧。我父母对我们非常鼓励，但他们又很聪明，没有过分地去鼓励我们或者压制我们的意见，因为有好多孩子就会反抗，会不干了。"

玛丽和她儿子都记得，乔治·史密斯对儿子的体育活动特别上心。她回忆说，乔治认为，他自己成长的环境使得他没有能够把自己真正的体育才能发挥出来，在解释自己为什么对儿子的体育活动有这么大热情的时候，乔治经常会说："我想给孩子们我自己从来没有过的机会。"玛丽记得，因为对自己的丈夫很了解，她回应这些话的时候往往是一笑，说："你呀，不管他想不想要这样的机会，你都会给他的。"

与此同时，彼得记得，他父亲认为，只在体育上成功是不够的。

"我爸爸觉得，虽然体育好是很重要的，但是在学校学习好也很重要。我觉得，他见过太多的出色的运动员，他们除了体育之外其他事情并不擅长——那些到了体育生涯结束之后就什么也不会做的人。他是真心地要鼓励我们在学校里取得好成绩，因为，在我们的人生里，如果想要生活得好，那离不开学校的学习。

| 第五章　奥运游泳运动员个案 |

他经常说，'你的后半生不能靠你的体育成绩生活。你往上爬的时候碰见的人，到了你下来的时候，你还会碰见他们。'"

　　这样，学业和体育似乎是彼得和哥哥最有可能取得成功的两个方面。这两个方面也是他们的父母了解最多的。父母二人都有很强的体育基础，也对体育一直有兴趣。史密斯先生在高中和大学里都是非常出色的橄榄球运动员，在孩子们长大的时期也经常打高尔夫球。史密斯太太年轻时也是个非常出色的游泳运动员、篮球和网球运动员，在有了儿子之后也一直打网球，偶尔还教教游泳（为了挣点额外的收入）。尽管他们也试过让儿子们尝试一些其他活动，比如学踢踏舞，上音乐课，但是儿子们在这些活动里从来就没有找到任何能够保持他们兴趣的东西。回想起来，玛丽很坦率地说，她和她丈夫对于体育及学业的强调和投入，可能把儿子们在其他领域，例如音乐和艺术方面可能得到的机会都扔到一边去了。

　　"我的大儿子成了一名很像样的艺术家。真是惭愧——我们在那儿一心一意搞体育，可是他的真正爱好却是艺术！后来他自己开始学艺术，而且他真的很棒，他才不想看任何体育比赛呢。我敢肯定，他去打橄榄球、参加类似的体育活动，只是为了让他爸爸高兴。现在，看到他在艺术上的兴趣，我觉得我们俩当时都没有意识到这一点，因为我们俩都没有艺术细胞。"

　　但是也有更积极的一面。

　　"彼得的爸爸体育非常好，天生就非常有才能。我训练很刻苦，反应灵敏，也有决心。可是他是天生的体育健将。在高中和大学时，他都是相当出色的橄榄球运动员。彼得的天赋是从他爸爸那儿来的，从我这里，他得到了对体育的热爱，一种坚定的意志和灵敏的反应。我们俩都喜欢体育，儿子们在成长的过程里也喜欢体育，因为我们喜欢。"

成才之路　　发展青少年的天赋

但是，虽然彼得的妈妈是带他去上第一次游泳课的那个人，她也把自己看成是在他游泳生涯里最积极地指导他从一步走到下一步的那个人，他的父亲却给他灌输了做一个出色运动员的重要性。在彼得的观点里，父亲是指明了方向的那个人，母亲则是让事情得以进行的人。

"我得说，我妈妈对我爸爸所做的一切都很支持。我爸爸鼓励我们练体育，鼓励我们在学校好好学习，我妈妈从始至终都非常支持。"

到了彼得6岁的时候，乔治会经常带两个孩子去本地高中的橄榄球比赛。7岁时，他和他哥哥会一连几个小时地做跑动中传接球练习，他父亲则是当四分卫。到了冬天，他们就打篮球，到了春天则是棒球。乔治会腾出时间来，给孩子们投球，这样他们可以改进他们的击球技术。

在他们参加过的体育运动里，两个男孩成绩都很好。他们在学校里成绩也都很好，但是玛丽注意到，彼得更加突出，因为他有好的学习习惯，也有要把事情做好的决心。

"他是个非常有自我意识的孩子，一个有条理的孩子，真的是个好带的孩子。他一直都好竞争。我们第一次意识到这一点的时候，是因为他想要当班里最好的学生。除非他能够在班里成绩最好，否则他就不开心。"

即便是在小学低年级，彼得对于学校功课也很认真，追求好成绩。而且，尽管他从来也没有跟别人提过这件事，但是如果有人比他成绩好，他就会感觉很不舒服。这种自我意识和决心，在彼得成长的过程中，让他得以保持好的成绩，当越来越多的事情占据他的时间的时候，这种决心就更加重要。但是这与他哥哥的行为形成了很大的反差。汤姆做事不利索，也没有条理。如果他有什么决心的话，那就是，要想方设法推迟做作业。

总结：成功的基础

在彼得的家庭背景里，有几个方面值得特别注意，因为它们在出色游泳才能的发展过程里似乎是很重要的，甚至是必不可少的要素。

第一，我们得到的印象是，在孩子出生之后，乔治·史密斯和玛丽·史密斯两个人都认为，他们先是父母，之后才是夫妻。孩子是第一位的，不管对父母来说是否方便、是否承担得起，孩子们都要得到父母所能提供的所有好条件、好机会。

第二，父母双方都希望孩子能够有更高的社会地位。彼得的看法是，他父亲更加关注的是孩子们最终是否能够得到一份有较高地位、能够受人尊重的工作，而这份工作能不能让孩子们挣到很多钱倒不那么重要。毫无疑问，一个既能有钱又能有地位的工作是更好的，但是地位更重要。在11岁的时候，彼得就记得父亲说，将来能够进常春藤大学，然后再进医学院，对他来说应该是多么重要的事情。彼得说，他哥哥也一样受到这种灌输，要上常春藤大学，要当一名律师。

第三，父母都认为，除了体育和学校的学业之外，自己没有足够的能力去引导孩子参加其他活动，所以，如果去引导孩子做其他的活动，他们就会感到不太自信。父母都知道，体育活动和学校学习需要什么样的行为习惯和自我约束力，他们也会特意让孩子们去熟悉这些习惯和约束。在史密斯夫妇对待孩子的方法上，没有明说的是这样一个信念，即体育能够提供生活乐趣，建立好的习惯，培养一个稳定的好性格。父母二人也都不辞辛苦地盯着孩子的作业，如果作业很难，那么父母中至少总会有一人抽时间去帮孩子。如前面所说的，父母也同样紧紧盯着孩子们的体育活动。

成才之路　　发展青少年的天赋

最初接触游泳

按照史密斯太太的说法，彼得第一次接触到游泳，是6岁的时候，在暑假里，她教了他一些基本的东西。尽管她没有直说，但是所有迹象都表明，她努力要让玩耍和教学同时进行，教他浮在水上、游泳，以及水中的安全。孩子们最初的正式游泳课开始于同一年的冬天，她带他们去了一个有游泳课的社区中心。

而彼得或许是不记得了，或许是忘了提，他没有说到他妈妈最先教过他。他记得的是，他和他哥哥是在一个俱乐部学的游泳，他妈妈在那儿打桥牌。他倒记得，他妈妈在他们上课的时候是一直在那里的。很凑巧的是，那个俱乐部的游泳课很好。事实上，这个俱乐部的教练曾经带出过好几名奥运游泳运动员，很有名气。但是，彼得强调说，当他们在那里开始学游泳的时候，他的父母都不知道这个教练的名气。这个课程比起其他的来，对他们最为方便，仅此而已。

尽管彼得对他最初的正式游泳课记忆不多了，他倒记得，这里教了他怎么很好地游泳，却没有把4种泳姿都教给他。他还记得，他有一个很好的教练，这个教练被大点的孩子称为魔鬼教练，但是对他这样刚来俱乐部的小孩，教练却很耐心，要求也不高。他还提到，当他长大了一点、有了一些成功之后，别人会说他有一些超人的身体素质，但是这些身体素质，在当时，可是一点都看不出来。"我不是一个好学生。要说学习能力，我就是个普通的小孩。一直到13岁，我的泳姿都很吓人，我并没显露出什么潜力。"

在9岁之前，彼得一直没有开始经常性地游泳。9岁的时候，他们家搬了家，去了东海岸。纯粹偶然地，他们的新家离一个大湖很近，那是当地人喜欢去游泳的地方。在暑假里，那个湖就成了彼得和他哥哥每天去玩的地方。那时候游泳仅仅是为了好玩，而且那也不是孩子们玩的唯一体育项目。他们两个都打棒球、篮球和橄榄球，而且都打得不错。在母亲的指导下，他们两个还都开始打网球和高尔夫球。

在他们搬家到东海岸之后不久，发生了一件事，那是在他们去妈妈的祖父母家做客的时候，这件事情对于彼得开始参加游泳比赛是个关键。在他们做客的时候，他们的舅舅，一个游泳教练，请彼得和汤姆去观摩一个游泳训练。玛丽·史密斯的说法是，"彼得会观察其他小孩在做什么，然后他会照样做。可是汤姆就想玩。这样，我兄弟就跟我说，彼得的打腿是他所见过的所有男孩里最好的。他问我，能不能带彼得跟他的游泳队一起去参加一个小小的比赛。我说，'当然啦。'那时候彼得的仰泳更好，可是他给彼得报了自由泳。结果彼得在预赛里得了他们那组的第三名。"

彼得的表哥肯尼也参加了那次比赛，在跳水项目里得了全能第二名，得了一块奖牌。玛丽记得，"彼得没有得到奖牌，但是我们老是拿出肯尼来炫耀，最后，彼得说：'我听那块奖牌已经听够了。'我带他回了家，从那时候起他就特别想得一块奖牌，只是因为他表哥得了一块。"

彼得同意这样的说法，因为他游得很好，但是没有好到能得奖牌的程度，所以他就很急切地想再来一次。在他们的新家所在的城市里，当他的第一个夏天快要结束的时候，机会来了。他妈妈问他和汤姆要不要参加在那个湖上举办的业余游泳比赛——住在湖一边的小孩们跟住在湖另外一边的小孩举行对抗赛。汤姆没有兴趣，但是彼得说他却是"心急火燎地要去比赛"。他妈妈说，他在参加了的所有项目里都得了第一名。其他参加了这个比赛的游泳运动员的父母们注意到了他的成功，在那之后不久，一个当地俱乐部的教练就联系了史密斯太太，问彼得是否愿意去他在执教的业余体育联盟游泳队训练，彼得愿意。

这样，在9.5岁的时候，彼得开始了作为一名游泳运动员的训练——"每周

3次正式训练，每次大约45分钟"。回头再看，那种训练很不严格，也"一点都不科学"，但它的确强调了泳姿训练，可能是日后打下的良好基础的开端。它的重要性，在于它让彼得接触到了这样一位教练，"非常爱孩子，也教会了他们怎样爱游泳。跟他游泳的每一个孩子都喜欢上了这项运动。所以我是非常幸运的。"他和他母亲说，不到6个月，他在队里就成绩很好了。

游泳1年之后，彼得的第一个业余体育联盟游泳队散伙了，他就不得不另找一个俱乐部。他加入的下一个俱乐部，用他母亲的话说，是"更好的游泳运动员所在的地方"。它离家有12英里远。训练时间也从每周3次蹦到了每周5次，每次45分钟。按照彼得的说法，这第二任教练虽然也用一些时间来训练泳姿和掌握节奏的技术，但是这个时候的重点是要刻苦训练。他母亲的回忆有些不同，她说，新的教练是一位自由泳专家，他强调了要刻苦训练，但是也指出了在水里的技术和效率的重要性。玛丽的说法是，这位业余体育联盟教练也特别注意了彼得的自由泳的手臂动作。

玛丽还提到，这第二任教练曾经训练过一些奥运游泳运动员，所以，对游泳运动员和那些对孩子的活动很投入的父母都很有吸引力。她说，"他是一个非常优秀的人。他教会了那些小孩要守纪律。如果他们去游泳的时候迟到，就不允许游泳；如果他教学的时候他们不注意听，他就把他们从水里拎出来，那天就不允许游泳了。他们就这样学会了倾听。他是彼得的教练当中最严格的一个，但他是一个很招人喜欢的人，是个非常公平的人。"

纪律和艰苦的训练换来了收获。彼得10岁的时候，在本年龄组的比赛里成绩很好。"我也不知道为什么，跟同年龄的人比起来，我个头很小，我体格也不是很壮，我的划水动作也不是很协调。到了11岁的时候我简直是差劲，到了12岁的时候我就是很平庸。"

尽管彼得在游泳运动里成绩忽上忽下，史密斯一家在这项运动里的投入倒是越来越多了。俱乐部离家12英里，彼得从11~15.5岁离开家为止，每天训练两次，这就意味着史密斯太太每天得来回两次，开车48英里。这12英里的单程，如果史密斯太太在彼得训练的时候往回跑，就过于折腾，于是，彼得训练的时候史密斯太太就留在那里。因为训练是不对父母开放的，所以史密斯太太每天就有了四五个小时的读书时间。

她为什么要这样做？她怎么能够为了小儿子的游泳生涯而投入这么多的时间、精力和金钱？虽然，我们还没有讨论到这一点，但是不得不说这个职业的花费是相当庞大的。

"我们是逐渐被卷进这个活动里来的。我一开始不知道我卷进来的是什么样的事。在第一个俱乐部我们每周只去训练两次（彼得说是3次）。到了他10岁的时候他就挺不错的了，那个俱乐部的教练走了，而更好的游泳运动员都在第二个俱乐部里，所以我们就加入了，让他去那里游泳。他每天游泳大约45分钟，每周5天。那不算太麻烦。他的教练带过奥运游泳运动员，他开始跟小孩们说，如果有一天他们也能游那么好，他们也会有机会参加奥运代表队呢。这让彼得很有兴趣。

"后来，他开始参加每天两次的集体训练。我们每天都得早起，在上学之前去训练，然后放了学还得送他去，那个时候我们就开始真的投入进去了。真是很好笑，你投入到这些事情里的时候，都是在你还不知道你得付出多少的时候。"

彼得的游泳活动成了史密斯家重要的事情，比他们最初想象的要重大得多，但是尽管如此，我们与史密斯太太的谈话表明，父母二人都不仅仅是观众。玛丽·史密斯是父母二人里在家时间更多的，她对游泳运动也懂得更多，所以她能够密切关注儿子在游泳上的进展。她并不显得是在插手，但是，在彼得迈出每一步的时候，

成才之路　　发展青少年的天赋

她都能够给他以指导、支持和鼓励。玛丽几乎每天都接送彼得参加训练，所以她和他的所有教练都很熟悉，了解他们的方法，知道他们和儿子之间的关系如何。尽管她说，在跟教练们面对面讨论与训练有关的问题的时候，她总是让教练们拿主意。但是，她和我们的谈话却让我们相信，长期来看，当她认为教练们的做法不太对的时候，她同样知道怎么样绕过他们。比如，在彼得转到了第二个俱乐部不久之后，在看他训练的时候，史密斯太太注意到，年龄大一些的运动员里面最好的那些可以做翻滚转身，而彼得还没有学过这个。她没有去干涉教练，这些教练们好像对此也不在意，但是她却安排让一些年龄大的游泳运动员教会了彼得。

"彼得学会了在泳道尽头翻滚转身，比和他同龄的小孩早很多，因为我看见那些进步快的小孩都会这个，所以，在其他小男孩学会这个的很长时间以前，我就找了一个会这个动作的女孩教彼得翻滚转身。俱乐部的教练没有教所有小孩翻滚转身，彼得却从一开始就学了。"

史密斯太太没有让事情顺其自然发展，当事情与她对儿子的期望不相符合的时候，她会进行干涉，去弥补他训练中的不足之处。很显然地，教练没有注意到她的这种努力，所以也没有理由感到不高兴。但事情并不总是这样的。

我们怀疑，如果教练的理念和做法很明显地与史密斯太太这样的父母所希望的不一致，那么教练就会被炒掉，或者父母会把孩子送到另外一个俱乐部去。事实上，这正是彼得的一位教练被炒掉的原因。对于我们这项研究里的天才运动员的父母来说，做事不妥的一定是教练，而不是他们的孩子。

参加过一项体育运动(例如游泳)的人，或者孩子参加过体育运动的人都知道，学校里的学业和体育这两项活动所需要的时间要求，很快就会打乱家庭生活的常规。我们在下面引用大段的我们和彼得的谈话，来看看史密斯家是怎么去适应的。

"我们从来就不会一起坐下来吃晚饭。我从学校回到家，游泳训练是从晚上

6 点到 9 点，所以我下午 4 点就得吃晚饭。我下午从高中一回家，就得吃晚饭，这也就意味着我妈妈得给我先做一顿饭。然后，我得学习，要么是从 4 点到 5 点半，要么是其他有时间的时候，然后我就得出去训练……

"我觉得，下一个回家的可能是我爸爸，有时候他和我妈妈会一起吃饭，有时候他们也会等我哥哥回来一起吃。但是我妈妈经常是需要做三次晚饭，一次给我做，一次给我哥哥做，一次给我爸爸做。所以，你知道，我们从来就没有一起坐下来吃晚饭的时候。

"等我训练结束回家的时候，家里其他人都已经吃过晚饭了。我哥哥会在厨房里学习，我的作业可能已经做完了，或者，如果我还有作业需要做，我就到我房间里去做。"

母亲和儿子都同意说，在这些早期的日子里，让他能够把游泳坚持下去的主要动力来自参加一个体育队、到处旅行、结识其他人、偶尔取得一些胜利，这些都是有趣的事情。玛丽两次提到这些，"最初参加的那两个俱乐部主要是好玩，那些游泳运动员们都不是很出色。我们常和小孩们一起去比赛，到了彼得去奥运会比赛的时候，我们都还不如他 9 岁、10 岁、11 岁的时候激动。

"彼得和队里的其他人成了特别好的朋友，他对此非常开心。他可以出去旅行，在他小的时候，父母也得跟着一起去。我们都一起去，住在同一个旅馆里。小孩们会玩得很开心，父母也一样。"

在彼得 13 岁的时候，他的第二任业余体育联盟游泳队的教练被解雇了，新来的教练沿袭了前任教练对刻苦训练的重视，但是他也强调技术的重要性和在水里时效率的重要性。这第三任教练是名划水动作专家，他把游泳当作科学来对待。在俱乐部里，第一次有人强调要通过看技术电影和阅读技术书籍来成为更好的游泳运动员。在大多数教练开始提倡力量训练之前的好几年，这位教练就让手下的所有运动员开始力量训练了。他还严格控制游泳运动员的饮食。按照彼得的说法，是这个教练正式把他带上了路。

彼得从11岁后就一直参加那个地区的本年龄组的比赛。但是，一直到他13岁，开始跟随第四任教练训练以来，他才开始进入决赛。一进入决赛，他就开始赢了。两年之内，他从在自己年龄组里排不上名次，一跃成为最顶尖的人。从13岁开始，彼得赢了自己参赛的大部分比赛。因为这些成功，在13岁的时候，彼得决定（有没有其他人参与这个决定过程就不知道了）要参加高年级组的比赛。本年龄组的比赛就被放到不那么重要的位置上了。

彼得说，参加高年级组比赛的第一年比较困难，但是到了他14岁的时候，他竟然能够打败与他竞争的大学生游泳运动员了。事实上，在自己州里，他都能打败一切游泳运动员，在全国分区比赛里成绩也很好。就是在这个时候，他的父母，特别是他母亲，开始认真地思考：他们的儿子到底有没有实力入选奥运代表队。当他们确信彼得有足够天赋，有可能入选奥运代表队的时候，他们就反思，他们还能够做些什么来帮助他达到这个目标。他们的答案是：给他找一名更好的教练，一名带出过很多奥运级别游泳运动员的教练，一名确切地知道如何为了参加奥运会而发展天赋的教练，一名能够给彼得挑战、给他设立更高目标、让他参加更好比赛的教练。

早期和中期阶段总结

到现在为止，我们看到，彼得从游泳的初期阶段进入了中期阶段。早期阶段也许可以叫作初识游泳，这个阶段的重点是好玩。在中期阶段，游泳运动员除了提高心血管功能和耐力之外，重点还要认真学习泳姿和掌握节奏的技术。彼得自己说，到了他 12 岁的时候，游泳已经不再仅仅是好玩，而是一种挑战了，是他可以证明自己、追求进步的一种途径。在第十一章里，我们把初次尝试、以快乐为主到刻苦、认真学习的转变称作从浪漫到严谨的转变。这些是自然的、三阶段式的学习过程的前两个阶段。这个过程的第三个阶段是综合阶段，在这个阶段，一个人被动学着做的工作变成了这个人自身的一部分。我们相信，在彼得 14 岁的时候，他自己和他的父母都看得很清楚，他可以在游泳上走得很远，那个时候，各种条件已经成熟，可以从严谨的阶段向综合的阶段过渡了。

有一点似乎很清楚，在一个人面对一项工作，例如游泳的时候，内在和外在的动力，在他从一个阶段向下一个阶段过渡的时候，都会有所改变。我们相信，在最初的时候，成为一个运动队的一员，做事有点像一个成年人一样，就足够让彼得坚持下去了。加入一个运动队，要求彼得刻苦训练和有责任心，但是，它同时又为他提供了朋友、旅行、讲究的游泳服、热身运动，以及偶尔在取胜的时候从其他人那里得到的赞扬、奖牌或奖杯。

但是，事实上，就算是在初期阶段，仅仅加入一个运动队，在有些时候是不够的。尽管彼得有竞争心、有决心，也有能力，但是如果没有他父母的强有力的、事实上是占主导地位的支持，彼得自己是不可能坚持进行游泳运动的。彼得解释说："11 岁的时候，我不想游泳了，因为当时我的成绩很差。我会去参加游泳比赛，但是我进不了决赛。我父母会让我觉得很烦，因为他们会说，'喂，我们不在乎你赢不赢，但是你至少得努力吧，我们开车开了 200 英里，花了很多钱住汽车旅馆……'我当时并没有努力，我不喜欢游泳了，我的朋友都能赢我。"

在 10 岁有了挺不错的成功经历之后，彼得就很难接受自己 11 岁时遇到的失败。有一段时间，他反复想过要不要像他哥哥一样去打橄榄球——"对我们这里的小孩来说，游泳本来就是个娘娘腔的运动。"但是他的父母出面干涉了他。

"我爸爸在那个时候做了非常重要的一件事。他说，'如果你想放弃，可以。但是我不希望你放弃只是因为你总是输。如果在你输的时候你只想到放弃，那你一辈子都会是个失败者。所以，我会继续开车送你去训练，逼你去游泳。到你12岁的时候，你会在你的年龄组里是最大的，那时候你的成绩会开始进步。那时候，如果你想放弃，没问题。'"

彼得的母亲也说，有时候她也会提醒儿子，在落后的时候不放弃是很重要的一件事。她又说："不过，我们从来也不需要逼他去游泳。我永远也不会说，'你就是得游泳，你必须得游泳。'那一直就是他自己的决定。"

所有这些事情背后的意义，在于彼得的父母很积极地帮助他坚持做他选择的事情。他们把自己的价值观清楚而认真地表达出来了——改变心意是可以的，但是遇到失败就跑掉是不可以的。还有，他们似乎是在对彼得说，"如果你能够耐心坚持，刻苦努力，那么没有任何事情可以阻挡你"。

12岁的时候，彼得的成绩确实开始好起来了。到了他13岁，开始跟高中学生比赛的时候，他又遇到了一个小挫折。但是那个时候事情已经不一样了。越来越多的时候，他是在跟一个客观的标准在比赛。他已经不是为了好玩而在下午游泳的那个彼得·史密斯了，他现在是游泳运动员彼得·史密斯了。所有其他事情都要围绕着这点而进行，否则就得被放弃。

最后一步

14岁时，彼得必须要面对父母给他的一个建议：他应该离开家，去几百英里之外的地方投师于全国最出色的教练之一。最初，彼得拒绝了。他的理由是这样的："在我很小的时候，我并不太被人接受，在班里我是小矬子。等我大了之后，

| 第五章 奥运游泳运动员个案 |

我还是不被接受,因为我参加的体育项目是其他朋友都不参加的。别人觉得我没有男孩子气。可是,当我在这个项目上出成绩的时候,特别是在高中一年级的时候,我拿到了校队徽章①,两次取得全州第一名的佳绩,突然间,我在班里受人尊重了,在社交圈子里也被人接纳了。我挺喜欢这样,这是以前从来没有过的事。然后,我父母建议我离开家,好家伙,我当时可是坚决反抗了一通。我不想走,我的生活方式让我很开心,我在学校也很开心。"

所以,他就没有离开。但是,在那之后的一年半里,他母亲一直和这位远方的教练保持着联系,因为她认为彼得需要这位教练。他们二人继续摸索什么样的安排可以适应彼得的需要。她说,她丈夫也在为此努力。

到了彼得15.5岁的时候,父母说服了他,如果他想认真地为参选奥运代表队而努力,那他就得换教练。在那个时候,他在自己州里的成绩非常出色。最终,当他答应离开家的时候,他并非是心甘情愿的,因为那时候他还没有说服自己,要为了能有一个真正的机会进奥运代表队而付出这么大的代价。他离开家的时候,心里想的是,他准备只跟新教练训练两个月。"我的态度很坚决,我去那里只是试一下,如果我不能立即成功,那我就回来,我还是可以当一名不错的游泳运动员。"

跟着新教练训练,比以前艰苦多了。彼得每天需要游的距离增加了,每两组训练之间的休息时间缩短了。在新住处,他一个人也不认识,他说,这样反倒容易把精力都集中在学校学习和游泳上。在没有人可以说说话、学校作业也都做完了的时候,他就在地板上做仰卧起坐和俯卧撑。很快这就变成了常规——在训练之外,他每天早晚都要做仰卧起坐和俯卧撑。

---

① 译者注:校队徽章是学生在校参加课外活动(主要是体育活动)成绩突出而得到的一种奖励。

在离开家的3个月之内,彼得在高年级联赛里取得了出色的成绩,第一次进入了高年级全国决赛。当第一次参加全国决赛的时候,他就在所有参赛项目里都取得了名次,那个时候,任何想回家的念头都被彼得扔到一边去了。

在那之后的一年半里,彼得继续在新教练的指导下刻苦训练。在下一届奥运会来临之前,彼得自己要求把训练增加到了每天3次。这包括早上上学之前训练两个小时,午饭时间训练一个小时,晚上再训练两个半小时。在预选赛之前的那个暑假,彼得的生活就是:吃饭、喝水、睡觉、游泳。

以前,他母亲给了他很多引导,因为在家里她对游泳懂得最多。现在,他的教练就控制一切了。彼得从来没有怀疑过这位教练的能力。他把这位教练当成了第二个父亲。彼得通过电话和书信与父母保持了联系。父母特意去观看了他所有的大型和重要的比赛。但是,在一年之内他仍然只能偶尔见到父母,也只能在感恩节和圣诞节的时候才能回家。

"慢慢地,但是肯定地,我和家乡的朋友的关系越来越疏远了,但我觉得我和父母仍然很亲近。不过,我需要成长起来。在那个时候,在15岁的时候,我常常需要独自一人面对一切,因为我寄宿的那个家庭和我不亲近。你知道,我是走路,或者乘公交车,或者请人让我搭车,或者找其他我能够找到的办法去参加训练。我很烦这件事。我需要申请一个银行账户,把支票换成现金,我经常做诸如此类的事情,一个15岁的孩子一般用不着做的事情。实际上,我在15岁的时候就好像成了一名大学生,因为我只能靠自己。"

他毫无困难地入选了奥运代表队,在奥运会上也取得了好成绩。

第六章

学习成为世界级网球运动员

朱迪丝·A. 曼萨斯

第六章 学习成为世界级网球运动员

在过去的20年里，网球在这个国家成了一项很受欢迎的运动。在每年开始学打网球的成千上万的儿童当中，绝大多数主要是为了得到乐趣和锻炼身体。在那些更加重视网球、参加正规比赛的人当中，只有极少数人可以取得最高的成就。这一章将要讲述的是在这一运动领域里取得了最高成就的那些网球运动员，从小时候直到成年，他们的才能发展的过程。具体地说，我们将要描述父母、教练及其他重要人物做了什么，以及网球运动员们自己做了什么，使得他们能够跻身于世界最优秀的网球运动员之列。

网球之所以被选为本书的第二个体育项目，是因为网球和游泳之间有些很有趣的相似性。两者都是个人项目，都有很清楚的标准来鉴别优秀运动员。在选择体育项目的时候，我们把集体项目排除在外，因为我们感到，在这些项目里，要想分清个人努力与集体努力，是有困难的。

这样，集体项目中才能的发展就得留给以后的研究人员了。在所有的领域里，我们都把研究对象的年龄限制在 40 岁以下。设定这个年龄限制，目的是要增加他们的父母和教练也可以参加访谈的可能性。

选择网球运动员的条件

我们最终确定，用如下的条件来选择网球运动员：在美国出生和长大，在 1968—1979 年之间曾经在全世界排名前十。1968 年被选为下限，有两个原因：第一，在 1968 年及之后进入世界前十名的运动员都符合我们的年龄限制。也就是说，在开始采访所有符合条件的网球运动员的时候，他们的年龄都在 40 岁以下。第二，1968 年是网球公开赛开始的第一年。业余网球运动员和职业网球运动员可以同场竞技，以同样的标准被排名。在这些网球运动员之间还存在的唯一区别就是：业余网球运动员不能领取奖金。

全世界有 4 个组织给运动员进行排名，包括排出世界前十名。最有权威的排名之一也许是国际职业网球联合会的排名，国际职业网球联合会是男子网球运动员的职业联合会，只给男子网球运动员排名。还有女子网球联合会，这是女子网球运动员的组织，只给女子网球运动员排名。这两个排名系统都是电脑化的，都有客观指标，用每个网球运动员最近 52 周的战绩排名。但不幸的是，国际职业网球联合会是从 1971 年才开始开展排名的，而女子网球联合会是从 1975 年开始的。所以，我们还需要寻找其他开始得更早的排名组织。

有两种网球杂志，《网球》（*Tennis*）和《世界网球》(*World Tennis*)，会排出世界前十名男子网球运动员和前十名女子网球运动员。《网球》杂志从 1972 年开始给网球运动员排名，《世界网球》杂志则是从 1953 年就开始了。这两个杂志都是找一组网球专家，和他们编辑部的工作人员一起，研究每名运动员前一年的比赛成绩，最后得出一个共识。这两个杂志社里的知情人表示，他们使用的标准和国际职业网球联合会与女子网球联合会的标准大致是一样的，即比赛成绩、获得的奖金数目，以及是否战胜过排名非常靠前的网球运动员。

我们咨询了几位顾问，请他们帮助我们修改标准，以保证我们的样本只包括最顶尖的网球运动员。我们的顾问为网球圈子里的高级官员、是《网球》杂志编辑部的人员，再或者是国际职业网球联合会与女子网球联合会的代表。他们同意1968年是最合适的下限年份，也支持我们用这4种排名方式来作为选择网球运动员的标准。同时，他们也一致同意，这些排名能够反映出网球界的共识。

样本

在1968—1979年间，有26位美国网球运动员进入了世界前10名。在这26位当中，有3位我们没有联系上，有5位表示不想参加我们的研究，这主要是因为他们的比赛日程太过繁忙。我们最后确定的样本包括18位网球运动员[1]，其中10位男性，8位女性。最后确定的18名网球运动员的整体情况与最初26名相比，我们觉得差别不大。这两组的平均排名、在前10名榜上平均逗留了多长时间、网球运动员的背景等情况，基本上都差不多。唯一的区别是年龄，最后那18个人的样本年龄要稍微大一些（平均年龄31岁），最初样本的平均年龄是29岁。

我们样本里的运动员来自中产阶级或者上中产阶级家庭。半数运动员的父亲是商人，3名是职业网球运动员，3名是专业人士（医生、律师等），还有3个

---

[1] 后文提到的T-1~T-18指的是18位网球运动员案例。

成才之路　　发展青少年的天赋

是蓝领或者服务业人员。他们的母亲是家庭主妇，只有一位例外。但是，她们中的大多数在孩子出生之前是有工作的。①这些网球运动员的父母，与整个人群的平均水平相比，受过更好的教育。12位父亲大学毕业，这其中还有6位拥有一个或者更多的、更高等的学位。母亲当中也有12位上过大学，其中5位拿到了学位证。

除了两个家庭外，其他所有父母双方在网球运动员成长的那些年里都是与孩子生活在一起的。这些家庭包括网球运动员在内，平均有3个孩子。这样，至少从表面来看，网球运动员们是来自20世纪50年代或60年代早期的典型家庭，也就是说，父母双方都与孩子生活在一起，父亲出去工作，母亲留在家里"照顾家庭"。

在这一章里，我们来试图描述，在家里及在网球场上，这些孩子的成长过程中发生了什么，使得他们最终取得最高的成就。我们把网球天赋的发展分为3个阶段：早期，中期和后期。我们这样分，有一系列的原因：第一，便于我们分析资料，也更容易对我们的发现做出诠释。第二，与在其他领域里对于天赋发展的研究更加一致。而且，最重要的是，这种阶段划分似乎能够反映出家庭关系的变化、教练指导方式的变化、个人与家庭对天赋所在领域的投入的变化，以及网球运动员在运动中投入时间多少的变化。在天赋发展早期，网球主要是项有乐趣的活动。在发展中期，网球运动员们对网球的投入更加严肃，投入的时间更多，而参与其他活动的机会就减少了。在发展后期，网球运动员们对网球和职业网球巡回比赛的投入是全天候的，这就需要放弃从事其他职业的可能性，至少暂时需要如此。

---

① 有几位母亲偶尔也做一些半日工作，比如，在网球场帮忙（特别是网球运动员的太太们），或者卖化妆品。但是，她们一般认为做一名家庭主妇，照顾全家人才是她们的主要工作。那一位有工作的母亲做的是与网球有关的工作，而且主要是在家工作的。

早期阶段

家庭

在我们的样本里，有一个有趣而并不会令人惊讶的特点：在很多家庭里，父母一方或者双方都经常打网球。在大约80%的家庭里，至少父母之一（通常是父亲）可以被算作热情的网球爱好者。[①]这就是说，只要有空闲时间他就打网球，他对这个体育项目的态度很认真，他打球的时候也很争强好胜。[②]

"我爸爸就是有那么一股劲，要参加体育比赛，要取得好成绩。"（T-2）

"我丈夫曾经有很长时间是一个出色的网球运动员。我猜他大概是12岁左右开始的，他自己去参加了本地的一个男子网球俱乐部。从少年时期开始便参加了很多网球比赛，一辈子都在参加比赛。直到现在他还在参加比赛。"（T-7的母亲）

大约有一半的母亲也打网球，但是很典型的是，孩子们把她们称作是"俱乐部网球手"，因为他们觉得她们不像父亲们那样认真对待网球。比如，有一位母亲（T-8的母亲）开始打网球，是因为从很早的时候开始，她要是想在周末找到孩子的爸爸，她就得打网球。另外一名网球运动员（T-4）是这样描述他妈妈打网球的："她打的是社交网球，她就是为了好玩。她喜欢下到场里去，喜欢击球。她参加了好多女子双打。她体育并不怎么好，可是她挺好胜的。"

[①] 在其余的那4个家庭当中，有两个家庭把体育看得很重要，但是，在孩子开始打网球之前，父母都没有打网球。另外的那两个网球运动员是从公园的体育课程上开始打网球的，然后被本地的一名职业网球运动员注意到，开始把他们置于自己的门下。从亲密度上讲，这名职业网球运动员基本就是把他们当成了自己家人了。

[②] 2/3的网球运动员的父亲在大学期间或者大学毕业之后参加过网球比赛，有1/3的父亲在网球运动员成长的日子里仍然继续参加网球比赛。

成才之路　　发展青少年的天赋

不管这些家庭是打网球还是不打网球，有一个特点，从几乎所有的家庭里都可以看得到，那就是我们的网球运动员普遍认为，他们的家庭成员之间特别亲密。父母长时间和孩子们在一起，参与的很多活动都是以家庭为单位进行的。这种事情本身也许没有那么特别，但是，它为这些家庭很容易地把自己认为很重要的价值观，比如努力工作、取得好成绩，传递给孩子打下了基础。还有，它使得父母能够从这样的家庭关系出发，很自然地就过渡到另外一种行为——父母对于孩子在网球和其他活动上的发展能够进行认真的指导。

在很多网球运动员的家庭里，从网球运动员及兄弟姐妹很小的时候起，家庭娱乐时间的很大部分就是消磨在网球场和乡村俱乐部里的[1]。当然，除了网球之外，他们还参与另外一些活动。父母会花时间去打高尔夫球、打网球、和别人交际，孩子们会一起玩耍、游泳。但是无论如何，在一些家庭里，大部分的时间是用在了打网球上。

"我们是一个关系非常亲密的家庭，因为我们总是在一起。放学之后，我们一家所有人都去网球场。或许正因为如此，我们就会更亲近一些，比那些大家各自去干各自事的家庭要更亲近。"（T-2）

"我们家总是在一起做很多事情。我们加入了一个乡村俱乐部，然后我们经常一起去那里。我觉得，自从我们稍微大了一点之后，我们家就在那里消磨了很多时间。我的大部分时间都是在俱乐部打网球。其他小孩也是一样，打网球，或者泡在游泳池里。我们在做这些事情上花了很多时间，我们还一起出去度假。"（T-10）

---

[1] 有些家庭是网球俱乐部的成员，其他家庭则是乡村俱乐部的成员。不管是网球俱乐部还是乡村俱乐部，除了网球之外，他们还有其他活动和设施，比如游泳和跑道。在这一章里，我们把它们统称为俱乐部。

第六章 学习成为世界级网球运动员

"我们在网球场上消磨了这么多时间。从孩子们还在摇摇晃晃走路的时候，他们就每个人手里拿着个球拍——打网球是他们天生的兴趣。我们和孩子非常亲近，他们从来也没有自己离家去夏令营什么的，他们打网球也好，出去比赛也好，做其他他们想做的事情也好，我们都是参与的。这便是我们的一种生活方式。"（T-10 的母亲）

"我有时候把她送到网球训练场就走，然后再回去接她。有时候，在她参加网球比赛的时候，我就会整天陪着她，一般来说，在去其他地区比赛的时候，大多数时候都是这样的。我对其他孩子也是这样做的，我们永远在为孩子忙碌着。我们与孩子的关系很亲密。我得说，很可能我们跟孩子在一起的时间比一般父母要多。"（T-9 的母亲）

即使是那些不打网球、没有参加俱乐部的家庭，也是全家一起共度了很多时光。这些家庭找到了其他的可以全家一起做的活动，也一起出去度假。当孩子们大了一些之后，这些时光经常就是围绕着网球比赛进行的。以下就是一些例子，看看这些家庭是怎样一起共度时光的。

"如果我们有点钱，我们就会一起去看电影。我们从来就没有钱去下馆子，所以我们就会在星期五全家一起去汉堡小店吃汉堡，那可是一件大事。我们还有可能去爬山，或者去沙漠，就是到处去看看。"（T-9）

"我们以前经常去滑雪。"（T-5）

"我们全家一起什么事都做，划船、钓鱼……但是，总的来说，我小时候的生活是围绕着网球转的。"（T-13）

除了家庭内部成员特别亲密之外，这些家庭的第二个特点，是他们非常强烈地坚持两个传统的价值观：要努力工作，要做出成就。父母不仅用这样的价值观要求自己，也要求孩子。网球运动员和父母都一再强调这样一个事实：在他们的

成才之路　　发展青少年的天赋

家庭里，有一个被普遍接受的观念——"凡是值得做的事都值得做好"。虽然这个价值观念很平凡，但是，它看上去是很特殊的，一是它是以一种非常坚决的态度来坚持的，二是这些父母与孩子们共度很多时光，这样他们就可以保证这个价值观每天都在被坚持着。

网球运动员的父母是以言传身教的方式传达努力工作的价值和重要性的，而不是通过给孩子施加压力。有几名网球运动员认为他们的父亲是努力工作的人。这些父亲做任何事情都非常努力，对他们来说，还有一个重要的观念就是，如果开始做什么事情，那就要把它完成。他们在工作上非常努力，参加体育运动（一般是打网球）也非常努力，对待家庭也很负责任。我们在后面将会看到，当网球运动员们进入了发展的中期阶段，全力从事网球运动的时候，父母们用了大量的时间去鼓励他们，给他们在网球上的发展谋求机会。尽管要和网球运动员一起在训练场上一待就是好几个小时，很多父母也要开车接送他们去上网球课和参加比赛。母亲们也被描述成是努力工作的人，但是，"心要软一些"，她们的态度没有那么激烈，也没有父亲们那么强的竞争心。

"在我丈夫还是个小男孩的时候，他就在农场上做工。他一辈子都在工作。他觉得人就应该工作，他也喜欢工作。当我们住在××的时候，他给人上网球课，他非常认真地对待这些课，因为他喜欢。他会在生意人上班之前把他们抓住，在早上给他们上网球课。然后，他又会抓住那些晚上来的生意人给他们上课。有一段时间，他每天上22堂课。除了有点高血压，他的身体相当健康。他工作得太多了。"（T-4的母亲）

"对我来说，做事做到底的观念也非常重要。在我们家里，那就意味着——把你开始的事做完。我得把自己盘子里的食物都吃完。当我想学游泳的时候，我就得去上课。当我问爸爸，我能不能参加初中乐队的时候，他的第一个问题是，

214

| 第六章　学习成为世界级网球运动员 |

'你能不能坚持下来？'"（T-14）

多数父母希望自己的孩子在学校里学习好，体育好，钢琴弹得好，或者在其他任何他们投入的活动中都成绩好。在这一点上，网球运动员的父母们也没有什么不同。这些父母和其他父母之间的区别就是，做得不好，或者没有做到自己的最好，这是不能被接受的①。还有，这种价值观在这些家庭里是怎样体现出来的，似乎也影响了网球运动员们的发展。在半数以上的家庭里，"做得好"跟"赢""成为最好的那个"是等同的。在这些家庭里，光做得好是不够的，你得比参加同样活动的其他人都做得好。当然，在这些家庭里，很多父母都很积极地打网球，所以，网球就很自然地成了他们要去追求的项目。以下是一些人的叙述，它们代表的是很多网球运动员家庭里的价值观，要把事情做好，要做最出色的人。

"出色是有不同层次意义的。除非你做到了特别好，否则有什么可吹牛的？我的意思是，比如排名。为什么要在乎你是第六还是第七？如果你不是第一名，那其他的名次就无所谓了。当第六、第七名当然是可以的，但是，除非你是第一，否则就没什么意义。"（T-8）

"我觉得我们家一直就认为，如果你要做什么事，那就把它做好。把事情做好，这就是对你的期望，就这么回事。"（T-4）

"我觉得我爸爸从来没有直接对我说过'我要你不管做什么都做好'，但是，这种性质的影响肯定是有的。"（T-5）

"我爸爸一直就非常争强好胜。他要是下定决心做什么事情，他就会把它完成。如果我们认识的人不作为，那他跟我们家也来往不了多久，因为我们很容易就把他累坏了。大多数时候，我们是一个很有成就的家庭，生活重心一直就是这

---

① 这种价值观，对于那些不那么有天赋、不那么有动力，或者不那么有竞争心的兄弟姐妹们，有什么样的影响，这是一个有趣的话题。但是我们在这里不做讨论。

样的。我们家的生活方向就是这样的。"（T-10）

要注意的是，在有些情况下，失败是不会让家里人皱眉的。这些情况一般发生在某人与比他年龄大、比他有经验的网球运动员比赛的时候。如果一个孩子尽了自己的最大努力，比如，打球的时候尽力而为了，那么，虽然失败仍然不太容易被接受，但它会被看成一种让孩子更加努力的动力，下次能够取得更好的成绩。

尽管所有网球运动员都说，他们的父母要求他们在学校学习好、体育成绩好，但是，他们的父母多数把真正的压力放在了体育上。也就是说，父母把时间和金钱投入给孩子的时候，其目的是为他们提供机会来提高体育水平，特别是网球。当然，这些父母希望孩子在学校里学习好，以后能上大学。但是，父母几乎不在这方面投入时间和金钱。正如一位网球运动员（T-2）所说，学校"跟网球相比，是第二位的"。

"很多时候，在有比赛的时候，我们不得不编点故事出来，因为学校不同意学生缺课。可是网球似乎总是最重要的。"（T-17的母亲）

父母的很多时间都用在了接送孩子去训练、比赛，以及类似的事情上，所以，找不到什么时间去确保孩子做完学校的作业。在后面，我们会看到，在2/3的家庭里，网球影响了很多与学校有关的决定，包括对于大学的选择。

在大约1/3的家庭里，很明显有一种压力，即要求孩子在文化课和体育课上都取得好成绩。除了给孩子找一名好的网球教练，让孩子刻苦训练之外，父母也会确保孩子完成作业，让孩子取得好成绩，上好的学校。

"对我父母来说，在学校里成绩好很重要。我妈妈在我的学习上帮了不少忙。几乎每天晚上，她都会考考我正在学的功课。这些都是只需要记和背的东西，因为我妈的缘故，我那时候的学习成绩很好。"（T-3）

最初接触网球

孩子们最初开始打网球的年龄差异很大。有些在 3～7 岁之间开始打网球，平均年龄是6.5岁。除了3个例外之外，其他所有人都是在9岁之前开始打网球的。那3名晚开始的网球运动员体育成绩非常好，在开始打网球之前，他们就经常性地参加其他体育活动。

我们已经提到过，我们样本里的大多数网球运动员之所以开始打网球，是因为他们家里人打网球，而且经常在网球俱乐部和乡村俱乐部打发时间。这些孩子的时间经常是被几件事情瓜分的：打网球、游泳，和家人或者俱乐部里的其他小孩一起做其他的活动。但是，他们当中也有几个从一开始就把精力放在了网球上。对大多数人来说，他们加入网球活动只是很自然的事情，因为那是他们父母做的事情，而且几乎家里所有成员都打网球。

75%的网球运动员是用基本相同的方式开始打网球的，即开始在俱乐部里跟家人一起通过打网球来打发时间。在大多数情况下，他们先开始跟父母或者兄弟姐妹打球，有些人也有同龄的伙伴，他们与这些伙伴也经常一起打球。

"在我们家里，家人在一起的时间就是打网球的时间。从我们非常小的时候起，那就是我们家生活的一部分。"（T-8）

"我爸爸以前老打网球。我们实际上是一个俱乐部的成员，那个俱乐部离我们家大概10分钟左右路程。我大概4岁的时候，他们建了一个游泳池。大概从5月份开始吧，周末我爸爸就到那儿去，总在那儿玩。有时候我妈妈也会去，到处坐一坐，因为有很多人在那儿。所以，到了周末，我和弟弟们就到那儿去，他们在游泳池旁边晃悠，我就打网球。我爸爸也会打网球。"（T-7）

"我父母想让我找到一件感兴趣的事情。我妈妈喜欢打网球，我爸爸也打网球，所以我对打网球感兴趣就很自然吧。除了最初的几年之外，打网球就是一件我自己有动力去做的事情。我觉得他们做的事情很简单：他们给了我一个球拍，他们打完球之后就会跟我击球 5~10 分钟。我们基本就是这样。"（T-6）

有 25% 的网球运动员不是由父母引导开始打网球的，他们通常是因为朋友的影响开始接触网球，或者有人送了他们一个网球拍作为礼物，或者，捡到了一个被别人扔了的网球拍。他们通常会参加本地的公园系统举办的活动，打网球会是他们去参加的几个活动之一。也就是说，他们开始上的网球课通常是免费的，而且是和与他们同龄的孩子一起上。他们也和同样的这些孩子打垒球、游泳等。对这少数的几个网球运动员来说，机遇的作用对他们比对其他人更大，也就是说，他们恰好参加了由公园系统组织的体育活动，而在那个时候，那里恰好有网球课。这与其他网球运动员形成鲜明对比。其他那些网球运动员的父母是很活跃、很热情的网球手。但是，不管怎么说，这些"公园系统网球运动员"也主要是来自非常重视体育和身体素质的家庭的，他们也得到了父母的鼓励去参与体育运动。

在所有的例子里，网球运动员们刚开始打网球的时候，都认为打网球是一个很好的娱乐活动。尽管很多父亲都参加竞争性很强的网球运动，但没有一个家庭在最初的时候心里想的是要培养一名世界级网球运动员。而且，似乎也没有任何一名网球运动员在当时有过这样的梦想。我们样本里最年轻的网球运动员是 1967 年开始打网球的。事实上，在那个时候，世界级的网球运动和今天的是非常不一样的。那时候，通过网球运动挣不着什么钱，就像一名网球运动员（T-8）所说的，"要是靠打网球为生，那他就是个网球流浪汉"。只是我们样本里的网球运动员们在打了几年球之后，以打网球为职业，而不仅仅是在一个俱乐部里当高手，才成为可能。

开始打网球没多久，有几名网球运动员就一下子被网球迷住了，很快就把精力集中到网球上了。但是，大多数网球运动员除了网球之外也参加其他体育活动，至少在早期是这样的。男孩比起女孩来更有可能是同时参加几种体育活动。8名女孩中有3名，网球是她们唯一的体育活动。其他几名女孩有的（3人）打篮球，有的（1人）打垒球，有的（1人）游泳，有的（1人）打高尔夫球。10名男孩里，只打网球而不参加其他体育活动的只有1人，其他9人参加棒球队（5人）、打篮球（5人）、打橄榄球（3人）、参加田径运动（2人）、踢足球（1人）、滑冰（1人）。在他们的发展早期，棒球似乎是很常见的运动项目，小运动员们通常会参加小联盟。篮球项目则主要是他们上初中时参加的，有几个人到了高中也还在打篮球。比较常见的是，男孩们在秋天和冬天打橄榄球和篮球，夏天打网球和棒球。值得注意的是，在早期阶段，只有很少几名网球运动员在冬天也打网球。

最初的网球课

就如开始打网球对于我们样本里的大多数人来说是"很自然的"一样，他们一旦开始打网球，并且显露出一定的兴趣之后，上网球课也就成了顺理成章的事。网球运动员们初次上网球课的平均年龄是8岁。有一半是在打了一段时间的网球之后才开始上课的。剩下的那一半要么上课和开始打网球是同步开始的，要么上课就是他们初次接触网球的途径。

在那些加入了俱乐部的家庭里，父母是先提出来让孩子上课的人，这些父母大多相信，他们家所有的孩子都应该至少上几节网球课。网球是家里的活动内容。因为这些家庭在网球俱乐部或者乡村俱乐部消磨很多闲暇时间，所以，让孩子去跟同龄孩子一起上几次课是非常简单的事。

这些孩子当中有一些被别人注意到了并发现了他们对网球有兴趣，而且按照

成才之路　　发展青少年的天赋

他们的年龄来说，也打得很好。

"我觉得我是在5岁的时候上了第一次技术课。我觉得是我妈妈把我送到那个课上去的，因为她和我击球，她知道我能够打得很好。"（T-6）

另外一名网球运动员没上过网球课，但打得也很好，直到他11岁左右，他打球的成绩开始不稳定起来。

"那时候，看上去我是很挣扎的。我没有进步。我在那个地方一直是比所有同龄人打得都好的。然后，有几个男孩开始追上我了。我爸爸的朋友说，'5年前，这小家伙就让人看出来了他有潜力，能够成为一个好的网球运动员，找个人教教他怎么把球打好吧，这是你的责任。'"（T-7）

这些最初的课程一般是由父母给张罗的，因为他们会注意到孩子显露出来的一些兴趣和能力。但是，在这个阶段，父母很少花力气给孩子找一名特殊的教练。他们的第一任教练通常是自己的父母，或是俱乐部里的一名高手、公园里的网球教练。这第一任教练往往是名网球好手，但又不是特别的好，[①]从来没有当过职业网球运动员，在全国范围里也算不上高手。有时候，这些教练也无法教孩子好的击球动作。有一名网球运动员（T-3）的第一任教练是城里一名高手，他也教他的姐姐。另外一名网球运动员（T-10）的第一任教练也差不多。"他是我们乡村俱乐部里的高手。我那时候年龄挺小的。所以，我爸爸就想，'那就让你先跟这个人学学吧。'"

虽然这些教练并非出类拔萃，但他们很会和小孩相处。网球运动员们认为他们是特别好的人，有时候就像自己的父亲。[②]在教练给别人上课的时候，孩子们

[①] 也有几个例外。那些给孩子当教练的父亲们都是非常好的教练。在几个其他例子里，这些网球运动员碰巧住在某个地方，去某个俱乐部，碰巧那里有名非常出色的教练。

[②] 这些第一任教练清一色是男性。后来的教练们也几乎都是男性。所以，在这一章里，我们从头到尾用"他"来称呼这些教练。

| 第六章 学习成为世界级网球运动员 |

就经常在网球场旁边晃悠。他们也会去这些教练的家里，跟教练的家人也相处得很好。一名网球运动员（T-3）说："我和教练发展出了一种很亲密的关系，事实上，我们谈了很多事情，除了网球之外，还谈我在做的其他事情。"有一名公园网球课的教练"特别棒，因为他很有奉献精神"（T-9）。这名网球运动员和教练及教练太太的关系都很密切，他会到他们家去。但是，因为集体课上学生很多，当时的教学情况，从某种意义上来说很糟糕，比如，他们从来就没法打对抗。他们能做的就是把球扔到地上，等球弹起来再打过去。"（T-9）

第一任教练给孩子提供的是一种动力，让他们对网球产生兴趣，愿意花时间练网球。教练们做到这一点的一个方法是对我们的样本里的网球运动员给予特别的关注，而这通常又是因为他们觉察到这些网球运动员有学好的愿望，愿意刻苦努力，而不是因为这些网球运动员有什么身体上的特殊优势。这个特别的关注，反过来，又给了孩子更多的动力去刻苦训练。

在早期的这些年，网球运动员大多数时候是在重复练习。教练们会用各种方法去把这样的训练安排得更有趣，给孩子们创造动力去刻苦训练。网球运动员们在掌握了一个挥拍动作的时候，甚至在一开始把球打在界内的时候，都得到了很多赞扬和积极的反馈。孩子们如果能够击中网子另外一边架设起来的一个目标，就经常能够得到奖励，奖品有可乐、糖果，有时候还有钱。有一位网球运动员（T-6）提到她的第一任教练时说："以前总是有小奖品。比如我们有台发球机，它会把球发给我们。在场子的另一端有50个装网球的罐子。如果谁能用球直接打中其中一个罐子，谁就能得10美分。如果球弹起来之后打中了罐子，那就只得5美分。他总是说，如果我们能把球直接打进罐子里去，他就带我们出去吃晚饭。这几乎是不可能的，但是我们确实很努力地去试了。"

221

除了示范和重复练习之外，第一任教练们也强调比赛。即使是在最初级的时候，教练们也会留出些时间来让孩子们打一局或者打一盘，这样，网球运动员们就会在竞争的环境里感到泰然自若。一名网球运动员（T-3）描述了他在早期阶段上过的技术课："那里可能有多达12个人，甚至15个人。他会把我们分成两个队，我们就打比赛。他总是把我们放在竞争的环境里。他会教我们站在什么位置、什么时刻击球，他还会纠正我们，让我们用正确的方法击球。所以，你不仅仅是在完成一件事。他会让我们改进，用更好的方法击球。"

有6位网球运动员是从父亲那里开始学打网球的。这些父亲里有3位自己就是以打网球为职业的。

"我当时6岁，我爸爸在××地方给小孩们上集体课，那是初学者上的课，我就从那里开始了。"（T-2）

"我唯一的教练是我爸爸。我会走过去和他打球，或者在他一天忙完之后让他教我。"（T-4）

另外那3位网球运动员的父亲自己也是网球高手，他们觉得自己能够像本地的高手那样教孩子打网球。

"他说，'瞧，你知道我爱你。要么我花钱请一名高手来教你，要么我自己教你。我还是懂一些打网球的，你还是从我这里学吧。'"（T-13）

"我的启蒙教练是我父亲。他打球的技术不是很好，但是，他懂得很多，所以，他总是能够坐下来，看看我打得怎么样。"（T-10）

那些从父亲那里开始学习怎样打网球的网球运动员，与那些从另外一名教练那里学习打网球的网球运动员相比，主要区别在于，跟父亲上课几乎都是一对一的，而且上课的次数更频繁。"上课"与"训练"之间也几乎没有区别。实际上，这些孩子经常是和父亲一起练球，所以说他们的训练也就是上课。

开始接触比赛

在我们的样本里，大概 3/4 的网球运动员是在开始上网球课的 1～3 年之后开始参加本地的比赛的。其他网球运动员是在开始上课之前，或者在开始上课的同时就参加了他们的第一次比赛。这些比赛很多都是不同俱乐部之间的比赛，或者是自己城市举办的比赛。偶尔的，第一次比赛是地区级的或者是州级的。我们样本里的网球运动员们说，他们参加第一次比赛的年龄是 7～13 岁，平均年龄是 8.5 岁。

在大多数情况下，父母之一或者教练首先提出这件事，他们会说起某场比赛，然后问孩子是否想参加。有几个例子里，父母之一也参加了这场比赛。

"我第一次参加比赛的时候是 9 岁。我父母只是说，'有一场 12 岁及以下年龄组的比赛，你要不要去？'我说，'好啊。'"（T-7）

"第一次参加比赛时我 10 岁，我就那么去了，因为我姐姐和我爸爸都参加那场比赛。那是个州级的比赛，他们给我在 12 岁及以下年龄组报了名。"（T-3）

尽管大多数运动员的感觉是父母建议他们去参加了第一次比赛，但是，如果一个孩子是他那个年龄组里打球比较好的一个，那么，去参加比赛也是非常合乎逻辑的事情。也因此，他们很难确定到底是怎么报名参加的第一次比赛。

"如果你体育很好，那么，去参加比赛就很显然是应该做的事情。我的意思是，你拿球往板壁上打，跟别人一起练球，最多也只能是练到这个水平。因此，你需要出去，跟别人比赛，试试你的水平。可能是我父母找到了一场比赛，把我的报名表给寄去了。事情就是这么开始的，从特别特别低的一个档次开始，在之后的时间里，我慢慢地前进。"（T-6）

"我还能记起我特别小的时候参加过的好多比赛，可是我不记得第一次比赛。

我能肯定那是我爸爸的主意。估计是他说，'你去参加这场比赛好不好？'然后我说，'好啊。'不过我记得不是很清楚了。"（T-4）

尽管多数网球运动员不记得他们具体是怎么参加的第一次比赛，但是，他们记得自己的成绩如何。通常的情形是，他们在前几轮就输了。他们为这个失败很生气，但这并没有让他们失去信心，因为比较典型的情况是，他们的对手比他们大两三岁，或者是参加比赛已经有一段时间了，在那场比赛里排名很靠前。这样，他们能够为自己的失败找到原因，还能够从得了几分或者赢了对方一局当中得到些安慰。

"和我对阵的这个家伙比我的个头大得多了，而且他是那场比赛中的第一号种子。我输得这叫一个惨！前两局，我一分都没得。可是，最后一局我得了一分（笑），我内心狂喜。所以，我并不是一开始的时候就特别特别出色。我是一点一点地学习到那些我喜欢的打法的。"（T-3）

"第一次比赛，我两局都是 6∶1 的比分输给了一个家伙。第二年，我又参加了一个比赛，结果我一分都没得。（那你为什么又去参加比赛？）你跟一个比你大 3 岁的家伙比赛，输了也没什么大不了的。我喜欢比赛。我想看看我到底能做到什么样。我想去比赛。"（T-7）

刚开始的时候，多数运动员在比赛的前几轮就输掉了。但是，这被看成一种动力，让他们刻苦训练的动力，争取下次能够打得更好。

"开始打球后的几个星期之后，我就去了一个给新手举办的比赛。比赛只有 4 个人参加。一个朋友在决赛里赢了我，我得了零分。我的教练说，'这没关系。'我说，'怎么会没关系？'到了下一次我又参加比赛，打了三局我才输给她，而这跟上一次比赛只相距 3 个月的样子。所以，我也是进步了的。"（T-9）

在开始参加比赛的一年之内，多数网球运动员在本地和本地附近的比赛里取

| 第六章　学习成为世界级网球运动员 |

得了很好的成绩。然后，他们就开始去参加州里和地区的比赛，有几名特别出色的网球运动员还开始去参加全国比赛。在早期发展阶段结束的时候，也就是网球运动员们大约12岁的时候，他们中的大多数都能够在当地的和州里的比赛中取胜，或者至少能够进入半决赛或决赛。在早期阶段结束的时候，有几名已经参加了全国比赛而且成绩很好。他们通常被认为是当地自己那个年龄组里最好的网球运动员，在当地开始引起注意，并且引起了其他网球运动员和家庭的注意。

在这个阶段，网球运动员们去参加比赛还没有造成家庭财务上的巨大负担，这是因为这些家庭还不需要去离家很远的地方。但是，父母需要投入的时间已经变得很多了，要开车接送孩子去比赛、去上课。上课和出去参加比赛确实需要一些资金的投入，因为在这个时候父母还都比较年轻，他们还在自己事业的早期，家里还有其他的孩子。所以，有些时候，为了给孩子的网球训练提供条件，他们需要在财务上做出一些牺牲。[①]

对于这些父母来说，真正的投入是时间。有些父母投入了很多时间和孩子练球。对那些给孩子当教练的父亲来说，这一点尤其如此，但是，对另外几位父亲来说也是一样的。开车接送这些网球运动员及他们的兄弟姐妹去比赛、去上课、去练球，是要花费大量时间的。有几位网球运动员的母亲其实已经担当起家庭司机，因为她们花了这么多时间开车带他们去参加比赛和上课。

"我妈妈以前开车带我和姐姐去参加各种各样的比赛。比如，我们去过一次××地方参加比赛，就是她带我们去的。她是位有耐心的妈妈，我们比赛的时候她就等着我们。"（T-4）

"我妈妈支持我们的方式就是带着我们到处跑，到处去比赛。"（T-10）

[①] 在以前和现在都很常见的是，网球器材公司会给一个地区里顶尖的少年网球运动员免费提供球拍、球鞋及其他用品。所以，这些家庭中的大多数都不需要投入太多资金去买器材。

"在我小时候参加巡回比赛的时候,我妈妈一直陪着我一起去。所以,我送给了她一顶帽子,管她叫我的司机。"(T-13)

时间、动力和收获

在早期阶段,网球运动员们在网球上所投入的时间差异是非常大的。有些网球运动员在开始的时候每周只打几个小时的球,而其他有些人一开始就每周打球15~20小时,有的甚至还要多。在冬天,练球的时间差别就更大了。南方和西部的网球运动员可以一年四季都打球,但是在冬天,北方的网球运动员就不太容易找到室内的球场了,他们每周最多也就只打几个小时的球。就算是南方网球运动员,他们在冬天打球的时间也要少一些,因为上学的原因,也因为跟其他体育活动的冲突,特别是篮球。表6-1显示的是,我们样本里的运动员,在冬天和夏天打网球时间的差异[1]。

表 6-1 早期阶段每周打网球的小时数

每周打球小时数	网球运动员人数	
	夏天	冬天
0	0	2
1~10	3	11
10~15	6	1
15~20	3	4
20~25	1	0
25+	5	0

注:夏天平均每周 16.8 小时,冬天平均每周 7.6 小时。

---

[1] 表6-1所示的是在整个早期发展阶段练球的平均时间。

第六章 学习成为世界级网球运动员

大多数网球运动员在开始打网球的时候都没有想过要成为一名出色的球员。在早期阶段，他们开始逐渐地增加练球的时间，到了早期阶段结束的时候，大多数网球运动员在夏天每周至少投入 10～15 小时练球，在冬天则会练几个小时。

"可能在 6～8 岁的时候吧，我开始星期六和星期天打球。到了 9～11 岁的时候，我开始大概每周有三四天打球，也可能每周有 5 天打球。然后，到了我十一二岁的时候，我好像就每天都打球了。"（T-3）

与此形成对比的是另外一位网球运动员，他是一下子就对网球非常感兴趣，然后立刻就开始练球。

"每个星期能练多少个小时就练多少个小时。唯一的麻烦是，冬天太阳落得早。那时候我特别恨冬天，因为那意味着下午放学之后我少了两个小时练球的时间。"（T-9）

在当时，对于多数网球运动员来说，网球还没有成为需要全心全意投入的事情。他们打球主要是因为有兴趣，他们喜欢，而且因为打得好而得到关注。如果家里父母之一或者兄弟姐妹也打网球，那么，对于多数这样的网球运动员来说，打球就是家里大家都做的事。所以，他们至少要花一些时间上课和打球，因为这是非常合乎逻辑的事情。有一位网球运动员（T-2）之所以练球，是因为她知道那是父母所希望的，"从某个角度说，我最先想到的便是那会让爸爸很高兴。况且我也很喜欢打球。所以我就特别努力。"

"我一下子就被这个项目所吸引。我肯定这有很大一部分是因为我父母的缘故，他们对打网球非常投入。"（T-7）

其他人开始投入越来越多的时间打网球，则是因为他们开始越打越好，这会促进他们投入更多时间。对有些人来说，打得好是在本地俱乐部里来说的，也就是说，他们开始能够打败和他们同年龄的小孩，和比他们大几岁的小孩。其他的开始在比赛里取得好成绩，他们知道，如果更加努力，他们还能打得更好。有些人还说，在这个阶段，他们非常好胜，痛恨失败。有一位网球运动员（T-6）谈到，是什么动力让她在夏天的时候每天打几个小时的网球："如果你像我这样，3岁就开始打球，那你就根本不会去想它。那就是一件让你喜欢的事情，可能还会有一些好奇心在里面。到了后来，我觉得，我就是想看看我到底能打多好。我从一开始就非常好胜。"

另外一名网球运动员（T-10）从很小的时候就开始投入很多时间练球，因为，"在我小时候，我只是知道我痛恨失败，我受不了失败。那时候，我需要多么刻苦练球才能不失败，我就练得多刻苦。"

早期阶段总结

在发展的早期阶段，这些网球运动员和他们的家庭有几个共同点可以看得出来：

1. 在我们的样本里，网球运动员的家庭都积极参加体育活动。还有，3/4的家庭，从网球运动员们还很小的时候开始，网球就是家庭生活的一个重要部分。在这些家庭里，至少父母之一是积极打网球的，家庭时间的很大一部分也是在网球俱乐部或者乡村俱乐部度过的。一个很重要的结论是，取得了最高成就的网球运动员通常是来自非常重视网球的家庭，或者非常重视体育的家庭。

2. 大多数网球运动员的家庭都在一起共度很多时间。在所有这些家庭里都普遍存在一种价值观，即不管你试图做什么，都应该做好。在几个家庭里，做好跟赢球是等价的，但是，如果对手年龄更大、经验更多，那是可以有例外的。在这些情况下，失败被看成是一个机会，可以分析自身的弱点，争取进步。这些家庭不仅重视学习成绩，也重视网球成绩，但是，在多数家庭里，重点还是体育成绩，特别是网球成绩。

3. 孩子在他们家庭所在的俱乐部或者当地公园系统的体育课上开始了网球课程。有些网球运动员开始上课，是因为那里正好有他们这个年龄组的课。有些是打网球已经打得不错了，所以有人（通常是父母）决定，他们应该去上网球课。选择第一任教练，一般是因为他所在的地点（离学生家近），而不是因为他教网球的经验。这些第一任教练确实有一些重要的特点：他们很会与孩子相处，他们对我们的网球运动员给予特别的关注，还花了相当多的额外时间给他们训练。第一任教练常常没有一名优秀教练应该具有的重要的技术能力，例如击球技术和战术，但是，他们有与人相处的能力，在这个阶段，这种能力非常重要，他们能够让孩子对网球产生兴趣和热情。

4. 比赛在早期阶段起了重要作用，它们给了网球运动员一个机会，让他们能够面对更好的运动员去锻炼自己的能力。值得注意的是，大多数运动员在第一次参加比赛的时候，在前几轮里就输了。他们没有因为这次失败而气馁，因为他们经常与比他们年龄大、经验多的网球运动员打球。这些失败激励了他们去更加努力，这样，在以后的比赛里，他们会以越来越小的差距输球，一直到他们最后赢球。

5. 在早期阶段，运动员们开始增加他们练球的时间。大多数运动员开始的时候是每周打球和训练几个小时。逐渐地，时间增加了，到最后，他们在夏天每天都要打几个小时的球，在冬天也是每周会打几小时的球。时间上的差异跟运动员们住在美国的哪个区域有关，跟有没有可用的球场有关，在一定程度上，也跟运动员开始打球的年龄有关。在网球上花这么多时间，他们给出了几个原因：打球很有意思，打球让父母很高兴，他们擅长打球。另外，因为很好胜，痛恨失败，他们就得花很多时间去提高球技。在早期阶段结束的时候，网球运动员们在当地开始受到关注,在某种程度上,这又让他们更加刻苦训练,以能够达到别人对他们的期望。这给了他们一种"荣耀的感觉",或者感觉到自己有些特殊。

中期阶段

网球天赋发展的中期阶段大概是从十二三岁的时候到高中毕业。尽管从早期阶段到中期阶段的转变是逐渐进行的,还是有几个特征能够把这两个阶段区分开。如果用一句话能够概括中期阶段,那肯定就是:"发展出对于网球运动全心全意投入的态度。"我们样本里的大多数网球运动员之所以开始打球,是因为他们的家庭成员或者朋友打网球。但是,他们坚持下去,则是因为他们自己喜欢打网球,而且也打得好。

在早期阶段,多数网球运动员已经开始参加当地俱乐部的比赛,进而开始参加市级和州级的比赛。[1]有几名甚至已经参加过全国比赛。在早期阶段将要结束的时候,他们已经超过了同年龄的同伴,在州级和区域级的少年比赛中也取得了很好的成绩。就像一位母亲(T-12的母亲)所说:"我们是从参加市级比赛开始的,那很有意思。然后,我们好像去参加了一个区域级的比赛,再然后是州级的。我们就是这样一步一步前进的。"

在某个时刻,这些网球运动员们意识到,网球不再仅仅是个游戏了,它是个严肃的活动。有时候,有些网球运动员们的成绩会有些不稳定,不像以前那样好。借助父母和教练的帮助,他们会认识到,他们需要更加认真地投入。有些网球运

---

[1] 少年网球比赛是按照性别和年龄分组的,例如,18岁及以下男孩、16岁及以下男孩、14岁及以下男孩、12岁及以下男孩、18岁以下女孩,等等。重要的比赛是由美国网球协会监督或者批准的。网球比赛是有等级的,一名网球运动员必须在某一级比赛取得好成绩,才能够进入下一级的比赛。比赛的等级包括:俱乐部、市、州、区域/地区、全国。

动员会一直打得很好，但是，他们会意识到，要想打败比赛中那些年龄更大、经验更多的对手，他们需要更加完全地投入到网球中去。在我们的访谈中，网球运动员们的开场白会是："到了我真正投入的时候……"（T-5）或者"到了我开始认真对待网球的时候……"（T-12）。然后他们会谈到，他们把目标定得更高了，也增加了练球的时间。他们还补充说，他们在那个时候集中精力去做的唯一事情就是打网球了。变化常常是逐渐发生的。网球运动员们会意识到，他们在那个时候练球比以前刻苦多了，比以前次数也多了，就像一位网球运动员（T-2）所说："吃、喝、呼吸，都和网球联系在一起。"

看上去，有3个主要变化标志着从早期阶段到中期阶段的过渡。第一，网球运动员们在自己心目中的形象发生了变化。他们开始把自己看成网球运动员，而不仅仅是会打网球的人。教练、父母、同伴和网球圈子的人也逐渐开始把他们当成网球运动员来看待了。报纸上的文章报道了他们的胜利和失败。重要的人物开始注意到他们了。别人把他们看作"有天赋的"网球运动员，他们也开始用同样的眼光看待自己。但是，当他们开始在年龄更大的组里比赛的时候，开始参加区域性和全国性比赛的时候，竞争变得更激烈了。对他们来说，现在是认真努力去"发展他们的天赋"的时候了。

第二，网球运动员们也意识到，他们需要一种新的训练方式，有时候，也需要一位新教练。我们已经看到，在早期阶段，第一任教练很会让孩子建立对网球的兴趣和热情。在现在，网球运动员们觉得，他们需要一个人来训练他们的准确性、技术和战术。他们也需要发挥自己打球方式的长处，避免他们可能存在的短处。

因为他们重视培养打球的准确性和战术，这就带来了第三个变化：时间投入的极大增加。简而言之，在中期阶段，我们看到网球运动员们更加刻苦练球，同时还增加了练球的时间。他们通常有个新教练，或者是以前的教练采用了新的训练方法。更多的时间投入和对待网球更加全心全意，换来的是别人对他们更多的认可，在有些情况下，还有网球界里重要人物的青睐。

网球运动员的特质

有一件事，让我们样本里的运动员感到非常困难，那就是试图描述自己身体素质和能力有些什么特殊的地方可能帮助了他们在网球上的成功。在试图描述他们身体素质上的特殊之处的时候，他们的父母和教练也不比运动员们本人感到更容易。有一个可能的解释，就是网球运动员和其他一些运动项目的运动员不太一样，网球运动员可以有各种各样的体形，个头可高可矮，身体类型也可以很多样。有些网球运动员个子很高，有些很矮；有些很粗壮，有些很单薄。当然，不管体形如何，所有人的身体状况都非常好。事实上，有几名网球运动员说，他们之所以选择网球，而不选其他体育项目，原因就是，在他们参加过的其他一些体育项目上，他们的体格达不到成功所必须的要求。比如，一名6英尺2英寸高的运动员会觉得，他如果去打职业篮球就太矮了。不过，有几个运动员倒是帮助我们确认了他们认为自己具有的一些体格特点。

有大约1/4的网球运动员认为自己有一些特殊的体格特点，帮助他们在网球上取得了成功。[①]他们提到的能力包括飞快的反应速度（3人）、手眼协调能力（2人）、左撇子（1人）。

"打网球时，你总是在对环境快速做出反应。我喜欢这种做反应的要求，我

[①] 一半以上的网球运动员和他们的父母、教练都说，他们的体育能力很出众。但是，他们无法描述他们所说的体育能力到底是什么意思。当我们问到这里的时候，网球运动员们的典型说法是，他们知道自己有一些出众的天赋，因为，他们几乎在所有他们参加过的体育运动里成绩都很好，而且在很小的时候，他们打网球就打得很好。

的条件反射一直就很快,所以我是个截击好手。"(T-9)

"我的教练觉得我很有天赋,因为我是左撇子。在那个时候,很少有左撇子的网球运动员,所以你好像就有一种优势。他觉得,他会让我练很多对左撇子有优势的事情,比如说发球,球的旋转就会和右撇子发的球不一样。……后来他还花了时间去让我练回球时候的角度,以及类似的事情。所有的对我有优势的事情,只是因为我是个左撇子。"(T-3)

从刚刚给出的这些例子里,我们清楚地看到,有一些网球运动员具有一些身体上的特点,在教练的帮助下,这些特点可以转化成他们的优势。我们也有一些例子,是运动员有一些明显的身体上的劣势,或者并没有人认为他们有什么体育天赋。父母、教练和这些运动员一起付出了很多努力,去克服这些劣势,或者通过努力去加强打法的某一个方面,来弥补运动员的劣势。

"我儿子取得了非常多的好成绩,但他的身高对他很不利。他没有其他高手的那种有力的发球,但是,他总是非常有胆量。他总是愿意坚持打下去,去赢得那些分数。我们觉得,因为他的身高的原因,他的发球永远也不会非常有力,但是,我们觉得他得到的那些成就是非常让人叹服的。"(T-10 的母亲)

"我有一种'我倒要让你瞧瞧'的精神。所有人都说'你做不到'的时候,我会说,'是吗,那我们走着瞧吧。'那只会让我更加刻苦努力,促使我成为我所能够成为的最好。"(T-10)

"我不认为任何人注意到了任何特殊的才能。首先,在 6~11 岁这个年龄段,很难说一个孩子将来会多么有天赋,因为人是会变的。所有人都知道我是个不错的打网球的小孩,但是,他们把这个记在我们是个网球家庭的账上。我不觉得任何人说过'他看上去好像有些特殊的天赋'——十三四岁之前,没人这么说过。"(T-12)

成才之路　　发展青少年的天赋

有着特别劣势的几名运动员，例如刚刚说过的 T-10，经常会发展出一种"底线打法"（节奏更慢的一种打法），去弥补自己速度不够快或者个头太矮的劣势。为了弥补身体上的劣势或者缺乏任何身体上的出众的优势，以在网球上出成绩，运动员们还会"比别人刻苦两倍"地训练。

几乎所有运动员都说，他们的性格有一些特点，他们认为这跟身体上的特点同样重要，可能还更加重要。这些特点之一是决心，或者刻苦训练的愿望。运动员们提到，别人注意到的一个事实是他们永不放弃。为了达到一个目标或者赢一场比赛，不管需要什么，他们都会去做。如果那意味着他们要在训练场上练很多个小时的球，或者在接近 40℃的高温下打几个小时的比赛，他们也会去做。这种决心和运动员们提到的第二个重要的性格特点是有关的：他们极其争强好胜。对他们来说，取胜是最重要的事情。在我们访谈过的网球运动员当中，几乎所有人都说，他们之所以会刻苦训练，是因为他们不甘心失败。以下是关于有重要性格特点的网球运动员的一些例子：

"我女儿不是身体素质最佳的网球运动员，但是，克里斯·E.也不是，他们用不同的方法去弥补这个不足。我女儿是名斗士。她永不放弃，她可以在极度落后的情况下努力追赶。要想在网球比赛里取胜，需要的绝不仅仅是天生的身体素质。"（T-2 的母亲）

"我是名斗士，我永远也不会放弃，这是我的一个特点，我是名出色的竞争者。我不甘于失败。为了能够赢得比赛，我会在球场里尽全力做任何需要做的事，他们得把我从球场里拖出去。如果比赛需要打 5 个小时，我就会坚持 5 个小时，去争取赢得比赛。我的决心非常大，而且我比任何人都刻苦数倍地训练。我曾经几个小时几个小时地打球，因为我需要这样做来弥补我的个头上的不足。我之所以能够走得这么远，竞争心理和我心甘情愿地刻苦练习，一直是两个最重要的因

素。"（T-10）

"我很好胜，我知道教练喜欢我的这种脾气。我不会很快就着急上火，但是他们说我练得非常努力。"（T-5）

"别人注意到我很努力，我训练得很刻苦，这有可能还把其他一些运动员吓着了。我还是一个竞争心特别强的人。"（T-12）

教练与教学的方法

到了中期阶段，平均来说，这些网球运动员，已经打了四五年的球，上了三四年的课了。他们已经学会了网球的基本动作，比如正手、反手、发球，而且随着时间的推移，发展出了对于这项运动的极大热情。在他们开始到各地去参加区域性和全国性比赛，去和年龄更大、水平更高的网球运动员对抗的时候，他们所面对的竞争更加激烈了。

对于网球运动员和他们的父母来说，有一件事情变得明显，那就是，如果网球运动员想继续在网球运动中有出色表现，他们就需要另外一种指导，在有些时候，也需要一名新的教练。我们已经看到，在早期发展阶段，教练并不需要是特别好的网球运动员，也不需要教动作教得特别好。他们的主要作用是让孩子有兴趣、有学习的动力。在发展的中期阶段，因为竞争激烈，要求网球运动员有更好的动作、更高的技术能力和对战术的更多重视。如一位网球运动员（T-5）所说，除了要知道怎么样击球之外，他还要知道怎么样发现对手的弱点，还要知道在什么地点击球，以及在什么时刻击球。

在这个水平上，教学指导变得非常有条理，网球运动员和教练一起做大量的重复性技术练习，而且要由运动员自己找时间把这些技术练到完美。我们已经提到过，如果网球运动员想要达到世界级水准，至关重要的是，他们不仅要有好的动作，还要将这些动作与自己的身体融为一体，这样，在比赛里，运动员才能够把注意力集中在战术上，而不需要去注意自己的动作。维克·布雷登是一位有名的网球教练，他把这称作"击球动作的肌肉记忆"。有一位母亲（T-2 的母亲）是这样描述女儿的击球动作的："她看上去就像是图画书里的形象。当我女儿击球的时候，所有的动作每一次看上去都是一样的。从她的动作里看得出来，她已经用正确的动作击球成千上万次了。"

为了教会运动员击球的准确性，教练采用了特殊的教学策略：重复练习和适合个体的训练。就像 T-2 的母亲所说，她"成千上万次"地击球。这是很典型的事情。的确，要想拥有达到世界顶级水平所需要的那种精确程度，网球运动员们就需要大量的重复练习和技术细节训练。网球运动员们会一次花几个小时的时间，在课上和课下练习用完全相同的动作去击球，直到他们能够完美地做到，并且让这个动作变成"身体上的一部分"。

网球运动员们也从每周一两次的集体课换成了几乎每天一次的小课或者一对一的课。这个变化是必需的，因为这些网球运动员需要更多一对一的关注，来让他们的打法更加完善。而且，还有特别的一点，那就是这些网球运动员还需要教练根据他们自身的长处和短处，来给他们制订训练计划。很多课的主要重点是重复训练。每一次课会包括大量练习已经学过的动作，也会引入一些新的动作。有一名网球运动员（T-4）这样描述自己上过的一节课："比如，我的正手不太对，那我就会每天花 40 分钟练正手，然后 10 分钟练上手，10 分钟练反手。我总是在发球上花很多时间，因为我的发球总是有些问题。我们可能每天花 1 个小时练击球动作，之后我就会打对抗比赛。我们每天都会复习所有的动作，练习所有的动作。

额外的时间也可能会花在某一个有可能成为强项的方面，比如，一个左撇子网球运动员可以花很多时间来完善自己的发球动作。教学和训练都是特别设计的，为了发展一名网球运动员的强项，改进弱项，让其他方面处于最佳状态，教练会为他特别设计教学和训练内容。

在中期阶段，尽管上课的重点主要是在完善网球运动员的技术，但是，越来越多的时间也用在了战术上，或者说，教网球运动员在比赛中如何思考，如何调整打法去打败某位对手。教练可以有一系列的方法去帮助网球运动员学习战术。教练会经常与网球运动员打对抗，然后频繁地在比赛中停下来，分析某一个球。其他时间，教练会安排两名网球运动员打比赛。教练则会观察这两名网球运动员的比赛，偶尔会叫停比赛，和网球运动员一起讨论他们的打法。偶尔，教练会和网球运动员一起去观看比赛，观察将来有可能会成为他们对手的网球运动员，讨论他们在将来的比赛中应该如何对付这名未来的对手。

"我的教练会观看我和这个男孩的比赛，一旦我输了，他就会指出我为什么会输。如果是某个击球动作有缺陷，那我们就会练那个动作；如果是战术的问题，他会给我解释，给我讲我当时应该怎么做。"（T-2）

"我会和我的教练打对抗，我们会完整地打几盘。如果我赢了一分，我们会分析这一分是如何获得的。他会说，'你为什么要这样做？'或者，'如果你看到一个家伙在场子的这个位置，那你就要当心某种击球'。"（T-5）

中期阶段的转变对教学的不同要求，对网球运动员和教练来说，常常是不容易的。事实上，有1/3的网球运动员认为，在中期阶段，他们需要一名新的教练与他们合作。他们给出了很多换教练的原因。但有几个人换教练的原因是以前的教练搬家了，或者去世了。

"我15岁的时候，我的教练搬到其他城市去了，在他离开之前，我和他交谈过。他说，对于搬到其他城市，只有一件事让他觉得很难过，那就是，他感觉我会成为全国顶尖的运动员，他一离开，就不能再给我当教练了。他为此觉得很难过。"（T-3）

"我的第一任教练是个特别棒的人。对我来说，他好像是我的父亲。基本上，是他最早教会了我怎么从底线后面打触地球。然后，我15岁的时候，他自杀了。对我来说，那真的是个重大的打击。"（T-11）

在其他例子里，网球运动员需要一名新教练的决定是父母做出的，因为他们要么是没有什么长进，要么是长进得如此之快，比教练的水平还高了。

"我知道我爸爸就在这个地方打球，那有另外一位教练。据说他比我的第一任教练更好，所以我就到他那里上了一些一对一的课。新教练好像更重视技术的准确性，每一次击球都要用同样的动作。"（T-5）

"我的第一任教练没有为我做太多事，我跟他上了两年课，但是，我没有怎么进步。所以我父母说，'我们得找一位更好的教练。'然后我就去了新教练那里。他离我们很远，但是他口碑很好，是个好教练。"（T-7）

换教练这件事常常会引发父母和教练之间不愉快的摩擦，因为，以前的那个教练不会愿意放弃一个非常有前途的少年运动员。一位教练的声誉通常是建立在他手下有多少名排名靠前的网球运动员上的。而且，这些教练也会觉得受到了伤害，因为他们在这些网球运动员身上投入了很多时间，他们也把这些孩子当作自己家里人来看待。但是，不管怎么说，回头再看，这些网球运动员们都意识到，自己跟着以前的教练是不可能再有太多进步了，所以，他们确实需要换教练。

"我后来才发现，是我妈妈想找一名新教练。我没法指出换教练到底具体带来了什么变化，但是我知道那是个正确的决定。如果我还跟随第一任教练，我不觉得我能有太多的进步，反正那事挺乱的。"（T-6）

第六章　学习成为世界级网球运动员

其他 2/3 网球运动员继续跟着第一任教练。有些网球运动员之所以继续跟着他们的第一任教练，是因为那个教练很明显是个出色的教练。有些第一任教练是全国范围内最优秀的教练。这些网球运动员中，也包括那 3 名由父亲给自己做教练的网球运动员。这些教练之所以出色，是因为他们可以从早期阶段的以好玩、以建立进步动力为主的训练方式，转换到中期阶段所需要的要求系统性、准确性的训练方式。

有一些继续跟着第一任教练的网球运动员参加了暑假的专项夏令营，或者找了专门训练某项技术的教练去练习球技的某一个方面。尽管在别人看来，这些第一任教练对于网球运动有很深刻的理解，也懂得想要在网球项目里成功需要什么，但他们不一定能够教得好这项运动的所有方面。有一位网球运动员（T-10）的主要教练是自己的父亲，他是这么说的："我会跟着这个方面的一两位高手训练。其中一位有两年是世界排名第一。她会和我一起练习我的比赛打法。另外一位男运动员，我和他开始练上手击球、发球，以及其他技能。我爸爸基本上会做出这些决定。他会坐下来，说：'我听说那边有个非常厉害的家伙，你真的需要在某个方面下功夫'。"

在某年夏天，另外一名运动员（T-9）跟一位往届冠军练习了一夏天。"我就像一盏灯被点亮了一样。我说，'让我跟教练说吧。'因为我不想伤害他。教练说，'她是位冠军，你一定得抓住这个机会。'她是个好教练，他让我去，因为他知道我会从她那里学到很多。"

在高中期间，因为要与一位特殊的教练学习，另外两位网球运动员曾经离开家达一年之久。

"那是我的教练做的决定。他就跟我爸爸说，'你儿子很出色，但是，他如果想要继续保持成绩，他就得到 ×× 去，在那个地方他一年 12 个月都能打球。'"（T-14）

增加投入

在中期阶段，最重要的变化，可能就是时间和精力的投入都大大增加了。前面已经提到，网球运动员们发现，在这个水平上，教学的要求是需要他们投入到大量的练习中去。在这个时期之前，住在北方的网球运动员们一般只在夏天打球。现在，他们就需要在冬天也能打球。就算是那些在冬天每周可以打几个小时球的网球运动员，现在也要尽力延长他们在冬天打球的时间。有一位网球运动员（T-13）是这样说的："我知道，如果我一周没有打够多少个小时的球，那么，西海岸或者佛罗里达州的某个有机会打球的运动员就会很容易打够这么多小时。"

在20世纪60年代和70年代初期，要想在冬天使用网球场地，比今天要困难得多了。那时候，室内网球场的数量要少得多，网球场开放时间也很短。网球运动员们常常需要为了练习而找到一些特殊的地方。

"我第一次在室内打网球是我大约13岁的时候，我爸爸觉得我不能到了冬天就停止打球。他觉得如果我能每周打一次球，那就够好，我就不会全忘了。所以，13~15岁的时候，我每周打一次球。到了我16岁时，我们那个小城里新开了一家室内网球俱乐部，所以我爸爸就组织了一个'早起的鸟儿'时间段。我们每人有一把钥匙，我们会去那里，从早上6点到8点，大约练两个小时。然后我得去上学。我这样每周去4次。"（T-7）

"在14岁之前，我在冬天不怎么打网球。14岁之后，我可能每周打三四次网球。冬天对我而言总是很困难，因为我要上学，也因为天气不好。"（T-6）

来自南方的网球运动员，虽然因为上学的原因，在秋、冬、春三季每周的训练都比夏天少，但是，他们要做到全年打球却也没有什么困难。尽管如此，这些南方的网球运动员也增加了全年打球的时间。

"当时，在我看来，如果每天练球 20 分钟就能让我成为全国第 50 名，那每天练球 4 小时可能就会让我成为全国第 1 名。"（T-12）

"从我 8 岁的时候开始一直到 17 岁，在夏天，我每天都会在网球场上待七八个小时，练球、打比赛。在冬天，我每天放学之后会练 3 个小时的球。到了周末，我总是在练球，从早练到晚。"（T-10）

在夏天，所有的网球运动员每天至少有两个小时是在网球场上，甚至他们当中的很多人是整天都在网球场上。在冬天，他们用来练球的时间有更大的差异。表 6-2 显示的，是在发展中期阶段网球运动员们练球的时间。当然，这只是一个平均数字，而且，在中期阶段，练球的小时数一般是逐渐增加的。

表 6-2 中期阶段每周打网球的小时数

每周打球小时数	网球运动员人数	
	夏天	冬天
10 以下	0	2
10～15	2	8
15～20	5	8
20～25	6	0
25+	5	0

注：夏天平均每周 21.4 小时，冬天平均每周 13.9 小时。

网球运动员们发现，因为在网球训练上投入的时间急剧增加，这使得他们基本上不再可能在其他体育项目上投入时间去争取好成绩。这样，他们逐渐地就开始放弃以前参加了的其他体育项目。在有些情况下，这是他们教练的建议。在有些情况下，网球运动员自己意识到了他们不可能在两个或者两个以上的体育项目里投入所需的时间，他们必须要有所取舍。当然，样本里所有的网球运动员都选了网球，放弃了其他的体育项目。他们给出了几个选择网球的理由。多数理由是，这些网球运动员在网球上的成绩比在其他体育项目上的成绩好，或者他们觉得自己不具有在其他体育项目上取得优秀成绩所需要的体格或者心理素质。有几名网球运动员还说道，他们更愿意从事一项单人体育项目，而不是集体项目。

"我网球打得好，我知道自己能够成为一名很好的职业网球运动员。但是，说到篮球，我体格没有那么壮。那些打篮球的家伙们，他们的个头都比我大。我可能比他们聪明，但是我没有那种纯体力的优势。"（T-4）

"上高中时，我大部分时间都在打橄榄球。但是，橄榄球运动员需要有一定的体格优势。我的意思是，我个头没有那么大。打网球，你就不需要是个巨人。你需要有其他的一些素质，你的速度得快，但是你不需要像那些橄榄球运动员一样。不过，我选择了网球，也许是因为我是一名个人项目的运动员，而不是集体项目运动员。"（T-3）

"我打过篮球、棒球和一点橄榄球。我打棒球是常规性的，除了网球之外，那可能是我最喜欢的运动项目。因为棒球和网球是在一年里的同一个时间进行的。所以过了一段时间之后，我就没法两个项目都参加了。我是两个项目都参加过两年，但后来我没有那个时间。我选择了网球，我觉得可能是因为这个项目比较独特吧，而且我也打得好。虽然我也喜欢集体项目，但我觉得，个人项目有些特点更吸引我。"（T-1）

网球运动员们在达到了这个水平之后所遇到的第二个问题，是很难找到其他出色的网球运动员和他们一起训练。这些网球运动员中的大多数，比起他们那个地区的其他小孩和少年来，水平都已经高出太多了。为了继续提高水平，他们需要能够对他们构成挑战的竞争对手，也就是至少和他们水平一样，甚至水平更高的竞争对手。大约有1/4的网球运动员很幸运，他们所在的地区正好有另外一名全国顶尖的少年网球运动员,他们可以和这名网球运动员一起训练。其他人和排名最靠前的成年网球运动员打球,有些女孩跟男孩打球。很多网球运动员采用了以上方式当中的很多种。有一些网球运动员讲述了他们是如何找到优秀网球运动员一起练球的:

"我爸爸总是让我跟成年人打球,因为我能打败所有的小孩,所以,我在11岁的时候,我便跟我们这附近最好的成年男网球运动员打球了。刚开始,我是跟我们俱乐部里最好的成年男网球运动员打球。然后,到我年龄逐渐大起来的时候,他会安排我跟我们这个地区最好的成年网球运动员打球。"(T-10)

"我可以跟比我水平高的人打球,比如我哥哥,在我9岁、10岁的时候,我跟我们附近的成年男性打球。虽然他们并不是特别出色的网球运动员,但是他们打得比我好。重要的是,要能够去跟比自己打得好的人打球。"(T-1)

"我跟周围打网球的成年男性一起练球,通常是和男性打。在我小时候,12岁以前吧,我也跟和我同龄或者比我大一两岁的小孩打球,通常是比我大两岁的小孩,因为我比大多数和我同龄的小孩打得都好。但是在俱乐部里,有很多打得好的成年男性,我可以和他们打球。"(T-7)

父母的参与

在这个时期,父母们发现,他们需要增加对孩子网球事业的投入。在早期阶段,小孩打球的时间与父母打球的时间大致是一致的。也就是说,父母只需要在去打球的时候把孩子也带上,除此之外就不用做什么其他事情了。在中期阶段,孩子的网球活动成为了家庭生活的中心。他们找到的新教练不在家附近,所以网球运动员一般需要父母开车送自己去上课。他们也经常需要父母开车接、送自己去网球场练球，至少在他们年龄大到能够自己开车之前是如此。还有，他们开始参加区域性和全国性的比赛了，这就经常要求家庭投入相当数量的金钱和时间。总的来说，父母在孩子的网球运动上投入了更多的时间、更多的金钱。他们经常会发现，自己的日常生活是围绕着孩子们的网球课、练球和比赛来运转的。

对于大多数父母来说，孩子上课次数的增加、网球场使用时间的增加、旅行和器材，需要他们在财务上做出相应的投入。但是，在大多数家庭里，金钱上的压力并没有大得过分，因为本地的网球协会也会给予他们一些帮助。

"嗯，在那个时代，打网球并不贵。但是城里的网球赞助人协会在我参加几场全国比赛的时候帮了忙，他们提出要赞助我。我们也从来没有在很豪华的旅馆里住过，我们总是带个电炉子，自己做饭。所以，那些比赛的花费并没有高得惊人。"（T-2）

但是，有些父母为了找到资金供给孩子打网球，遇到了很大困难。有些父母选择做出某些牺牲，有些得到了亲戚的帮忙，还有些接受了当地网球协会的资助。

"我妈妈开始出去上班，我爸爸接下了另外一份工作，所以我的家人有3份工作。他们总是在想办法给我们提供机会，总会努力让我的兄弟姐妹能去参加体育比赛，让我能去参加网球比赛……但是能一直有车开，能让我的脚上一直有网球鞋穿，这种事情对他们来说就已经很困难了。"（T-9）

"我的衣服是我奶奶做的，我的网球装备是那些公司免费给我的。所以我们才有钱旅行。有两个暑期，我奶奶的一些朋友给了我四五百美元。我的爷爷奶奶也给我钱。我爸爸妈妈只能给我很少的钱，因为他们给不了更多。"（T-11）

虽然在孩子的网球事业上，每个家庭投入的金钱在数量上有差异，但是所有的家庭发现，他们都投入了非常多的时间。母亲们每天开车接送孩子去训练。全家在周末开车去观看孩子的比赛。全家的假期就是去观看网球比赛或者送孩子参

| 第六章　学习成为世界级网球运动员 |

加网球训练营。放学之后和周末的时间是在网球场上度过的。简而言之，我们发现，所有的家庭在孩子打网球一事上投入了大量的时间。例如，有一个家庭搬家到了另外一个州，那里没有网球场地，"所以每个周末，我们就把儿子带回东海岸去，这样他可以练球。"（T-17 的母亲）

"在夏天，我们都到俱乐部去，在那里一待就是一天。当然，在上学的时候，我得去学校，然后一放学他们就马上接我去网球场。每周有 6 天都是这样。"（T-2）

"我们是作为一个家庭一起去参加网球比赛的。我们在 ×× 州有一个度假的地方。我们以前会去那里打网球。"（T-3）

"很显然，在我没法每天自己开车去上课的时候，我妈妈就得送我去。有时候，我跟教练上课的时候，她也会留在那里。我不喜欢这样，是因为我想要有点独立性。他们会来看我的比赛，他们看了几乎所有我参加过的青少年比赛。我妈妈还陪我去参加了所有的全国比赛。"（T-6）

"我们总是和孩子们一起去的。我们没有什么其他爱好，只喜欢网球。网球是我们的业余爱好，也是我们的生活、我们的事业、我们的快乐，是我们的一切。"（T-12 的母亲）

上面的例子，一方面说明这些家庭在孩子的网球事业上倾注了非常多的时间，另一方面也说明网球已经成为了家庭生活的中心。就像 T-12 的母亲在上面说到的那样，"网球是我们的一切"。网球是晚饭时，大家聊天的话题。如果有些家庭在以前还去滑过雪、钓过鱼、划过船，现在他们就只去观看网球比赛了。母亲们会做特殊的饭菜，以便让家里的网球运动员可以吃上合口的晚餐。在这个阶段，家人一起做的事情很少有和网球无关的了。还有，这些与网球有关的活动主要是为了给我们样本里的运动员提供锻炼和比赛的机会，而不是像我们在早期阶段里看到的那样，是给全家人提供打网球的机会。在一个极端的例子里，在某种程度上，网球运动是让一个家庭做出决定，从一个中大西洋地区的州搬到佛罗里达州的原因。"我们最后决定搬到佛罗里达州去。我爸爸在那儿有生意，搬家对孩子们打网球也有好处，他很喜欢在那里的生活，其他人也很喜欢。对我来说这是一件大好事，因为我可以全年打球了。"（T-10）

在大约一半的家庭里，父母之一通常是父亲，接过了每天监督孩子练球的任务，也对孩子进行了一些指导。网球成为了他们日常生活的重心。在其他几个家庭里，父亲和网球运动员一起练习了一些具体的技术，也做了一些基础练习，可以说，父亲起了一个很重要的辅助作用。这些父亲不仅监督孩子每天的练习，还安排了他与其他教练一起练习球技中的一些具体内容。在这些家庭里，父母当中有一方担负起了主要的指导或者监督任务，这些都能够说明父母为了孩子的网球事业所做的巨大付出。

"最终，我们还是去找了一名本地的高手，因为我爸爸认为他没有足够的时间到球场上去教我那个我称之为思考程序的东西。那就是，你为什么要在这里击球，你为什么要把球打到那里。我爸爸教了我所有的动作，给我打下了很好的基础。然后，我们就找了一名俱乐部里的高手，他懂网球比赛，非常了解球场上的战术。"（T-13）

"在逐渐成长的过程中，我经常和我爸爸打球。每天下午，我爸爸下班回来，我们就会出去，花两个小时的时间只是练击球。我们会努力做到击球几千次都没有失误。"（T-10）

中期阶段的总结

很明显，中期阶段是网球运动员决定全心全意投入打网球的时候。他们在网

第六章 学习成为世界级网球运动员

球上投入了非常多的时间、非常大的努力，而且在增加投入之后也收获了成果。他们开始进入全国的排行榜，在网球圈子里得到了很多关注。关于发展的中期阶段，我们可以得出下面的几条普遍规律：

1. 在有些体育项目里，运动员要想把天赋发挥到很高的水平，需要一些特殊的身体条件。但是，我们访谈过的网球运动员没有某种特殊的体形或者个头。事实上，关于为什么选择了网球而不是其他体育项目，有些网球运动员给出的原因之一就是，他们的个头或者体形，在网球项目上不会是障碍，但在其他某些体育项目上却可能是。在中期阶段，他们觉得，在一名好的教练的帮助下，他们成功地调整了自己的打法，不但利用了他们认为的自己身体上的优势，例如快速的反应能力，还弥补了身体上的不足，比如个头小。换句话说，身体上的不足对他们在网球上的成功并没有产生很大影响，但似乎影响了这些网球运动员们发展出来什么样的打法。

很多运动员觉得，有些性格特点比身体特点更多地促成了他们的成功。大多数运动员把自己的成功归结为他们愿意花大量时间去练球。除了愿意非常刻苦地训练之外，他们还觉得成功是因为自己非常好胜。"我不甘心失败"和"赢球对我来说是最重要的事"之类的说法在我们的访谈中时时出现。这个想要避免失败的愿望给了运动员动力，让他们能够花更多的时间在球场上练习，因为他们知道，如果他们想赢，这就是必须要做的。

2. 在中期阶段，教练的指导方式发生了变化，有些运动员还换了新教练，这是因为运动员们不仅需要完善以前所学的技术，还要发展新技术，这样他们才能在这个阶段面对更强的对手，去赢得比赛。在早期阶段，运动员们上课的重点是要发现网球是有趣、好玩的，他们需要建立打球的动力。在中期阶段，运动员们不仅需要发展准确的技术，还要让自己的动作和身体融为一体，这样，他们才可以在比赛中让自己的头脑解放出来，把精力集中在战术上。因为教练和运动员需要共同努力去让这些战术能够发挥运动员的强项，弥补弱项，所以中期阶段，网球课的次数就比以前要多得多（通常是每天上课），而且网球课的形式采用的是一对一的课。

在中期阶段，网球课的教学重点发生了变化，与此同时，有些运动员也需要换教练。因为，有些教年龄小的孩子教得很好的教练，似乎无法在中期阶段教运动员更加准确的技术。即使是那些仍然继续跟着第一任教练的运动员，也发现他们需要做些安排，让其他教练在某些具体技术项目上给予自己一些特殊的指导。

3. 所有网球运动员都需要增加练球的时间，以达到教练所强调的动作的准确性。北方的网球运动员（或者父母）为此付出了非常多的努力，去安排在冬天可以使用的球场练习时间。在夏天，北方和南方的网球运动员经常整天泡在球场上。这种对网球的更多的投入需要网球运动员们放弃一些其他活动和体育项目，这样他们才能够在网球上投入更多时间。事实上，他们的日常生活开始变得完全以上网球课、练球和参加比赛为中心了。

4. 家庭活动也开始围绕着孩子的网球活动进行。父母花了很多时间开车接送孩子去上课、练球、参加比赛。他们也付出时间，去给孩子寻找好的教练、练球的同伴。全家的假期也是围绕着网球。家庭里的聊天是关于将要来到的比赛，或者网球圈子里的新闻。简而言之，在中期阶段，家庭的大部分活动是投入到了网球当中，特别是投入到了我们样本里的那些网球运动员身上。

后期阶段

从中期阶段到后期阶段的过渡，其特征就是网球运动员们做出了全职打网球的决定。在中期阶段，网球运动员们投入了大量的时间去完善他们的网球技术。现在，是他们在成年职业网球界检验自己水平的时候了。这种全年、全天候的投入，需要他们放弃其他和网球抢占时间的生活内容，例如工作、继续求学。打职业网球的决定是在什么年龄做出的，这在网球运动员中差异很大。有一名网球运动员加速了她在高中期间的学业进度，这样她可以在少年期间就参加全年的巡回比赛。但是有一名网球运动员读了研究生，在加入全日制巡回比赛之前，还取得了硕士学位。我们样本里的大多数网球运动员是在大学期间的某个时候做出了这个决定的，但在是否继续学业的问题上，他们的选择却不尽相同，有的选择了从大学里退学，有的则坚持读完了大学，采取提前毕业的方式再参加巡回比赛。

大学：多数网球运动员的转折点

在中期阶段结束的时候，我们的所有网球运动员在网球运动上取得了极其出色的成绩。我们的记录表明，大约有 3/4 的网球运动员赢过至少一场全国青少年网球赛，其他的在青少年网球运动员里有非常好的名次。他们很明显地把自己看成全国最出色的青少年网球运动员之一，别人也是这样看待他们的。

在高中，他们需要做出一个决定，即高中毕业之后干什么。大约 80% 的网球运动员选择了去上大学。因为这对于大多数网球运动员来说是一个很重要的转折点，所以，我们在这一部分里面大部分的篇幅会花在大学里的网球运动上。

有些网球运动员上大学是因为家庭的期望。在这些网球运动员当中，多数人的父母既重视体育成绩也重视学业成绩。父母自己上过大学，所以他们的孩子也应该上大学。对于这些网球运动员来说，在决定是否上大学的时候，网球不是一个考虑因素。但是，在选择应该去上哪所大学的时候，网球却是一个考虑因素。对于其他网球运动员来说，网球是他们决定去上大学的主要因素。大学网球被看成一个过渡阶段，在加入成年巡回比赛之前可以再把水平提高一些。对于这些网球运动员来说，决定去上大学、决定去上哪所大学，唯一的考虑因素就是网球。

在样本里的18位网球运动员当中，有14位上了大学[1]。对于几乎所有的这些大学生来说，在决定上哪所大学的时候，学校里网球教练和网球队的水平是重要的考虑因素。这些网球运动员当中，大约有一半是想上一所既有好的学术声望又有一个出色的网球队的大学。

"我想要上的是一所学术水平非常高的大学，但体育也得非常强。这就让我远离了常春藤联盟的学校，因为我觉得在体育上它们比不上其他的学校。"（T-3）

"首先，那名教练的招生工作做得特别好，让我感到那个网球队非常好。其次，我认为那所学校也非常好。我可不想只因为某所学校有个好的网球队，就去那所学校。"（T-7）

对于其他那些进了大学的网球运动员来说，网球是选择学校的唯一标准。

"我想去一所能够让我在硬地上打球的学校，因为我知道，要想让我的球技再进一步，我就得学会在球速快的场地上打球。"（T-10）

"我之所以选择了××大学，是因为我认识的一位网球运动员去了那所学校，我还有机会和他一起打双打。我想，如果我也去那里，如果他和我配合得好，那么我们就可以组成一个双打组合，这样，我可能就会更早地被选进职业比赛，

---

[1] 男运动员比女运动员更倾向于上大学。只有一位男运动员没有上大学，而8位女运动员中有3位没有上大学。关于这种情况，有一个解释是，有很多所大学都有出色的男子网球队，而有女子网球队的大学却寥寥无几。

因为他在巡回比赛里是位更加被人接受的网球运动员。"（T-13）

"我选择了××大学，有几个原因：第一，因为学校网球运动的声誉；第二，我更喜欢规模不大的学校。还有其他一些排名最靠前的青少年网球运动员也会和我同一年去那里上学。所以，看上去，我们会有一个很好的网球队。"（T-1）

总的来说，选择大学的基础是网球队的声誉、教练的声誉，以及网球运动员们是否感觉到他们能够和教练相处得好。（但是，有些网球运动员也考虑了大学的学术声望。）几乎所有网球运动员都受到了网球运动出色的大学的抢夺，因为他们在青少年比赛中取得了非常好的成绩。网球运动员们对不同大学的网球队和网球教练的声誉是很了解的。

"我拿到了网球奖学金，可以上七八十所大学。××大学的教练每天都给我打电话。最后，我知道这就是我应该去的学校。"（T-10）

父母也起了很大作用，来帮助他们的孩子选择合适的大学。父母通常陪孩子去大学参观，与教练交谈。他们也和孩子讨论各所大学，分析它们各自的优缺点。最后，当孩子做出决定的时候，他们采取非常支持的态度。

"关于应该选择哪所大学，我和父母讨论得相当多，因为我从全国各地接到邀请信，就好像是遭到轰炸一样，根本不知道应该怎么选。接着我们把范围缩小到基本上是两所学校上。最终，我们就决定了去××大学，我们觉得那是从各方面来说都比较好的选择。那是我们共同的决定。"（T-3）

对于样本里的女运动员来说，情况是非常不同的。在那5名上了大学的女运动员当中，只有2名是因为网球的原因而选择了她们的大学。其他人对于大学里女子网球运动机会的缺失，特别是女运动员拿网球奖学金之困难，以及进入校队打球之困难，经常是持非常反感的态度。

"在那个时代，就没有什么女子网球队。我只能自己创造一些打球机会。我会争取每天或者每隔一天就打球，我一直就没怎么跟男子网球队打球——根本就没有那样的机会。我也从来没有像加利福尼亚州的学生那样去拼命争取。"（T-8）

"那时候学校没有给女运动员设立网球奖学金，他们也没有专门给女运动员提供教练。那些男子网球的教练想让我上他们所在的大学。"（T-9）后来，她进了当地的一所大学，跟男子网球队一起训练。

上了大学，加入了网球队之后，样本里的网球运动员们就非常刻苦地打球，以便成为最好的运动员。对于大多数网球运动员来说，一旦进了大学，网球就很明显是最重要的事情。大学一年级的时候，他们会把目标设定为成为全队最好的球员。他们开始比在发展中期阶段还要更加刻苦地练球，比中期阶段打球的时间还要长。在大学里，球队练球的时间通常是每天3个小时，我们的网球运动员大多数还会在球队训练结束之后再额外练几个小时。

对于那些既想把球打好，又想学习好的网球运动员来说，除了打网球、进行身体训练、上课之外，基本就没有时间参加其他活动了。

"我非常努力地练球。我记得，下课以后，我就会出去跟队里其他家伙一起打几个小时的球。然后我再出去跑步、做力量训练。我的成绩进步得如此之大，让人难以置信。我在学校功课上也非常努力。我还记得，我起床后先去上课，然后打四五个小时的球，再然后做力量训练，最后到图书馆去泡上六七个小时。我每天都如此。我一直到了大学一年级的4月份，才有了第一个和女孩子约会的机会。"（T-10）

"从我第一天在队里，我就是最好的，所以教练就在我身上花了大量的额外时间。而且我去得也早。训练3点开始，我2点就会到。那是我自己的决定。"（T-3）

对于大多数的网球运动员来说，在学业上取得好成绩并不是主要目标，最重要的目标是为打职业网球做好准备。

"我的功课马马虎虎。我觉得对我来说重要的事情是网球、社交，然后才是功课。我的整个下午都花在网球上，不管有没有训练，我每天下午都在那儿，从1点到6点，去了解网球队，跟教练聊聊天，然后练球。"（T-15）

在大学里的某一个时刻，大多数运动员们在大学校队里是最好的网球运动员了，在网球上的成绩极其出色。他们为自己设定的那些大学期间的目标，例如，要学会在硬地网球场上打球，要赢一场大学单打比赛，等等，在那个时候已经达到了。他们的比赛成绩提高了很多，但是大学网球开始变得不那么有挑战性了。在那个时候，有大约一半的网球运动员决定不等到毕业就离开大学。他们认为自己已经做好准备，可以打职业网球了。

"在大学三年级的时候，我是大学网球运动员里的第1名，我当时的成绩是26场全胜。我比其他任何人成绩都好。如果我只是因为想拿个学位，就还继续在学校打球，那好像是纯粹浪费时间的事情。反正我也不会用到那个学位的，因为我肯定会成为一名职业网球运动员。我当时的理由是，'嗨，到50岁的时候，我还可以回去把学位拿下来啊，为什么非要现在做呢？完全浪费一年，还会觉得特别无聊。'"（T-7）

"大学一年级的那个暑假，我在美国男子网球运动员里排名第10。之后，我在大学里似乎就是很苦恼地过了又一年，没有真正的竞争，所以我在二年级之后就转成了职业。我一共上了3年大学，没有坚持到毕业。"（T-10）

另外那一半网球运动员决定，在转成职业运动员之前要先把大学读完。为什么要读完大学，有几个原因。对于有些网球运动员来说，时机很重要，也就是说，他们正好在网球公开赛开始或者正好在那之前从大学毕业。这其中有一个人放弃了大学第4年的奖学金，用两个季度就完成了学业，提前加入了巡回赛。

"在上大学期间，我的网球事业好像就成功了。因为大学毕业时，我被选入了戴维斯杯的代表队，网球公开赛也开始了。所以我就可以选择打职业赛，就像以前我在夏天所做的一样，其实，就像以前我全年都在做的一样。"（T-5）

"在我已经大学毕业的时候，还没有职业巡回赛，所以，就算在那个时候，我对网球也不是那么认真的。但是，在我大学毕业的两年之后，我加入了职业比赛。"（T-11）

"我在大学三年级结束的时候转成了职业运动员。我是自己交钱上学的，没有拿奖学金。但是我没有回去读四年级，我直接从大学离开了。"（T-3）

教练

就如我们刚刚看到的那样，网球运动员的主要教练是大学里的教练。大多数网球运动员跟这位教练在一起的时间，比他们跟以前的教练在一起的时间都长，因为在这时候，网球训练是每天几个小时了，秋、冬、春三季都是如此（夏季里的几个月一般是花在巡回比赛上）。尽管有这么多时间，大多数网球运动员都说，这些教练对他们的击球技术基本没有起什么作用。因为教练们的假设是，如果这些网球运动员已经进了最出色的大学网球队之一，那么他们的击球技术早就已经练出来了。

在发展的后期，我们发现，教练主要训练网球运动员的战术。我们的运动员说，如果一名运动员想要达到最高的水平，他就不仅仅要知道怎样击球，还要知道在什么时刻、什么位置击球；还要用战术去分析对手的比赛，要利用对方的弱点。有几名网球运动员讲述了大学里的教练是怎样调整他们的比赛打法的："那是一种新的理念，不要只是把每一个球都狠狠地打回去，还要多提高各种击球的百分

率。我确实有了提高。我不仅仅是个'赌徒',还要多学习一些常识。"(T-7)

"别人都知道我的发球特别好。我进了××大学的时候,我的发球已经非常好了。我的教练说我很不错,我们就继续练发球,让我能够保持这个优势。我有一个倾向就是发球总是特别狠,但是其他击球就不是特别强。所以如果哪天,我发球不好,那天对我来说就会特别困难。教练就让我在训练的时候,花一些时间,用一半的速度发球,这样其他队员的回球就会让我能够练习其他的击球方法,我的打法就这么进步了。"(T-3)

大学比赛和成人巡回赛里的竞争比青少年比赛里的竞争激烈多了。而且,在成年男子比赛里,运动员要想赢得一盘比赛,那就得是五局三胜,而不是像青少年比赛那样三局两胜。因此,大学里的教练需要花时间来做的一件事就是训练运动员的耐力。运动员花了大量的时间跑步,做多项体能训练、力量训练和二对一的技术训练。

"我们会做那种被称为二对一的训练,就是有两个人站在网前,拿一大筐球,另外一个人站在对面的底线上。站在网前的那两个人就把底线那个人赶得到处跑。如果他有一个球没打中,那他们就从筐里再抓出一个球,所以就是一点休息的时间都没有,不能去捡捡球什么的喘息一下。你就这样把一筐球都打完。"(T-3)

"我的教练以前在空军里服役,他就懂这些空军里的多项体能训练,和其他那些他在军队里学到的东西。在冬天,当我们的赛季开始之前,我们就会做这些训练。这些训练搞得我筋疲力尽。"(T-5)

那4位没有上大学的网球运动员,以及那3位没有进网球运动发达的大学的女网球运动员,也都在他们的最后一位教练那里得到了同样的经历。[①]他们也需

[①] 例外的是那3名自己父亲就是职业教练的网球运动员。就像前面讲述过的那样,这些教练之所以非常出色,是因为他们在不同的阶段会让自己的指导适合运动员的需要。

要一个人给他们训练战术、调整体能。在他们看来，他们需要的教练本人就应该经历过职业巡回赛，或者带出过世界级网球运动员，这样，这些教练才了解这个阶段应该有什么样的要求。但是，在过去带出过世界级运动员、自己也曾经是顶尖网球运动员的教练，一共也只有五六个。

这剩下的几名运动员就去了这几位教练那里，从这些教练那里，他们得到的，是进了大学的网球运动员从大学教练那里得到的训练，让他们得以完善比赛打法、战术，调整身体，培养耐力。

"在那之前，我从来就没有真正用正确的方式去训练，比如心脏耐力的训练，还有技术训练。跟我的新教练上一堂课，那真是要人命。我们会做二对一的训练，而那真是要人命。到最后，你这么练几天、练几个月之后，你的身体就变得如此之好，有生以来从来没有如此好过，不管比赛时间有多长，你都能坚持下去，你好像可以坚持到永远。然后，我们就会训练技术和战术。"（T-9）

尽管力量训练在现在很常见，但是对我们样本里的大多数网球运动员来说，在当时是相对来说很新的项目。在几个例子里，教练设立了特殊的力量训练内容，帮运动员全面增加力量，或者是弥补某一方面的缺陷。

"我的教练和我谈过力量训练的问题。我们都觉得我的上身力量不够，我的胳膊和手腕都需要有更多的力量训练。于是我们就去了橄榄球队的训练师那里，请他帮忙，他给我安排了一个训练计划。"（T-10）

"我开始力量训练是因为我的肩膀。我就发疯一样地练起来了，练举重物，练所有的东西，很好笑的是，我妈妈有点担心，不知道她是不是觉得她的小女儿看上去会太壮实了。但是对女孩来说，结果不会是这样的。"（T-6）

看上去，几乎所有的最后一任教练（包括大学里的教练）都有一个共同特点：运动员们把他们描述成非常严格的、强调纪律的人。他们中的大多数是顶尖的大

| 第六章　学习成为世界级网球运动员 |

学网球队的教练，或者带出过世界级的运动员，所以，他们有非常好的声望。正因为如此，他们得到了网球运动员的尊敬，网球运动员也承认他们的权威地位。训练是非常有条理的，对网球运动员的期望是他们每天都要训练，在训练中要刻苦努力。这对我们的网球运动员来说似乎并不是难事，因为他们已经习惯于刻苦努力，而且有取得好成绩的动力。

"我的教练特别严格，对我来说这好像很有好处。他是个纪律狂，我们曾经每天做完全一样的事情。所有的技术练习是一样的，所有的训练程序是一样的。他在任何时候都是完全彻底地有条理的。他还特别强调刻苦训练。所有人都尊敬他。"（T-7）

"他是个纪律狂。而且，我觉得，他最相信的是发挥每个人的优势。他说，你会跟我在这里训练4年，到你离开这里的时候，你应该个子更大，更强壮，头脑也更加成熟！他把这些观念都塞到你脑子里去了，你当然相信这一切。没错，你相信！这是××大学的网球教练，获得过很多全国大学联赛冠军，比其他所有网球教练都要牛。"（T-14）

在加入了职业联赛和进入了世界前十名之后，很多网球运动员找到了继续指导他们的教练。因为这不在这一章的范围之内，所以我们只会简单提及一下。在进入世界前十名之后，网球运动员们经常会发现他们还是需要一名教练来帮助他们计划自己的训练时间，帮助他们在细节上调整自己的打法和技术的某个方面。而且，要想保持世界前列的位置，是需要付出非常大的努力的。所以我们的网球运动员有时候会去寻找一位新的教练，在他们的比赛开始少下来的时候，指导他们训练。或者在他们需要更多的刻苦训练以达到下一个目标的时候，他们也会找一名教练，例如，在他们希望成为世界第一的时候。

"我在不同时期跟随不同教练训练过，但是他们中没有哪一位是我的全职教练。我现在的教练下了很大功夫让我的训练更有规律。他把注意力集中在如何决定我的训练重点上，他特别擅长发现和重视细节。"（T-3）

"我需要一名全职教练。我知道我当时的教练没法做这项工作，所以我就去找了另外一名教练。我给他打了个电话，说，'我今后两年的目标是进入世界前五名。我需要一名教练，他能够和我一起每年在外面十五六个星期。我需要一个人，任何时候我需要他的时候他都在那里。你有时间吗？'最终，我第一次进入了世界前五名。"（T-10）

在离开大学之后，网球运动员的教练是些什么人？一般来说，他们是那些运动员在还没有上大学时的教练。他们是那些教出了其他世界级网球运动员的教练，而且他们自己也曾经是顶级的运动员。这些教练当中有一些主办网球训练营，顶级的运动员每年到那里去几次，每次待几个星期，去改进他们的打法和技术的某个方面。有些教练则在一年之内会有几个星期陪运动员一起出去参加比赛。

我们已经看到的这些事情表明，网球运动员经常是为了改进他们的打法和技术中的某个方面而去找不同的教练。在前一任教练不再能够提供他们当时所需要的帮助的时候，他们也会去找新教练。简而言之，我们看到，几乎所有的运动员，即使在他们已经进入世界前十名之后，还是会找人帮助他们克服比赛中出现的弱点，帮助他们达到更高的目标，比如要进世界前五名，或者要成为世界第一名，或者帮助他们在某个特殊的比赛中取胜，比如温布尔登网球赛。

父母的参与

在大多数家庭里，网球天赋发展的后期意味着与家庭之间要产生一个物理距离。①几乎所有网球运动员都从家里搬出去了，去上大学，或者全天候地参加巡回比赛。各个家庭也很少需要给运动员提供财政上的支持了，因为大学里的网球运动员们都有网球奖学金，而其他人至少也能够从比赛组织者那里把比赛所用的费用报销回来。

但是，如果条件允许，父母仍然会去观看大多数比赛，他们也去观看那些重要的全国比赛。但是无论如何，在他们家附近参加的比赛越来越少了，因为这些网球运动员越来越多地参加全国和国际比赛去了。在早期和中期阶段的整个过程当中，父母去观看了大多数的青少年比赛。在后期阶段里，有些父母很怀念以前去看比赛的日子，甚至还有点感觉自己像是被甩在一边了。

"我父母会来观看我参加的基本上是所有的青少年比赛。我妈妈会陪我一起去参加所有的全国比赛。但是，到了我开始打职业比赛的时候，我的教练会陪我去参加所有的比赛。妈妈可能觉得自己被晾在了一边。她特别喜欢那些青少年比赛。她就是喜欢看网球比赛。"（T-6）

但是，大多数网球运动员的父母都比较容易地就完成了这个过渡，在他们孩子的网球事业里扮演一个不那么积极参与的角色。

尽管在时间和金钱上给予运动员们的支持少了，但是多数父母仍然给了孩子们精神上的支持，他们通过经常打电话，密切关注孩子们在网球上的成绩和进步。

"我父母总会打电话来。我每天都会打一场比赛。然后我们每周就会在正常

---

① 两名网球运动员是例外，因为他们的教练是自己的父亲。直到他们快30岁的时候，他们的父亲一直是陪着他们参加大部分的比赛。

时间通三四次电话，在我赢了的时候，我打电话的时候就会飘飘然，在我输了的时候，我打电话的时候就会哭，他们很理解我的这些反应。"（T-8）

后期阶段的总结

后期阶段里最重要的事件，就是网球运动员们做出了全职打网球的决定。在高中毕业之后，网球运动员们通过两条途径走入了职业网球。

第一种途径是多数网球运动员进了大学，在加入职业巡回赛之前，在大学里打网球。大学里的网球运动为他们技战术的完善添加了最后一笔。大学里的教练与网球运动员一起完善他们的击球技术，改进战术，训练耐力，为体力消耗极大的成年人巡回赛做准备。在大学里的某个时刻，我们样本里的大多数运动员都会超出与他们同时期的、大学里的大多数竞争对手，之后，就决定加入职业网球。有些网球运动员等到他们大学毕业才做出这个决定，有些则为了加入职业赛而提前离开了大学。

第二种途径是网球运动员从高中直接进入职业巡回赛。我们样本里的女性更倾向于走这条路，这是因为，直到最近以前，女性在大学网球运动里能够得到的机会很少。但是和大多数在大学里继续发展的网球运动员一样，这些网球运动员也和特殊的教练一道去发展同样的技能（战术，耐力）。简而言之，网球运动员们不管是否进了大学，在后期阶段，都在和一名新的教练一起完善已有的技术，发展战术和不断培养耐力。

大多数父母成为了"背景"，在孩子的网球事业中只会起间接的作用。他们仍然在精神上给孩子们以支持，但是因为运动员们在这时候通常已经离开了家，父母在时间和金钱上所提供的支持，相比以前，就要少得多了。

回顾

很多网球运动员讲述了他们刻苦工作,每天训练很多个小时,到处去比赛,在路上的孤独,而且,因为他们很少在每一地长时间停留,所以建立和维系友谊很困难,但是似乎很少有网球运动员为此感到遗憾。想到他们小时候那些与他们一起成长的朋友,他们并未感到自己缺失太多。

"我热爱网球。对我来说这是可以创造成果的事情。我就是这么一个人,时时刻刻都得做些有成果的事情。我就是这么感觉的。跟四五个16岁的小孩一起,坐在'牛排加冷饮'那样的餐馆里,这对我一点吸引力都没有。我从来也没觉得我想念这些事情。我觉得我想要做一些不同的事情,我想要成为个人物。"(T-11)

"我能记得,在高中的时候,我会想,一个正常的生活会是什么样子的,与别人之间如果有正常的关系会是什么样子的。我的意思是,即使是在高中里我有了一个比较认真对待的女朋友的时候,我也总会想到,我一下子得离开她5个月。但是我也一直知道,我确实一直想在某件事情上做到最好,而如果我想成为最好的,我就得放弃一些其他事情。你把它放到生活里去看,牺牲总是会有的,所以你就需要选择去做一些牺牲。现在再回头去看,我没有真正感觉到我失去了什么。做事是会有不同方式的,但是我就选择了这样的方式。如果能够回头再做一次,我也不会用其他方式去做。我喜欢我最后成为了这样的人,所以我想不出来我会做任何事情去改变这个结果。"(T-10)

在讨论他们从网球中得到了什么的时候,所有网球运动员都提到金钱。就算是在巨额奖金出现之前,那些在60年代末期和70年代初期打球的人收入也很好,而且多数以很有头脑的方式使用了自己的收入。那些到现在还在打球的人,一般是非常富有了。网球运动员们还提到,他们有非常好的机会到处旅行,去看世界。

但是，钱和旅行机会，都是网球运动员们顺带提了一下的。很明显，给他们带来了最大的满足的，是他们知道，他们做了一些很特殊的事情，在某一件事情上，他们做到了世界最好水平。

"我知道我如果把目标定在什么事情上，就一定能够做好。在某件事情上成为世界最好的，这是非常好的一种感觉。我也用不着对别人说这些，这就是我所做的事情。"（T-8）

"网球给了我一种自我表达的方式。那是一种自我满足，那是用金钱买不来的。你买不来一个反手到底线的击球，那需要努力，需要投入时间，需要投入感情。"（T-9）

有一位母亲（T-10 的母亲）很充分地总结了孩子们在网球上的发展历程，我们就引用她的一大段话来结束这一章，作为发展网球天赋的总结："要说到计划让他们当网球冠军，那我们根本没有计划过。事情就是逐渐发生的，我们是一步一步走过来的。当他们在市里比赛取胜的时候，你会想，'那就让我们去州里的比赛吧，看看能有什么结果。'那就是事情一边发展，我们一边跟着走。我们所有人都参与进去了。我们一直是跟孩子们一起去的。我们从来不会说，让他们跟着一大帮人去吧，或者让他们自己去吧。我们不是那样的父母。我丈夫和我都不是那种把孩子扔给保姆的人，不会把孩子扔给那些对我们不了解的人。我们是一个关系非常紧密的家庭。我们没有什么其他兴趣，就是喜欢网球，网球就是一切。它慢慢发展成了我们生活里的主要内容。所有其他事情都是围绕着网球转的。我们不像大多数人那样，认为工作、社交生活、学校是最重要的，如果你有工作，那打打网球也不错。而对我们来说，网球是第一位的，我们让其他所有事情都围着网球转。

"说到我的孩子们，并不是说我丈夫把网球强加给了他们，他没有。他们也不知道怎么一来就开始打网球了。然后我丈夫才对这事有了兴趣。他们之间关系很恰当。但是我看见过很多网球父母。事实上，我所看到的是，特别是在现在，打网球可以挣来很多钱，所以就有很多父母特别急迫地想让孩子打网球，他们几乎看不到真正的现实。我们不是那样的。事实上我很高兴我们是在那个时候经过了那个历程。因为那就是对网球的纯粹的喜爱，那里面不牵涉到钱，我们就是喜欢网球，想看看你到底能打得多好，然后你就越打越好。你打得越好，得到的快乐就越多。"

第三部分

数学和科学

第七章

出色数学家的成长

威廉·C.古斯廷

| 第七章　出色数学家的成长 |

在这一章里，我们要讲述的数学家是一组比较年轻的人，他们在美国成长，在他们的领域里取得了最高的成就，也广受尊敬[1]。我们选择这一组人所用的标准，是由数学家和数学教育工作者推荐给我们的。

我们样本里的所有数学家都获得过斯隆基金会（*Sloan Foundation*）[2]的研究人员基金。这是一个竞争非常激烈的奖项，用这个奖项作为选择标准，是一些信息灵通人士向我们推荐的，他们认为这是用来衡量四十岁以下的数学家的成就的、最客观的指标。基金会自己的说法是：这些给研究人员的奖金只给"那些显示出最出色潜力的人，他们最可能为人类知识做出最重要的贡献"。

---

[1] 在我们为本项研究收集材料的时候，这些数学家们必须在40岁以下。最后，在我们的样本中，这些数学家最小的29岁，最大的38岁，平均年龄是35岁。后文提到的M-1～M-23指的是23位数学家案例。

[2] 译者注：斯隆基金会，是美国的一家信誉卓著的私人创办的基金会，资助原创性的科学、数学、技术、经济学方面的研究工作。基金会每年选出一些年轻研究人员给予奖励，选择标准是这些研究人员有潜力在自己的领域里做出非凡贡献，成为一代大师。

为了保证样本的客观性和可靠性，我们也用了另外两种方法来选取样本。我们使用科学引文索引（SCI）来找出斯隆基金会研究员当中，哪些人发表的文献被同行引用得最多。这是一个很常用的方法，用来鉴别不同寻常的成就。最后，我们还征求了6所美国大学里数学教授的意见。这6所大学都有数学研究生培养项目，它们的数学系在全美国有出色的声誉。这些教授可以判断年轻数学家的能力和成果，如果有些人与我们名单上的人同样出色甚至更出色，教授们还可以提供这些人的名字。我们分析了这些教授的意见，去掉了最初名单上的4个人，加进了另外3个人。这3个人要么是发表的文献被同行大量引用，要么是得到过斯隆基金会的研究基金。

最终，有23人达到了我们的标准，被邀请参加我们的研究。这其中，有20人同意向我们讲述他们的经历。（另外3人中，有2人住在国外，有1人对参加我们的研究不感兴趣。）之后，我们又访问了17人的父母，以得到补充资料和佐证。

在这一组有成就的数学家当中，只有一位女性。为了避免让她的真实身份被曝光，我们在提到这些数学家的时候全都使用男性代词。

一些读者可能也会对这样的一些背景情况感兴趣：在这些人当中，有14人是家里的老大。有4个人之所以被算成是"老大"，是因为他们是家里的独生子。另外的10个人，是在有两个或者两个以上孩子的家庭里是老大。我们用以下的篇幅讲述成为出色的数学研究人员的历程，从这些人出生时候的家庭开始讲起。

| 第七章　出色数学家的成长 |

早期阶段

家庭的价值观

这项研究收录的20位数学家都有受过良好教育的父母。14位的父亲有大学以上学历：5位是哲学博士①，3位是医学博士，2位是法学博士，还有4位是硕士。剩下的6位父亲，有3位上过大学，另外3位的最高学历是高中。11位母亲有至少大学学士学位，另外还有4位上过一些大学课程，剩下的5位里面，除了1位之外，其他人都从高中毕业了。这些父母能够达到这样的教育水平是值得注意的，因为那些上了大学的父母通常是在美国大萧条期间上的大学。他们白天工作，晚上上夜校，或者把学习延长几年。就算这样，有几位还是取得了出色成绩。有一位父母是罗德学者（Rhodes Scholar）②，另外几位父母是荣誉毕业生。

绝大多数数学家都提到，他们父母的价值观里有一个典型的特点：重视教育和成功，尤其重视智力活动上的成功。

"我父亲简直就是个来自启蒙运动③时代的人。他思考、读书、猜想……"（M-7）

"我觉得我父亲对于严肃的智力活动有一种严肃得可怕的锲而不舍精神——

---

① 译者注：哲学博士是美国教育系统里的最高学位，颁发给文、理、工程等各个非专科教育学科的博士。专科教育的学科，如法律、医学、音乐演奏等，有他们单独的法学博士、医学博士、音乐艺术博士等。

② 罗德学者（Rhodes Scholar）：罗德奖学金是国际上最著名的奖学金之一，获得者需要已有学士学位，而且有成为伟大学者的潜力。获得者可以去英国牛津大学学习两年。每年有32位美国人获得这项奖学金。

③ 译者注：启蒙运动是17世纪到18世纪期间西方文化与思想产生重大变化的时期。在哲学、科学、文学、艺术、社会与政治等所有重要领域，现代西方思想取代了中世纪的传统思想，以人类理性为基础而发展起来的自由、平等的价值观成为了社会与政治思想的主流，以科学、艺术、哲学为基础去追求社会的进步和发展。

可以说，那似乎就是生命的唯一目的……他的生命完全贡献给了精神生活。"（M-12）

比起很多其他父母来，有一对父母所接受过的正规教育要少得多。但是，他们也非常重视教育。"特别是，他们总是坚持说话的时候语法要正确，这在我长大的那个地方可不是很常见。他们的这个特点也并不仅仅表现在他们会花时间来纠正我们的语法错误，我们就是都知道他们有这个要求，我记得很清楚。这太了不起了。"（M-4）

有一位数学家（M-10）的父亲自己就是学者，"他当然是重视教育的，我一直就有这个印象。我父母都认为自己是有智慧的人，他们期望自己的孩子也是一样的。"

另外一对父母重视的是教育、科学、智慧、艺术。"我想我不知道从哪里得到了这样一个印象，那就是我们是一个科学家庭。我记得我小时候曾经说过，人要么是科学家，要么就是艺术家。结果我父母对我说，绝大多数的人两者都不是。"（M-11）

数学家的父亲们，有半数从事研究或者教学工作，他们的领域包括物理、医学和工程。另外有 30% 的父亲经商或者从事财会工作。数学家的母亲有 3/4 是家庭主妇，但她们当中的大多数也积极参与家庭之外的活动，且活动内容多种多样。

这些数学家的父母认为，由父母给孩子指定应该对什么感兴趣是错误的做法。他们说，他们试图把孩子当作"正常"孩子来看待。

"我认为，如果不给他们条件让他们去做他们自己感兴趣的事情，让他们成为他们自己想成为的人，却试图让孩子去做你想要的事情，那是白费力气。"（M-4 的母亲）

"我强烈反对按照父母的期望去逼迫孩子、塑造孩子。"（M-21 的母亲）

| 第七章 出色数学家的成长 |

"我们尽量呵护孩子，让他正常地成长。我们的想法是，我倒要看看我能不能有一个聪颖的、很好地适应环境的孩子，跟别人相处得好，有好朋友，有广泛的兴趣，而不是一根筋。"（M-17 的母亲）

有几位父母会给孩子一些"实际"的指导，例如，"做你自己""要全面发展""要尽量发挥你的能力""要有条理"。"他们是温暖、充满慈爱的。他们是非常深思熟虑的父母。此外，他们追求成功，特别是追求学术上的成就。你知道，我觉得这是很自然的事情，我是家里的独子，而且是他们年龄比较大的时候才生的，他们发现我很聪明，这对他们来说，是很棒的事情。"（M-5）

虽然父母努力不去给孩子施加压力，不去指定孩子一定要做什么，但是，他们的价值观、信仰和期望对这些数学家还是有很大的影响，不仅是在孩子成长的早期，在他们成长的后期也是一样。

数学家的父母很注意观察他们的孩子，也看到他们显露出来一些迹象表明他们的智力水平可能很出众。这并不一定是数学方面的特殊能力，而是总体上的智力水平。对这些父母来说，孩子的语言能力是很重要的。有的数学家很早就开始说话，有的则开始得相当晚。

"他很早就开始说话了——20 个月大的时候，他就能够背诵歌谣了。"（M-4 的母亲）

"他非常早就开始说话了。9 个月大的时候，他会说两三个词，到了 1 周岁的时候，他会说大概 30 个词了。他说话就像比他大很多的孩子一样。"（M-2 的父亲）

"有很长一段时间他都不会说话，我当时想，'这孩子有什么毛病吧？'"（M-19 的母亲）

"如果他看上去不是一副聪明相，我可能就要担心了。因为他说话可真够晚

的。他到了满 2 岁的时候才说出第一句话。"（M-21 的母亲）

这些观察之间差异这么大，使得我们很难得出结论说明一个小孩说话早或者晚是否有什么重要性。但是，语言能力在这些数学家的父母心中是很重要的。

对于智力和学术成就的重视，无疑是传递给了这些数学家。尽管他们的父母不愿意给孩子指定自己应该有什么样的兴趣，他们还是学会了重视父母所重视的东西。刻苦努力、做事做得好、做事要准确，这些是几个例子，说明数学家从父母那里学到了什么。但他们经常意识不到自己是如何学到了这些价值观，至少解释不清楚。

"因为某种原因吧，我也不知道是为什么，我就觉得把事情做好很重要。我父母从来也没有明确地这么说过，但我就是受到了鼓励，要努力把事情做好。"（M-2）

"有时候，要成功有一种不必说出来的压力，天知道成功意味着什么，我猜这大概意味着学业上的成功吧。但我之所以感觉到这种压力，好像就是因为在成功的时候会得到祝贺。在每一个时期，成功都好像是一件很棒的事情。"（M-17）

数学家的父母很重视智力活动上的成绩，也经常为了智力活动上的进步而投入他们自己的空闲时间。

"我的父母总是在读书。我父亲每天晚上都去他的书房里写读书笔记。"（M-7）

这些数学家所看到的父母的智力活动就是他们的榜样。他们的父亲对工作尽心尽力。他们给孩子树立的榜样是坚持不懈、细心、认真对待细节，以及发展自己的心智的重要性。

有一位母亲的回忆可以作为另外一个例子，看看父母是怎样成为孩子智力活动方面的榜样，以及如何将自己的价值观传递给孩子。

"我丈夫在他的书房里消磨很多时间,他读书、写作……他几乎在书房里过了一辈子。当××4岁左右的时候,他开始用我的打字机。到了他6岁左右的时候,他跟我说,他要写一本书。他就真的用打字机打了一本书出来,书中都是一些瞎编的词,中间还有空隙。他是在模仿他爸爸。"(M-19的母亲)

还有另外一位母亲说,她儿子从来就没有像婴儿那样咿呀学语过。她一直就把他当成一个"会思考的个体"一样与他说话。

"他一直就是个思想者。在幼儿园里,老师问他,都去哪个教堂。他解释说,我们不去教堂,因为我们不相信上帝。老师把他带到一棵树旁边,问他,'这棵树是从哪里来的?'他说,'是从一粒种子里来的。'老师问,'那种子又是从哪里来的?'他说,'我真希望我爸爸现在在这里,他能给你讲解进化论的所有内容。'"(M-23的母亲)

有一位母亲(M-11的母亲)回忆说,她总是在给儿子们读书。她认为"那肯定给他们带来了非常大的影响"。多数母亲都强调了在家里阅读的重要性。

"我们花了很多时间给孩子们大声读书。事实上,我丈夫和我现在也大声读书。"(M-3的母亲)

在孩子在学校学习认字、阅读之前,父母都没有刻意去教孩子阅读。一位母亲说:"我不赞成提前教阅读的做法。"

"我教孩子阅读应该在课堂上进行。我不想在家里教孩子,然后孩子到了教室里,老师又让他用另外一种方法学习阅读。"(M-10的母亲)

这位母亲相信"孩子能够理解的比他能够读出来的要多",所以,她坚持给孩子读"很难的书",直到孩子上三年级为止。

尽管父母没有刻意去教孩子,这20人里面还是有3人在上学以前就学会阅读了。例如,有一位是4岁的时候自己学会读书的,因为他对于需要依赖父母来

成才之路　　发展青少年的天赋

读书感觉很不耐烦。

"他会拿一张报纸或者一本书，在黑板上写下一些词，问我它们是什么。他做这些事情，我可不敢说功劳是我的，我当时不知道这些事情对他好还是不好。我就随他自己想做什么就做什么。我会给他读故事书，等我读了两遍之后，他就会读给我听。"（M-4 的母亲）

4 岁的时候，这个孩子有一块小黑板，他用这块黑板学会了写字母、单词和数字。

好奇心

在早期，这些年轻数学家的好奇心是他们的一个最经常被提到的特点。他们的父母回忆说：

"他会问好多问题，他很有天赋。他想知道所有的事情，想知道所有事情背后的原理。"（M-2 的父亲）

"我记得最清楚的事情是，我们家里当时常有工人们来。他总是跟着他们转。我觉得他可能要把工人们烦死。他问了一个又一个问题，真的是没完没了。"（M-3 的母亲）

"当他还是一个小婴儿的时候，他看上去就像是在思考。他看东西的时候就像是在想它们是什么，或者它们的用处是什么。从非常小的时候开始，他就在问问题，总是在问问题。他迫不及待地要学习。"（M-4 的母亲）

几乎所有的父母都给我们讲了相似的事例。当然，大多数孩子都会经历一个探求的阶段，会问"那是什么""为什么"。但是，这些数学家的父母与众不同，因为他们回答孩子问题的方式与众不同。他们是认真回答这些问题的，也经常鼓

第七章 出色数学家的成长

励孩子提出更多的问题。

"我对孩子的期望就是他们能够喜欢学习。我让他们见识各种事情，回答他们的问题，鼓励他们问问题。"（M-2 的父亲）

"我倾听孩子的话，跟他交流，回答他的问题，给他读书。"（M-21 的母亲）

有一对父母对摄影感兴趣。母亲（M-11 的母亲）说："他吸收知识就像海绵一样。还很小的时候，他就问了很多问题。他父亲通常会很详细地回答这些问题。他不会居高临下地对孩子说话。到了他 1 岁的时候，他的词汇量至少有 100 个，可以跟人交谈。他说的第一个词是'柯达胶卷'。"

数学家自己也记得，他们小时候很好问。

"我一直就有一个强烈的欲望，任何我不明白的事情我都要搞明白。"（M-6）

"我一直就对事物背后的为什么感兴趣。我会把玩具拆开，观察里面的部件，我对阀门、仪表、旋钮都非常入迷。"（M-3）

他们也回忆了父母和其他人是怎样回应他们的好奇心的：

"我表现出来的任何一点智力上的好奇心都得到了鼓励，哪怕跟智力活动只沾一点边也行。我想我可能是受到了娇惯，但是，在当时我可没觉得。事实上，他们并没有鼓励我追求物质方面的东西。但是，我对收音机、摄影，以及类似事情的兴趣是得到了鼓励的。"（M-16）

"我可以从我爸爸那里获取科学知识，他是一个各种有趣信息的来源。"（M-11）

"我当时感兴趣的是星星之类的东西。记得我很小的时候，我哥哥有一个朋友，他们俩总是凌晨三点钟的时候看星星，我那时曾经问我哥哥，$E=mc^2$[①]是什

[①] 译者注：这里指相对论当中的质能方程式：$E=mc^2$。

么意思。他说，'这么笨啊，那是平方！'就是在那个时候，我下了决心，一定不能再当一个笨孩子。"（M-16）

没有几个数学家记得自己小时候对数字有过什么兴趣。如果对数字有过兴趣，这兴趣也不比他们对其他东西的兴趣更大。

"我爸爸在与数字有关的事情上不是很在行。不过，如果我问问题，他还是会试着解答的。我记得我像做游戏一样把前10个自然数加起来，结果得到各种各样的答案，后来有人说，'你为什么不把第一个数和最后一个数加起来，依次加下去？'反正是这种类型的事情。所以我就这么玩着，但是那对我也并没有什么特殊意义。"（M-7）

尽管这些数学家的家庭环境差异很大，但是，在他们的家庭里，对于智慧的追求、对于学业上的成就都是很重视的。他们有认知和智力活动方面的榜样。当他们初次显露出好奇心的时候，他们提出问题、思考、渴望得到答案，而这样的行为受到了鼓励和引导。

"我很肯定这与我受到的鼓励有关，这些是整体的生活经历的一部分。我没法想象一个人能够完全脱离文化环境，完全不需要家庭的支持，只需要一个设计得很好的教育项目，就能够成为一名数学家。简单地说，这似乎是完全不可能的事情。一个人的价值观是从很小的时候就开始形成的。不仅仅是你愿意得到什么、不在乎得到什么，还有什么是你有能力做的，什么是你没有能力做的。你通过模仿你周围的人来建立你的价值观。如果有一个因素特别突出的话，那就是人。如果你接触的人有正确的方法、有正确的思路，那你最后至少会得到去做某种事情的机会，否则，你就不会有这个机会。"（M-12）

早期的学习

几乎所有父母都注意到，作为孩子来说，这些数学家都很能够自得其乐。他们能够很长时间地专注于很复杂的事情。

"他可以一连几个小时地用积木搭一个高塔。到了这个塔最后倒下来的时候，他会发出一声绝望和痛心的叫喊，然后从头再来。"（M-11 的父亲）

"在他小时候，他会坐在自己的游戏盘里，玩一个有分格的玩具邮箱。他会把一些积木'寄'到不同的格子里去。他能够这样坐很长时间。很显然，他有很好的专注力。他不要求别人给他很多的关注，他会自己玩玩具，一玩就是很长时间。"（M-17 的母亲）

数学家的父母无意把自己的兴趣强加给孩子。但是，孩子应该培养哪个方面的兴趣，父母也许没有起到很大作用，但一旦有了兴趣，父母却起了非常重要的引导作用，引导孩子应该如何去追求这个兴趣。我们已经提到过，他们如何回答孩子提出的问题、如何看待孩子喜欢问问题这个特点，都对孩子有影响。他们也为这些未来的数学家提供了最初的学习体验。

"我们一起玩了很多游戏。我教会了他玩扑克牌。我们晚上经常会玩纸牌或者棋类游戏。他玩得很好，我跟他玩都不会觉得没劲。"（M-2 的父亲）

"他总是玩积木，其他孩子没有像他这样玩的这么多。他会从不同的角度去看一件事，能够搭建各种不同的东西。我们一起也玩游戏，比如多米诺骨牌，扔骰子，然后把骰子上的数字加起来。"（M-3 的母亲）

"在火车玩具方面，我们没有给他买电动火车。我们买了带有木头做的铁轨的小火车，你需要把轨道和火车都组装起来。因为如果你买了这种小火车的话，孩子们就得自己动手组装。你可以把轨道装成八字形、椭圆形，或者随便你喜欢

的什么形状。你可以拆了装，装了拆。他们完全可以自己玩。"（M-17的母亲）

另外一位母亲（M-10的母亲）也回忆到，她教过儿子好多扑克牌小游戏。她表达了一个在这些父母当中很常见的想法："我对孩子没有什么很高的期望，我只是希望无论他选择做什么都能够成功。我没有刻意去影响他，我们只是尽最大努力训练他的独立思考的能力，这样他才可以成为一个独立的人。我们是通过言传身教来做到这一点的。当然，我们也给他读书，和他一起玩扑克牌游戏，也会给他施加影响，帮助他培养能力去学习其他的东西。我们尽自己所能，让他接触尽可能多的不同事物。"

大多数数学家都不记得他们最初的学习经历了。不过，有一位还记得："我妈妈给了我一个纸板做的东西，中间有一个大的旋钮，有好多各种物体的图片，有些算术题，还有其他一些东西写在上面。你可以选一个，用旋钮把它转过来，你就可以掀开旁边的一个小纸片，看看你回答对了没有。我玩这个玩具玩了好长一段时间。在我上二年级的时候，妈妈教了我怎么做竖式除法。因为有一次她是在算买菜的账还是什么，就做了竖式除法。我就在想，这些有趣的算式是什么呀，比我们在上课时候做的加法好玩多了。也是在那个时候，她给了我一堆她用过的旧书，有一本旧的《知识手册》（Book of Knowledge）。她还给了我她高中时候的化学课本，我那时候觉得这本书非常的神奇。"（M-4）

父母并没有刻意强调数学，但也没有刻意躲开数学。有一些早期的学习活动确实是接触到了数字和计算。

"我记得，他吃煎鸡蛋的时候，他爸爸就会说，'这是1/2，那是1/4，那是1/8。'他一边喂这小不点儿吃饭，一边就会说说这些。"（M-17的母亲）

那位数学家回忆说："我兄弟和我在特别小的时候都喜欢玩游戏。我爸爸特别会跟我们玩游戏，让玩的过程充满乐趣。我记得他给我讲过一些特别有意思的事情，那是某些数学的东西，我就会顺着这些思路去琢磨。我爸爸是个很会掌握尺度的老师，我能够肯定地说，他做了很多潜移默化的事情，根本没让我觉得他是在教我。"（M-17）

家庭内部的讨论

大多数父母认为，在孩子进学校去学习阅读和算术之前，他们不应该提前教孩子这些内容。如果他们认为哪些事情是学校有责任去做的，他们自己就不去做这些事情。

"我们听别人说，提前教会妨碍孩子们在学校里的学习。所以，他爸爸就转而去跟孩子讨论天文、化学、物理。当儿子上了一年级的时候，他不会独立阅读，可是他会写出化学方程式。"（M-11 的母亲）

父母不仅支持孩子们的兴趣和活动，他们也尽自己的努力，去满足孩子的好奇心，但前提是不提前教授孩子们在学校里会学到的知识。有一半的数学家提到，家庭里的讨论是他们的早期成长当中一个很重要的部分。很多人是在吃饭时间进行这种活动的。

"我们玩词汇游戏，目的是要扩展孩子们的词汇量。我们会按照大家在餐桌上座位的顺序来，每个人要给出一个词的定义，或者给出一个符合某个定义的词。"（M-3 的母亲）

"我们的午饭和晚饭时间有很多题材的讨论。我们以前一起吃早饭、午饭和晚饭。我会说，'瞧，如果我把这些数字都加起来，我就会得到这个答案。为什么呢？'我爸爸会说一件什么事，我就会说，'如果这样、那样，情况会如何？'你瞧，我爸爸并没有在逼我学习。"（M-7）

成才之路　　发展青少年的天赋

经常地，这样的讨论只是在数学家和他们的父亲之间进行。而且，因为父母很不愿意去干扰孩子们的"正常"发育，这些讨论就很少是有章法的。也就是说，它们经常是由孩子而不是由父母发起的，这些讨论的发生也都是很随机的。但是，什么样的话题才能拿来讨论，在这一点上父母似乎是有选择性的。通常，他们讨论的话题是科学。

在数学家很小的时候，父母能够回答孩子们提出的大多数问题，但是，很快地，这些问题就变得太专业了。但是，父母并没有阻止孩子们问问题，他们所做的是去教孩子如何自己去寻找答案。

"我记得，我以前会用数字做游戏。我对于把一串数字加起来很不在行，也不感兴趣。不过，我记得我像很多人一样试着玩过斐波那契数列。然后，我想我是很偶然地发现了一些规律，我就拿给我爸爸看。他对我说，'真棒！'然后就从书架上抽出一本关于斐波那契数列的书。"（M-7）

"他会发现各种事情，做所谓的研究。我们会写信索要各种各样的小册子。他先对消防车和火车感兴趣，之后，就对飞机感兴趣，我们就会学习关于飞机类型的知识。可能是我教他开始这么做的。到他大了一些之后，他就自己去学习了。"（M-16的母亲）

"我有一种感觉，就是我妈妈鼓励了我的好奇心。我对天文学很感兴趣，比如，恒星、行星、太空之类的东西。为了回答我的问题，她会给我念百科全书里面的文章。所以，我绝对是学到了所有的那些智力活动价值观，你要为了了解世界而读书，如果你要了解什么事，你要去百科全书里找。如果那书里没有，那你就应该去图书馆。"（M-21）

数学家们开始珍视探索的过程。他们不想让别人告诉他们答案，而是愿意自己想出答案。

"我记得一年级的时候，老师教我们做算术，我很烦的事情是，老师要把每一个具体事情都教给我们，五加六得十一……而不是让我们自己去琢磨出来。我就是喜欢自己去把这些事情琢磨出来。"（M-11）

"我会想出一些疯狂的主意，然后老师就会说，'我们来做点研究。'我爸爸，以及那些老师们，肯定是不会直接告诉我答案的。"（M-17）

有几位父亲有足够的教育背景，如果他们自己教孩子数学，至少可以教到微积分。但是，只有两位似乎是真的"教"了儿子数学，就算这样，他们教的也只是一些很基础的东西。这两位父亲都是工程师。

"我爸爸在我很小的时候就引导我对数学产生兴趣。我确实也显露出了兴趣，我很喜欢数学。当然，我对其他事情也感兴趣。我学了一些其他小孩不知道的东西。数学肯定不是我生活的全部。我只是比起其他小孩来对它更感兴趣。不过，大多数小孩那时候好像对什么都没有太大兴趣。我6岁还是7岁的时候，他只是教了我一点代数，怎么样解简单方程。在我成长的过程中，他时不时地会教我一点什么。我们不是每天做这件事。每过一段时间，他就跟我说一些新的东西。"（M-5）

特殊的孩子

数学家们对他们的成就和能力都持很谦虚的态度。他们现在是在人类知识的最前沿工作，能够有机会做这种工作，说明人们对他们超出常人的能力有强烈的信任。他们从同行那里得到的认可也很重要，这既促成了他们今天的成功，也提供了工作动力。但是，在他们最初建立自我形象的时候，则是父母强烈地影响了他们。虽然这些父母的愿望是希望孩子能够正常地成长，但他们也相信，这些数学家即使是在还是孩子的时候，就很"特殊"。

成才之路　　发展青少年的天赋

"他小的时候，我觉得他真是聪慧过人。因为他学东西真快，而且懂得非常多。"（M-4 的父亲）

"我们当然感觉到他是个与众不同的孩子，不过我们也没有想去使劲挖掘什么。"（M-4 的母亲）

"他做过智商测试。当然，他的分数超出了测试上限。我们也没觉得这有什么了不起的，因为我和他爸爸的智商也都是最高的。我们也没觉得我们有什么需要做的。我们希望他和其他孩子一样接受教育。"（M-10 的母亲）

"我们从来就没有怀疑过他有一个聪明的脑袋瓜。我们知道他聪明，他自己也知道，别人也都知道。引起了我们特殊注意的是当他展示出来了原创性思维的时候。那就不是一个简单的高智商的问题了，而是他能够运用他的智力。当然，这一点，是从学术角度来说。"（M-11 的父亲）

数学家们也知道，别人觉得他们是出众的。

"我父母肯定知道我很聪明。我还在幼儿园的时候，接受过一次智商测试，分数很高。从那之后他们就相信我是个天才了。"（M-5）

"我知道我爸爸一直就觉得我们比其他孩子聪明。当然，这在某种程度上是对的，我当时也相信这一点。相信这点是个好事。他一直就相信我们是特别聪明的。"（M-6）

"当我成绩好的时候，我妈妈就很高兴。虽然这几乎是理所当然的事。我很聪明，这是个很早就得出的结论，所以我的成绩肯定会好。这是毫无疑问的。"（M-12）

"我不记得曾经因为没有得到第一名而受到过惩罚，但是父母对我确实有期望，只是没有明说出来而已，那就是我的学习成绩要好。"（M-13）

阅读和进行研究项目

当他们学会了独立阅读的时候，我们研究的数学家中的15位就成了非常狂热的读书人。

"他一直就喜欢书。他最先要的东西就是书，之后才要的玩具。他7岁的时候得到了第一张图书馆借书证，他也可以走着去图书馆，他也经常会去。"（M-4的母亲）

"我总是在读书。我读过一套关于一个农场的书。我记得，我觉得这套书充满想象力，所有的动物都会说话。我还记得，在那之后不久，我读书就非常投入。我记得，我读过所有的汤姆·斯威夫特系列、哈迪男孩系列、南希·朱尔系列①。"（M-7）

"我是个如饥似渴读书的人。我不记得那是从什么时候开始的，但是我觉得我整个上学期间都是这样。不过我读书是完全不加鉴别的。我会随便抓起什么就读，什么离我最近我就读什么，连番茄酱瓶子上的标签我都拿来读。"（M-9）

"我把所有的时间都用来读书了。这让我妈妈很不安，她觉得我应该到外面去跟小孩玩。"（M-19）

在这些早期时候，他们读书主要是各种主题兼顾，但是，有大概一半的人提到，他们也读科普书、科学幻想小说，或者是关于行星、原子的书，以及关于著名科学家的书。

多数的阅读只是为了得到愉悦，但是，逐渐地，有目的的阅读开始多起来。当他们对于世界的好奇心越来越强，而父母无法解答他们的问题的时候，他们就

---

① 译者注：这些都是美国畅销的青少年小说。

自己从书里寻找答案了。有一位数学家从父亲那里得到了一本《化学和物理手册》（Handbook of Chemistry and Physics）。

"他读这本书就像其他小孩读小说一样。他在那之前正忙着研究代数。我对他说，'你知道，有些书是关于代数的。'他的眼珠子都要掉出来了。他去图书馆找了四五本高等代数课本。图书馆的工作人员还先给我们打了电话，问我们能不能把这些书借给他，得到我们肯定回复，工作人员才让他把书拿走的。"（M-11的母亲）

数学家们越来越多地独立阅读，他们对父母的依赖越来越少了。父母允许甚至鼓励他们去发展他们自己的兴趣。

"我们从来也没有过分地亲近。他12岁的时候，我们可不是12岁。我们有自己的生活。我们知道他是一个非常特殊的人，但是我们也得有自己的生活。我觉得这对他是有好处的，因为我们没有把他的生活当成我们的生活。"（M-11的母亲）

大约一半的数学家回忆说，他们在12岁以前就对科学项目、机械项目或者建造模型产生了兴趣。

"我7岁的时候就想当科学家。我肯定是决定了要得到一个科学方面的学位。11岁的时候，我想当一名核物理学家。12岁的时候，我想当一名天文物理学家。在那个时候，科学对我来说无处不在。在我们住过的一处房子里，我有一个小实验室。我有一套化学实验用品，有一个显微镜。我的朋友们会来，我们会一起到小实验室里去玩。"（M-4）

"这看上去可能跟数学的发展没有什么关系，但是在我心目中这却是有关系的，我还在非常小的时候就开始用轻木做飞机模型。5岁的时候，我就可以自己独立做了。我父母会给我买成套的材料，我得自己测量和切开。到了我10岁的

| 第七章　出色数学家的成长 |

时候，我就自己做飞机了。我自己设计，在脑子里想它们看上去应该是什么样子，机身各部分怎么组合在一起，我会在脑子里反复想一个设计。很快地，我就开始全心全意地做这些飞机。一开始，我爸爸还跟我一起做，可是他没有我这样的高标准。他会帮我的忙，会把飞机做完，但我就是想自己做。我对这事变得非常地投入，想确保所有的部件都是完美的，横平竖直、严丝合缝，比例也都对。一旦我脑子里有了一个图形，我做出来的东西就必须要跟这个图形符合。我把这些飞机拿出去试飞了，但是试飞对我而言没有那么大的吸引力。"（M-7）

另外一位数学家回忆了一个类似的对建造飞机模型的兴趣。

"我记得我小时候有很多独处的时光。我拿有生以来存下来的第一笔钱买了一架模型飞机。我用砂纸打磨了部件，把它们用胶粘起来，组装上，涂上油漆。我非常享受这个过程。我做的飞机越来越大、越来越好，我对它们的外观很感兴趣。我从来也没想过要让它们飞起来，而是把它们当作艺术品来制作的。我想让它们跟真飞机尽可能地相似。"（M-15）

父母认为，他们的作用就是给孩子提供他们需要的材料。

"我们给他买过化学实验品、晶体管收音机，等等，虽然很多人觉得他不应该有这些东西，但是他感兴趣，所以我觉得，一个孩子应该得到工具，去做他感兴趣的事情。"（M-4 的母亲）

"他 7 岁的时候，就跟他爸爸说，他想搞一个业余无线电电台。9 岁的时候，他就拿到了执照。为了让他有地方玩他的爱好，我们甚至都搬了家。他把整个地下室都占了。他装了无线电发射机、接收机，用化学试剂做实验，还搞了一个暗室。他一直就对各种电器的工作原理特别感兴趣。我就带他到电器修理部去，让他看看这些东西是怎么装起来的。"（M-13 的母亲）

有一位喜欢建造模型的数学家，大致描述了他在阅读和建造模型上所花的时间。

"夏天的时候,早上太阳一出来我就起床了,我会一直做飞机模型,直到我累了为止,然后我就读书。我总是自己一个人,我没怎么和其他小孩一起玩过。我上的小学不留作业,所以,一直到六年级结束,学校都没有妨碍我。有一段时间,我每天放学一回到家就钻进地下室,然后整个晚上都在那里度过。我也读书,我花了很多时间读书。"(M-7)

与此类似,除了三四个例外之外,大多数的数学家都花了很多时间——独自一人读书和做项目。

学校教育

数学家的父母都很重视孩子的学习成绩,孩子在学校里应该是好学生。20位数学家当中有11位上过幼儿园。但是他们觉得这段经历不太重要,或者完全不重要。有两位彻底忘记了这回事,是他们的父母提起的。其他人有一些更细节的记忆:

"我不喜欢学校,就是从那个时候开始的。"(M-19)

"我去了一两年吧,大概是的。我的意思是,那不能算是一所学校。你可以到那儿去,在大型游乐装置上乱爬。他们强调很多技能,比如,学习怎样与其他小孩一起玩,怎样吃饭而不会弄得满脸都是饭。"(M-5)

一位母亲(M-6的母亲)解释说,她的孩子之所以去幼儿园,只是因为幼儿园很近、很方便。她觉得孩子们需要离开家。"放手是很重要的,让他们在上学之前就有离开妈妈的经历。"

也许人们会假设,任何一个人群,如果在认知发展上非常出色,那他们肯定是接受过什么特殊的学校教育。但是,20位数学家当中的19位进的是公立小学(剩下的1位进了一所大学附属的实验小学）。

另外一个假设是，如果有些人通过学习，在人类认知领域里达到了人类所能达到的极限，那么这些人所接受过的正规学校教育肯定应该是正面的经历。但是，总的来说，数学家们对他们的小学经历没什么感情。有6名甚至在阅读方面存在困难。其中的1名之所以遇到困难，是因为需要眼镜。另外5名遇到困难的原因可能很复杂。

"我学阅读的时候遇到了一些困难，这真够奇怪。我不知道，也可能是环境原因，也可能是——，我不知道。可是到了认时间的时候，同样的事情也发生了。每个人都一下子就学会了怎么看钟，而我就用了更长的时间。可能有好几个原因，我可能眼睛看不清楚。我的意思是，如果他们教你怎么认时间，可是他们在教室最前面举着钟，而你坐在教室最后面，那你可能根本就看不见。也有可能，我当时所在的环境要求我随大流，要求我做别人规定我做的事情。很不幸，我就是一个很独立的人，我想做我自己愿意做的事情。"（M-7）

"我在学校学习阅读是遇到了一些困难的。我觉得，当时把我从私立学校里转出来，有一个重要原因就是那是一所提倡进步主义教育的学校①，你到底会什么、不会什么，他们也不知道。到了学年结束的时候，我妈妈不知怎么发现了我还没学会阅读。实际上，我对阅读还有一种恐惧感。二年级的时候，我凑巧有一个很热情也很理解学生的老师，当我不知道因为什么原因而出现阅读焦虑感时，她帮我克服了这个焦虑感。"（M-21）

---

① 译者注：进步主义教育（Progressive education），是在美国已经存在100多年，但一直处于非主流状态的一种教育哲学和方法。它最知名的代表人物是教育家、哲学家约翰·杜威。它的中心理念是学校教育不只应该培养合格的工人，而是要培养民主社会里的合格公民，能够有效参与社会、政治、经济决策。在实践中，两条最重要的准则是尊重每个学生的能力、兴趣、想法、需要、文化背景；培养有批判能力的、积极参与社会建设的人。但是在实践中，进步主义教育也遭到很多批评，认为它常常伴随着课程设置、教学质量的不严格和学生的基本能力缺失。

至少有 8 位数学家在与其他同学交往的时候遇到了困难。

"我绝对是感到了与其他同学之间的距离。我一直就或多或少有这个感觉。"（M-12）

"除了数学、科学，我觉得我什么都不行。特别是在社交方面一点都不行，在这方面我真的很自卑的。"（M-6）

"我在学校里很多时候是很不开心的。也许，当时我自身存在一些劣势，克服劣势的过程反而对我有好处，因为我学会了坚持和独立思考。"（M-20）

"在小学期间，发生在我身上的一些事情是很能塑造人的，最主要的事情里，有一件是，我当时是社交圈子之外的孩子。除了一个非常小的朋友圈子之外，我记得，我就只有两个朋友吧，我其实是一个在社交方面被排斥的孩子。所以，我是通过做事情、取得成功来获得自信的。我觉得，这些事情之一便是在学校里成绩要好，正是这个动力伴随着我度过那段日子的。"（M-15）

大多数数学家觉得自己的小学经历很普通，认为基本上和其他孩子一样。

"在小学阶段，我想不出任何重大的事情。至于课程安排，对我来说那没有什么影响，我从来就没认真对待过课堂学习。很难回忆起任何事情是对智慧的发展起了作用的，对我数学方面的发展绝对是没有起任何作用。"（M-5）

"要想描述这个是很困难的，我读书、思考比其他人都多，我自己也经常独处。学校真的就只是一个——从某种意义上说，它跟我的生活、我的追求和我的愿望都真的没什么关系。上学只是我做过的一件事。我上小学的时候，跟其他小孩完全一样，这点是毫无疑问的。"（M-7）

总的来说，这些数学家在小学里都是好学生。20 位里面的 13 位似乎在各个学科中都非常出色。有 3 位是只在他们感兴趣的时候才学得好（一般是科学和数学）。有 4 位回忆说，他们是很平均水平的学生。

| 第七章　出色数学家的成长 |

"我有很快乐的记忆，跟其他出色的学生相处的记忆，不过，我还是我们班里最出色的两三个学生之一。"（M-11）

"我想，事情就是这样的，在所有同学当中，我很明显是最出类拔萃的一个，这一点，我从来就没有过疑问。我不知道这是不是给我带来过巨大的快乐，但这似乎从来就没有给我带来过什么很大的回报。"（M-10）

"在小学里，我从很多方面来讲都很普通。在那些跟科学无关的科目里，比如阅读、拼写及其他，我成绩都挺差的。而在科学方面，我已经很感兴趣，也比同班同学超前，但是在一些基本技能上，甚至是最基本的算术上，我都学得很慢。"（M-3）

"我的一年级老师想让我留级，很幸运的是，我父母不同意。我反感算术，只是因为那太没意思了，我不喜欢题海战术，我的社会学也学得不好，我也不喜欢写研究报告。我经常做白日梦，而不肯想那些在学校里我应该想的东西。"（M-20）

对这些人来说，算术似乎并没有什么特殊的重要性。对大多数人来说，算术比其他科目容易。在一个概念在学校里被引入之前，他们经常就已经会了。

"我记得，在进一年级的时候我已经会数数了，这让我的老师很恼火，因为他正准备教我们数数，可是我已经会了。"（M-2）

"我记得，我在三年级的时候有一个朋友，在我们该学分数乘除法之前的一个星期，我们俩不知怎么就自己琢磨出来了怎么做这种题。我还记得，五年级的时候，我从百科全书里学到这样一种算法，可以算平方根。我们班其他同学可能只有一个知道怎么算。不过我没觉得自己有多么出色，也没觉得很希望有别人能够理解我在思考的事情。只有几次，我记得我是在别人之前先学会了一些事情，不过我做那些规定要做的事情也是挺快乐的。"（M-21）

"上小学的时候,我对学习多种学科完全彻底地不感兴趣。我会把我的代数书带到学校去,放在课桌下面,其他同学做减法的时候我就读代数书。我学算术比其他小孩学得都快,他们学的所有东西我都已经会了。真正做题的时候,我有时候会忘了进位,或者类似的东西,所以,如果我的算术成绩,那可不是总是A+的。但那没有任何意义。即使在我只有9岁、10岁的时候,数学对我来说就不是算术。"(M-22)

在数学研究方面想要取得成功,就需要拥有一定的技能,但这些与从算术当中学到的技能是从本质上就不同的。所以,才有这么多数学家会提到,小学里学的算术对他们没有任何影响。但是,上学可不仅仅是学算术。这个阶段里的很多事情确实对他们的成长起了作用。这些事情当中,也许,最重要的是那些使得数学家变得更独立的事情。

"我在学校里基本没有学到什么数学知识。除了一些算术之外,我所知道的一切都是我自己学的。自从我开始自学数学之后,我就再也没有从学校里学到任何数学知识。我有过一些能够激发学生兴趣的老师,但是,他们都聪明地意识到我非常独立,他们可以给我提供的最好的帮助,就是给我课本让我自己学习。"(M-16)

前面提到,20位数学家当中有19位上的是公立小学。公立小学里平均水平的老师没有接受过相关的培训,去甄别和教育能力出众的学生。结果就是,这些数学家在这个阶段无论有什么样的特殊能力,可能都没有被注意到,或者没有被重视。在很少的几个例子里,当他们的能力被注意到的时候,他们最愿意看到的是老师允许他们自己去追求自己的兴趣所在。在他们眼里,"最好的"老师是那些给他们提供书籍和资料、让他们自己学习的老师。

"我记得二年级的时候,有一次,我在写一些数字,我说,'看呀,我数到

10亿了，中间有好多数字我没写，可是我知道它们是什么。'我的老师说，'哇，真棒。可是你那个数字是10亿，还是10万？我们去做点研究，看看到底那是什么。可能你是对的。'然后我就去做研究，结果发现她是对的。可是那是我自己发现的，而且就算我错了，她还是非常鼓励我。好老师肯定是有耐心等待的，他们让我做自己想做的事情，不直接告诉我答案，也不跟我说下一步应该干什么，也不给我搞题海战术，也不催我往前赶，或者做类似的事情。他们就是让我用适合自己的节奏去做自己想做的事情。"（M-17）

"小学的情况是我必须得做老师吩咐做的事情。在我看来，那对我来说不是正确的学习方法。小学老师不懂多少数学，他们对数学也没有什么兴趣，所以，结局就很不理想。我父母很努力地不提前教我那些在学校里应该学到的东西，因为当时的宣传就是这样的。不是说我比其他学生都提前学会了什么，而是我就是不肯接受死板的灌输。我经常做白日梦，我不肯去想那些老师让想的东西。我自己的孩子也喜欢坐下来一连几个小时地做一件事情，他们不喜欢被迫停下他们在做的事情而去开始做其他事情。我估计当时我的问题也出在这里。"（M-20）

早期阶段的总结

在小学结束的时候，未来的数学家还并不知道一个真正的数学研究人员是做什么的。那么，这些早期时光的重要性何在？也许，从这些数学家的故事中，我们能够得到的最贴切的总结就是那是一个"成为某种人"的过程：他们成为某种具有特定的能力和性格的人，而要在很久之后，他们才发现，这些能力和性格与成为一名数学家是很匹配的。

这些父母很重视学习成绩，他们自己也是孩子们在智力活动上的榜样。比起一般父母，他们多数都接受过更好的教育，多数是专业人士。他们认为，让孩子去发展自己的兴趣是很重要的，但是他们也期望孩子在学校里成绩好。即使在小学里，多数数学家也知道，他们将来是要上大学的。

父母鼓励孩子们从事智力活动。从孩子非常小的时候开始，读书就是家里的一项重要活动。也许，在早期阶段，父母如何应对孩子提问是最重要的一件事情。父母对待孩子问题的态度是严肃的，如果不知道问题的答案，他们就教孩子到哪里去、以何种方式寻找答案。这些父母相信自己的孩子很特别，他们也与孩子分享了发现的乐趣。

数学研究是一项脑力强度很大、需要独处的活动。即使还在很小的时候，很多数学家就从长时间的独自玩耍中得到满足。当他们大了一点的时候，他们的大部分时间就被阅读、建造模型，以及做其他独立项目所占据了。总的来说，他们大多数是出色的学生，但是他们没有给自己的小学生涯赋予什么重要意义。他们认为，对他们来说，最好的老师是那些让他们独立学习的老师。

中期阶段

数学家成长的第二个阶段似乎是开始于他们进入初中的时候，一直延续到高中毕业。这个中期阶段也许可以被最准确地刻画成是一个转型期。在这个阶段，这些数学家进行的大部分活动、追求的兴趣，都是早期成长阶段的延续，但这些活动却也预示了未来将要发生什么。

父母和他人的作用

在中期阶段，数学家的经历有很大差异，我们找不到一个比较有代表性的家庭生活模式。有一位数学家提到"看了很多电视"，另一位提到"沉迷于电视节目"，但也有几位的家里根本就没有电视。但是，他们的描述让人感到，他们的日常生活程式是有其内在结构的。大多数家庭是全体成员坐下来一起进餐。父母会坚持要孩子先把作业做完，然后才能够看电视或者做其他的事情。这些数学家最常用来形容自己青少年时期的词是"正常"。

在这个时期，父母继续给予这些数学家重大的影响，让他们形成自己的价值观和判断一些事物重要性的能力。虽然父母没有每天检查孩子的作业，他们对孩子的学习进展却很关心。在学校发成绩单的时候，至少有一对父母是欣喜若狂的。"这让我感觉很好。如果我偶尔拿到一个不好的成绩，他们就把这轻轻带过，从来就没有过消极的感觉。那种正面的强化，深深植入我的意识，我肯定这对我的成长起到了非常强烈的影响。"（M–17）

在这些年间，父母在孩子生活中的作用可以大概分为4种类型，每一类包括大致相同数目的家庭。第一组父母，他们在孩子生活中的作用基本就是给予孩子精神上的支持。第二组父母会保证孩子有建造模型和做实验所需要的材料。第三组父母，主要是父亲，会跟儿子们一起做项目，或者讨论数学和科学的话题。最后，还有一组父母，来自5个数学家的家庭，他们直接介入，给孩子找到了特殊的教育机会——暑假的学习项目或者提前被大学录取。

有几位数学家也受到了亲戚和他们家的朋友的影响。

"我觉得外祖父肯定是给了我很大的影响，让我往数学这个方向走。他是我心目中最了不起的英雄，这是毫无疑问的。我也非常清楚地知道，他认为纯数学是人类智力上的最高层次的召唤。我们讨论过一些数学，有一部分是他对数学的哲学思考，也讨论过数学问题。在我很小的时候，他就发现了我在数学上的能力，当我最后真的转向了数学的时候，我觉得他是非常高兴的。不过我当时并没有感觉到。他是一个非常智慧、有很强观察力的人。如果他当时真的让我知道了他有多高兴，我可能都会觉得承受不了。"（M–3）

"在学术上，我的人生中所受到的最大的两个影响来自两位叔叔。一位是鼓励我做科学和物理方面的工作，另外一位是位法官。那位法官叔叔非常的聪明，他一直就是我用来激励自己的榜样。事实上，他16岁就从大学毕业了。我就希望像他那样。如果你想知道我有没有一个榜样，他可能就是了。"（M–13）

大约有一半数学家把自己在早期时候对于模型的兴趣转化成了对于成套的化学实验用品的兴趣，或者是对火箭、对电子器材的兴趣。在几个家庭里，父亲参与了一段时间。但是在其他家庭里，数学家们就是自己做这些活动的。

"我爸爸是位化学家。我们就自己随便凑出一套化学实验用品，我们需要的东西它基本都包括了。有一次，我想做一个气压计，得把玻璃吹成一个特定的形状，他就找了一个朋友给吹了玻璃。后来，我又想做一个太阳能炉子，需要一个聚光镜和一个抛物状反射镜。我们就跑到废品站去，找到了废弃的汽车前灯，他在实验室里找个人把前面的多余部分切掉了。"（M–2）

"我有成套的化学实验用品，对电子学也感兴趣。我以前自己做焰火、做火箭。我还自己做小炸弹，然后在后院引爆。大人当然不鼓励我做这种事。我最感兴趣的是做火箭，我想做那些能够飞起来的东西。"（M–6）

他母亲（M–6的母亲）也回忆了这些经历："多数父母不会允许孩子玩化学试剂，我却让他玩了。我能相信他是一个仔细的孩子。我还在一张表格上签了字，给他许可，让他在商店里买化学试剂。他以前在地下室里做实验。在他大概14

| 第七章　出色数学家的成长 |

岁的时候,他在这上面花了很多时间。他和一个朋友用他们自己的钱买了钢管,做了个火箭。"

"对物质的追求是不会受到鼓励的,比如汽车。但是我玩业余无线电却得到了支持。基本上所有的器材都是我自己做的,有的是拿希思公司的元件套装做的,有的是按照《大众电子学》(*Popular Electronics*)杂志上的设计图做的。事实上,我有个叔叔就是电子工程师,他就住在拐角的地方。他不是个组装电路的高手,不过他帮我琢磨了从杂志上找来的那些设计图。有些机械方面的操作还是很复杂的,比如需要做底盘以及类似的东西。"(M-13)

这是母亲(M-13的母亲)的视角:"他把整个地下室都占了,自己做传送器、接收器,修收音机,组装电子器件,拿化学实验用品做实验,还搞了一个暗室。"

很经常地,做科学实验本身成了最终的目的。实验科学家们最拿手的就是"做"科学。这些数学家肯定是被科学吸引住了,他们很喜欢做科学方面的事情。

"他会定个闹钟,夜里起来,穿好衣服,到外面去看星星。"(M-19的母亲)

他们最喜欢的是一个过程:寻思—发问—想了解—想发现。

"我喜欢了解一件事情。你抬头看到星星,你就会想知道它们是怎么一回事。"(M-7)

"我的一个大乐趣就是学会某件事情。我会时不时地做一些小项目,学着做这个,学着做那个。当你学会了做一些很难的事情的时候,你会得到一种成功的感觉,这种感觉总是让我很愉快。"(M-12)

"我总是有一种欲望,想搞明白所有我不知道的事情。"(M-6)

在科学和数学方面的独立学习

数学被称为科学的语言。几乎所有的数学家都被物理科学所吸引,而不是被生物科学所吸引。逐渐地,他们意识到,数学至少是与科学同样有趣的。

"我小的时候对科学非常感兴趣。我非常喜欢我父母的一个朋友,仅仅是因为他对业余无线电很感兴趣。我上高中的时候是个玩业余无线电的高手,但是我那时候没有从我周围的环境里得到什么支持。我父母在这件事上帮不了我,没有人可以让我跟他学习,我也没钱买适当的设备,这事慢慢也就淡了。但是,这事之所以淡了,还有一个原因就是,那时候我的兴趣转到数学上了。"(M-3)

"在读了很多儿童读物之后,我想,'好啦,我要开始读真正的书啦。'就这样,我不知道你会不会称这是一本真正的书,但是我读了一本高中化学课本。我对火箭工作原理及类似的事情也很感兴趣。我想学那些真正的东西。我试着读的下一本书是一本物理课本。但这本书把我整个给砸蒙了。也不知道是怎么回事,我就是一点也看不懂。我爸爸说,'噢,那是因为里面有很多数学知识。'他就给我搞了一本代数书来。我开始读这本书,很快就读完了,然后我问,'我能读下一本了吗?'"(M-22)

"我上初中的时候,在一个百货店里买了一把塑料的计算尺,因为那上面的各种刻度把我给吸引住了。为了琢磨怎么使用那上面所有的刻度,我开始学一些三角函数,因为尺子上有些三角函数的刻度,我一定得知道那些是干什么用的。我觉得,那时应该算是我对数学开始产生兴趣的时候。"(M-6)

20位数学家当中的16位在高中期间自学过数学,但具体的学习内容差异很大。"一般来说,我会在每门课开始之前就把课程里的内容都学了。通过自己读书,我会把下一个学期和下一个学年课程的相当一部分都自学一下。初中的时候,

我喜欢把事情做好。"（M-17）

另外一个更加极端的例子是一个还在初中就开始做研究的数学家。"在我上大学之前，我做了一件意义不太大的事。我写了一篇论文，在一本数学杂志上发表了。那时候我很天真，不过，后来我又做了同样的事。"（M-11）

至少有7位数学家读过他们的父亲或者哥哥姐姐在大学里用过的课本。

"我从图书馆里借书，给我自己找题目来做。到了高中高年级的时候，我就偷我姐姐的微积分来自学。我试着做她大学里的作业。有一阵她选修了高等代数，根本就一窍不通，所以我给她做了期末考试题。她还真通过了。我完全不知道我在瞎做些什么，但是，你知道，我可以瞎蒙啊。"（M-9）

"一上高中，我就开始花很多时间做数学题，研究各种棋类——琢磨战术，分析棋局……我还自学了微积分，是用我姐姐在大学里用的课本学的。"（M-3）

有一位数学家当时无法找到他想要的书，他就自作主张，给附近一个城市里一所私立大学的数学系主任写了一封信。

"他邀请我去见他。我跟他谈了一会儿，他帮我写了一封信，让我能够在高中二年级的时候就得到许可，使用他们的数学图书馆。这也许是对我影响最大、最有决定性的一件事。那就像是为我开启了无限的可能性。"（M-16）

在大约一半数学家的家里有科学杂志。

"我父母订《科学美国人》（Scientific American）杂志，我时不时会拿起来看看。我喜欢玩那里面的游戏，我觉得我比别人都喜欢玩。因为多数时候我都会赢，所以有些时候，我很难找到愿意跟我玩的人。"（M-20）

他们的独立学习到底有多重要，很难准确评估。数学家们很少认为那是什么不同寻常的事情。他们到底学了什么具体内容，相比之下不重要，更重要的是他们在学习怎样独立地学习。他们喜欢学习，他们独立学习。极少有人提到他们与其他学生一起学习过。20位当中，有5位提到，他们喜欢与其他同学讨论数学和科学，但是，他们的作业和独立学习似乎都是独自一人完成的。数学特别适合他们，因为那是他们自己可以做、不需要别人指导的事情。

"没人真正检查过我的作业，没人！我知道我做得对不对，因为书的背后有答案。你不需要有人检查作业。你做得对不对，你是知道的。我想我肯定是出过错的，每年有三四次吧。但是你做对了的时候你是知道的，因为答案合理。"（M-16）

"我记得应该是九年级的时候吧，我自己做了一些功课。我会去图书馆，借一些大学程度的代数书，用晚上的时间来学习，记住书里所有的公式。那完全是我自学的。"（M-6）

"我记得，上高中的时候，我在田里干活，开拖拉机，那可是很无聊的事情。我会在脑子里做一些题。我的意思是，推导公式，以及类似的事情。从做这种事情当中我得到了很大的满足。能够从头开始自己把公式推导出来，给了我非常大的收获。我就会做那一类的事情。"（M-18）

学习，想要获取知识，确实是学习中期阶段的一个重要方面。

"高中时期，对我来说那些作业可能要显得容易一些，但是我觉得我做的作业和其他人的没有什么本质上的不同。于是我就希望自己能够做得更多，这就是我开始读我姐姐的课本的原因之一。"（M-9）

也许，在他们接受正规中学教育的过程中，最重要的是，学校的教育没有妨碍他们独立学习的意愿。在学校里发生的任何事情都不如他们自学的东西更有趣。在几个例子里，他们比老师还要懂更多的数学知识。高中老师所采用的最常见的策略就是让他们自学。数学家们回忆说：

"我从来就没指望老师们能给我什么帮助。我自己就想明白这一点了，我得

不到什么帮助。到了我 13 岁的时候，我就试着自学微积分，我们学校的老师就没有一个会微积分的。"（M-4）

"我上高中的时候，经常坐在教室的最后面，自己读书、写东西。有些老师发现了我对数学感兴趣，但也没有做什么。他们对我很好，我也没有缺课。你瞧，我很不想成为那种不是神童却非要成为神童的人。在我看来，绝大多数神童最后都没有成就什么，我不想成为那样。"（M-7）

"我记得九年级的时候，我决定要自己读数学书。我读完了所有的数学书。八年级的时候，他们让我去九年级上数学课。九年级的时候，我就没上任何数学课。我自己读书，几何、代数、三角函数。到了十年级我就读完了微积分。到了我上十年级的时候，他们把我放到十二年级的代数班里。但是我很招人讨厌，他们就又把我轰出来了。"（M-13）

"我七年级的数学老师一下就发现了我懂得很多数学知识，他跟我说，我去上他的课没有任何意义。所以我就在图书馆里度过数学课的那一个小时，读一些他给我的书。我的大多数老师对教学持一种很固化的态度，得先教这个，再教那个，再教下一个。我十二年级的老师很不一样。他知道，如果我已经领先，而且领先很多，那就没必要让我去学我已经知道的东西。所以，我又没去上数学课。我把时间花在图书馆里。他只是说，'你想做什么就做什么吧。'"（M-19）

"在高中里，有一些老师只是把他们的大学课本给了我。我得到了一些挺不错的大学课本，但是我当时并不知道。我读了多数的经典书籍。老师给我这些书，而且告诉我说，'你不用做作业，你就坐在教室后面，坐在那边，做你自己的事。'就这样，那些高中老师真的给了我很大的帮助。"（M-6）

学校教育

为了给上大学做准备而开设的数学课程，在整个美国基本上都差不多。典型的做法是，代数是在九年级学的，接下来是学几何，然后是学高级代数、高级数学（三角函数、解析几何、函数）。有18位数学家是按照这个常规的顺序学到了高级代数。有7位加入了特殊的学习项目，把3年的初中学习时间压缩成了2年。结果就是他们在数学上加速了一年。有9位在高中的最后一年里学了至少一个学期的微积分。在当时，这可是个很新的学习机会。

典型的情况是，数学家们学习起数学和科学来都很容易。有可能的时候，他们就会被送到实验班去。所有的数学家都被别人看成出类拔萃的数学和科学学生（尽管有两位的成绩只是平均水准）。

"我是个好学生。别人认为我是最聪明的学生之一。我对法语没兴趣，对时事也不像其他学生那样感兴趣。在数学和科学上我是最好的学生之一，但在其他学科上，最好的学生是其他人。"（M-5）

"事实上，我做数学题时超级快。对我来说，做大学入学考试题的挑战，是看我是否能用最短的时间来得到满分800分。基本上，我能够比考试限制时间快10倍。换句话说，如果一个考试给的时间是1小时，那我只需要五六分钟就能做完了。"（M-13）

"我特别喜欢几何学。在几何学上我很明显是班里最好的学生。我真的很用功。我得与一些其他学生竞争。老师总是让我回答问题，他给了我很多的关注。"（M-2）

有12位数学家在所有科目里都被认为是好学生。

| 第七章　出色数学家的成长 |

"有好长一段时间，我都被别人认定是班里最聪明的学生。"（M-22）

"我所有科目都学得很好。我对历史和外语真没什么兴趣，但是我也学得不错。我很喜欢英文，但是科学和数学对我来说，比其他一些科目都多那么一点点吸引力。很显然地，我比所有同学都学习好，这一点在我心里从来就没有过疑问。我不知道这是否让我感到了极大的愉快，不过它从来也没有让我得到过任何极大的奖励。"（M-10）

"在班里其他学生当中，我不觉得他们有跟我竞争的心态。他们好像就接受了我是班里最好的学生这个事实。我觉得我是尽量地不和他们讨论非常学术的事情，所以我们之间的关系不错。"（M-18）

"在学业上他是出类拔萃的。他在所有科目上都学得好，为此，他曾在自己的初中和高中的毕业典礼上致辞。[1]"（M-17 的母亲）

如前所述，20 位数学家里有 19 位进的是公立学校。他们的父母希望他们得到好的、正常的教育。

"我们希望他得到全国其他所有学生得到的教育。我们希望他能最好地利用教育的机会，但是，我们也没想特别地催促他。他有多上进，得看他自己了。只要他在学校里成绩还不错，做了该做的功课，那就够了。"（M-10 的母亲）

关于他们所受到的正规中学教育，数学家们的意见可以分成两组，每组的人数相等。有一半的人有负面的记忆，另外一半人的回忆大致是正面的。

"你瞧，好多聪明的孩子都觉得上高中基本上就是在浪费时间。很多人的想

---

[1] 美国高中及一些初中的传统，是在毕业典礼上选一名毕业生代表致辞，这名毕业生代表是根据学习成绩选出的，在校期间总成绩第一名将得到这个荣誉。

法是，那些真有两把刷子的人，那些真的会做出重大贡献的人，不管遇到什么逆境都会扛过去的。"（M-5）

"我上小学的很多年里都遇到了非常好的老师。同样，在初中和高中里情况也是一样。在每一个时期，在学校里学习好似乎就是一件很好的事。上学是个非常正面的经历，我真的很热爱去上学。"（M-17）

如果在学校里遇到困难，或者对学校很失望，那么，大多数人会把原因归结于老师没有受过良好的训练，或者是他们自己对教学方式感到不适应。

"我感觉有好有坏，我知道一些东西，会做一些事情，这让我非常自豪，可是我的成绩也没那么好。那些年是很让人烦恼的。我把原因归结为教育制度。我认为老师本身没有问题，但老师的教学方法有问题。有很多作业是我没兴趣做的。我不喜欢从一个教室到另外一个教室跑来跑去。我认为，如果有一连好几个小时的时间可以把精力集中在一个科目上，那是最好的。我不知道我是不是把成绩当作了学习的目的，但是，我觉得我那时候本来是可以学到非常多的东西的。"（M-20）

"在初中的时候我就要发疯了。七年级的数学课整个就是个灾难。我们学的是新式的数学，老师不习惯这种教学方法，她也完全不明白这新式数学到底是怎么回事。她会叫我回答一个问题。我会给她一个答案，而且我知道这答案肯定是对的，但她却会把我的答案划成错的，然后还给我一个错误的答案。其他小孩就会把那错误的答案抄下来。我当时没有意识到这事是否应该有解决办法。当时只是觉得，可能你就是得这么上学，就是得有一些老师是你无法喜欢的，这就是生活。我的父母很同情我，但是我认为他们想的是，你上这么多年学，不可能喜欢你所有的老师。"（M-22）

第七章　出色数学家的成长

"大概是八年级左右吧，我开始对学校失去兴趣了，然后我就开始……事实上，从很多方面说，我的成绩都很差。我就是失去兴趣了。在十年级，我们有位老师教几何，他讲课的时候你没法打断他，因为一打断，他就会把证明给忘了。对我来说，事情就是越来越糟。十年级以后我就开始自己学数学。那非常有意思，如果我在校外做数学，我就做得特别好，可是我在学校里的时候就完全没法做好。十、十一、十二年级，学校教育对我几乎没有作用。如果我得在学校学数学，那我根本就不想学。"（M-7）

多数数学家都回忆不起来任何出色的高中老师。他们认为，他们的经历是很正常、很平常的。

"他们教，我学。他们教得不坏，我把他们教的都学会了，仅此而已。"（M-15）

"从某些意义上来说，平面几何是学生在高中期间所能够学到的唯一的纯数学。我并没有学得特别的好，但是我也没对它那么发狂。我知道有些人，他们在高中的时候发现了这些定理之后就为它们着迷了。我从来也没发现什么。我上了那个课，成绩还不错，仅此而已。"（M-21）

让数学家印象深刻的，似乎是当老师"懂行"，或者对他们所教的学科"感兴趣"的时候，是当老师能够很投入，能够把学习过程中激动人心之处传递给学生的时候。有一位对学生特别有影响力的老师，是某个小组的成员。"那一组人在计划一个现代数学的课程。这个课程是从几个定理开始的，然后，我们没有去死记硬背，而是要去推导基本的代数公式。然后就是去证明各种定理。你有一些基本规则，从这些规则当中，你推理出其他的规则，建立起一个越来越大的规则库。我非常喜欢这种类型的智力挑战。我觉得它激发了我的思维。很有意思的是，我也不是唯一一个这么想的人。我们整个班级都反映这样的教学环境很好。他们都喜欢证明这个跟那个是相等的。他们喜欢建构，喜欢从基本规则出发去做推理。

有些题的证明过程有二三十个步骤。尽管班里的绝大多数小孩都是肯定不会去当数学家的，但是他们理解数学的本质和魅力。上九年级的时候，我想当个电子工程师，到了那一年结束的时候，我就想当数学家了。我真是被它诱惑了。我特别喜欢课程里的那些智力训练。在3~4年的时间里，那个高中培养出了3名后来非常成功的数学家。"（M-3）

"我的几何老师对我有很正面的影响。她喜欢几何，她也认识到那需要思考。这个老师真的懂她讲的东西，她也努力帮全班同学都搞懂。我觉得她是一个很传统的老师。她的方法完全是传统式的，我接触到的东西里面，很少是你会称为花头、技巧，或者设计巧妙的工具，以及类似的东西。如果你想要一段积极而正面的经历，你得跟一个能够创造正面经历的人有交流。我的观点是，虽然学习的内容肯定是有重要性的———一本好课本肯定比坏课本好，某个方法会比另外一个方法好，但是这些都是次要的东西，真的，这些不说明问题。一段好的学习经历几乎完全是因为人与人之间交流的结果。重要的是，你会接受那个人。教师的主要功能是把事情搞得很有趣，制造一种积极的动力，做学生的榜样，做一些学生可以学着做的事情。"（M-12）

公立学校的老师通常没有多少时间去搞个性化的教学。所以，极少有数学家被单挑出来做些不一般的功课。

"没有，我上数学课的时候会睡着。那时候是混合编班的，所有人都在同一个班里，做同样的作业。"（M-13）

尽管老师们没有为这些数学家提供什么特殊的教育，但是，一半以上的数学家相信，老师知道他们是好学生。

"我的几何、物理和微积分是同一位老师教的。他是位很好的老师。虽然我从来没有和他单独说过话，但我能感觉到他对自己讲的内容非常热爱。我觉得，跟其他老师相比，他对自己所教的东西要懂得更多。我觉得我的成绩好是他意料之中的事，他没有明确表示过，我只是从他在课堂上的行为里看出来的。"（M-2）

"我还清楚地记得我的一位初中老师，他是第一个用确切的语气告诉我我是个天才的人。高中的时候，有另外一位老师，我一咳嗽，她就开玩笑说，天才都是死于肺结核的。那是个非常会开玩笑的女老师，我就把这也当成是她的玩笑。她给了我很多鼓励，我也喜欢她对我的关注。那对我来说是非常好的事。"（M-9）

特殊的经历

有6位数学家是他们高中里的数学竞赛队的成员，有3位参加过州级的数学竞赛，2位参加过中学生科技成果展览会，2位参加过西屋人才选拔，有5位参加过由国家科学协会组织的暑假活动，有2位入选参加本地大学组织的周末学习活动。

这些课外活动的经历对于数学家而言是很重要的，这有几个原因：这些活动的内容与他们在学校里所学的内容不一样；这些活动的内容更有挑战性，对他们来说也更有意思；他们在这里得到机会，去研究他们感兴趣的课题，去建立自己的攻克难题的思路。通过这些经历，数学成了有特殊意义的事情。这些数学家们也通过这些经历成为特殊的人。通过在比赛和科技展览会中取得好成绩，数学家们发现，因为做什么事情做得好而受到认可，是多么让人激动的事情。

"我的数学能力基本上是九年级的下半年被发现的。我觉得那很重要。那一年开始的时候，我的学习成绩并不是很好。我记得后来有一场数学竞赛，老师让全班同学都做了一个测验，好选拔一个学生去地区参加竞赛。结果我赢了，我得了第一名。我想他肯定吃了一惊。我觉得他对这个结果是不相信的，因为他重新考了那两个并列第三名的学生,而他让我也参加了这第二次测验。我不知道这第二次考试里我是否又得了第一。不过,我对那个结果也是吃了一惊,我也不知道是为什么。当然,那些题跟平时的作业和练习题很不一样。它们有些什么完全不同的东西,我却能够琢磨出来。我非常努力地准备了那次竞赛,最终得了个银牌。从那个时候开始,事情就不同了,那是我第一次得到认可。那很重要——那些测验和竞赛对我有这么大的影响。"(M-6)

"我参加了数学队,数学队中的活动是相当多的。在高中开始的时候,我花了很多时间,读旧的英国的代数课本,那对数学队的活动来说是非常好的准备。而要想参加数学队,你还真得认真训练。我记得我用了两个星期学了相当于现在大学一年级的微积分课程,我坐下来,就这么把它学了。我做了很多很多的题目,把大摞大摞的旧的考试卷子拿回家,自己做。竞赛是一个让我去加强自己的数学能力的主要的动力。事实是,我的数学成绩比周围的所有学生都好得多,我能够跟任何人竞争。在体育方面,我唯一会做的就是跑步,而我跑步比我做数学要差得远了。"(M-13)

"我第一年入选全国中学生科技成果展览会的时候是十一年级。我猜,评委们并没有多喜欢我的研究项目。但是第二年,有一个评委坐下来,开始读我写的东西,我觉得他懂这些东西。他说,'你的有些定理是以前没有人证明过的。'所以他就叫了其他一些评委来看我的定理。那真是很好。我非常喜欢那段经历。后来我得了第一名。从某种意义上来说,那是我高中生活的最好总结。"(M-16)

有4位数学家跳过了他们高中的最后一年,提前进了大学。其中1位跳过了十、十一和十二年级。另外有1位转学去了一所声誉极高的私立学校。提早进大学是个很少见的举动,需要父母或者老师的积极行动。

"到了他上十一年级的时候,他把学校里开设的所有数学课程都学完了。他们觉得他需要更多的课程。学校没有提供任何更高等的数学课程。他已经把微积分也自学了。所以他学校的辅导员和数学老师就建议我们送他去一个花费不小的私立学校。我们需要做出一些牺牲。我当然是心甘情愿做这种牺牲的，因为这样他就能够得到好的发展条件，而我们愿意让他得到这个条件。"（M-4 的母亲）

"在他上十一年级的时候，有一个朋友告诉了我一个特别的项目，是专门为喜欢数学的高中生开设的。我就打电话去，跟负责这个项目的教授谈了谈，跟他说了孩子的情况。在这个项目结束的时候，这个教授跟孩子说，他应该跳过高中的最后一年，直接在大学注册。我们很认真地考虑了这个建议。从学业角度考虑，他用不着上那些高中课程，但是，我们担心的是这在社交方面给他产生的影响。不过，我们最后决定参加这个项目，这是个好机会。"（M-11 的母亲）

这些课外活动的另外一个意义尤其重要，它们让数学家有机会结识其他出类拔萃的学生，与他们竞争，与他们分享自己对于数学的特别的兴趣。

"我想强调一下同伴在教育中的作用，特别是高中同伴。你主要是从你的同伴那里学习的，而不是从老师那里学习。跟一群非常聪明的同伴在一起是非常棒的事情。我觉得他们从我这里学到了很多，但是我从他们那里也学到了很多。我们互相挑战——而一个好的问题与一个好的答案是同样重要的。"（M-13）

"嗯，那是一种奇怪的社交环境。其他孩子和我完全对不同的事情感兴趣。我体育非常差。我是个小个儿、弱不禁风的孩子。其他小孩对科学没兴趣，我自己也觉得我可能就是个举止唐突、招人烦的小孩。一直到上了初中之后我才开始有朋友。在初中，我结识了其他对科学有点兴趣的孩子，他们是重视学业而不仅是重视体育的。那个区别对我来说是巨大的。"（M-22）

与众不同

对青春期的少年来说，与众不同可以造成重大的创伤。有一半的数学家似乎是没有太受损伤地度过了这个时期。简单地说，他们似乎是很正常地适应了社交环境。邻居里有他们的同学或者朋友，他们与这些人有共同的兴趣和价值观。但是，尽管他们有朋友，但他们当中似乎只有极少的人参加好几个俱乐部、参加几项课外活动，有这种意义上的社交生活。数学家当中极少有人提到他们在乐团里演奏，参加体育活动的就更少了。他们给自己的定位基本上是"好学生"，可能比大多数同学都要好，尤其是在数学和科学方面。

有几位数学家很敏感地意识到了自己在青春期所受到的负面影响。有几位从社交活动中退出来，去发展他们自己的爱好。他们把自己描述成独来独往的人。这些人回忆的经历同样涵盖一个很大的范围。

"我好像总是被班里其他人给单挑出来。他们总是把我描述成大脑发达的人。大家跟我交往的时候，方法总是有点奇怪。我觉得，随着时间的推移，这种情况被特地跟数学联系起来了。但是我对这个情况感到不太舒服。它把我跟其他所有人分开了，让我觉得很别扭，事实上，很不舒服。我希望自己有能力，能够做很多学业上的事情，但又不愿被孤立起来。我想我还是有足够的自信，这些事情没有让我觉得我必须去迎合其他人的标准。但是，由此产生的社交方面的后果，我却没有能够很好地应对。这肯定是让我感觉到了自己非常不同。"（M–12）

"在高中，每个暑假我都参加夏令营。大多数的时间，那是非常不愉快的经历。别人总是跟我过不去，我也不知道怎么和其他小孩交往。后来好了一点，因为我学会了要对那些和我不同的人更加宽容，他们也在长大，不那么喜欢靠欺负人来取乐了。我长大的那条街上几乎没有其他小孩。在夏令营我真的是受够了欺负。我想,我可能在智力方面是比较傲气吧,我对他们的态度也表现出厌恶。我当时没这么觉得,但是我肯定我当时就是这样的。我知道我很重视智力活动,但是他们不。他们重视的是体育和打架能够打赢。体育我不反对,但是打架我反对。"(M-11)

"在高中,我比班里的其他同学都超前得如此之多,使得他们有些怕我。倒不是说他们想孤立我、打击我,他们就是觉得,即使他们做额外的功课也追不上我。我不觉得他们感到这是一种竞争,因为他们只是说'嘻,他就是那样'。"(M-13)

有一位数学家对高中变得如此之反感,他不再做功课了,所有的科目都几乎没有通过。纯粹出于偶然地,他在一次聚会上结识了他们家的一个朋友。这个朋友是数学研究生,他感觉到了这个孩子的烦恼,就鼓励他去大学旁听几门课程,感受一下真正的数学是什么样的。他去了,而且他被非常强烈地吸引住了,所以,还在高中的时候,他就开始在大学里旁听数学课程。他回忆说:"我被别人贴上了与众不同的标签,因为我可以做其他学生做不到的事情。我比其他人读的书要多得多,我思考这个世界的方法——从某种角度来说,确实不同。我对事情会有一些想法是他们不会有的。十年级的时候,我背下来了詹姆斯·乔伊丝的《尤利西斯》(*Ulysses*)一书中的150页。我背它,是有好几个原因的,比如它让我更加与众不同了。我不那么喜欢去学校,但是我喜欢学习。我记得我曾经想过,'如果我把这些书都念完,把里面的每一个不认识的词都查出来,那我肯定会学到一些东西。'所以我就自学。我跟其他小孩不来往,所以我得有点什么事情做。我感到非常孤独,自学是我知道的能够让我感觉到自己的价值的唯一方式。这很难解释,这很复杂。15岁的时候,我很喜欢数学,因为从某种意义上说,我觉得世界好像要崩溃了,但是数学似乎有一种整体的统一。所有其他事情都显得很虚假,公立学校里的老师、社区里的居民,所有人都在假装自己是什么人。在数学里，有一件事你做不了，那就是作假。你没法假装什么。上大学后，我开始旁听数学课，然后突然一下，我的生活就改变了。我的意思是，看，我做数学做得真好。在这个时候，事情完全改变了。我才16岁，可是我在学研究生水平的数学课程，而且学得很好，当然，我不一定比那个研究生班里的其他人学得更好。"（M-7）

中期阶段的总结

在数学家开始进入成长的第二阶段的时候，他们已经学会了重视智力上的成就。这些中期阶段的日子是一个机会，让他们磨炼自己的技能，以及发展在早期阶段已经开始形成的性格特点。

数学家最初对于世界的比较笼统的好奇心逐渐集中到了科学、机械及数学方面的兴趣。父母鼓励和支持了孩子们的兴趣，他们与孩子讨论，给孩子提供书籍，给他们的研究项目提供其他材料，安排他们去参加特殊的学习项目。

父母的价值观，他们判断事情重要性的方法，在这个时候继续强烈影响着这些数学家。他们在学校里成绩很好。通过选修荣誉课程、参加数学竞赛队、参加科技展览会，他们的声誉，他们要成为什么人，逐渐与他们的智力联系在一起，特别是与他们的数学能力联系在一起了。

他们为数学所吸引，数学也适合他们独立学习的风格。对他们来说，教学最有成效的老师是充满热情、知识丰富，并且尊重他们独立学习愿望的老师。

后期阶段

要想在数学方面发展出众的才能，有两个主要方面。一方面是一个长期的、建立数学能力和爱好的过程，这在本章的前两节里描述过了。之后，还有一个真正的训练过程，学习如何从事数学工作。我们在这里描述这部分内容，把它作为第三个也是最后一个发展阶段。在这第三个阶段里，数学家们学习从事"真正的"数学工作，做研究，也在这时决定今后以数学为职业。有一位数学家（M-7），当被问到他如何评价自己大学生活的时候，说："现在，我们终于要说到那些对我的数学生涯真正起了作用的人了。"

大学时期

因为他们的父母认为教育和学业成就是很有价值的，所以数学家们都断定，自己是要上大学的。

"我父母强烈希望我上大学，他们认为大学是美好生活的敲门砖，那是生活里一个重要的因素。他们鼓励我上大学。很明显地，他们尊重那些受过大学教育的人。他们尊重大学，从某种意义上讲，几乎是崇拜大学。"（M-15）

"他们对我的期望就是上大学。我都不记得有没有过任何时候我想过不要上大学。周围的环境就决定了上大学是板上钉钉的事。"（M-7）

"高中毕业之后，下一站就是大学。我从来就没想过不上大学。"（M-11）

"我从来就没有想过不上大学，去做其他事情，特别是从六七年级之后。我想做一名电子工程师，那就意味着得有一个学士学位。等我的兴趣换到数学之后，进大学的想法也没有变，只是我那时候也想要一个硕士学位了。"（M-3）

本科期间，这20位数学家进了18所大学。尽管在这些大学里，有一半的大学的数学系排在全国前十名，但是，这些数学家选择大学的方法却似乎没有什么规律可循。事实上，他们的选择背后，有很多有趣的原因。

成才之路　发展青少年的天赋

"我哥哥就是上的那所大学。可能就是因为我爸爸就上的是州立大学，他觉得那些学校都差不多。可是州立大学的学费便宜啊。"（M-2）

"那时候我对大学一无所知。我知道爱因斯坦曾经在普林斯顿晃悠过一阵，听起来那好像是个好地方。"（M-4）

"我的选择是对高中生活的一个反弹。那所大学发来很多介绍材料，看起来都挺好的。他们强调的是独立学习、不打分，诸如此类——那就是我为什么感兴趣。我不想去一个仅仅是延续高中生活的地方。"（M-20）

"我们离州立大学很近，所以我很自然地就去那里上学了。那所学校便宜，而且从任何方面来看它都够好。我不觉得我认真考虑过其他学校。我在这些事情上比较天真。我只是想学到大学里所教授的一切。"（M-6）

数学家的父母希望他们自由地选择自己的职业。尽管20位里面有18位独立学习过数学，但是，在高中毕业的时候认为数学会是他们今后职业的，还不到一半。他们的数学和科学都学得很好，尽管有13位在进大学的时候就选择了数学专业，有7位却选择了其他专业：化学（3人）、科学（1人）、工程（1人）、物理（1人）、生物（1人）。但即使是选择了其他专业的那些人也计划继续学习数学。所以，他们在大学一年级的时候选修了数学课。但是，很快地，数学在他们的生活中占据了越来越中心的位置。

"我进大学的时候是计划主修化学。但是，当时我有一个非常好的数学教授。他讲课讲得很好。他给那些想要多学一点的学生搞了一个系列讲座，我就参加了这个讲座。他愿意和我交谈，我也经常见到他。我最后决定选择数学为主修专业，也许是因为我的两个教授的缘故。我的化学教授很不容易接近。"（M-2）

也许因为他们早期的经历，数学家们在大学里最初的数学课上成绩都很好，也由此引起了老师的注意。结果就是，至少有15人注册了荣誉课程、研究生课程，甚至在大学二年级的时候就被选入了某些特殊的项目。有几位数学家回忆了那一段初露头角的时期。

"事情就那么发生了。在所有我试着做过的事情里,数学是我做得最好的,而且我也喜欢。"(M-6)

"大学一年级的时候,我的微积分老师被挑上,去开设一个试验性质的数学课程,本质上就是把本科期间的全部数学课程用3个学期的时间讲完。然后我们就会开始学习研究生课程。根据我们第一个学期的表现,我被选出来参加这个试验,我是被选出来的五六个学生之一,可能是因为我能够学得懂理论吧。他亲自挑了这几名学生出来。我们中的大多数最后都成了专业数学家。"(M-9)

"其实,学物理的想法对我而言更有吸引力,但是我的物理成绩并不是太好,我的数学却学得很好。所以,到了二年级确定主修方向的时候我就选了数学。而且我也更喜欢数学,可能是因为我学得好吧。到二年级的时候,我已经开始学一些研究生课程了。那个时候,最出色的本科生比研究生还学得快、学得好。这个在课堂上很明显。我们能解他们解不出来的问题,我们在这种事情上就是比他们好。"(M-10)

"我在本科二年级的时候开始选修研究生课程。我现代代数的成绩很好,那就是一门研究生课程。那个课上有3名本科生,我们3个基本上就是从来不会出错。"(M-19)

"我在数学上迈出第一步很大程度上是因为一个人的缘故。他和他的两个同事认为,常规的数学教学顺序非常差。所有人都有能力学会,也应该学会真正的数学。所以他们就带着那种改革者的激情说服了学校里的行政人员,让所有人都来上这门新课。他们要教真正的数学啦。他们跟你说,你会做这些非常棒的功课。所以我就选了这门课。我觉得这门课棒极了。他们的做法是,第一学期得了B或者 B 以上的学生才可以被允许上第二学期的课。所以那是件大事。但对我来说，很明显的是，我至少不比那班里的任何人差。"（M-21）

"我跟教授们都挺熟的。我本科时候的导师特别会鼓励人。我选了微积分课，但是我觉得这课很没劲。因为这门课的经历，我就开始选荣誉课程了。荣誉课程的进度要快得多。班上只有四五名学生，而老师也很喜欢教这门课。他们对我肯定是很关注的。"（M-18）

从我们引用的这些话里可以看到，这些数学家在讲述自己被引入"真正的数学"的时候，态度之淡然，有些出乎意料。事实上，他们每个人在大学里最初的课程中肯定是有让人印象非常深刻的表现，至少足够引起老师对他们的注意。也许他们在高中的自学让他们比起其他同学来占了先机。但无论如何，当他们开始选研究生课程或者荣誉课程之后，他们在数学方面的学习强度就加大了。课堂上的人数很少，通常每门课只有三四名学生，他们接触到更有意思、更有挑战的内容。他们也可以与其他出色的学生一起学习，对有些人来说这可是第一次。这个阶段的另外一个非常重要的事情，就是他们开始接触杰出的数学家。

"在大学里，我平生第一次见到了一些真正的数学家，有些是非常著名的。"（M-5）

大学教授对数学家成长所起的影响，至少是通过两个途径发生的：第一个途径是比较具体的，即通过他们的教师身份来影响学生。第二个途径可能难以具体化，即他们是学生的榜样。作为教师，他们给学生传授知识、培养技能，教给学生在一个领域里成功所需要的基本技能和知识；作为榜样，教师们向学生展示了一种生存方式，一种激情，一种"风格"。

"确实，有一些教授，从各种角度来说，都是激励人的榜样。他们有一种个人魅力。有的把我引入了一些新的、激动人心的数学领域，给我打开了一个新世

| 第七章 出色数学家的成长 |

界。有一些教授是让你可以崇拜的,因为他们很显然是智慧无比的。有几位我记得绝对是我的榜样,就是那种,你知道的,'我想成为他们那样。'他们每个人在某种程度上都在做示范。他们研究数学的风格是很吸引人的。他们让数学有了生命力。他们研究的那些数学概念、那种数学思维,都显得非常有意思。你第一次开始理解数学到底是什么,那是很让人激动的。"(M-5)

"我所接受的正规学习大多数是很差的,只有一个例外,那就是我的微积分。不知道是为什么,微积分老师解说事情的时候就是非常清楚、非常美妙,我觉得是他让我意识到了数学可以意味着什么,好像就是看到了数学的本质、灵魂是什么。他让我清楚地看到了数学方法中简单的美。换句话说,他让我清楚地看到数学并不复杂,如果你正确地理解了它,它就一点都不复杂。而这也是我们去了解事情的方法。他没有教我研究人员是怎样思考的,他教我的是微积分里有几个最基本的定律,它们是什么,他把这些讲得特别清楚。这些不是一下子就对我来说很清楚的,我记得我第一次考试得了个D,但是那之后不久我就开始明白过来了。"(M-15)

"我学了好多数学知识。我肯定是从我大学的数学老师那里学到了好多东西,我还觉得,另外一件很重要的事情是我对他们很仰慕,我当时就希望长大之后能像他们一样。我觉得这两件事情都很重要。"(M-21)

知识和解题程序可以教,一个出色的老师的热情可以有感染力,但是,数学研究应该怎么做,能教得会吗?

"老师是什么人?你看,数学家们不认为自己是老师。这是应该搞清楚的一点,对于上课,他们有时候愿意讲,有时候不愿意讲。但作为老师,你不应该这样想。在学生观摩时,你应该觉得自己在做数学研究。"(M-7)

要想在数学领域里取得成功,绝不是你知道多少知识、多少解题程序这么简单，而是要看一个人在选择和解决难题的时候怎样应用这些知识和程序。同一位数学家（M-7）说："我对曾经教过我的一位老师充满敬佩之心，他的教学风格特别吸引我。我认为，学数学是要有一些模仿行为的，只不过在这些模仿行为发生的时候，我们往往并没有意识到它的存在。这位数学老师会用某种特殊的方法去研究那些最基本的东西。我当时和他接触很多，然后就开始不知不觉地模仿他。开始研究某个问题，最重要的是品位，这是数学中无比重要的一件事。"

对于很多数学家来说，大学是他们与其他有同样兴趣和能力的学生相处的第一个机会。高等课程班级往往人数很少，它们吸引来的是那些水平最高的学生。这些学生以前学到的数学很多都是靠自学来的，在大学里，他们很喜欢与同学竞争，从同学那里学习。但是，数学家们仍然独自学习、独自工作。

"跟同学来往，能够成为某个小组中的一员，同时小组的其他成员对你做的事情有着同样的兴趣，这是非常重要的。更何况，还有一两个跟你同年龄的好朋友，他们和你一样，也对这些事情感兴趣，你们既相互竞争，又相互交流，这同样无比重要。而在大学里，能够近距离接触杰出人物是件幸运的事。因为你从他们身上能够学到非常多的数学知识。他们也将对你起到一种激励作用，且这种激励会持续下去。"（M-5）

"我们五六个对数学特别重视的学生组成了一个关系非常紧密的小组，我们交换信息，大家一起找题目，特别是在大学一、二年级的时候，我们经常在一起讨论数学问题。它不是一个学习小组，我们不会为了学习而特意集中在一起，而只是在吃午饭的时候或者做其他事情的时候一起做了很多和数学有关的事情。我们一直都保持着这种数学思维及信息的交流活动。"（M-4）

数学家们是在大学里把自己的能力和性格与从事数学活动联系在一起的。对他们来说，数学很有趣。他们学得很好，用在数学学习上的时间比用于学习其他科目的时间多，也开始把数学作为一个职业选择来考虑。

有一位数学家（M-7）讲述了他是怎样因为一系列的事件而最后决定以数学为职业的："我对数学很着迷。它很美，我很喜欢它。我喜欢那种秩序，那是一件不可置疑的事情。它有价值，这个你没法否认……"

然后，让他继续在这个领域里学习的动力来到了："你必须得有一种感觉，感到你就是想了解、想学习，从学习这件事情当中你得有一种充了电的感觉，你就是想知道为什么事情是这样的。当然，你做事情也是为了得到认可，这个原因也没有必要回避。你做事情还因为那个事情很有趣，你从中可以得到快乐，但是，除非你真的是想把某件事情搞得明明白白的，否则你不可能有努力的动力。你就是得被它迷住，你就是想要搞明白。"（M-7）

最后，对目标的执着及其后果："我可以很坦白地跟你说，我最初决定不再玩数学，而是真正去把数学当作工作去做，是在大学二、三年级的时候。我在那之前一直是在玩数学。我学了很多东西，我读书，我做了这些事情，但那就是玩，那是被动的。在那之后的很多很多年，我一点也没有做其他的事情，只研究了数学。我认识的一流数学家，没有一个不是这样的，他们把所有的时间都放在工作上。没有其他可能性。你的世界肯定是会变得很小的。"（M-7）

尽管大多数数学家在大学课程里的成绩都非常好，而且所有人都选择了进研究生院攻读数学，但很多人还是心有疑虑的。

"我读本科的时候就对一些事情有所考虑。我愿意这样过一辈子吗？在那个时候，没有任何迹象。如果你想到了要问一些问题，比如，'今后我会做得多好？如果我成为一名数学家，我应该对自己有什么样的期望？我能指望自己成为一名杰出的数学家吗？我能成为一个什么地方小学、大学里的教授吗？'在那个时候，你还没做过任何原创性的研究。一个广为人知的事实是，有很多非常聪明的人从来也没有做出过原创性的工作。你没法预料，这会不会是一个成功的、让人满意的人生。你知道，就算你想到了要问这些问题，你也根本没法回答。但是在那个时候，我已经感到有一种非常巨大的、很专注的热情，事实是，我已经做这件事情做了这么长时间，在那之前都一直很成功，而且一直接到正面反馈。此外，我根本也不知道有什么其他事情是我想做的。是的，我有足够的自信继续往前走，有理由继续学数学。每次我问自己，有什么其他事是我可以做、想做的，我都想不出有任何事是比数学还让我更想做的。"（M-5）

后期阶段的总结

数学家们是在高度重视教育和学业成就的环境里长大的。所以，从很小的时候开始，他们就断定自己会上大学。他们上的大学各种各样，但是都有非常积极而正面的经历，特别是在数学方面。在最初的课程里他们的成绩如此之好，使得老师鼓励他们去选荣誉课程和研究生课程。他们第一次得以观察"真正的"数学家做"真正的"数学工作。他们结识了像他们一样重视学习的其他同学，并且开始考虑以数学为职业。

研究生院

以前，他们知道自己肯定是要上大学的，现在，进研究生院则是这些数学家顺理成章的下一步。

"我基本上就是跟着自己的感觉走的，这就是我的下一步，然后我可能会成为一名数学家。"（M-17）

第七章　出色数学家的成长

在本科期间，他们的数学成绩是非常好的，通常比其他科目更为出色。所有人都喜欢数学，喜欢到愿意继续学习的程度，但是，很多人还没有搞清楚数学研究到底是什么，以及他们在这个领域里是否真的会成功。

"大学三年级刚开始的时候，我意识到，我最终还是想读研究生。不知道是为什么，关于下一步应该怎么走，我从来也没想得太多，从来也没有。到了那个时候，数学就是唯一的选择。那很明显是我最擅长的学科，而且我也喜欢，所以我就申请了研究生院的数学专业。那个时候，所有人都认为，我将来会是一名数学家，但是我自己却没有如此清晰的感受。我并没有想，'好吧，我要当一名数学家，我要做这个，做那个。'我就是想拿个学位，却从来没有想过拿了学位干什么用，一分钟都没想过。因为在某种意义上说，那时候我仍然不知道数学到底是什么。"（M-6）

在选择研究生院的时候，在某种程度上，数学家们似乎是用教学质量当作选择的标准，这与他们在选择大学时候的随意很是不同。这20位数学家分别进了11所不同的研究生院，20位当中，有18位，是在全国排名前10名的数学系里考取的博士学位。

"我认为，大多数数学领域里的人，在某个时刻，都与一个领先的研究中心有很紧密的联系。事实上，我不知道有任何先例是一个人与这些研究中心没有任何联系，却能够独立做出重大成绩。"（M-19）

有几位数学家能够回忆起来他们选择某个特定的研究生院的原因：有4位是想去跟从某位教授学习，有3位选择的是在某一数学领域内有非常好声望的系，有3位提到他们选择的系总体来说有很好的声誉。其他那些人里，除了1位之外，都选择了在全国排前6名的数学系，所以，我们似乎可以比较有把握地认定，一个系的声誉也是他们做选择时候的重要因素。

"我决定跟一位当时在我们学校的教授学习，可是在那一年年中的时候，我们听说他要去普林斯顿了。所以我就申请了普林斯顿大学，最终被录取了。"（M-21）

"我上一年级班里的一名学生去了斯坦福，我跟他还有一点联系，他很喜欢斯坦福大学。我拿到了全国科学协会的一笔奖学金，所以我不论到哪里去上学都会有经济资助，我就选了斯坦福。我觉得那儿的学生肯定都会特别了不得，我会在那里得到非同寻常的机会，学到好多数学知识。"（M-18）

"嗯，这还是跟名声有关吧，但这有它的实用价值。具体地说，就是它名声在外，录取标准非常高。它还有一个名声，就是教授和学生之间交流非常多。我当时觉得那个系在那个领域里很强，所以让人觉得那里有很多优势。"（M-5）

每一位数学家在研究生期间的经历都是不太寻常的。只有最出色的学生才会申请去那些排名最高的数学系，这些数学系也只招收最出色的学生。事实上，它们排名之所以高，确实是因为它们的教师和教学质量都很优秀。

"要想了解数学家，有一个方法是看他们上学期间的大环境。有一件对我意义重大的事情，是在我开始读研究生的时候，我周围的同学有80%都非常的出色，研究数学对于他们来说就像吃饭、睡觉一样自然。那真是一个高强度的体验。比我在那之前所习惯的任何事情强度都大。我真的是非常用功，而且，我还开了眼界，比如，你会读到某人提出的定理，觉得非常了不起，然后第二天你就会在学校里见到这个人，他彼时正在一边喝茶，一边大嚼饼干。"（M-22）

学习、理解其他数学家已经做过的工作、去重复这些工作，与学会去做数学家的原创工作，是差别非常大的两件事。研究生程度的课程是一个机会，让学生观察数学家是怎样工作的。研究生的老师很少讲课。他们仍然是学生的榜样，在某些情况下，还会逐渐开始成为学生当中比较优秀的那些人的合作者。

| 第七章　出色数学家的成长 |

"我选了××的研究生课。当然，课的内容是他的工作成果，一直讲到他当时正在做的工作。事实上，在第一堂课上，他给了一个范围很广的介绍，讲了一些微积分方程，说这些在课程里会出现，还说，可以推测这些方程与一些在其他地方经常出现的标准式的微积分方程其实是相同的。他在几个特例里面已经检验过这个推测，知道它是正确的，他觉得，如果能够证明这个推测在一般情况下都成立，会是非常有意思的事情。结果这就成了我的研究生论文题目。"（M-21）

"不管具体情况是什么，一个好的教育几乎完全决定于人与人之间交流的效果如何。要点在于你会被某个人所吸引。基本上，老师的主要作用就是创造一个环境，令事情变得更加有意思。你会看到一种态度，或者一种检验事物的角度，你也可以模仿，然后你会更清楚地看到事情的本质。"（M-12）

"我一开始上的是 A 教授的课，我的成绩特别好，我做了所有的作业，我想是因为这个原因，我给了他很深刻的印象。他在这门课里给了我一些 A+，他觉得我是个非常好的学生。所以，我就开始跟着他工作了。他给了我一些资料去读，效果很好。几个月之内我们就开始看到成果了。我与 A 教授的工作使得 B 教授注意到了我，B 教授对我非常感兴趣。"（M-18）

多数数学家是在本科二年级的时候就开始选修荣誉课程和研究生课程了。但是，上课和做研究是不一样的。在课堂上成绩好不能保证一个学生做研究也做得好。有几个数学家就是在拿到了博士学位之后，还在怀疑自己是否真的能够成功。

"我真正开始做搞研究需要做的事情，是我写论文的时候了。我当时觉得我准备好了，可以做那之后需要进行的工作。我当时很期待一个一个的近期目标，学习好，考试成绩也很好。很幸运的是，我的导师帮助了我，一方面，他放手让我独立工作，另外一方面，他又给我起了榜样作用。"（M-17）

"在数学上，成功是没有保障的。为了拿到一个数学博士学位，你所做的工作就会和你以前做过的所有事情在本质上完全不同。那时候你并不知道自己是否能够做得到。所以，你最初的计划是写个论文，考个博士学位，对此你感觉不错。可是你也感到，你得给自己保守一个秘密，那就是其实有很多事情你都还不懂。"（M-5）

"对于我是否有能力做原创性的数学工作，我心里没底，这种感觉最强烈的时候是我刚拿到博士学位的时候，那时候的问题是，如果导师不在身边，我自己还能够继续做原创性的工作吗？"（M-13）

"我对自己是否有能力做有创造性的数学工作，真的是很怀疑的。但是，除非你去做，否则你就没法知道。如果你不走上那条路，你就没法知道。最后结果是让我有点吃惊的，那就是我能做研究。而且，更让我吃惊的是，我做得还挺好。"（M-15）

这项研究里的数学家是我们根据他们的成就和对自己领域的贡献而选出来的。一旦"发现"了数学，他们就开始非常勤奋地工作，他们在自己领域里投入的时间非常多。

"你得把自己沉浸在什么事情里，不断地思考它，你工作，再工作，让这些念头在脑子里转来转去，你需要达到一个阈值，然后有些题目就迎刃而解了。有的题目要两年时间才能被破解，但是你得集中你的注意力，你得专注。"（M-16）

"研究数学，你得非常勤奋。如果你把数学仅仅当成一份工作，你就什么也别想做成。我一般来得很早，工作一整天，然后再工作一晚上，很晚才离开，所有人都是这样的。"（M-7）

"它确实需要极大的专注。"（M-9）

"你可能连续工作好几个星期，却一点进展都没有。但这是必须的，这个时间没有被浪费掉，因为如果你没有投入这些没有收获的时间，你就没法得到最终能够让你解决问题的想法。这种事情,一半是勤奋工作,一半是玩,但主要的是你全身心的投入。你必须得把这事情完成,否则你就睡不着觉。在某种意义上说,问题的答案是无法预言的。你唯一可以预言的就是,如果你不工作,就肯定找不到答案。"(M-6)

"更贴切的问题是,你还有多少时间没有投入在数学上。"(M-19)

"做原创性工作的方法就是花时间攻克难题。问题就是你是否在工作。那些思维枯竭、做不出任何东西的人实际上是因为他们没有在难题上花时间。"(M-13)

除了努力工作、长时间工作之外,有几位数学家也感到,机会和运气——在适当的时机出现在适当的地点,也是他们最终成功的重要因素。

"我最初在研究上获得成功,在一定程度上也是因为,在我很感兴趣的那个领域里,当时正好出现了一个重大的突破,这就把这个领域的门打开了。我非常幸运的是,在我刚出道的时候,那个领域里有很多想法可以去探索。如果我现在才开始进入这个领域,事情会是什么样子?我可不想深究。现在做研究已经有很多阻力了。"(M-3)

"我想强调一下,运气的作用是超乎想象的重要。在适当的时机得有一个合适的教授,在一个新的数学难题受到广泛关注的时候,你正好在做这个工作,能够接触到有趣的问题。我完全相信,有很多的数学家在任何一方面都比我聪明,智商比我高,学得比我多,学得比我快,解决问题比我快。说我是一名更优秀的数学家,只是因为我做出了更好的工作,而这在很大程度上是个运气的问题。在适当的时机出现在适当的地点。你的数学成绩肯定是得很好,但是,如果你数学学得很好,你周围的人都对数学不感兴趣,那你就只能把没意思的数学学得更好。"(M-21)

每一位数学家都投入了至少 10 年的时间,高强度地甚至是上瘾一样地努力学数学。这个阶段一般开始于研究生院（但是有几位是在本科期间开始的）。

"刚进研究生院的时候，我就想，'好了，就这样吧，我要用我人生中的几年时间去真正深入地学习一个科目。'4年之后，我学到了很多的数学知识，开始做研究。我对我的职业非常投入，也一直继续学习。到我这样学了十年之后，那就真是今非昔比了。你就是需要这样投入时间。把数学研究得好的人，没有一个不是这样投入了大量时间的。"（M-15）

工作的动力变得越来越至关重要了。在有些例子里，数学是他们唯一做得好的事情。

"当然，我要说的是满足感和实现自我价值。我父母很想让我相信，只要用心去做，我就能做好任何事情，但是我得到的结论却是他们是错的。我的人生走到现在这一步的时候，没有什么证据能够说明，如果我去做其他事情，我也能够像做数学一样做得好。我想说的是，我知道，有一个领域，而且只有一个领域，能够让我也许在一个很小的范围里做一些属于目前知识前沿的工作。我在这个领域里已经投入了这么多的时间，才有了一定程度的成功，足以让我感到自己不是在浪费时间。这就是很大的动力，它可以让我继续前进了。"（M-5）

对于其他人来说，能够确定一个答案是对还是错，让他们感到很舒心。

"我觉得，最初的吸引力就是来自于它的简单。我记得在上学头几年的时候我有过很多疑惑，为什么事情非得是某个样子的。在大学里，对于数学的一大发现就是，最开始有一些公理，然后所有其他结论都可以从这些公理里推导出来，是对还是错，非常清楚、确定。我有研究数学的朋友以前是研究物理的，后来就是因为这个原因才转到数学来。在物理学里，他们永远搞不明白游戏规则，而在数学里，规则是完全清楚的。"（M-21）

大多数人会为一个新的成果，为解决一个困难、不好把握的问题而感到异常激动。

"最主要的事情就是研究数学本身。我记得,在我做过的所有事情里,有两三件让我感到非常强烈的敬畏之心,那种感觉是其他事情没法比的。我能够为这个领域添加两块砖,这让我感到是个荣誉。我热爱这个学科。在投入很多时间之后,能够找到一个问题的答案,没有比这更让我喜欢的事情了。尽管有时候,在工作了一两年之后发现失败了,会感到很痛苦,但就算在那个时候,你脑子里仍然能够感到探索的喜悦。"(M-22)

"我肯定是受到了数学的诱惑,成为数学家是我没法控制的事情。"(M-3)

今日的数学家

数学家的工作范围包括高度抽象的数量、空间、符号概念,以及一个以推理为主但有些不好把握的过程,叫作证明。他们的思考方式,他们的工作内容,除了其他数学家之外,基本是不为人所知的。

"我给你引用一位非常著名的数学家的话,他现在 70 多岁了——'研究数学是为了赢得几个朋友的不情不愿的尊敬'。"(M-7)

通常,父母、妻子、朋友们都不了解数学家的工作。

"我正在写一本书,书的内容需要 5 年才能写完。在全国,真正懂我现在做的这项工作的人,用一只手就能数得过来。我父母都非常为我骄傲,但是,他们完全不明白我现在所做的数学工作是什么,一点都不懂。我从来不跟他们讨论数学。"(M-16)

最近有一本新书由戴维斯和赫什合著,书名叫作《体验数学》(The Mathematical Experience),这是数学家的一次罕见尝试,试图表达数学的意义和目的。他们尝试着去构建一个理想的数学家形象,一个典型的、"像一位数学家"的数学家:"一个理想的数学家所做的工作只会被一小群专家所了解,几十人,或者最多几百人。连他所研究的事情是否存在,都只有几个同事知道,绝大多数人对此一无所知。事实上,如果一个圈子外面的人问他,他在研究什么,他没法回答,也没法演示……数学家们知道,他们所研究的对象是客观存在的。但是对于外行来说,他们是一个外人不了解的小圈子,圈子里只有他们自己和几个跟他们一样的朋友。如果一个人进入我们的学科,做两三年的研究生,学习数学,他会接受我们的思维方式……但是,我们必须在这里停一下,记住,出了这个小圈子之后,别人基本不懂我们所做的工作。"(第34-44页)

这个描述,在我们访谈过的所有数学家那里都得到了认同。这些人工作的动力是扩展我们的知识与我们相信的真理。他们的成功一般来说是源自于极其大量的努力工作。他们被自己所看到的数学中的秩序和美所吸引、所激励,让他们能够"在目前知识的前沿"工作的个人品质,达到人类极限的认知能力,是经过多年努力才能够拥有的。虽然一些做研究必不可少的技能和知识是在学习的晚期才学到,这些人在很小的时候就"开始成为数学家"了。学习如何学习,比学到什么更加重要。他们先是学到了如何学习,培养出了某种性格,然后才找到了一个特殊的领域去施展他们的才能。从某种意义上说,他们发掘、培养了自己的潜能,然后才成为了数学家。

第八章

数学家个案:豪尔·福斯特

威廉·C.古斯廷

第八章　数学家个案：豪尔·福斯特

在第八章里，我们以群体像的方式描述了在数学方面的杰出才能的发展过程，描述了样本中所有数学家发展过程的片段。数学家的个人经历，从很多角度看上去都很独特，第八章的重点是从这些经历当中提取出共同点。下面我们要讲述的一个例子，不仅会为数学才能发展的共同特点提供更多的观察角度与思考，而且，从一个非常独特的个人故事里，我们也会看到一些有趣的现象。

在前一章里所描述的共同特点，在豪尔·福斯特[①]的成长过程里无疑是很明显的。另外一件明显的事情是，他的故事在很多方面并没有显出一个典型的数学家的特点。豪尔的故事包括了发展他的才能所需要的所有要素，但是也显示出了一系列独特的事件，以及机遇的作用。

豪尔的父亲"被"选择了医学。在美国经济大萧条时期，他从某所中西部的医学院毕业后，发现他那个专业

---

① 我们在此隐去了这位数学家的真名。

只有一个工作机会，而他就在那个工作位置上做了一辈子。豪尔的父亲在专业组织里很活跃，是美国医学协会的代表团成员，还是他那个专业的全国协会的主席。豪尔回忆说："关于一名医生对于社区的意义是什么，医生这个职业代表什么，以及类似事情，他有很明确的观点。作为一个民众领袖，在音乐团体里，在扶轮社里，他工作都非常努力，在医学领域里也是如此。"

豪尔的母亲来自一个"第一代学术家庭"，父亲是一名教授，母亲是一个大学毕业生。在大学里，豪尔的母亲主修动物学，辅修数学。

豪尔的父母在音乐方面非常活跃。他们是在弦乐四重奏小组里演出的时候而恋爱的。一直到最近，豪尔的父亲还在上声乐课。在20世纪50年代早期，父母二人都开始学竖笛。

"还有，我父亲一直坚持拉小提琴。他有个不寻常的本事——他能够好几个月不碰琴，然后拿起小提琴就能拉得很好。小提琴是一个需要坚持练习的东西。当然，作为一名医生，他的协调运动能力是非常出色的。"

豪尔觉得他父亲是永远不可能成为一个商人的。但是他评论他母亲说，"非常精明，在安排房产和投资及照看各种事务的时候都会精打细算。"

豪尔在4个孩子里排老二，是家里唯一的男孩。他有一个比他大6岁的姐姐，两个妹妹一个比他小1岁，另外一个比他小6岁。在姐妹当中，只有姐姐读完了大学，获得了一个英文学位。大妹妹学习音乐，小妹妹最近开始学习一个物理疗法课程。所有孩子都学习了乐器或者声乐。晚饭的时候，家里总是放着音乐，在他们非常小的时候也是一样。

"那些是78转的唱片，每两分钟就得去翻一面。我爸爸在晚饭桌上就是一会儿站起来一会儿坐下去。他放的音乐都是那些一下子就能吸引小孩的——节奏感强的音乐，比如奥芬巴赫和施特劳斯的圆舞曲。"

第八章 数学家个案：豪尔·福斯特

豪尔的母亲回忆说，全家一起吃早饭的时间是很重要的。

"我们一起坐下来。他们的爸爸会用这个时间让孩子们接触音乐。我们没有讨论过应该注意到这个或者那个之类的事情。孩子们大一点的时候就都去听音乐会。我们教他们轮唱、吹竖笛，但是，我们从来没有鼓励孩子以音乐为职业——我们非常喜欢音乐，但是，我们把它当成业余爱好。"

豪尔把父亲描述成一个很有学问的人，一个跟家里人有些距离的人。他对父亲有一个清楚的印象，觉得他是一个高高在上的人。

"他热爱语言，他对那些能够准确表达自己的人有很高的敬意。他在说话的时候总能够找到最合适的词汇。我们几个孩子在词汇考试里的成绩总是很好。我们一直接触大量的词汇，这对我们而言是有作用的。"

豪尔相信，家里所有孩子都与母亲更加亲近。她是支持孩子父亲的。父母之间的任何分歧都是在他们两人之间解决的，他不会当着孩子们的面进行。

"他们两个人的性格很不同。对于他自己应该做什么，诸如此类，他有个很固定的想法。这就不太能够适应时代的变化。对于一名医生在社区里应该占有什么位置，他也有一个固定的想法，而且是一个现在看来很守旧的想法。在政治上他是一个极其保守的人。如果从节俭、商业头脑、新英格兰地区的价值观之类的角度来看，我母亲也是很保守的，但是她是一个非常现实的人。"

福斯特家住在农村，所以孩子们"比较与世隔绝"。豪尔的母亲"没办法判断他的能力"。

"他显得很聪明。他比很多其他男孩子都要更安静，但是，他很有竞争心。在家里他没有什么竞争的环境。他姐姐比他大很多，他们没在一起做过很多事情。"

在孩子们小时候，全家人一起玩过游戏。与数学有关的游戏在家庭里得到了一定的重视——掷骰子、做加法。

成才之路　　发展青少年的天赋

"我们也玩过闪卡游戏，正面是生词，背后是词义，目的是扩展孩子们的词汇量。我们会按照大家在餐桌上座位的顺序来，每个人要给出一个词的定义，或者给出一个符合某个定义的词。"

父母二人都花了很多时间给孩子们大声读书，比在一起玩游戏的时间还多。孩子们喜欢把自己最喜欢的故事背下来。豪尔的母亲说："他似乎需要我的全部注意力。"在他4岁左右的时候，她发现了豪尔画的一幅主题是内燃机的画。她完全不知道谁会给他讲这个，她觉得很显然是他自己在学怎样读书。

"我没教他念书。他4岁的时候眼睛出了毛病，一只眼睛要戴纠正眼罩，戴了大概两年。由于这个原因，我没有让他做需要用眼的事情，比如阅读。他看上去似乎是不会阅读，但是，他会拿了《世界全书》(World Book)的附录从头翻到尾。有一天，他在看书里的一幅画，我就开始给他解释，结果，他给我讲解了那幅画，显然他会读书。但是，我没有察觉到他学习阅读的过程，我也不知道他是怎么样和什么时候学会的阅读。"

豪尔的印象是，他父母注意到了他在数学方面表现出来的一些天赋，也许在他5岁的时候就注意到了。他似乎显露出"一种真正抽象的、概念化的思维"，比如在想象图形的时候，或者在把积木放到盒子里的时候。他玩积木玩得很多。"用积木，他可以用不同方法来看同样的东西，搭建不同的东西。我们在家里放了各种游戏材料，比如，纸张、蜡笔、积木，等等。"

"我妈妈留着一张画，是我5岁左右画的一个永动机。在顶上有一个水缸，一根水管从那里伸出来，驱动一个涡轮发动机。这个涡轮发动机跟一个继电器是连着的，然后用电力来驱动一个电动机。这个电动机又带动一个水泵，把水运到水缸里去。我妈妈费了好多时间给我讲能量守恒。不过我觉得，在那么小的年龄，这仍然是一个非常有创意的想法。"

| 第八章　数学家个案：豪尔·福斯特 |

豪尔对事物的工作原理一直就很感兴趣。他会把玩具拆开，观察里面的构造。他对各种阀门、仪表和旋钮很着迷，还在幼儿园的时候，他就喜欢无线电和电子学。他母亲的一个很清楚的记忆，是他们那时候时常有下水道修理和房子需要重新装修的事情，豪尔就跟着工匠在房子里走来走去。

"我觉得他可能要把工人们烦死。他问了一个又一个问题，他真的没完没了。他的问题不是重复的，而是有顺序的。那些工人好像从来也没有介意他这样，他也从来不去动他们的工具。我们教育孩子们不要去给别人捣乱，他们非常小的时候就懂得这个道理了。"

因为他们家几个孩子的年龄相差很大，放学之后各有各的活动，所以，下午的时间安排是各种各样的。他们家离镇里有7英里。所以，典型的做法是豪尔和他的姐妹们就得自己玩。他们玩游戏，练习音乐，在院子里玩，读书、杂志，而书和杂志"在房子里到处都有"。他们有《科学美国人》（*Scientific American*）、《国家地理杂志》（*National Geographic*）、《自然历史》（*Natural History*），总共可能有15种杂志。他还有一套工程玩具，比较大的一种，他用这套玩具造了各种各样的机械方面的东西。他还有一个电动火车，他没完没了地玩这个火车。

到了他该上学的时候，他眼睛的毛病好起来了，但是，他还是在学习阅读方面遇到了问题。

"其实阅读问题非常奇怪，他是很努力地试图不通过阅读而搞明白书里在讲什么。我不知道那是因为他懒得去读所有的小字，还是因为那些书没什么意思。"

豪尔是左撇子，在他刚开始学写字的时候，写出来的字往往是镜像的。

"在我上五年级之前，我真的没学到正确的阅读方法。我想当一个发明家。我想，到时候就找一个秘书替我读书，我自己不需要学会阅读。"

福斯特家的父母很坚定地认为每个孩子都应该能够自由地去选择对他们来说

最有意思的职业。他们的计划是给孩子们提供最好的教育,使得他们可以继续去走他们自己所选择的道路。一开始,他们以为孩子们会上本地的学校,一间很小的乡村学校。

"可是那是不够的,因为那样他们就上不了大学——他们达不到选课的要求。所以,我们就把他们转到镇里的学校去了。那就是转学的目的,如果他们想上大学,他们得能够进得去。我们觉得至少得给他们一个机会,让他们有条件去做自己想做的事。"

豪尔会跟他母亲说他在学校里学了什么,她会在写作和做项目上给他一些帮助。他当时不是一个出色的学生。

"我们从来没有逼孩子在学校所有科目都要拿A。我们认为,他们应该做他们能力范围之内的事情,学会做事的方法,学会自己给自己设立目标,而不是由我们给他们设立目标。"

在那些他不怎么感兴趣的科目上,他的学习就没那么努力了。他记得父母对他是有过督促的,他们坚持让他写所有的作业。他的看法是,"他们才不宽松呢,他们用一根短绳子牵着我"。

豪尔觉得他在学校所受教育的质量一直是比较高的,但是在小学里,从很多方面来说,他都是个很普通的学生。在阅读、拼写及其他一切跟科学无关的科目里,他声称自己很落后。他对科学感兴趣,在班里一直是领先的。但是,"在基本技能方面,包括基本计算能力,我学得很慢"。

豪尔六年级的时候,他姐姐在学物理课。她的老师在课堂上给大家演示了一个虹吸管。他姐姐画了个草图,他就从这草图中琢磨出来了这个现象的原理。她跟她的老师说了,这位老师对此印象十分深刻,就想让豪尔单独和他学习。豪尔的老师不答应,因为他觉得豪尔在其他科目上学得不好。

第八章　数学家个案：豪尔·福斯特

一直到八年级，豪尔回忆说，他都只做过普通的练习册。老师让做什么他就做了什么。他做这些作业不费劲，也觉得它们挺有意思。

"我妈妈告诉我，我七年级的数学老师跟她抱怨，我提前做练习册里的作业。我想我妈妈在那时候可能是很痛恨老师这样，但是现在想起来可能觉得很好玩了，提前写作业居然还得不到鼓励。"

豪尔在学校里有朋友，但是他觉得，如果他当时住在镇里，他在社交方面的发展就会不一样了。他觉得，典型的情况应该是放学以后一个居民区的小孩们都在一起玩。"而我就没有真正有过这样的经历。"偶尔，他会住在镇里，到其他某个同学家去，"但那不是经常发生的事情"。有时候在星期六的时候，有一个同学会到他们家四周的树林里玩，但是，他没有镇里小孩所拥有的那种随时都存在的社交环境。"在某种意义上说，那可能延迟了我的社交能力的发展。一直到上了大学以后，我才觉得我在这方面跟其他学生到了同一个水平上。"

每个暑假，豪尔都和他的外祖父一起生活1个月。外祖父是一名学者、一名生物统计学家，他有博士学位。他们一起建造模型，讨论问题，出去散步。在豪尔12岁的时候，他想做一个有抽屉的桌子。在动手做桌子之前，他的外祖父让他先画一张有细节的图纸。外祖父会跟孩子们聊天。豪尔的母亲记得特别清楚，有一次他把所有的外孙子、外孙女都召集到他的书房去，给他们讲数学。她也想去听，但是他说，如果她不开口，她就可以去——这样，她意识到，他其实并不想让她去。

"他是个非常好的老师，他喜欢看到，在他把一些想法扔给大家之后，他们如何思考和掌握这些想法。"

在豪尔眼里，外祖父是一位很不错的户外运动家。他带外孙子、外孙女们去钓鱼和爬山。他是在新罕布什尔州的白色山脉里长大的。退休之后，他有一个农场,农场里主要是树,但也包括一座小山。"那个地方,"豪尔说,"是离我的心灵最近的地方。"

"我觉得外祖父肯定是给了我很大的影响,让我往数学这个方向走。他是我心目中最了不起的英雄,这是毫无疑问的。我也非常清楚地知道,他认为纯数学是智力上的最高层次的召唤。"

豪尔的外祖父让豪尔对数学的重要性留下了清楚的印象,这是数学作为一种语言、作为科学的工具的重要性。他们讨论了数学,部分是哲学层次上的话题,但也讨论了"小问题"。

"在我很小的时候,他就发现了我在数学上的能力,当我最后真的转向了数学的时候,我觉得他是非常高兴的,不过我当时没有感觉到。他是一个非常有智慧、有很强观察力的人。如果他当时真的让我知道了他有多高兴,我可能都会觉得承受不了。"

豪尔从五岁的时候就开始暑假到外祖父家里做客,一直延续到他大学毕业。豪尔的妈妈评论说,他的外祖父是"真的能够欣赏"豪尔的能力的人,在豪尔上高中的时候,有一次外祖父对她说,他觉得豪尔有一个不寻常的头脑。他很欣赏豪尔的思维方法、处理数字和数学思维的能力。但是,他没有试图强化豪尔的这个能力。只有一次,豪尔的外祖父坚决表达了自己的立场,那是当他觉得孩子们当时上的学校做练习不够,豪尔因此而不会背乘法表的时候。他建议说,让他在暑假里送豪尔去上学。

"他可没为了其他孩子做过这样的事。也许是因为他觉得其他孩子接受的都是传统的训练,不过我想,也有一个原因是其他孩子都没有对数学有过强烈兴趣。"

他外祖父送他去的是一所私立学校,是"全国最好的中学之一,学校的教学质量非常高"。在高二结束之后的那个暑假,他在那所学校上了 8 个星期的暑期

| 第八章 数学家个案：豪尔·福斯特 |

班。他记得"在那里玩命学习，比以前做任何事都更玩命"。课程进行到一半的时候他的成绩是两个 B 和一个 C，但这仍然够让他的名字上荣誉榜的。到了暑期班结束的时候，他的成绩滑到了两个 B 和一个 D。

"但是，我这一生里从来没有为一个 D 而那么骄傲过——那是一门英语课。想想吧，那是我第一次上英语课的时候需要写作文，而且真的要注意语法之类的事情，我是完全没有准备好。"

豪尔的母亲对那个 D 可说不出好话来。她"好像对此保持了沉默"。豪尔记得，他对自己感觉不错，觉得自己成绩挺好。而且，那可能是他在数学上最后一次得 B。对那门数学课程，他记得的不是新的内容，而是"很多很多的常规计算训练"。当时，他们没有告诉豪尔，去上这个暑期班是外祖父的主意，也是他付的学费。豪尔的母亲解释说："我爸爸认为不应该让一个孩子感到自己很了不得。豪尔在数学上是非常出色的，但在其他很多方面并不出色。"

在豪尔大约是七八年级的时候，他们家的一个朋友给他做了一个小收音机。在他小时候，他对科学很感兴趣，他父母的这个朋友是一个业余无线电高手，是他非常喜欢的一个人。豪尔的主要兴趣之一就是业余无线电，在高中的时候他开始尝试自己组装。

"但是，我那时候没有从我周围的环境里得到什么支持。我父母在这件事上帮不了我，没有人可以让我跟他们学习，我也没有钱买适当的设备，这事慢慢也就淡了。但是，这事之所以淡了，还有一个原因就是，那时候我的兴趣转到数学上了。"

在豪尔对于数学的兴趣逐渐形成的过程中，有一个非常重要的时刻，是他九年级的时候。他的数学老师在一个教学小组里，正在计划一个现代数学教程。豪尔在那一年开始学代数，他那时候觉得，他之所以想要学数学，是因为数学是科学的语言，而他想当一名电子工程师。"但是，到了那一年结束的时候，我就想当数学家了。我真是被这一想法深深地吸引住了。"

那个代数课程的设计是让学生从几个公理开始，去推导所有的代数运算规则，这样，他们就会对那些公理本身有更好的理解，也会感受到"数学的本质和魅力"。证明定理成了"一个小游戏"。从一些规则出发，"你推理出其他的规则，建立起一个越来越大的规则库。"豪尔很喜欢这种"智力练习"，声称这门课所使用的方法激发了他的思维。他回应了"智力上的挑战"。

几何课也采用了同样的教学方法——从几个基本规则出发，从中推导出符合逻辑的结论。豪尔回忆说，全班都以极大热情回应了这种教学方法。他们从这种建构中得到了乐趣，运用已知规则，推导出想要的结论。

"有些题的证明过程有二三十个步骤。尽管班里的绝大多数小孩都是肯定不会去当数学家的，但是，他们开始试着去理解数学的本质和魅力。……我当时就知道数学研究的本质是什么，这是很不寻常的事情。我的意思是，我见到过学术界的人，很有名望的学术界的人，他们有些都不知道数学研究到底是什么。"

他母亲回忆说，在这同一个时期，如果别人跟他说有哪道题是证明不了的，他就会把这当成对他本人的挑战。在他逐渐长大的时候，他似乎越来越忙着让自己沉浸在自己的思绪和想法里，当全家围坐在桌旁讨论什么事情的时候，这就尤其明显。豪尔会完全沉浸在自己的思绪里，然后，当讨论已经结束的时候，他会突然冒出头来，问："什么，什么？"他喜欢让别人去争论、去讨论，然后他"把最好的那层奶油刮下来"。

"他喜欢想他自己的事情，我觉得，很多时候他是在寻找方法解数学题。"

豪尔的母亲还回忆说，他的老师在第一学期的代数课里没有给他A。当她和老师交谈的时候，老师说，豪尔没有尽自己的最大努力。但是，在那之后，那个老师给了豪尔额外的学习材料，最后，豪尔出了一些数学题，被收入了为这门课程而专门编写的课本里。

这个课程对大多数学生来说是很有效的。事实上，有3名学生后来成为了成功的数学家。这门课每年都是由一个不同的老师来教。第一个老师是一个精力非常充沛的人，是课本的作者之一，对这个项目非常投入。

豪尔没有感到老师给他施加了什么压力，也没觉得他们给了他什么鼓励。他并没有因为想赢得老师的认同而去争取好成绩，而是"我觉得我回应的就是那个学科给我的智力上的挑战"。

除了在高中里参与现代数学教程的设计和实施之外，豪尔就没有参加其他任何有组织的数学活动了。

"我一上高中，就开始自己花很多时间做数学题，研究各种棋类——琢磨战术，分析棋局。我也读很多书。我自学了微积分，主要是微分，是用我姐姐在大学里用的课本学的。"

豪尔最初的兴趣是在科学上，但是在高中期间，这个兴趣转移到了数学上。除了科学和数学之外，在其他科目上他似乎都不是一名出色的学生。他喜欢数学，到了愿意自己主动学习的程度。事实上，在高中期间，他把时间越来越多地用在自己的兴趣上，特别是科学和数学。

豪尔的父亲和外祖父是杰出的榜样，豪尔上大学是早就定下来的事情。

"我觉得我从来就没有想过不上大学，去做其他事情，特别是从六、七年级之后。我想做一名电子工程师，那就意味着我得有一个学士学位。等我的兴趣换成数学之后，上大学的想法可没有变，只是我那时候也想要一个硕士学位了。"

豪尔的父母一直就表明，他们会负担他上大学的费用。"那是从来没有疑问的事情。"他妈妈解释说，他们本来想送他进一所小型的私立大学，但是意识到那里没有研究生课程。"所以我说不行,他需要从比他水平高得多的人那里得到激励。"

豪尔在高中期间的总成绩"不是特别好"。他的数学和物理总是得 A,但在其他科目上他就没有足够的学习动力。他申请了两所私立大学,有一所根本就没回音,另外一所把他放在了候补名单上。他后来去了一所州立大学。他入学的时候参加了一个选拔考试,进了数学的荣誉课程。

还在高中的时候,豪尔就对数学的一个分支产生了兴趣。在大学里,他发现数学系的系主任做研究的就是这个分支。豪尔"在二年级的时候引起了系主任的注意"。这个系主任在给研究生上一门如何解题的课,豪尔作为一个二年级学生,在第二学期上了这门课。在这门课上,他们得解出尽可能多的题目。

"我在上那门课的时候特别努力。我觉得我在那一门课上花的时间,每周得有 20 个或者 25 个小时。"

当他进了大学的时候,豪尔忽然意识到:"你知道,如果我学不好,他们会把我踢出学校。"他开始在所有科目上都非常用功——不仅仅是在数学上。

"而且,让我又高兴又吃惊的是,我开始取得好成绩了。我想,'这可真不错。'所以我就继续用功,到毕业的时候,我的总积点成绩是 4.95 分,满分是 5 分。"

豪尔把他本科期间的数学学习说成是"一个非常严格的荣誉教程"。他的印象是,教学大纲是经过深思熟虑的,教学也是"超级棒"。除了常规的数学题之外,学生们还可以去挑战各种各样的难题。他做了大量的额外题目,也解自己编的题目,解教科书里带星号的题①,以及《美国数学月刊》(*American Mathematical Monthly*)里面的题目。

他的各科成绩都不错,"数学成绩尤其好"。他本科的辅导员建议他去剑桥,

---

① 这里指教科书里的附加题,一般都比较难。

| 第八章 数学家个案：豪尔·福斯特 |

那里"是西方世界公认的我这个专业分支的中心"。他申请了一个研究人员的职位和奖学金，两者他都拿到了。同时，他接受了马歇尔奖学金。一位教授同意接受他做自己的学生。

"我开始做研究，对我来说这正好是最合适的事情，因为我已经做好了做研究的准备了。从做研究的角度来说，我比其他学生要成熟得多，所以我就做了研究。"

豪尔还得到了一笔为期两年的研究基金，由一个全国科学基金会提供。他"没有什么可着急的"。他认为写论文的过程"像脖子疼一样恼人"。他更愿意做研究，而不愿意把它写出来。

在开始读研究生的时候，豪尔在研究上取得了一些早期的成功，他把这归功于一个事实，即在他的专业领域里，一个重大的进展刚刚发生。它把整个领域的眼界都打开了。

"当时有很多新思路，在那些年里有很多研究进展。我非常幸运的是，在我刚出道的时候，那个领域里有很多想法可以去试探。如果我现在才开始进入这个领域，事情会是什么样子？我可不想深究。现在做研究有很多阻力了。"

豪尔认为自己非常幸运，因为从很小的时候开始，他不仅知道自己想做什么，而且做得很好。这两件事情并不总是一起出现的。

"我有过非常好的机会，接触了现代数学，得到了研究生奖学金。那种事情是要碰运气的。还有，我开始读研究生的时候，正好是我那个领域里的研究起飞的时候——所以，我有过很多的好运气。"

豪尔提到，他有两个目标：一个是要出版一本给研究生的教材，他感到学生需要这样一本教材；另外一个是，在自己这个领域的几个分支里，他都想要让自己成为专家，也就是说，自己的水平要能够达到在这几个分支里都能够做重要研究。他已经做过一些非常困难的事情，"把这个领域以一种可能没有被预料到的方式向前推进"。但是，仍然有一些没有被解决的难题，它们的难度还要更大，"我想至少每过一段时间就能够解决掉一个"。

"利特伍德[1]说过，'你不应该害怕研究非常难的问题，因为，尽管你可能证明不了这个难题，但是在你试图攻克它的过程中，你可能会证明其他题目。'我有过一次又一次这样的经历。"

豪尔相信，他的思维与其他人的可能很不一样。对他来说，动力就是一切。如果他对什么事情感兴趣，他"真的可以在很短的一段时间里吸收大量的信息"。如果是别人让他做的事，而他自己没感兴趣，那么，"想要学到一个说得过去的程度都是难上加难的"。

他的记忆力是个"有趣的事情"。他能记得住一些事情，但是他觉得，他记得的事情很少，"但是比起其他人来，这些事情从我的记忆里随时可以调出来"。也就是说，他只记得很有限的一些信息，但是随时可以拿出来用。

"我妈妈一直觉得我总是在云里雾里。我会坐在那儿，好像是在听她说话，但是后来才发现其实我的思绪在几千里之外呢。那总是让她烦。我有个很强的能力，就是能够坐下来想数学——开会、听讲座的时候，我就会脑子缺席。我可以在音乐会上想数学——就坐在那儿想，没有真的听音乐。"

在跟人谈话的时候，豪尔也相信他有些怪怪的习惯，可能反映出他的思维方法。当他谈一件事情的时候，他经常突然转到另外一件看上去似乎完全无关的事情上去。

"问题是，我把 A 和 B 联系起来，B 和 C 联系起来，C 和 D 联系起来，然后我就开始谈 D，而没有告诉别人我是怎么把它们都联系起来的。这种跳跃对别

---

[1] 约翰·利特伍德：20世纪著名英国数学家。

人来说可能很烦。"

豪尔觉得，他脑子里做这些联系只需要很短时间，比交谈中把这些联系说出来所需要的时间还要短，而且似乎也没有必要把这些想法都表述出来。

"我觉得这种把事情联系起来的做法对数学很重要。我有能力把一件事情中最重要的数学要素分离出来，然后跟其他地方的另外一件事情联系起来，把这两件事情放到一起。"

最后，豪尔的母亲说："虽然有些父母可能会推着孩子向前走，但是我们从来不这么做，让孩子做自己感兴趣的事情才是更好的办法。我们提供了他需要的支持，送他去他选择的大学读书。我觉得他干得很好，我很高兴，但是我没觉得自己有什么特殊的功劳。"

豪尔说："我受到了数学的巨大诱惑。成为一名数学家是我没法控制的事情。我很幸运，有机会在数学领域发展，因为那是巨大的爱。数学是真的让我入迷的东西——我几乎是上瘾了。"

第九章

如何成为杰出的神经医学研究人员

劳伦·A. 索斯尼亚克

第九章 如何成为杰出的神经医学研究人员

在这一章里,我们要讨论的神经医学研究人员①之所以受到邀请来参加我们这个研究项目,是因为他们满足3个选择标准,证明他们已经取得卓越的成就。第一,他们的研究获得了国家健康研究院的持续资助(为期5年),这个资助的形式要么是教师—研究人员奖,要么是事业发展奖。该领域里的专家一般认为,这两个奖项是年轻的神经医学研究人员可以得到的最高荣誉的奖项。第二,在最被同行重视的杂志上,他们的研究成果经常被引用。第三,全国最好的大学神经医学系的系主任知道这些人,并且对他们评价很高。

满足这些标准的,有24位40岁以下的有医学博士学位的人。其中的20位同意向我们讲述他们的成长过程。对每一位的访谈,是在他们方便的时间和地点进行的。

在对每一位访谈结束的时候,我们都会征求许可,与

---

① 后文提到的 N-1 ~ N-20 指的是 20 位神经医学研究人员案例。

他们的父母联系，请这些父母也参加我们的研究。我们最后与15位的父母进行了交谈。有1位研究人员没有允许我们与其父母联系，有1位的父母都已经去世，还有3位的父母生病或者不想参加研究，所以我们没有能够与他们交谈。我们与这些父母进行访谈，目的是补充我们从神经医学研究人员那里得来的资料。与父母的访谈是通过打电话进行的，由天赋发展研究项目的另外一位工作人员完成。

神经医学研究人员成长的背景

20位神经医学研究人员当中，有19位是男性。由于这个原因，在描述这些人成长过程的时候，为了不要让那一位女性的身份被认出来，所有的研究对象都会用男性人称来称呼。他们多数（20位当中有13位）是家里的老大，有3位是家里所有男孩当中最大的。在我们访谈他们的时候，他们的年龄在31~39岁。在那之前的1~5年间，他们得到了国家健康研究院的资助。

20位里面有7位是在纽约长大的，另外有4位是在芝加哥及附近地区长大的。剩下的9位则是在其他全国各地的城市和小镇长大的。

活跃、学术气氛浓厚的家庭

神经医学研究人员的成长环境的一个典型情况是出生在一个活跃、学术气氛浓厚的家庭里。他们的父母倾向于把自己归类成"特别忙碌的人"，孩子也持这样的观点。"我父母总是非常忙。"（N-20）"我爸爸总是在做什么事情。"（N-3）

在进行访谈的时候，"忙"这个词被展开，意思可不仅仅是"活跃"或者"有事干"。它的意义在于：1. 这些父母对很多不同的事物都感兴趣；2. 他们参加社区的事务；3. 对于自己认为有意义的事情，这些父母是全身心地投入。从神经医学研究人员的父母那里，我们一次又一次地听到这样的说法："我对很多事情都感兴趣，算是个博学多闻的人。"（N-3 的母亲）"我在社区里做了些事情。"（N-8 的父亲）从他们的孩子那里听到的是："我妈妈是一些委员会的主席。"（N-19）

多数父亲的活动是围绕着他们的工作的。

"我爸爸总是在外工作。"（N-1）

"我丈夫总是比他的所有同事都积极。"（N-2 的母亲）

"我爸爸是那种把工作和成功当成人生最重要美德的人，所以他确实没有什么时间去搞那些大多数人叫作业余爱好的东西。"（N-4）

"我爸爸比他研究院里大多数人更勤奋，比他手下人的工作时间更长。"（N-8）

有几位父亲在他们忙碌的工作之余还加了各种兴趣爱好。这些爱好包括：为了工作或者为了得到愉悦而如饥似渴地读书、钓鱼、野营、参加体育活动、观看体育比赛，或者在地下室的工作间里修理东西、制作东西。

有两位神经医学研究人员的父亲本人就是医生，还有一位的父亲是牙科医生，有两位的父亲是药剂师，有三位的父亲在公司里做物理学研究。这就是说，有 8 位父亲从事的是医学，或者是与医学有关的，或者是科学方面的工作。另外那 12 位父亲从事的则是各种各样的工作，但比较多的是在小公司里工作或者自己经营小公司。无论是哪种情形都能够提供条件让家人过中产阶级或者上中产阶级的生活，但是，有大约一半的人是工作了很多年后才做到的。"大多数人都没有什么雄心壮志，你需要做的只是走在其他人前面一点，"有一位父亲（N-8 的父亲）这样说，"我努力提升上去，我的家庭财政就有了保证，我就可以无压力地退休。"

研究人员的母亲一般被认为是非常活跃的。20位母亲当中，有11位除了持家之外还有一份工作，有几位在孩子上学以前停止了工作，和孩子在一起。而且，虽然她们是职业女性，"就像那时候典型的做法一样，我在工作的时候也并没有扔掉我在家里的职责。收拾房子是我的事，洗衣服是我的事……"（N-1的母亲）另外，这些母亲和那些主要在家里做主妇的母亲一样，也参加了很多同样的活动：为父母老师联合会工作，在其他社会和社区组织里做义工，在主日学校教学，在本地的大学里上课，阅读大量的书籍杂志，接送孩子去上各种各样的课，去各种各样的"远征"。有一位神经医学研究人员对他母亲的评论代表了很多人的心声："她不是待在家里的全职太太。"（N-3）

母亲们这种忙碌的日程，有些时候似乎是一种妥协，她们既急切地想把自己投入到某一种生活、某一种事业当中去，又想当好妈妈，在孩子需要她们的时候能够在家里。有一位神经医学研究人员（N-10）的母亲在他和兄弟姐妹们都长大之前没有出去工作。他是这样评论母亲的："在某种程度上她很烦恼，因为她觉得自己在学术上可以很出色，但她没有做到。"

另外一位神经医学研究人员的话代表了很多孩子与母亲的想法："我妈妈总是为了各种事情而忙，她自己没有能够得到显赫的地位，部分的原因是作为那个时代的女性，她在自我实现和做一个好妈妈之间被两边牵扯着。"（N-4）

在孩子们成长的那些年里没有出门去工作的母亲们，会立刻告诉我们，"我一直认为，与孩子们在一起就是我的主要工作。"（N-2的母亲）那些在孩子小的时候出去工作的母亲，只是在她们能够把工作的时间安排得与孩子们上学、活动时间重合的时候才会出去工作。

"在孩子们从学校回家的时候，我一直尽量也在家里。我对此很执着，我觉

得这是很重要的。"（N-7的母亲）

"我丈夫和我之间，有一件事是有共识的。我们的孩子不是脖子上挂钥匙的孩子。那是最重要的事情。在他们从学校回家的时候，我会在那里。"（N-6的母亲）

有6位母亲是学校教师，其中有两位最后成了校长。但是，虽然这些母亲的工作时间与她们的学龄孩子们上学的时间是重合的，她们仍然对于自己是不是好妈妈而心存疑虑。

"我对此有极强的内疚感，也竭尽全力按时回到家里。我跟他们一起度过很多时间，我不会拖延，不会在放学之后在外面耽搁时间，这样，当他们回到家里的时候我就会在家。我一直这样做，因为这样我才会感觉更好。我的工作时间和孩子们上学的时间是重合的，我就在那个教学工作上一直做到孩子们都长大了。无论是当时还是现在，我一直都知道和孩子们在一起是多么重要的事情。"（N-1的母亲）

至少有一半的父母参与社区的事务，他们最经常提到的，似乎也是最重要的，是参与学校父母教师联合会和当地的学校董事会。"我们总是去参加父母教师联合会的会议，参加学校的活动。我们总是对这些活动有很大的兴趣。"（N-7的母亲）"有一件事对儿子在学校的成绩起了作用，那就是我太太和学校老师之间的密切关系，因为她是学校父母教师联合会的组织人员。"（N-9的父亲）同样是这位父亲，他本人也曾经有一段时间是父母教师联合会的主席。另外一位母亲（N-2的母亲）的说法是："我在父母教师联合会里工作，后来升到了高中的父母教师联合会主席——是他们的第一个女主席。那很有意思，我的孩子们也很喜欢我在学校里做事。"另外一位神经医学研究人员的父亲在学校董事会里工作了17年。

父母教师联合会和本地学校董事会似乎对父母们有两个作用。第一，这些组织给父母提供了机会让他们更加忙碌，更加投入孩子的成长。第二，可能也是更为重要的一点，是这些组织给了父母一个机会，去监督和影响他们的孩子所受教育的质量。这些父母的一个主要关注点就是他们的孩子应该接受好的教育。

很多神经医学研究人员的父母本人都受过良好教育。在父亲当中，除了3位之外，其他人都受过大学教育，20位里面有13位还受过研究生教育。在母亲当中，除了3位之外，其他人也都上过大学，有1/3的人在教育学方面接受过研究生教育。父母当中受过最多教育的那些人，例如，有一位母亲（N-1的母亲）是这样描述她本人的成长过程的："我爸爸就灌输给我们这样的一个概念，我们不是一个很富裕的家庭，但是有一件东西可以给我们带来安全感，那就是教育。我们在长大的过程中就知道，我们会得到很好的教育，因为我们家就是这样。"

另外一位研究人员的父亲（N-9的父亲）注意到，"我们家里大多数的男性都上了大学，那是我们家最重要的事情之一——如果他们想上大学，就要支持他们。"他后来又说："我们对我们自己孩子的期望也是要上大学，因为我们自己就上了大学。"

有一位母亲（N-2的母亲）很直接地把父母的价值观与自己的价值观联系在一起了："当我还是一个孩子的时候，我就总是被教育要尊重我的老师。尽管我的父母在欧洲只受到过很少的一点教育，他们却对教育有着极大的尊重。这种尊重传递给了我和我的孩子。我们都很重视教育，孩子在学校的成绩是很重要的事情。"

即使是在那些父母自己没有上过多少学的家庭里，父母也对孩子的学业抱有很大的期望。

"我们家里对学习成绩很重视，倒不是要让我们往哪个职业道路上走，我记得这个问题一直没有怎么被提起过，重点就是在学习成绩上。"（N-20）

在几乎所有的家庭里，父母都认为，学习成绩是可以通向一个安定的未来的一条路，这也是父母传递给孩子的理念。

"我和我丈夫在孩子的智力发育和教育上都有很高的期望。尽管在这个世界上你不上大学也有可能成功，但是如果他们当中有一个说不想上大学，我们就会觉得很难过。对我们来说，上大学绝对是必须的。当家中的大多数孩子都进了研究生院的时候，我们对此非常高兴。我们从没有去逼过他们，不过在一段时间之后他们自己就有了求学的动力，因为那关系到他们以后的生计、未来、婚姻……"（N-2的母亲）

"我们希望他们尽自己所能接受教育，然后可以做他们想做的任何事情……我们想看到他们过得比我们更好。"（N-6的母亲）

一个安定的未来不仅仅意味着财务上的富足，也意味着一个人能够有权主宰自己的工作。这样的独立可以通过成为一个专业人士来达到。"我们总是告诉孩子，'如果有个专业，你就永远不用担心，因为你总会有工作。'"（N-2的母亲）

这些神经医学研究人员很清楚地知道，他们的学业成绩，以及未来的安定与独立，对于他们的父母来说有多重要：

"毫无疑问，对我父母来说，最主要的事情，按照重要程度而排列的最重要的那条，就是学业出色。虽然我妈妈口头表达得比我爸爸多，但实际上在这个问题上我父母的态度是一样的。在我整个的童年时期，我有一个特别清楚的记忆，父母总是强调那件事，就是学习上的进步。"（N-16）

"我觉得，从我一出生开始，我父母特别是我爸爸，就希望我成为一名专业人员……我父母一直就认为我会上大学，会成为一名专业人士。"（N-19）

"我父母，特别是我爸爸，一直就希望我能上常春藤大学。我觉得那就意味着将来我能够更容易成功。我觉得这比其他考虑都更重要。"（N-3）

"我觉得他们希望我长大之后会有一个独立的事业。从一个广义的意义上来

说，他们很看重一个独立的事业这个概念，而不是在一个公司、一个财团或者类似地方做一名职员。"（N-13）

在这些家庭里，典型的情况是，父母早期的梦想和对孩子的期望是有良好的教育、独立的事业和财务上的安全，除此之外，其他的期望都没那么具体了。

"我们就是想让他们把自己的优点发展到极致，不管这些优点是什么。"（N-3的母亲）

"不管他们的事业是什么，他们必须热爱它。"（N-2的母亲）

"我一直认为，每个人都应该做自己想做的事情。我也知道，不管孩子们想做什么，我们都会尽力保证他们有条件去做。"（N-1的母亲）

"我尽量不告诉我儿子他应该从事什么样的职业。我知道他很聪明，我希望他能够尽力走到最远。"（N-8的父亲）

有几位父母能够回忆起来的，只是有哪些职业是他们希望自己的孩子不要去做的。有一位母亲（N-1的母亲）说："虽然教书是我们家几代人从事的职业，但是我特别希望他们不要入教书这一行，这纯粹是出于收入上的考虑。但是我没有建议他们入哪一行。"另外一位母亲（N-6的母亲）回忆说："我丈夫永远也不会想让孩子们进入家族的生意，因为他自己就是被逼进去的。"她和丈夫希望孩子们"做任何他们自己想做的事情"。

对于这些父母来说，孩子接受良好教育，有智慧，能够忙碌地做自己喜欢做的事情，都远比从事某个特定的职业要重要得多。20个家庭当中的6个倒是确实期望他们的孩子某一天能够成为医生。①在这6个家庭里，有两位父亲自己就是医生，他们非常热爱自己的工作。但是，在20个家庭中，也有两个家庭，父母

---

① 尽管我们访问的神经医学家都有医学博士学位，但是，大多数人首先是科学家。一般来说，他们认为，他们在医学方面受教育的目的是为了扩展他们的科研工作。这一点，在后面还会讨论。

明确表示过，希望孩子不要当医生。有一位神经医学研究人员的父母在孩子高中期间表示出对学医感兴趣的时候是非常失望的，因为他们觉得当医生是个很沉闷的职业，也觉得医生这个群体总体来说不那么聪明。另外一位母亲（N-13 的母亲）不想让孩子当医生是出于其他原因："我不想让我儿子当医生，因为我想让他当一个顾家的男人，而如果当了医生就没有很多时间可以和家人在一起了——你更多的是要和你的病人在一起。"

早期经历，8 岁以前

在别人眼里，这些神经医学研究人员是忙碌的小孩子，"什么都喜欢做"。（N-2 的母亲）"他们忙着做男孩子的事情——火车，鼓捣任何能动的东西，能做特殊事情的东西……会仅仅出于好奇而把很多东西都拆开。"（N-2 的母亲）其他"男孩子"的事情包括在街道上玩牛仔和印第安人的游戏，他们互相追来追去，用想象中的手枪互相打。（N-1）有两位父母提到，他们孩子最早的志向是当消防队员。

在描述这些学龄前儿童的时候，最经常提到的一种说法是他们喜欢听别人给他们读书。

"他喜欢大人读书给他听。我会让他坐在我的膝盖上，给他读书。我们有好多儿童书籍。我发现，在我给他把一本书读了一两遍之后，我可以在一个句子中间或者一段中间停下来，他就会马上接上去把那个句子或者那一段说完。他记得住。"（N-8 的父亲）

"还在他们学会读书之前，我就给他们办了公共图书馆的会员证。他们可以挑他们喜欢的书，我或者我丈夫会读给他们听。"（N-2 的母亲）

"我读给他听那些我觉得有意思的儿童故事。"（N-3 的母亲）

在至少 2/3 的家庭里，有大量的书籍和杂志。据一位父亲（N-9 的父亲）说："我记得孩子还在婴儿活动围栏里的时候就拿着《时代》（*Time*）杂志看里面的图画。"一位母亲说，当她孩子进学前班的时候，他已经会独立阅读了，而这是非常顺理成章的事情。"是他爸爸教他的。他爸爸回家之后会拿一本书或者一份报纸躺下，儿子就会蹭过去问，'这个词是什么？那个词是什么？'然后，不知不觉，他就会阅读了。"（N-6 的母亲）

有几位神经医学研究人员回忆到，他们在上学之前就学会了阅读——通常是由曾经当过小学教师的母亲或者奶奶和姥姥教的。但是，在我们的访谈当中有一个没有预料到的发现，那就是 20 位访谈对象里有 6 位在最初有一些阅读困难[①]。"我一开始被人看成是个笨小孩，一年级的时候被分在阅读慢班里。"（N-8）"我二、三、四年级的时候阅读不好。"（N-4）

"我有阅读困难症。好像前几年里这个问题就慢慢显现出来了，到了二年级的时候已经很明显了。我读不了街上的标志，我读不懂那些词。"（N-10）

"我孩子阅读一直不好，他读得慢，也从来没有特别喜欢过阅读。"（N-7 的母亲）

除了两个例外，其他所有孩子似乎都自己从阅读困难中解脱了出来。到了四年级，他们就"开步往前跑"了。或者像另外一个人（N-4）所说："到了五年级开学的时候，我就正式赶上去了。事实上，在全市的统考里，我的成绩还超出了本年级的成绩。我不知道这是怎么回事。"

有意思的是，阅读上的困难似乎并没有影响到父母和孩子怎样看待孩子的智力水平。有一位神经医学研究人员（N-10）把阅读困难说成是"一个特殊的问题"，让他无法展示自己真正的杰出的智力水平，或者是"一个表面上的问题"，让他

[①] 有两位直到今天也仍然有阅读困难。

| 第九章　如何成为杰出的神经医学研究人员 |

看上去比真正的自己要更笨一些。另外一位神经医学研究人员的父亲（N-8的父亲）说，他儿子在小学期间的成绩是"忽上忽下"，"因为在小学里你只有一位老师，所以你的成绩怎么样就取决于那一位老师"。另外一位研究人员（N-7）说："我总觉得那就是个笑话，我阅读很差，我也知道这一点，所以我就尽量努力，更加认真地去听。"这位研究人员的母亲是这样描述他所遇到的困难的："我儿子好像不是右撇子也不是左撇子，而是左右开弓。我知道有那么一个理论，说是左右开弓的人通过视觉来学习会有困难。这有可能就是他出现阅读困难的原因吧，因为我实在想不出其他的原因了。"

这些研究人员记得，学业成绩对于父母来说有多么重要，他们很快，也很容易地就懂得了：

"主要是通过他们对我做的事情有多关注而看出来的，从他们对我的表扬里看出来。学校作业上如果有老师给的小星星或者笑脸，那我就会得到好多称赞和鼓励。"（N-1）

"学校教育非常重要。不管有没有病，我们都不许孩子缺一天的课。孩子发烧都不可以请假，除非是发高烧。"（N-2）

"他们非常愿意保证我们的学习条件，有一个例子是，很早的时候我们家里就有《世界百科全书》（*World Book Encyclopedia*）及类似的书籍，有字典，这样，我们上学所需要的东西就都能够在这个小图书馆里找到了。"（N-2）

有一位母亲（N-7的母亲）说："我们把教育和智力上的成就看得很重，毫无疑问，孩子们接收到了这个信息。"另外一位母亲（N-2的母亲）解释说："在他们上学期间，我参与了他们的学习活动。我非常关心他们的进步，也愿意成为他们学习生涯的一部分。"

这些神经医学研究人员也都明白，父母期望他们在学校所有的功课上都取得好成绩，这是很自然的事情。"我妈妈会为好成绩感到很高兴，这是她所期望的。"（N-11）"在二、三年级之后，我就没有想到过我能够带差成绩回家，我的印象是，他们也没有过这种想法。而且，虽然他们会祝贺我拿到好成绩，这是他们实际上对这个已经习以为常了。"（N-5）

"我的意思不是说，他们每天都特别强调对于学习成绩的重视。那更多的就是一种期望，你的成绩就是要很好。"（N-20）

"一个差的分数会比一个好的分数得到父母更多的注意，因为好成绩是多多少少在预料之中的。"（N-17）

如果孩子们带回家一个不够完美的成绩，父母就很可能会问为什么，或者，"他们自己就会想到一个解释，比如，我早上没有好好吃早饭"。（N-1）

"我想，他们觉得我有很大的潜力。他们总是告诉我，他们知道我很聪明。他们对我说，'你很聪明，要做一个聪明人，做你想做的任何事情，但不要当傻子，不要给别人找麻烦。'"（N-7）

早期经历，8~13岁

关于他们生命最初的七八年，这些研究人员只有一个大概的印象。我们大多数人可能都是这样。他们的父母关于孩子们最早的那些日子也说不出太多的什么来。但是，关于孩子们八九岁之后的情况，所有人都能够长篇大论，还有很多细节。这也许是因为，从大约8岁的时候开始，孩子们的生活变得更有结构了。比如，他们突然开始有作业要做了，开始参加各种各样的有明显结构的活动。而且，不管是参加有组织的还是没有组织的活动，他们都开始离开父母自己行动了。

第九章　如何成为杰出的神经医学研究人员

在家里玩科学

在这些研究人员最初的记忆当中，最清晰的那些事惊人地相似。对大多数人来说，这是玩科学玩具，玩玩具显微镜，或者用其他方式开始对"科学"感兴趣。

"我记得，我最早的玩具之一是一个小小的日本制造的显微镜，八九英寸高。在上高中期间，我打半日工，用自己挣的钱给自己买了一个真正的显微镜，有真的物镜，我在医学院最初开始学习的时候就用了这个显微镜。但我的第一个显微镜基本上就是个玩具，虽然我用它用了很长时间，还用它做了一些实验。那可能是我八九岁的时候，我姑姑给我的礼物。"（N-4）

"我一直就想要一个吉尔伯特牌的显微镜，或者吉尔伯特牌的化学实验套件，或者一套拼搭模型，或者类似的东西。我从记事以来好像一直就想当一名科学家。在买这些东西方面，我可以说是被惯坏了。"（N-1）

"我父母会给我买化学实验套件和显微镜。如果什么东西有教育意义，那他们就总是会买，但似乎从来不买只是为了好玩的东西。如果我们特别想要什么东西，只是为了开心，那就没门。可是，如果那东西有教育意义，好，你可以买。有教育意义跟枯燥经常是同义词，但是我喜欢科学方面的东西。"（N-2）

这些研究人员也记得，大约从小学四年级开始，他们不用现成的实验套件，而是用其他方式做项目或者做实验了。有一位研究人员（N-7）记得一个搞得相当复杂的计谋，是和他的一个哥哥一起搞的，可以在楼上哥哥的房间里看楼下的电视。这包括要调整一些镜子，还得有一个声音装置。"其实我们倒没怎么看电视，但是把这套东西装起来真好玩。"另外一位（N-8）还记得他的第一个独立的项目——绘制太阳系的图。"最重要的是，它最后在全州科技展览上展出了，那是一件大事。"这位研究人员还记得，在大约同一个时期，"比如，读关于基础光学的书,思考这些事情,但是从来也没有真正动手去做一个显微镜。我至少做了个计划,弄清楚了显微镜的结构,我从书上找来了说明和各种尺寸——没有一点独创性"。

另外一名神经医学研究人员(N-5),跟他父亲一起钓鱼钓了好几年,他回忆说:"一开始,是我和我爸爸一起做一些事情。到了八九岁的时候,更多的是我自己开始做一些事情,因为我对科学有热情。我对鱼类的生活很感兴趣,它们住在湖里的什么地方,喜欢吃什么食物。因为我对这些非常感兴趣,所以我当时觉得自己会成为一名海洋生物学家。"

有一两个孩子对"建造"比对科学更感兴趣。

"我在我爸爸的工作室里所做的几乎所有事情都跟发明无关,都仅仅是一些建造类的事情。造东西,按照图纸造。我常常会在工作室里一个人待很长时间,晚上我爸爸也会下来。我们经常一起干活。或者他会做什么事情,让我帮他做。"(N-10)

实验、项目,每一个都是建立在以前的实验和项目的基础上的。"我朋友和我会做很多那种地下室里的化学实验,化学实验套件里面所有的典型的实验。然后我们会再想出几个其他的来。"(N-18)一位神经医学研究人员在四年级的时候得到了他的第一个显微镜和天文望远镜,在五年级时得到了一套化学实验用品,在六年级或者七年级的时候得到了一台更好的显微镜。"从某个程度上说,我房间里有一个很完整的实验室。"(N-9)另外一位(N-8)说:"在五年级或者六年级的时候,我好像就决定了想当一名科学家;到了大概七年级的时候,我决定要当一名化学家。"

这些研究人员也很痛快地承认,他们那时候其实并不知道科学家是什么人、做什么事,对此只有个非常幼稚的理解。也许,一个科学家就是坐着往显微镜里面看的人。"我就是挺喜欢这个念头的"（N-8）。另外一位（N-1）的想法是："一个疯狂科学家，像弗兰肯斯坦那样。在我上小学的时候我感觉那很有意思。在我看来实验室很好玩，很多东西在玻璃仪器里冒泡。那是个很浪漫的想法。"

但是，在9岁或者11岁的时候，这些研究人员能够回忆起来各种校外活动，科学并不是他们唯一的活动。"那就是我一个人的时候会去做的事，或者是我想找点事干的时候会去做的事。"（N-16）但那只是他们的广泛兴趣里的一个内容。这些小孩和他们的父母一样，正在成为非常忙碌的人。

其他校外活动

在这些神经医学研究人员经常进行的活动当中，阅读给几乎所有人都能够带来乐趣，几乎所有人也都把阅读作为自己最主要的活动之一。

"在我们小时候，阅读是非常好的事情。我们真是读了很多书。"（N-8）"要说从图书馆借书，我兄弟和我都是那种每个星期借4本书的小孩。就像把书都吃下去了似的。我们读了非常多的书。"（N-16）

"我买了不少书，我们家曾经每星期五都去图书馆借一批书回来。"（N-18）

在他们阅读书籍的种类上，没有什么明显的倾向。只是所有人都说读书是为了让自己快乐。

20个孩子当中的16个也上过一些音乐课。他们学过手风琴、双簧管、大提琴、钢琴、小号和小提琴。大多数是在三年级至五年级开始学乐器的，典型的是到了七八年级就放弃了。虽然有几位喜欢乐器，多数人却"从来也没喜欢过"。就如一位母亲（N-3的母亲）所说："他学会了识谱，学了一点乐器，但是没有热情，他没有什么兴趣，所以，过了一阵之后，学乐器就成了荒谬的事了。"很典型的是，这些孩子在小学期间用在学乐器上的时间，到了初中之后，就转而用去参加正式的或非正式的体育活动了。

一半以上的人说，他们在小时候上了一些宗教课。有 1/3 说，他们参加（并且喜欢）童子军。有一些是小收藏家（收藏了邮票、石头、汽车牌照等）。大多数参加了棒球儿童联盟。他们一般是很忙的孩子，参加了一些由他们自己选择的活动，也参加了一些他们的父母认为是有益的活动，还参加了一些大多数街坊的小孩都参加的活动。"你从来也不会看到他在瞎晃悠。他总会有些有趣的事情做。"（N-6 的母亲）

学校教育

在孩子们上小学期间，作业逐渐成为了常规性的任务。

"我会认真做作业，而且做得很好。我记得，我从来不会需要别人提醒我做作业，那就是一件应该做的事，学校的功课是第一位的。"（N-11）

"对智力发展的强调主要是来自我妈妈，我爸爸也强调了一些，重点在于要做作业，要做学校里的功课，如果有附加题可以得到额外分数的，那就得做附加题。具体什么时间得把作业做完，倒是没有硬性规定。"（N-9）

"我到家之后会先看一会儿电视，然后坐下来做作业。我们家有一些规矩，如果你不写完作业，晚上就不能看电视。"（N-7）

"把作业做完是很重要的事情。我记不得我们是不是有固定的看电视的时间或者玩的时间，但是我知道，把作业做完是重要的。"（N-6）

也有例外的情况："我从来也没怎么做过作业，我觉得我从来也没有真正学会怎样学习。"（N-18）但这是很少见的情况。在有些情况下，孩子们一直到

第九章 如何成为杰出的神经医学研究人员

上了中学才开始有作业,但是,如果学校留了作业,孩子们就自觉地把它做完了。

很少有父母会坐下来陪孩子们做作业。典型的情况是:"如果我需要帮助,他们就会给我帮助。"(N-7)有一位父亲(N-9的父亲)说:"他不需要别人催着他学习。"在做作业方面,大多数父母给予孩子的支持是心理上的期望,是具体指导孩子如何安排时间,以保证做完作业,以及在必要的时候允许孩子们不做家务,让他们有时间去做作业,因为作业对于父母来说非常重要。

"好像我爸爸一直自己剪草坪,这样我们可以有时间做作业,因为作业的原因,我们越来越没有时间剪草坪了。就这样,为了我们在学校里能够取得好成绩,我父母提供了他们能提供的所有条件。"(N-1)

在这些年里,孩子们在学校里的成绩到底有多好,他们怎么看待自己的智力水平?除了一两个之外,孩子们很明显地都是好学生,但并不是特别出类拔萃的学生。他们比年级平均水平高(N-4)。"我知道我跟其他小孩比起来学习算好的,但我也不是最拔尖的。"(N-1)"我成绩很好,不过我不知道我是不是班里最好的。"(N-15)"我很勤奋,不过我一直到八年级都不是一个特别出色的学生。"(N-20)一位父亲(N-8的父亲)说:"我不觉得他特别出类拔萃。"

这些研究人员当时就知道自己是好学生。"我的作业纸上有好多小星星、笑脸,以及类似的东西。"(N 1)"我会被老师叫出来去拿投影仪之类的东西。"(N-11)但是,多数情况下,他们也并不特别的出类拔萃。有一位父亲(N-9的父亲)说:"我太太跟老师们一直保持联系,如果孩子出现哪些弱项,她就会和老师共同解决问题。我不记得孩子是不是有过弱项,但应该肯定有过的。"

有几名研究人员回忆道,他们因为成绩好而得到过老师的注意。但他们不太清楚应该怎么看待这样的关注,因为他们觉得在学校成绩好是应该的,也知道自己一定会成绩好,所以,他们没有把这种成绩看成是什么特殊的事情。"老师都跟我妈妈说我有多聪明。我不相信他们（笑）。但是我一直听到他们这么说。"（N–2）另外一位研究人员的母亲（N–3 的母亲）解释说："我们一直从老师那里得到很有趣的反馈，关于他有多聪明，他在做哪些事情……当然，在家里，我们一直就知道他比其他大多数学生都更认真学习。"

到了初中，如果他们所上的学校有荣誉课程——大多数学校是有的，这些孩子就会被选到这些课程里去。"我一直就不知道我们是什么时候被选出来去上荣誉课程的。那是别人给我们做的事情。"（N–1）

多数研究人员记得，他们感到，自己在学校里成绩好是理所当然的事情。他们对自己的期望和父母对他们的期望是一样高的。

"我妹妹和我在学业上很出色，这似乎就是不费力气就能做到的事情，我在学校里一直成绩很好，所有的事情好像很自然就发生了。"（N–13）

对于研究人员和他们的父母来说，小学期间的成绩和学校的经历都没有什么特别值得回忆的。

这些研究人员对当时情形的主要印象是，他们都是最普通的小学生。

"我是个聪明孩子，但是跟我们街坊们的孩子们差不多。我不觉得任何人能够把我挑出来，我没有特别好，也没有特别坏。我记得，我们那片居民区里有的小孩是超级体育健将，有的特别聪明，有的比较怪，不跟大家来往，有的欺负人，诸如此类。我觉得我哪一类都算不上。如果邻居们要形容我，估计总的来说会是正面的，是个好孩子，不是坏孩子。"（N–13）

父母对孩子活动的参与

父母为孩子们提供了榜样、标准和期望。毫无疑问的是，父母给学习成绩赋予了重要性。"我有足够的动力，学校很重要，你在学校就应该成绩好。"（N-19）同样重要的是不管一个人花时间去做什么事，都要认真、全心全意地去做。"我一直的想法就是，'不喜欢的事情就不要去做'。我丈夫也是这么想的。"（N-6的母亲）父母一般给孩子们提供了相当丰富的材料让孩子用来学习：书籍、实验装置、各种材料、百科全书等。

但是，父母和孩子们会共同做什么活动，共同做多少，我们没有发现什么规律。有些孩子和父母长时间在一起，有些孩子和父母在一起的时间很有限，也有些谈到他们在日常生活中与家庭的分离或者疏远。在一个极端情况下，是那些关系非常紧密的家庭，不管孩子选择什么活动，父母都争取参与。在另外一个极端情况下，是有些父母很少参与孩子的活动。

在这后一种情况里，有些人说，他们很少与父母在一起。"我不记得我和父母在任何事情上有过很多交流。"（N-3）有些回忆说，他们的父母都非常忙于工作——妈妈们要天黑之后才回家，爸爸们很少和家人一起吃晚饭。父母和孩子们唯一一起吃饭的时间就是星期天上午的"早餐和午餐合在一起的一餐"、星期天的晚餐，或者每个夏天他们会一起旅行一两个星期，那是非常好玩的日子。有一位母亲（N-2的母亲）在说到自己丈夫的时候显得有些不太舒服，她说："到今天，孩子们都觉得他是个缺席的爸爸。他的确是！但是他经常不在家是因为他的工作总是第一位的，而且我们还是能够感觉到他的存在、他的兴趣。"

她重复道："他不是那种跟儿子打棒球或者打橄榄球的父亲，因为他不想，也没有时间。"

在这两种极端情况之间，有另外一种情况，有些研究人员回忆说，他们与父母一起进行的讨论，特别是在晚饭桌上的讨论，给了他们很重要的影响。

"我爸爸最喜欢的游戏之一是'你知不知道是谁干了这件事？'或者'你知不知道什么时候发生了什么事？'好多类似的事情。只要他在，就老是要考我们……"（N-12）

另外一位（N-4）记得他们有过一些关于词汇含义的交谈，很是有趣："它们是语义上的区别，还是哲学上的区别。""晚饭桌上的讨论经常是这种很复杂的讨论，到了我13岁的时候，我们已经这么做有一阵时间了。"

第三位（N-7）说："虽然我父母都不是科学家，但他们都偏爱科学。所以我们在晚饭桌上谈了很多科学。在我们家，晚饭是件大事。我们都一起吃饭，我爸爸总会谈一些很有智力内容的事情，他也总是为了辩论而辩论，你就这样学会了怎么样在争论的时候坚持自己的立场，你会把你在思考的事情彻底想清楚而且表达出来，让它符合逻辑。"

还有另外一些人回忆说，他们与父母，常常是与父亲，有很多时间在一起。有些父母自己就从事医学或者科学方面的工作，他们会和孩子分享自己的工作经历，也会参与孩子的活动。例如，有一位药剂师的儿子（N-15）记得他和他父亲一起在药店里度过了很多时间，也花了大量时间一起钓鱼。他记得他们有过很长的讨论，有关于药店的，也有关于他父亲是怎么样入了这一行的。另外一位（N-14）说："如果我爸爸不是一个有机化学家的话，有很多科学活动我就永远也不可能有机会做。我会回到家，说，'哎，我对这个感兴趣。'然后我爸爸就会跟我一起做。这是多么好的事情。"

但是，虽然有些孩子有大量时间和父母在一起，但典型的情况是，他们与父母一起做的通常都是比较普通的事情。

"我们以前一起做的事情,就是男孩和爸爸常常一起做的事情。比如,我们一起打球,我们收集邮票……他还教会了我下象棋。"(N-13)

钓鱼、野营、收集钱币、看电视、出去看棒球比赛,这些活动都是父亲和儿子经常一起做的。

13岁之前的总结

神经医学研究人员人生最初13年的生活,似乎为他们未来的工作在5个方面打下了基础。

第一,几乎所有人都建立了对于"科学以及与科学沾边的事情"的兴趣。"那是一种智力上的好奇心,想更多地了解宇宙,了解你周围的环境,了解万物的运转。"(N-13)在他们的空闲时间,你会发现这些孩子们可能会在做这个或者那个科学项目,或者用科学实验装置做实验。这些是他们的父母最支持的活动。

第二,大多数孩子都培养出了一些能力,不仅会摆弄物件,也能够透彻思考一个问题或者一个项目。当他们得到科学实验套件的时候,他们会使用说明书。他们学会了设计和执行计划。"从书上找到实验方法和测量方法。"(N-8)"如果我没有一个模型,我就不会去做。"(N-10)在描述神经医学研究人员成长的过程中,这个愿意按照说明书或者书面指示做事的特点会一再出现。

第三,这些孩子们领会到了成就的重要性,也养成了追求成就的习惯。刻苦努力,把事情做到底,成为了孩子们做事的习惯,就像它们也是父母做事的习惯一样。孩子们学会了充分利用空闲时间,去做他们喜欢的事情,而且是全心全意地去做。而且,不管是否喜欢学校要求他们做的所有事情,他们都学会了要认真对待。这是因为他们相信,学校学习对于他们将来的成就会有重大的价值。

第四，在他们选择参与的所有活动里，不管这些活动是在校内还是校外，孩子们都有信心，认为自己有能力做得出色。父母多年来一直对他们说一句话，到了13岁的时候，他们基本上完全认同了这句话："他们总是告诉我，我能够做到任何我想做的事情，成为任何我想成为的人，那就是，'你当然能做到。'"（N-7）多数时候，他们的经历也证明这句话是对的。孩子们还学到，即使在初始时候遇到困难，只要坚持不懈地努力，这些困难也是能被克服的。

第五，也许对他们未来的工作也是最重要的一点，是孩子们学会了一种灵活的工作方式。孩子们得到鼓励，同时发展多种兴趣爱好。他们学会了从化学实验转到生物实验，或者从生物实验转到化学实验，从阅读转到体育，再转到科学，转到音乐，不管喜欢什么，都会"猛干一气"，抓住机会，显然也没有造成一种做事间断的感觉。

青春期

将科学作为爱好

在孩子们越来越大的时候，他们的生活变得更加复杂了。科研项目仍然是他们活动的一部分，但这些项目也越来越复杂了。几乎所有人都在初中和高中期间把自己的空闲时间部分用在了科研项目上。但是，孩子们在科学方面投入的时间与科学活动的内容却差异非常大。有些是零星地做实验，有几个似乎在任何时候都在搞科研项目。

这些少年人"组装收音机，邮购实验材料"（N-1），"各种事情都要记在笔记本上"（N-9），"搞收藏"。"我有自己的书房，它是在最顶上的三楼上，

第九章 如何成为杰出的神经医学研究人员

在那里我有自己的小实验室。"（N-9）"我干脆在地下室搞了个实验室，有实验台和所有东西。"（N-16）

这些少年人的科学项目具体属于哪个学科，似乎不是很重要，重要的是探索的过程。

"我解剖那些我在院子里找到的青蛙，养了一窝老鼠……我尝试着做各种不同的事情，八年级的时候，我做的一个项目是要琢磨出来原子能反应堆的工作原理。大多数人会去百科全书里找答案，我则写信去原子能与核能委员会，他们当时正在我们那里修建一个反应堆，我就向他们索要技术参数。我居然还得到了科学老师的支持，他懂的也不比我多多少，但是他至少给了我一些指导，如果什么事情对他来说很明显，他就给我指出来。这就是我那时候干的事。"（N-4）

"有两年的时间，我感兴趣的是天文学。我们搞了一个便宜的天文望远镜，我就钻进去了。后来，我想玩摄影，就租了一个便宜的照相机。然后，我喜欢上了显微镜。我就是这么做事的，对什么事情感兴趣就尝试两年，同时还跟体育活动和其他活动混在一起。有一阵，因为我在生物学课上对生长激素起了兴趣，所以我就开始读关于它的信息。还有一种植物激素，当时人们正在研究，所以我就写信去要来了它的专利文献。我合成了这种激素，开始把它往植物和各种各样的东西上放。我以前很喜欢这类事情，但最后都没有什么结果。我从来也没做出什么重大发现，但是这些事就是很好玩。"（N-14）

有几位的父母会帮他们做这些项目。更常见的则是父母全心全意支持他们的这些活动，给他们提供材料，但没有亲自动手。"不管他做项目需要什么材料，或者需要什么读物，我们都会保证他在家里能够得到这些东西。"（N-6的母亲）所有的神经医学研究人员都有父母作为后盾，尽管他们并不一定喜欢孩子做的每一个项目，他们也会提供支持。"我妈妈对地下室里的老鼠没那么喜欢。"（N-4）

但是，孩子们主要是靠自己独立完成这些喜欢的项目的。

大约 1/3 的研究人员提到了《科学美国人》（*Scientific American*），认为这是他们的重要的资源，尽管没有一个人能够回忆得起来他们是怎么样，或者是为什么得到这个资源的。

"我有一本书，是科学美国人杂志社出版的。里面都是你自己可以在家做的实验，这个实验就是其中之一。我花了很多功夫想把它搞懂。我得自己从头做很多东西。我记得我居然有勇气给这一章的作者打电话，真正把这个东西搞懂。这么做需要很强的内在动力。我爸爸也和我一起做这件事情，我凭这个项目还得了一个奖，那对我来说，有不寻常的意义。"（N-6）

"我不太确定《科学美国人》是哪儿来的，可能是我得到的礼物。但是，回头去看，我的很多兴趣是从那里来的。"（N-3）

"我那时候在读的书，可以算是给成年科学爱好者的。《科学美国人》——我会从那里得到一些关于事物的想法。"（N-9）

"我的很多想法都是通过读《科学美国人》这一类书而得来的。我觉得《科学美国人》是我的一个重要的学习资源。我曾经非常喜欢里面的《业余科学家》栏目。"（N-16）

这些科学活动被看成是"我的业余爱好"（N-14）。有些项目被用来交学校作业，但是大多数都是这些孩子们在没有其他事情可做的时候为了好玩而做的。"我还是更喜欢出去跟朋友一起玩，而不是做这些东西。"（N-16）有几位说，曾经和朋友一起做科学实验，但这种情况也是偶尔出现的。他们更可能是说："我没有和别人分享我对科学的兴趣，做实验是我自己的爱好。"（N-4）实验和探索一般是私下、在空闲时间进行的活动，跟这些孩子们生活的其他内容，学校和课外活动，都没有什么关系。

学校教育

从大约七年级开始，20位神经医学研究人员当中有4位被送进了私立学校。这其中有两位是因为得到了奖学金才得以在私立学校上学。另外的16位进的是公立学校，他们一般把这些学校形容成是"声誉很好的、教育很全面的学校"（N-17），"比城里其他学校都更注重学业"（N-8），或者是"市里最好的学校之一"（N-4）。在公立学校里，如果学校用学习成绩来分班，这些少年就会被分到"荣誉班"或者"快班"。

由这些研究人员和他们的父母所讲述的上学经历，一直到高中，都有一种矛盾在里面。一方面，他们对所上的课和老师都没有什么印象。这并不是说他们有过不愉快的经历，他们只是说这个经历对他们不重要。但另一方面，他们又很清晰地记得，他们在学校的经历是很成功的——不管成功的具体内容是什么。

除了两个例外，其他的少年都是成功的学生。有几个在谈到他们的学习成绩的时候很是谦虚。

"那是个很大的高中。我们那个年级大概有400名学生，我真的不是最好的学生。在我前面得有10个或者20个学生吧。我觉得别人不一定注意到我了。"（N-5）

"用任何标准来看，我都不是我们年级前20名之一。当然，我们年级有900名学生。"（N-20）

"别人知道我是个好学生，但我们学校有不少好学生。"（N-12）

其他人在讲述他们学业成就的时候会更有信心。"我是第四名"（N-19），或者"一直在前几名"（N-5），或者在班里是"最聪明的两三个学生之一"（N-11）。

有一半人说，自己为了得到好成绩是很努力学习的，另外一半人则认为他们成绩好只是因为聪明。

"说到智力水平,我觉得我从来就是勤奋多于聪明。我跟高中和大学里的很多人比起来,跟大多数朋友比起来,我都不算聪明。我一直成绩在前几名,但是我认为这主要是因为努力,而不是因为脑子好用,但我会坚持一直学习,直到我搞懂。"(N-1)

"我学习很努力,但是我比我哥哥差远了。所有这些学习上的事,对我来说都来得很容易,学校教育也没有什么挑战性。"(N-7)

"我感觉我的学习成绩比预料的要好,因为我没觉得自己是最聪明的学生。我感觉我是在中间吧,结果,我在高中里成绩特别好,是我们年级的第四名。我可以看到别人深刻的思考或者特别聪明的想法,我觉得我没有这些。我总是从晚上七点开始学习,一直学习,我喜欢那样。"(N-9)

"我比大多数小孩学新东西都快。"(N-8)

不管这些学生们是需要努力学习争取好成绩,还是好成绩"就这么来了"(N-3),所有人都知道学业上的成功很重要。它是未来成功的必需,是每天可以得到"优待"的必需,也是个人自豪感的必需。"我得说,一直就有一种潜台词,那就是,'不管你将来想做什么,你要是想去做,你就得有好成绩'。"(N-9)

"有一件事非常清楚,如果我在学校成绩不好,我就别想打橄榄球。"(N-11)

"到了初中或者高中的时候,你会建立起一些内在的标准,如果我的成绩好,那就是我的自豪感的来源,如果成绩不好,那我就会很沮丧。"(N-8)

这些学生很好地接受和内化了优异学习成绩的重要性,这可以从一位母亲(N-2的母亲)的评论里看出来:"在高中,我意识到的主要是他在体育方面的兴趣。他在学业上的成绩被我们看成了顺理成章的事,"她又补充说,"他在这两方面成绩都很好。"

尽管这些人在校外有着大量做科学活动的经验，他们倒并不见得在科学课上就比在其他学科里成绩更好。他们和父母都说，他们有着各种各样的兴趣爱好，包括外语、历史、数学，但尤其是英语。成绩最好的那些课程是他们认为"有趣"、"激动人心"和"有挑战性"的课程。

这些研究人员回忆说，让他们能够非常投入的课程并不多，是什么科目关系也不大。老师是怎么教学的却很重要。有一位（N-2）说："总的来说，让我印象深刻的老师要求学生做出色的工作，不肯马虎了事。他们是有高标准的老师。"对于另外一位（N-13）来说，有一门英语课程尤其重要，"因为老师坚持说，任何学生如果在她班里，就必须要掌握基本的语法规则。用一种很愉快的方式来掌握，但是绝不含糊，谁也不能蒙混过关。大家必须要学会这些东西。那对学生很有帮助，也给我留下了深刻印象。"

最好的课程也是老师"喜欢他们的工作"的课程。"他们是很有激情的老师，真正致力于让他们教授的学科有趣、好玩。"（N-6）

出于同样的原因，有4位发现有些高中科学老师很能让人激动。

"我在高中里有一名生物学老师，他从来不给任何人A。但他给了我一个A-。他会要求非常高质量的工作，对怎样才算出色的工作，有非常高的标准。直到今天，他仍然是我最好的老师之一。有意思的是，我在我们高中同学聚会的时候见到他了。他是唯一一个到场的老师。我跟他说，他曾给过我多少激励。他后来叫我回了学校，给学生做报告。我是他主持的生物学俱乐部的主席。那给了我巨大的影响，让我意识到我在生物学上有才能。"（N-2）

"一位出色的生物学老师给了我们一个全面的生物学体验。我们解剖大白鼠，提取叶绿素，摆弄毛蜘蛛，做了各种各样的事情。她是一个对自己所做的事情有极大热情的人，而且懂得相当多。"（N-11）

成才之路　　发展青少年的天赋

同一位神经医学研究人员还说，在这门课上他得写一篇文章，那简直就像是"一篇研究论文"。"我觉得，如果我有一个同样不同寻常的化学老师，我可能也会入了化学这一行。"（N-11）有一位（N-16）记得一门很激动人心的物理课："老师的期望很高，要求很高。但这就让这门课变得很有意思。你也真的得用功。这有些像体育运动，当教练逼着你玩命跑，而你状态又特别好的时候，那感觉真好。我喜欢。"

有两位对七年级的科学老师有着美好的回忆，仅仅因为这些老师看到了他们对科学的兴趣。

"事实上，那是我第一次遇到一个老师对我表达出一些特殊兴趣，我被贴上了喜欢科学的标签，我很喜欢这样。"（N-12）

"我记得有一个实验，我在家试过。我们做了一个蒸汽机，能够带动轮子。我在家有个酒精灯，我们在学校也有个酒精灯，但是上面盖满了石棉。我的实验在学校做的时候没有成功。后来下课之后我琢磨出来了，是因为石棉起了冷却作用。我记得当时有一位女老师，放学之后她陪着我，一直到我们找出了实验不成功的原因。"（N-1）

在当时，这些研究人员一般在学习上都很努力，在学校里成绩也好。但是，他们自己和父母对学校的功课都没有什么深刻印象。让人激动、激发热情的课程很少，很不常见，这些年轻人也有很多其他事情可做、可想。有一位（N-8）说了下面这一番话，似乎能够代表很多人的看法："回头再看，除了个别例外情况之外，在智力上激动人心的事情都是我自己做的那些事情。学校嘛，如果完全诚实地说，对我来说其实就是个麻烦。"

高中的科学课程，尤其不被看好，被大家仅仅看成上学必须要做的一件事。对它们的最好评价是"在某种程度上还算有意思"，或者"没有什么特色"。最差的评价则是"我对学校里的科学课的记忆真的很糟糕。我对这些没有一点愉快的记忆。也很少有演示实验。我觉得那些老师并不真的懂自己教的东西"（N-5）。

即使这样，这些少年人也选了学校里开设的所有科学课程，这些常常包括一门或者几门"高级"或者"大学程度"的课程。有一位研究人员（N-5）说："这就是高中的特点，如果你成绩好，有能力，学校就会期望你选这些要求更严格的课程。"所以，他们可能会选高级的科学课程，但同样地，他们也可能在其他学科里选高级课程，例如英语。

课外活动

对这些少年人来说，高中期间最重要的事情是课外活动。很多人在与学术有关的活动上花了一些时间。但是，他们给予这些学术活动的时间通常很少，相比之下，他们在学校提供的其他活动里花了更多时间。

几乎一半人参加过一个或一个以上的数学和科学课外项目。这些包括：当学校的生物学俱乐部主席，学校数学队的领军人物，或者参加一些特殊的课后、周末、暑假活动，"为特意选出来的一些科学学生组织的"。

大约1/3参加过一场或者多场科学展览会，其中有一位（N-14）总是在科学展览会上获得优胜。但是，有很多人虽然在校外也很积极地做科学项目，却有意避开科学展览会。"我从来就没参加过科学展览会，因为我觉得它需要我长期地投入时间，也因为我有体育活动和其他事情，我只能做短期的科学项目。"（N-19）"参加科学展览会是个有点怪的事情，把自己的科学项目拿出来展览，是个怪烦的事。"（N-7）

有一项课外活动却是几乎所有人都参加了的，那就是体育。他们棒球、篮球、足球、田径、摔跤，几乎每一项运动都有人做。"我一直就在课后参加各种各样的训练。"（N-11）"那才是我在初中和高中期间真正感兴趣的事。"（N-8）有些是非常出色的运动员，会入选某项运动会的"全州"代表队；其他人的水平就是打酱油的，但是几乎所有人都把主要时间用在体育上了。

他们参加体育运动是因为"我喜欢"（N-13），而并不是因为父母给他们施加压力让他们成为运动员。在他们自己的心目里，在父母的心目里，在学校里的成功总是最重要的。但是，就重要性而言，体育上的成绩紧随其后，这一点对他们的同学，对社区，对他们的家庭来说都是如此。

因为这些神经医学研究人员的父母一直期望孩子在学业上取得成功，而孩子多年以来也一直都能够达到这个期望，所以，孩子们注意到，当他们进了高中之后，父母可能就把"更多的奖励和兴趣放在了'你的体育成绩怎么样？你进没进某运动项代表队？'这样的事情上了"（N-14）。

大家提及的课外活动里，第二普遍的是学生团体和社交组织。有1/3的人积极参与了这些活动，有两位是年级主席。其他个别的兴趣是辩论、外语俱乐部、哲学俱乐部，以及音乐团体。

这些人是非常忙碌的少年人，他们参加了各种各样的学校活动。"我对课外活动非常投入。"（N-14）"我是好多组织的成员。"（N-19）"那个时候，参加活动的广度对我而言很重要。"（N-11）在问到他们怎么有这么多时间去做这么多事的时候，有一位（N-9）的话很好地总结了很多人的各种说法："我认为我的日程安排很恰当。"

父母也记得他们是"非常全面发展的"（N-2的母亲），也能够安排好忙碌的日程。"他很努力地工作，但是到了玩的时候，他也很努力地玩。"（N-6的母亲）

"他自己安排了时间表,但是他总会把所有事情都完成。他打沙地橄榄球,喜欢所有体育运动,参加辩论赛,上音乐课,参加乐队,所有这些事情。但是我没注意他是怎么安排功课的。我的意思是,我用不着提醒他。"(N-1的母亲)

同一位母亲进一步说,她儿子在应付繁忙的日程方面没有问题,她补充说:"我希望我能够说,我们有这样的家庭气氛,鼓励孩子这么忙,但是我们并没有直接告诉孩子要这样做。"

年轻人的职业理想

这些神经医学研究人员记得他们在少年时代试着为自己探索职业发展的可能性,这些可能性,大多数都与在科学研究方面取得成功有关。

"在小学,我主要是对化学感兴趣。到了初中,我开始对电子学感兴趣了,想当一名电子工程师。在那个时候,如果你想追求成功,工程学就是首选职业,仅次于医学。到了高中,我又回头来对化学感兴趣了。"(N-1)

"读完六年级的时候,我搞到了一本讲天文物理的书,那本书让我特别兴奋。读完那本书,我就想当个天文物理学家,或者核物理学家。七年级时,我得到了一套化学实验用品,我有一个实验台,15英尺还是20英尺长,桌面特别大。我就开始做实验。有一天我上楼来的时候眉毛烧焦了,我妈说,'到此为止了。'她说,'你要是想做实验,你就找一个另外的学科,不要把这房子炸了。'我一直喜欢生物,还有一个显微镜,于是我逐渐地就把兴趣从化学转到生物上去了,那要安全得多。后来我就觉得我需要做医学实验。临近高中毕业的某一个时候,我对当医生意味着什么,比对当生物学家意味着什么,有了更具体的了解。"(N-4)

成才之路　　发展青少年的天赋

"我觉得，从小学高年级开始，我就知道我想进科学①这一行。我并不真的很清楚科学到底是什么，是做医生，还是搞研究。之后，在高中期间，我觉得我越来越倾向于做研究了。"（N–16）

"上初中的时候，我觉得是在这个时候，我真心想当一名医生。我是唯一一个在学校被选出来上一些大学课程的。所以我开始学一些化学。当时我就是有这么个想法：如果学习成绩好，就应该当医生。"（N–9）

"上高中的时候，我就知道自己要当一名生物化学家。为什么是生物化学家呢？嗯，因为我哥哥把数学和物理已经占上了，所以我就不想去试那两样了(笑)。"（N–7）

"我觉得是一个叫作《卫生兵》的电视节目让我在14岁的时候起了当医生的念头，那个节目给我留下了很深的印象。然后我听到别人谈他们长大之后想干什么。那是八、九年级学生之间关于目标的谈论。我挺喜欢当医生这个主意。我的意思是，那是种智力行为，你可以搞科研，你还可以和人打交道，我有两个朋友也是这么想的。"（N–9）

这些关于初中和高中期间如何计划将来职业的回忆，之所以很重要，至少有3个原因。第一，它们反映出了科学在这些少年人的头脑里所占据的位置。在有些情况下，他们对广义的科学感兴趣，而医学这个领域可以使他们的兴趣具体化。第二，它们展示出这些少年人是怎样把自己与一个具体的学科联系在一起，之后，又如何由于环境的影响让自己转到另外一个学科。第三，它们反映出了成功的重要性，不管是学术上还是智力上，大多数少年人都把成功当成了自己生活里很自然的一个部分。

---

① 译者注：在美国，对于学科的分类大致有如下几种：数学、自然科学、工程学、社会科学、人文学科、艺术。在本书中，被访谈的对象使用"科学"这个词的时候，一般是指自然科学，包括物理、化学、生物学、地质学，等等。

青春期总结

到了进入初中的时候，他们已经坚定不移地走在学业成功的道路上了。他们知道这很重要，也已经对自己有了高标准、高要求，用父母所重视的成功来要求自己。学业上的成功成了一个背景，他们的其他各种努力都被放在这背景之上。

这些少年人开始主动寻找能够让他们得到乐趣的活动，不会等着让别人给他们想法或者给他们找活动。他们从父母做出的榜样那里学到，做事是有乐趣的。他们虽然喜欢通过做事得到赞赏和奖励，但是他们也学会了即使没有掌声也会去做某些事。他们出于个人的兴趣、为了个人的满足，去做自己喜欢做的事情。

作为少年人，他们也学会了怎样协调各种活动，在某个时刻做最值得做的事情，却又不必放弃其他的爱好。他们可以在好几件事情上都很成功，但不一定是最出色的。到高中毕业的时候，他们一般都会有非常强大的信心，认为"当我真想做什么事情的时候，我就能做，而且能够做得极其出色。当我不想做什么事情的时候，我就做得不那么好"。（N-2）

在这些年里，他们还学会了独立学习。比如，如果对某个科学问题感兴趣，他们知道可以去找一些教科书来学习感兴趣的内容。他们还发现，只要他们自己开始学习，各种材料、物质上的帮助、智力上的支持就都会有的。

最后，这些少年人比大多数人学的数学课程都要多。他们学了4年数学，4年科学，还加上在他们的公立学校里能够找到的任何"高级科学课程"。他们虽然选学这些课程，却常常对这些课程本身并没有什么特殊兴趣。典型的情况是，这些课程并不有趣，也没有挑战性，无法让人为之兴奋。但是在课外所做的科学活动却是有趣、有挑战性和让人兴奋的。

如果谁想在高中学生里判断出哪些人将来会在医学研究领域取得杰出成绩，

那么，要想把我们样本里这些神经医学研究人员挑出来，会是极其困难的事情。虽然他们在日后展示出了不同寻常的能力，但作为高中生，他们还没有决定要一生从事科学研究，在实验室里工作，专心追求事业。"他是很全面发展的，他一点也不偏科，我对此很是高兴。"（N-1的母亲）在科学课上，尽管他们很明显地取得了好成绩，但他们甚至都不是年级里最出色的学生。这些学生从父母的榜样当中学到了很多：全心全意地投入到各种活动里去，包括积极参与学校社团的活动，他们喜欢重视自己的工作、以高标准要求学生的老师。

大学时期：职业兴趣与业余爱好逐渐集中

毫无疑问，这些学生会上大学。这是"所有人的想法"。他们的问题是会不会被自己最心仪的大学录取。在大多数情况下，他们选择的是那些入学竞争非常激烈的学校。因为他们在学校里成绩一直很好，因为他们相信一个好的教育是成功人生的关键，他们很自然地就"要去最好的地方"（N-2）。"我父母，特别是我父亲，一直想让我进常春藤大学。"（N-3）"我选了××大学，因为那是第一流的大学。"（N-19）"我的朋友和我都进了高质量的大学。"（N-4）

并不是所有人都被他们首选的大学录取了。但是，他们都被门槛很高的大学录取了。没有任何一个人进了那种只要有本地高中毕业文凭就肯定能进的州立或者市立大学。只有一个人，在所有录取了他的大学里，选择去了一所很明显是学术质量最差的学校，他做出这样的决定，"并没有什么特别原因，就是因为我有两个朋友都去那儿。"（N-12）

进入大学的时候，仅有8位未来的神经医学研究人员想到了以后可能会进医学院。另外有9位觉得从事科学研究有可能是他以后的职业，但是他们对此有多确定，差异也很大。"我已经知道我将来想做科学研究。"（N-16）"我当时偏向于某个科学领域，不过再具体我就不知道了。"（N-6）有几名对科学感兴趣的学生也想到了医学，把它看成是一个可以把自己对科学的兴趣具体化的路子。"我离开高中之前得了几个生物学方面的奖，所以我就很自然地假定我会学生物学或者医学。"（N-4）在我们访谈过的人当中，只有3位和其他人不同。在这3人当中，有一个想学数学，一个想学建筑学，一个想当牙医。

可以想见的是，这些未来的神经医学研究人员在大学里上了很多科学课程。对这些学生来说，生命科学似乎比其他科学领域更有吸引力。这有几个原因。有些学生喜欢生物学系的活力。"跟物理学、化学和其他系比较起来，生物学系是个很大的系，有很多有趣的事情，所以我就选了生物学了。"（N-14）这位研究人员又补充说："如果我今天重新来一遍，我可能会选择分子生物物理学，因为现在是那个系做的事最多。"其他人开始感觉到，生物学——用一个人的话来说——"一个我可以做出些成绩的领域"。（N-10）另外一位（N-12）说："我开始感到生物对我很容易，物理对我就不那么容易。我可以做一个非常好的生物学家，但只会是一个大路货的物理学家。"

在多数情况下，他们偏爱生物学，似乎是因为他们发现自己对于生物学的工作方式感到更舒服。生物学的研究方法是比较"松散"的，而不是像其他学科那样"严谨的"数量化。上面刚刚提到的那位研究人员（N-12）是这样解释学科之间的不同的："生物学需要对知识和智力活动上的混乱有更多的容忍。这是一个比物理学和数学都年轻得多的学科。受到物理学和数学吸引的那些人，有很多都受不了那些有太多未知事物的领域。"

另外一位（N-9）是这么说的："我喜欢的一句话是，在物理学里，一个人一次一次地重复做实验，然后取所有实验的平均值，而一个生物学家一次一次地重复做实验，直到有一次成功了为止。"

但是，就像在高中时候一样，这些大学生也被科学以外的很多事情所吸引。有3名在很认真地学习哲学，有3名对历史特别感兴趣，有4名学了心理学，还有1名对经济学非常感兴趣。在两个例子里，学生在大学期间对于课程的选择，到了后来他们决定要进医学院的时候，给他们带来了麻烦。有一名（N-3）在毕业之后的暑假被要求上暑期课，因为他没选够进医学院所需的科学课。另外一位在大学最后一年很晚才决定要进医学院，所以他不得不"等待一年"，才能够开始医学院的学习。

除了学习之外，他们也继续参加了各种各样的课外活动，但是没有一个人是以在高中里的那种学习强度去参加这些活动的。例如，在体育方面，一位（N-8）说："在上大学之后，我很快就告别了把体育当作最大兴趣的状态"。另外一位（N-14）也有相似的说法："我很快就意识到，尽管我的体育成绩相当不错，但我仍然是属于小打小闹的。"很多人仍然继续参加校内的比赛和兄弟会之间的比赛，但是，更典型的是，他们把注意力转移到其他事情上去了，例如兄弟会的聚会、跟女孩子约会、玩音乐、打牌，等等。

科学研究

考虑到神经医学研究人员今后的发展，他们在大学学习的一个方面似乎很重要：开始参加正规的研究工作。有3位在高中期间就已经接触到了还在进行之中的科研题目，因为他们在暑假的时候在某些实验室里打工。20人当中，有10人在大学期间有过研究经验。这有两种途径。

一种途径是，科学课程和荣誉课的论文要求有研究内容。另一种途径是，研

第九章 如何成为杰出的神经医学研究人员

究与正规的大学课程没有什么关系。之所以从事研究工作有可能是课后或者暑假的一份工作，还有一种可能是为了获得研究奖学金。有一位研究人员（N-14）很平淡地说："如果你的专业是科学，暑假里会有机会做研究。我上大学的时候，学校里有好几个全国科学基金会的暑假研究奖学金可以给学生。"

不管这两种途径他们用哪种，这些大学生最后所处的环境都很相似。

他们几乎都认为自己的第一个研究项目非常有意思，即使当实验失败的时候也是如此，而第一个实验是多数都失败了的。"我喜欢做实验。未知的东西让人很激动。"（N-9）

"那个项目非常有意思，很激动人心。做实验，拿结果，有发现，发现新的测量酶活性的方法，简化实验……非常有意思。"（N-7）

有一位（N-6）是这样讲述他的第一个研究项目的："那个实验的设计，是要回答一些简单的问题，能够在很短的时间里进行，学习一些简单的技术。我得到了一些结论，但是最后什么成果也没有。没有发表文章也没有做什么报告，但那仍然非常有意思。"

另一个人（N-11）的说法也很类似："没人期望我能够解决一个重要难题，但是你有了一个机会去学技术，这样你才能够提出问题。"但是，这位研究人员清楚地表明，尽管他的结论没有发表，也没有公开报告出来，但是从这次经历当中，他确实得到了一些什么。他说，这次经历对他来说很重要，因为，到了下一次研究机会来临的时候，他知道怎么做各种事情，怎么有头脑地选择一个问题，怎么使用研究工具去寻找答案。其他研究人员也注意到，在那之后，他们就会得到其他研究机会，要么是因为主持研究的教授对这些初出茅庐的研究人员的工作很满意，要么是因为他们的工作给其他教授留下了很好的印象。

这些学生最初接触的正规研究，似乎对他们起了两个作用。第一，它们提供了一些具体的经历，让"成为科学家"这样一个想法成为了一个真正的可能。"因为我有了一些直接的接触，所以，关于基础科学到底是什么，我有了一点体会。"（N-4）第二，它们让这些学生有更多机会发展实践于认知技能，培养使用仪器的技术能力，提出可以通过研究而解决的问题，培养解决这些问题的能力。"那是我在学习做科研这一行所需要的本事。"（N-11）

在前面我们提过，20人当中只有10人在大学期间有过做研究的经历，这个说法也许有些误导。这是因为，除了一个人之外，其他所有人都在大学期间选修的科学课上做过实验。但是，这些经历在他们自己看来，有的可以被称作研究，有的则根本算不上，这其中的区别似乎在于，如果一项工作是被设计出来去探索未知事物的，那就算是研究；如果那只是一个训练，目的是让学生了解科学家已经做过了什么样的工作，那就不是研究。所以，有一位神经医学研究人员，虽然在他所选的课上做了相当大量的实验，却说他在大学里没有做过研究。他解释说："我们的实验课都是教学性质的。"另外，几乎所有人都说，他们在大学期间读过科学研究报告，对科学研究文献做过总结。因为这些神经医学研究人员选过很多科学课程，所以，虽然第一眼看上去有可能不太明显，但是关于科学工作，他们是通过各种方式积累了一些经验的。

有趣的是，这些人在大学里做实验和做研究的经历并没有把他们以前对于科学的兴趣转化成一种激情。对于那些后来取得了巨大成就的人，人们可能总觉得他们在大学里就应该做点什么，但是与之相反，在大学里，这些未来的神经医学研究人员也同样被历史、哲学、经济等学科所吸引。同样地，他们也可能会被一个哲学教授注意到，并得到同样的鼓励。

申请医学院

这些大学生并不是一门心思学习的。他们和在高中时期一样,自己的兴趣仍然有很大的可塑性。"有一件一直让我觉得很激动的事情,那就是接触那些对自己的工作非常有激情的老师。那可能就是我为什么对经济学这么感兴趣的原因吧。"(N-6)在大学里,至少有两年,或者更长时间,他们还不能确定下来自己这一生要从事哪方面的工作。在高中期间,他们关于未来的计划很不明确,因为他们知道日后还有4年大学生活呢。由于同样的原因,他们在大学早期阶段对于未来的计划也采取较为随意的态度,因为他们知道本科毕业之后他们会读研究生。

但是本科毕业之后接受的教育就会专业化得多。一个人不可能很盲目地进最好的学校。这些神经医学研究人员是怎么把选择范围缩小,最后决定上医学院呢?

典型的情况是,在大学三年级时,这些学生做出了一个很明确的决定。在那个时候,他们也需要做出决定,因为下一步行动是什么,不是很明显。选择医学院,是出于3个相互有关联的原因。

选择医学院的最主要原因(11位),是这样一个想法,即医学院会提供"基础科学领域的扎实教育"(N-1),这样,他们在追求科学事业的时候"就没有什么缺陷了"(N-12)。另外一位(N-3)的理由是:"当你读完医学院的时候,你可以进任何你想进的科学领域。"这些人对医学院具有信心,认为它是通向科学事业的适当途径,这从一个人(N-11)那里可能可以最好地看出来。这个人拒绝了加入某科学博士培养项目。他选择医学院,是因为他觉得:"有一个医学博士学位我基本上可以做任何事情——做研究,给病人看病,教书。"他还说:"我知道我需要4年就可以拿到医学博士学位,而拿一个科学博士学位需要5~7年。"但是,在去了医学院之后,他意识到,算上做临床训练的时间和专业训练的时间,他以前那种比较考取医学博士和科学博士学位所需时间的方法不太聪明。

有11位选择医学院，主要是把它看成继续接受基础科学教育的场所，他们说，尽管他们在大学期间保持了对于科学的兴趣，却没有找到一个确定的方向。有几位的兴趣开始集中到了"在和人有关的领域里进行研究"（N-7）。按照他们当中一位（N-4）的说法："我的兴趣从来就不是行医。尽管在离开医学院之后，我意识到，行医可以是一个选择，但让我激动的一直就是医学研究。"另外一位（N-10）说："在我所受的教育中，上医学院似乎是很合理的一步，因为它会让我广泛接触到医学科学里的所有方面，这些对我来说是最有意义的。所以我就决定去医学院，这样我可以在所有医学学科里做出选择。"

关于为什么选择去医学院，有6位强调了第二个原因，他们认为，这只是把多年来"向着医学院"的努力给正式化（N-9），或者"从上学前班的时候就在为去医学院做准备了"（N-2）。参加医学院入学考试，考虑申请哪所学校，正式决定去医学院，都让多年以来心里假定的事情成为了一种现实。一位研究人员（N-5）是这样解释的："我猜，我一直有个想法，那就是，如果你成绩好，就应该做些上医学院这类的事。事实上，到了这个时候，除了上医学院之外，我不知道自己还应该干什么。我并没有什么遗憾，但是我觉得我当时其实也可以选择其他事情的。"

尽管上医学院的决定对这6位学生来说是很自然的事情，但有三四位还是不能决定他们是否会真的行医，或者只做医学方面的研究。

最后，还有3位研究人员上医学院是由于第三个原因，但是其他一些人也考虑到了这一点。那就是，很显然，没有其他任何事情是他们觉得适合自己做的。在不知道自己想做什么，而且对他们试过的其他事情感觉失望的情况下，这些大学生们就选择了灵活又受人尊敬的职业，而且他们也看到了自己的朋友选择这个职业。

"我当时觉得以前选择的职业方向很可笑,所以就决定试试上医学院,医学让我感觉很有灵活性。"(N-13)

"在大学里的前两年,有两件事让我非常感兴趣,像我对科学一样感兴趣。事实上,有一段时间,我想过要研究经济学。后来某个时刻,我对它失望了。我喜欢科学课,也学得好。我觉得,最后我几乎是通过排除法,跟一帮人混到了一起,他们也同样喜欢科学课,也同样学得好,也许这起了一些作用。这些人,我在后来一直都跟他们是朋友,他们都是医学预科生。"(N-6)

对于两位神经医学研究人员来说,上医学院其实是他们的第二选择。有一位没有被自己最想去的博士培养项目录取。另外一位在往另外一个方向认真走出去之后才发现,对他的父母来说,他上医学院有多么重要。

"在我大学三年级期间,我决定要进研究生院学习哲学。那是唯一的一次,我父母很强烈地表示,他们对我的职业前途做的是另外的打算。那真是个难题。"(N-4)

这个人申请了一个哲学专业的博士培养项目,也被录取了。但他没有去入学。他第一次感觉到父母给他施加了很大的压力。

另外一位研究人员,我在前面引用过他的话,他对经济学感到失望,于是跟着他那些医学预科的朋友去了医学院。他也记得,在大学里,他发现,对他父母来说,他走上医学道路是多么的重要。

"回头再看,他们的主要顾虑是财政上的。一直以来,他们的一个重要目标很可能就是,要能够有钱送我上医学院。"(N-6)

这些神经医学研究人员很晚才发现父母对于他们的期望,他们说道,这一发现对于他们有重要的意义,是因为它反映了两件事情。第一,他们回想起,作为孩子，他们与父母的交流当中有一个特点是长期存在的，那就是，如果有什么行为是父母重视的，那这行为就被认为是顺理成章的，也很少拿出来讨论，只有那些与父母的价值观相抵触的行为才会被注意到，并且被及时制止。在谈论他们小学和中学成绩的时候，这一点看得最清楚。这些研究人员说，考试成绩显得很重要，被拿出来讨论的唯一时刻是他们拿回家的成绩低于父母的期望，比如没有拿到 A。第二，这个发现说明了这些孩子们是多么快和多么容易地学到了家庭里的行为习惯，并且认同它们。因为他们是如此快和如此容易地做到了这一点，所以，很多时候，这都没有引起任何人的注意。父母在孩子的整个成长过程里起到了榜样的作用，也给孩子提供了资源、机会和建议。他们很少以任何方式给孩子施加过压力，因为他们不需要。

我们从收集的资料里看到，这些神经医学研究人员一直在向科学研究这个方向前进，即使在他们自己没有刻意这样做的时候也是如此。例如，尽管在大学早期阶段，只有不到一半的人计划要进医学院，但是除了一人之外，其他所有人都有如下的共同经历："我选学了所有进医学院所需要的课程，只是因为我感兴趣。"（N–1）即使是前面提过的那位得到了奖学金，可以读哲学研究生的学生，也是这样做的，其他人就更是如此了。

但是，即使是在大学里，神经医学研究人员的作为也没有什么突出的地方，让人看不出来他们将来会做出不同寻常的业绩。除了两个人是例外，其他人都没有受到科学教授青睐，没有被看好，没有人鼓励他们读博士。有一位（N–8）与其他人的情况很不同，他有很特定的兴趣，想学习神经生物学，他说："如果我当时知道，要想学神经生物学就应该读生理学的研究生，那我就会那么做的。""但是，"他继续说，"我得到的辅导很少。我选医学院的方法是翻看他们的课程目录，看看他们开设多少神经生物学课程——这是个非常糟糕的方法。"

选择科学还是医学

这些学生在大学里确实学了很多科学课程，这一点与很多其他大学生都不同。但是与其他进了医学院的学生相比，他们选的课并没有什么大的不同，和那些在科学领域得到博士学位的学生也没有太大的不同。但是在他们成长的过程里，有一些方面，可能会让他们有别于未来的临床医生和未来的科学家们。

与很多医学预科学生不同，这些神经医学研究人员的典型情况是，在大学里，他们对科学比对临床医学更感兴趣。因为科学课程经常是进医学院所必需的，所以这些研究人员和医学预科学生一起上了很多课。这样，到了大学的后期，决定申请医学院的时候，他们在学业上做好了准备，也有了同学圈子。但是在心理上，他们是把进医学院当成了向科学事业迈出的一步。尽管在美国社会里医生很受尊重，我们访谈的这些人却对科学研究更加尊重。

"有一点很清楚，对我父亲来说，发现、发明是非常激动人心的事情。我也觉得做这些事情能够得到回报——能够发明什么东西，发现什么事情，而由此得到承认。"（N-10）

我们的另外一个访谈对象把这个说法践行到了极致。尽管他在刚进大学的时候就计划要去医学院，但是他认为，只做临床工作是永远不够的。"我在成长的过程中学到这样一个观念——研究是开始，是过程，也是结束。从一个人研究了多少项目中，我们就可以判断他是否有价值。"（N-2）

我们的研究对象跟那些后来在科学领域读博士的大学生也有不同，那些大学生选择的生活基本是在实验室里度过的，我们的研究对象似乎没有这样的痴迷。他们会被实验室以外的、生活中的很多其他事情所吸引。他们不仅把自己看成"思想者"，而且也是"动手的人"。例如，有一位（N-9）是这样解释他在大学里对化学如何着迷的："你做得越多，就越有直觉。简直就跟做饭差不多，而从这个角度来说，我一直就是个好厨师。你会有个想法，对于怎么把东西混合起来有直觉。我看得出来，这是我能够做得好的一件事情。但是有些理论上的、物理上的概念，我一直就觉得有人比我学得更好。我一直觉得我在动手方面做得很好，而在理论方面就不行。"

对于我们的访谈对象来说，医学院似乎是个非常合适的选择，这有几个原因。第一，它给了他们时间，让他们能够继续探索不同的学科。4年的大学生活，一般会让这些人面对更多的选择，而不是把注意力集中到某个特定领域。一位（N-8）说："那些让人激动的生物学和心理学课让我印象深刻。"这些神经医学研究人员还说，他们很为生物学和化学之间的联系而着迷，为化学和心理学之间的联系而着迷，为心理学和生理学之间的联系而着迷。一些关于神经系统的知识很让人激动，但是很少有人能够说得比这更加具体。如果是想学习科学，上医学院似乎是足够了，因为在医学院里有足够的科学课程。

第二，医学院满足了这些研究人员对于人的兴趣。几乎所有人都喜欢与同伴在一起。不管是在运动队里还是辩论队里，他们喜欢与那些和自己志同道合的人一起长篇大论。很多人对于人的某些特定行为背后的原因感到非常好奇，特别是在大学里，他们通过文学、哲学、心理学和历史来探索人类行为。医学院对某些科学学生是很合适的，用一个学生（N-1）的话说，这些学生意识到自己喜欢人，而不喜欢整天埋头在实验室里干活。

第三，进医学院这一决定，也符合这些学生从父母那里学到的价值观。一个医学学位可以保证收入的稳定，让人对自己的职业有控制权。另外，不管是从学习知识的角度，还是从社会地位来说，这个学位也都让人很有荣耀感。

| 第九章　如何成为杰出的神经医学研究人员 |

大学时期的总结

在进入大学的时候，这些学生已经为在大学里学习科学课程做好了充分准备。他们不仅在科学上知识广博，而且他们对于科学的兴趣主要是从校外的活动里建立起来的。这第二点很重要，值得记住，因为它意味着，当这些人在大学里初次接触到一个新的、有趣的学科，他们不会就此离科学而去。他们不会拿对科学的兴趣去交换对另外一个学科的兴趣，因为科学对几乎所有这些人来说都不仅仅是学校里的一门课。

在进入大学的时候，关于如何安排多项活动，如何合理分配时间，这些人也是专家。在大学里，他们也继续自己的做法。例如，他们学习科学，学习人文学科。他们上体育课，参与政治，也和同学玩。当然，对这些人来说，学习是最主要的，他们在多年以前就内化了一个强烈的信念，那就是学习成绩的重要性。这样，当课业负担加重到以前从未有过的地步的时候，这些学生缩小了自己的兴趣范围，他们没有完全牺牲掉体育和其他爱好，但是在必需的时候会限制它们所占的时间。

在整个大学期间，不管是什么课程，只要授课的老师看上去很为自己工作的领域激动和着迷，这些学生就会去选。他们还得以参与一些深度思考，对于任何让他们感到有趣的学科都去思考它们的细微之处。但很明显的一点是，他们并没有去考虑这些东西会把他们领向何处。如果他们逐渐减少对某一个学科的投入，那只是因为他们认为，在这个学科上他们很难取得成功，也很难得到经济上的保障。有一位放弃了哲学，因为未来这条职业道路会让他难以得到他所追求的生活方式，另外一位放弃了数学，因为他意识到他不可能做出重大发现。他们似乎是在用排除法来选择职业，而不是一开始就去决定他们真正想用自己的人生去做什么。

在大学期间，很多人得到了第一次在科学实验室里工作的经历。但是这些经历并不是他们事业的转折点。它们并没有点燃什么内心的火炬，让这些学生投入高强度、持续、充满激情的工作。但是这些学生注意到，这些有趣的经历起到了几个作用，对他们后来的发展很重要。首先，它们让科学家的工作成为了自己生活里真实的一部分。他们看到了做研究的人，觉得自己也能够做这样的事情，科学变得更具体、更实际了。其次，他们在使用仪器、完成实验程序方面培养出了能力和信心，这可能使得今后的机会多了起来，可能也让这些机会看上去更有意思了。

这些人在离开大学的时候，对于科学仍然有着同样强烈的、比较广义的兴趣，与他们进大学的时候一样。但是在这时候，他们的专业能力大大增强了。因为他们还没有找到自己最热衷的研究方向，但是又没有其他任何学科像科学那样吸引他们，他们就选择了看上去最灵活的方式去继续学习科学，那就是进医学院，直到找到自己愿意投入的某一门特定学科为止。

学习神经医学研究：医学院

在医学院里，这些人又一次重复了他们的特点，他们用了一年或者更多时间，来尝试各种课程。比如，他们想过要成为一个血液病专家（N-4），或者一个儿科癌症专家（N-17）。他们也考虑过走不同的道路，要么搞临床工作，要么集中搞医学研究。他们的典型做法是尽可能不做出任何决定，拖延到不能再拖为止。

从医学院第二年的中期到第三年结束，在这段时间里，他们几乎所有人都选择了神经医学作为专业领域。这部分是因为，像他们当中一位（N-12）所说的那样，"我把其他领域都排除了。"但是，更加准确的原因是，这些学生发现了，神经

第九章 如何成为杰出的神经医学研究人员

医学与他们 20 多年来一直在不断完善的行为和思考能力非常匹配。

神经医学给他们提供了智力上的挑战，被说成是"人类所遇到的最大谜团"（N-10），"比内科更加有智力挑战"（N-12），"因为它的复杂和盘根错节而有吸引力（N-2）。它提供的智力挑战还特别符合这些学生已经发展出来的工作风格。灵活性、同时对付几个想法的能力，与一根筋地坚持不懈同样重要。"那有很多玩游戏的成分，要搞明白问题到底是什么"。（N-12）要想把问题搞明白，一个神经生物学家通常需要多学科的知识，也需要能够很容易地把思路从某种工作方式迅速转换到另外一种方式去。这样的一个例子，来自一位研究人员（N-9）对自己目前工作的解释："我现在所做的工作不属于任何一个领域，而是一团乱麻，我觉得这是最有意思的地方。我可以进实验室，从分子生物学的层面来研究它。然后，如果我觉得这太基础了，不能解决相关的问题，于是我就说，好吧，我去看一些病人，我有一个长期研究这些病人的项目。在一个星期之内，我可以在不同的时间里做不同的事。我可以是一名统计学家，可以是一名分子生物学家，也可以是一名医生或者一名行政人员，在晚上，我还可以是一名作家。我喜欢多样化。"

学生们受到神经医学的吸引，还因为它"相对来说比较新，是个热门领域"（N-18）。另外一位（N-16）说："那时候神经生物学就是时尚。"这个特点似乎很重要，原因有几个。第一，像一位研究人员（N-10）所说的那样："如果你想做出重大发现或者什么，那你就要在一个公认的重要领域里有所发现。"第二，也许是对我们的研究对象更为重要的一个原因，是这个特定的"热门"领域，是"我们刚刚开始探索的领域，而不是像其他有些领域那样，问题已经解决了一半了"（N-16）。这个领域的"新"，似乎对他们有重要的意义。

有一位（N-11）解释说，神经医学是"一个人们对重要的事情了解得最多的领域。每天都有新的、最重要的信息"。另外一位（N-18）把这个解释又向前推进了一步："神经医学好像是一个没人知道是怎么回事的领域，是个做研究的好领域。进它的门比较容易。"因为有很多东西需要去研究，那么，一个人做出发现、取得成功的机会就比较大。另外，因为在他们"发现"了这一领域的时候，还没有那么多人在学习神经生物学，所以他们成功的机会就更大了。

有一位研究人员（N-12）解释说，他喜欢这个领域，部分原因是他可以"独自在这个领域里工作，直接竞争的人越少越好"。另外一位（N-10）把神经医学比作撑竿跳高，那是他在高中和大学都花了很多时间去练的项目。他解释说，他的"成绩很好"，因为"在撑竿跳高比赛里报名的不超过3个人。所以你如果能跳过第一个高度，你就肯定能得奖了"。在访谈另外一个研究人员时，这位研究人员（N-10）把这个观点又展开了一些："很显然，我的整个人生都花在寻找我能做得出色的事情上了。撑竿跳高就是一个具体的例子。那是一个很窄的项目，你的进步可以用英寸来测量。所以，我认为让我起劲的可能就是寻找的过程吧。那么多年的游来荡去，可能就是在试图寻找一件我能够集中精力去做的事情。"

老师的影响

在这一部分里，最有趣的一件事，是这些人如何发现了神经医学。很多人是看到了那些已经在这个领域里工作的人，受到了这些人的吸引。有一位（N-6）是这么总结的："事实证明，人们的想法几乎是一样的，最好的老师影响了我。那些最专注自己的工作的人、最令人兴奋的人的工作领域，就是我将要从事的领域。"

他用很长时间讲述了医学院里的四五位神经生物学教授，"他们互相交流，

他们热爱自己的工作"。"他们都是出色的人,出色的教授。神经医学的住院医生也都是一些高素质的人。"(N-6)

有些神经医学研究人员遇到了很特殊的教授,后来成了他们的重要的榜样,有些时候也成了他们的导师。有一位(N-20)说:"在那之前,我从来就没有跟随任何一个科学老师,说,'好了,就是他了。'但是在医学院一年级的时候,我这样做了。我觉得我自己是个晚熟的人,我父母估计也多少是这么认为的。"

另外几个人谈到了这样的经历:"在我上医学院三年级中期的时候,学院新成立了一个神经医学系。新来的人当中有一位,我到今天也还在与他合作。他当时对我很感兴趣,那对我来说是一件很幸运的事。他有时间,对我也感兴趣。一两年之后,我就找到了做研究和学习新技术的方法。除了思维方法对头之外,他还是我的榜样,他是特别努力工作而且享受努力工作的人。如果在医学院或者另外一个实习医生项目里,我找到的导师不像他这么有才能,我就不知道我是否会同样喜欢我所做的东西,而是否喜欢也是衡量成功的一个标准。"(N-3)

有一位研究人员(N-19)这样概括他的经历:"我在科学和事业上的成长,离不开几位导师。有人关注你是非常重要的。这意味着有人给你指导,意味着有人把你引到正确的方向上。你有可以信任的人。有人会说,'不要去开那个会。要读这篇文献,不要读那篇。'这意味着他们愿意做所有力所能及的事情,来扶助你的事业。"

对于其他人来说,一个充满激动气氛和挑战的环境对于他们的影响,要大过某一个人对他们的影响。这些人没有指出任何一个人对他们的发展有什么重要影响,但是他们谈到了与聪明和有热情的住院医生一起工作,以及在"神经生物学专业最强"的学校里读书(N-9)。他们观察自己的老师在医学科学的一个最新领域里工作,于是决定,"当时我想,我更愿意像这些人一样,因为我看到,他

们的生活在我心中是非常激动人心的。"（N-5）

做研究

因为这些学生把进医学院当成手段，去学习更多科学，所以，很自然地，他们对于医学院的经历记得最清楚、谈论得最多的，是跟研究有关的那些。他们描述的是一个有趣的、渐进的过程。大多数人最开始做的项目是由老师给他们指定的，或者是文献里讲述的，这些项目往往是在医学院的选修课上或者暑假里做的。

"你到实验室来，是因为，关于一个科研问题，应该到哪里去寻找答案，你有个大致的思路。然后你就可以试图顺着这个思路寻找一些什么。在医学院里，教授让我接触了一些有趣的基因变异，可以改变神经系统的功能，我能够想象，下一步我可以怎样继续在这个方向探索。所以我就花时间做了。"（N-11）

"他给我计划了一个项目，我觉得挺好。"（N-13）

"第一年，我基本就是个技术员。他教我怎么做事，我就照着做。"（N-1）

"我跟你讲我第一天是怎么开始的吧。他把实验室交给我，说，'在这里，我想让你做这项工作。'我就花了大概6个月的时间重复所有人的工作。因为我不知道怎么做实验，也不知道怎么用所有的仪器。所以，除了重复别人已经做过的工作之外，难道还有更好的学习方法吗？当你重复了别人的实验之后，你对这些实验就熟悉了，就能够自己做了。"（N-10）

这些神经医学研究人员一般都很喜欢这种工作，也很出活儿。"我从中感受到了很大乐趣，从没有感到要出成果的压力。我受到的压力是要弄懂我所做的事情，以及把实验正确地做出来。"（N-12）这同一位研究人员又补充说，"他们对严谨的思维强调得非常多。"

每一次经历似乎都让他们又得到了下一个在某个教授实验室里工作的机会，随着每一次机会，他们在研究当中扮演的角色也越来越重要。

"我学了一点发育神经生物学的导论，我觉得它非常吸引人。我和一位老师相处得非常好，所以她就同意在一个生理心理学的项目里做我的辅导员。那可是'一道大餐'。"（N-4）

"我去找了一位教授，想跟着他工作，做一个具体的免疫学的课题，是他的实验室在做的。我用了第一个暑假的时间学习怎么做实验，到了第二个暑假，我就可以设计一些实验，来探索我当时感兴趣的一些具体问题。这个经历后来成了很有收获的事情。我学了很多新的技术，把结果放在一起，最后把它发表出来了。"（N-6）

"第二年，我就独立多了。我们找到了一个有意思的问题来研究，我被允许做这个研究。后来我们出了一篇论文。"（N-1）

"另外一名教授很欣赏我和 A 教授做的工作，他说，他觉得他有一个课题是肯定能够成功。他问我是否愿意跟他一起工作。我们做了一个非常好的课题。我们真的做得非常好，相处得也很好。我还得到机会在一个医学会议上报告这项研究。"（N-13）

即使一个课题没有像预料的那样成功，没有论文，没有在会议上做报告，这个课题也通常会被看成是重要的经历。有一位研究人员（N-8）在一个很不成功的实验室里工作过一段时间，按照他的说法："你真正学到的，是'不应该'怎么去做研究。"然后，他解释了这为什么对他来说很重要，"你变得非常会处理实验中出现的问题，回头去阅读文献，找出来什么情况下实验是成功的，什么情况下是不成功的。我用实验手册之类的东西也很熟练了。"

另外一位（N-10）谈到了相似的经历，但不太一样的后果："那位教授什么都不懂。在这个非常烦人的过程里,要把这个实验搞起来,我就得去读很多东西,就是这样,我发现了××写的两本书。它们是我所见到过的最让我震撼的东西。"

之后,这位研究人员把医学院的学业中断了一年,到另外一个实验室去工作。

"那个实验室主任非常好,我很惊讶他居然想要一些学生在实验室里。他基本上是给了我一个房间,里面有各种仪器,说,'放手做吧。'于是我就用了一年的时间做这件事。我白天黑夜都在那儿,每个星期可能做了 80~100 小时的实验。在我进这个实验室之前,我已经把这个领域的文献读得非常多了。所以,从背景知识来说,我肯定是比实验室里所有其他人知道的都多。"(N-10)

有 4 位上的是一种 5 年的培养项目,目的是培养医学研究人员(医学博士和哲学博士双学位)。另外 5 位,包括上面那段里提到的那位,决定在医学院里用一年或者一年以上的额外时间来做研究,一般这是在临床学习的第二年和第三年之间的一段时间。医学院鼓励他们这样做,也帮助学生找合适的实验室来做额外的研究。

其他 11 位,在医学院的第三年结束之前,大多数都计划了要用另外的方法来学习做研究。因为医学院学习的结构,这相对来说很容易安排。有几位没有在医学院里多学习一年,而是申请了做实习研究人员或者住院医生,在他们敬重的那些教授的实验室里做研究。

在医学院第三年结束的时候,这些人基本上决定了自己要做什么。"我整个变了一个人",一个记得他(N-13)是怎样仓促选择了医学院的人这样说。他们已经决定了要投身于医学研究,一般是在神经生物学、神经医学领域。(但也有 3 位是在医学院毕业之后才发现了自己想做研究的愿望。)他们的研究兴趣和临床兴趣是建立在很多学科的基础上的,包括儿科神经医学、药理学、精神病学、病毒学。神经医学的研究似乎要求他们除了本学科之外,还要有至少另外一个领域的专业知识。

磨炼技能

那之后的四五年是非常忙碌的。这些学生要掌握很多技术和技能。他们不仅要学会如何独立地提出重要的问题，如何试图解决这些问题。他们还要学会科研圈子里一些更高层次的运作技能：怎样得到科研基金，从哪里得到科研基金，等等。

他们最喜欢的教授往往会给他们建议，应该跟谁去进行下一步的学习。他们也可能会跟着他们的教授到其他大学去继续研究工作。他们把大量时间用在一系列研究课题上，但也花时间去"学习前沿医学知识，把临床医学作为一门科学来学习"（N-20）。他们与"非常严谨的科学思想者"一起工作，有"非常支持他们、非常有趣的老师"。

20位当中，有9位在国家健康研究院学习过，或者在那里做过一些研究。

"这是一个非常有影响力的实验室，有很多聪明的年轻人。还有很多科学界的重要人物总是在这里进进出出，这个领域里一些最优秀的人都在这里受过训练。"（N-12）

对于这位研究人员来说，以及对于大多数其他在国家健康研究院工作过的人来说，"这是人生中最好的两年"。但也有一位（N-20）表达了一些失望："我在那儿的经历没有那么美好，因为我的上司不是一个我可以尊敬的人。但我还是有所收获，我在那里结识了很多人。"

更典型的情况是，这些人在国家健康研究院得到了非常正面的经历。"在那个实验室里，大家都很努力工作，做纯粹的研究。那是我所接受的研究训练中很重要的一部分。"（N-11）还是这位研究人员，把自己在国家健康研究院的工作比作研究生院里的学生在学习的最后一年所做的工作，说他学到了非常多的东西，学得非常好，"很多人都以为我有一个哲学博士学位。"

总结

这些研究人员，在结束他们的正规教育以后，下一步则是在国家健康研究院及类似的地方做研究。在这一阶段，他们所处的环境，与他们多年以来所处的环境基本上是一样的。他们在一个"很有影响力的环境里"（N-14）学习怎样提出问题，怎样做研究。他们所处的环境里有很多工作出色的人，可以做他们的榜样，他们接受很高的要求，对自己有很高的期望，他们所处的环境里甚至还有一个传统，那就是工作一定要出色。他们观察那些"勤奋工作"的人，那些为自己所做的工作感到激动的人，那些人所具有的品质，和他们的父母多年来为孩子们做出了表率的品质是一样的。

他们所处的科研环境有丰富的养分，这一点，似乎对这些研究人员有着特殊的重要性，但是他们却不太意识得到。这就像在他们小时候，他们不记得是为什么和怎么样得到了《科学美国人》之类的学习材料，他们也说不出来他们是怎样从一个"有影响力的"科研环境去到了下一个"有影响力的"科研环境。这些科学家兼医生也谈到了他们学到的另外一个本领，即延时回报。他们也知道运气的重要性。

"在还是一个孩子的时候，我就想过要做出重要发现。当然，那个时候我的水平也就是炼金术那种水平。我想创造点什么，发现点什么，但那时我整个就像是在真空里，我梦想要发现什么，但那从来也没有发生。你必须要有这么一个环

第九章 如何成为杰出的神经医学研究人员

境——有很多好的想法,然后在所有这些想法当中,选一个问题,把它彻底搞清楚。你做这样的事情没有别的原因,只是因为你认为这么做是最重要的。"(N-10)

"我认为,首先你得有最基本的智力能力,但你也不必特别的聪明。在想象力能够起作用之前,你必须收集许多许多的事实。你可以有超乎寻常的想象力,但是如果你对事实不清楚,你就没法利用自己的想象力。其次,你得愿意延迟一些得到回报的时间——去找个做研究的机会,享受为了做研究而做研究,就是因为有意思才做。"(N-18)

"我把科研看得跟体育运动差不多。换句话说,你得训练,你要在实验室里泡很长时间,就有点像你在体育场训练一样。然后,大的比赛就是你发表文章的时候,或者去参加重要会议的时候,因为那时别人会评价你所做的工作。"(N-14)

有一位研究人员(N-3)的说法很是准确。事情似乎是这样的:"我觉得,如果你10年前认识我,你可能想不到今天会采访我。那时候,你可能会觉得我很聪明,但是在当时,谁都不清楚我会不会集中精力去做任何事情。"

他和我们都无法猜测10年以后他又会在做什么。但是,在目前,这些研究人员的同事都很明确地认为,这些人非常有才能,他们证明了自己的能力。"把一系列的现象放到一起,用某种特殊的方式去审视它们,意识到它们都是以某种方式互相联系的,让我们对它们的认识又前进一步。以前我们不知道的一些事情,现在知道了,这就是最好的回报。"(N-10)

这些研究人员对科学研究和临床工作有着不同的投入程度。在一个极端,是那些只搞研究的人。"医学院的教育对我来说极其有价值,因为它给了我一个非常广的视野,可以很好地观察问题"(N-10),但是,他不觉得自己是个很好的临床医生。他对接触病人没有什么兴趣,所以他连自己的行医执照都不及时更新。在另外一个极端,有一位非常喜欢临床工作的人(N-13)告诉我们:"我没有把自己看成一个研究人员,我觉得自己是一名医生,只是同时也做一些研究工作而已。"他说目前他的事业是行医,而不是做研究,他做研究的目的是为了填补研究与临床实践之间的脱节。还有一位(N-12)把自己端端正正摆在医学研究和临床医学的交叉点上:"有很多人可以做研究做得非常好,也有很多人可以做非常好的临床医生。但是很少有人能够有一个全局的把握。我不是最好的科学家,也不是最好的神经科医生,但是我在这两者交界处是最好的。"

大多数人用自己工作的75%的时间做研究,用25%的时间看病人和教学。所有人似乎都非常喜欢工作上的多样性。

"我现在做的,跟我在小时候想做的一模一样。我那时候想,成年之后应该做什么事情,我想到的就是我现在所做的,尽管我那时候还不知道我会在哪个特定的领域工作,或者做什么具体工作,细节是什么。教一点书,做一点临床工作,主要做研究。漂亮的切片,用高级的显微工具,诸如此类的智力活动。你要找到线索把一个谜解开,提出假设,验证假设。"(N-4)

"在目前,事情在往各个方向发展。这样挺好,这可能是我所能梦想到的最理想的生活,因为我能够说,今天我要干什么,今天我应该试着去解开哪个谜。"(N-3)

"基本上,我一直就想做所有的事情(笑)。而我现在所做的就是这样。所以我的生活里不会有太多遗憾。我知道我喜欢的是些什么事情,我以前只是不知道怎么把所有事情都联系到一起来。"(N-1)

第四部分

关于天赋发展的思考

第十章

学习的各个阶段

劳伦·A. 索斯尼亚克

第十章 学习的各个阶段

平均来说，钢琴演奏家们投入了17年的时间去学习、练习、演出，之后，才取得了不同寻常的成就，让他们成为我们的研究对象。雕塑家、游泳运动员、网球运动员、数学家和神经医学研究人员也都花费了相当长的时间，才取得他们如今的成就。在学习的过程当中，时间是一个重要的因素，但是时间本身并不能保证学习的成功。每天我们都会看到，人们可以花费多年时间做一项活动，例如，烹调、打字、教书，但是却可能一直都没有学会怎样把这些事情做好。比起单纯考虑在一项活动里投入了多少时间，一个学生做什么，怎么做，事情怎样随着时间变化，这些变量都更重要得多。

对钢琴演奏家的访谈是我们进行的第一组访谈，我们从中得到了一个意料之外的发现，那就是，这个漫长的学习过程可以分为3个大致的阶段。在钢琴演奏家和父母谈到他们的行为、对自己的认识、自己的经历是如何随着时间而变化的时候,他们很清楚地把成长分成了早期、中期和后期阶段。这个划分不是非常精确和清晰的,但是,从以下几个方面来看,这样的划分是有道理的。第一,学生与钢琴及音乐领域的关系如何变化。第二,在成长过程中父母和老师的作用如何变化。第三,成功的动力、得到的回报,以及成功的标志如何变化。从一个阶段到下一个阶段的过渡可能是很戏剧性的,也可能发生得十分缓慢,以至于让人注意不到,可能会在转变发生之后,过了很长时间,才意识到已经发生了什么。

这一章的目的,是讨论学习过程中内在的结构,这个结构最初出现在钢琴演奏家和父母的访谈里,之后,在我们所访问的其他成功人士的经历中一再出现。在每一个阶段,有哪些主要的特点、基本的要素?产生了哪些明显的影响?父母、老师和钢琴演奏家们做了什么,才使得学习的每一个阶段有本质上的不同?钢琴演奏家又是怎样从一个阶段转换到下一个阶段去的?

在这一章里,我们集中讨论钢琴演奏家的经历。这是因为,如果我们同时讨论多个学习领域,那么,因为它们的学习过程在内容上完全不同,就可能会造成一些叙述和概念的混乱。但是,这个非常清楚的三阶段学习过程,在雕塑家、运动员、数学家和神经医学研究人员那里,实质上却是一样的。有些读者也许会发现,如果他们对某个才能发展的领域很熟悉,他们可能很容易地就可以把我们总结出来的一些常见特点应用到这个领域里去。

在最后一节,我们要提出一些标志,读者在阅读本书里所讨论的其他有杰出成就的人群的时候,可以用这些标志来识别类似的学习阶段,以及阶段与阶段之间的转换。在最后一节里,读者还会找到一个简短的关于各个领域的不同之处的讨论。我们在那里会拿钢琴演奏家与运动员、数学家、神经医学研究人员进行相对简短的比较。在本书前面的一些章节里,作者在描述各个不同人群的时候,也在他们认为合适的时候采用了这个学习三阶段的框架。

学习的第一阶段——早期阶段

学习的最初阶段是学着玩的，而且充满即时可以得到的奖励。在钢琴上"敲敲打打""敲出一些旋律"是"好玩的"。音乐活动是一些游戏，可以一再重复地玩。有一位钢琴演奏家（P-2）回忆说："我用我的手掌砸琴键，跟用手指弹琴键一样多，然后我会跑到妈妈那里，说，'刚才那个歌好听吧？'然后再跑回去砸一通。"

父母鼓励他们的孩子唱歌、认音符，或者在琴上弹出歌曲旋律。有些父母在家里放儿童歌曲唱片，其他人则把家里的收音机一直调到古典音乐台。孩子们在音乐上做出的努力会得到很多关注、夸奖和掌声。孩子们会与父母一起弹二重奏，给来家里做客的亲戚和朋友提供娱乐。在早期的学习阶段，音乐对父母和孩子来说都是娱乐。这是一个父母和孩子可以共享的乐趣，也是一个机会，可以让父母和孩子一起弹琴，感觉到彼此之间的亲近。

大多数钢琴演奏家在 6 岁或者之前就开始上钢琴课了，这些课也是"有趣"的经历。"那是个大事。"

第一任老师被形容为"非常和蔼，态度非常好"（P-10），以及无比的耐心。钢琴课充满了微笑、正面的强化和奖励。有一位老师"带了一大篮子巧克力和金色的小星星，我简直喜欢她到发疯"。（P-24）

在早期的那些年间，教学是不那么正规的，也很个人化。老师和学生似乎都不那么在意要用什么客观标准来衡量学习的成绩。探索可能性，参与各种各样的音乐活动，比弹出来的音乐是对还是错、是好还是坏更加重要。例如，有一位钢

411

成才之路　　发展青少年的天赋

琴演奏家（P-2）提到，当他弹了一个高音音符的时候，他的老师可能会说："这个音难道不是非常好听吗？让你就想让它持续得久一些。"

老师的温和和热情，每一节课带来的可能性，都在学生那里得到了回应。"他在我心目中肯定是个英雄。我简直爱他爱得不得了。他偶尔会来吃晚饭，那些日子就是我生活里最精彩的时候。"（P-15）他们与老师很亲近，通过老师，他们又与音乐和钢琴更加亲近。

这个游戏式的、吸引人的学习阶段，以及这种经历带来的影响，在一个没有得到过这种经历的孩子那里，可能最容易看出来。有一个孩子（P-7）只是因为他父母坚持要他学钢琴，就上了3年的钢琴课。他会逃课，迟到，会逃避练琴。换言之，他会采取任何办法来清楚地对父母和老师表明，他不喜欢学钢琴。但是他母亲不许他放弃。当他大约9岁的时候，他母亲"马上就要放弃了，马上就要说'好吧，咱们不学了'"，但是一系列的事情发生了，这些事情促成了一段几乎是浪漫的、对于音乐的感情。在公立学校的一次音乐课上，"老师放了格里格的一首钢琴协奏曲第一乐章的录音。这是我第一次听到古典音乐，我从来就没有意识到钢琴可以发出这样的声音，那声音令我无比震撼……"

他回到家里，还记得所有的旋律，用口哨吹出最初的片断，也把这件事告诉了他母亲。

"她很明智，她联系了学校老师，搞清楚了那首曲子是什么。下一次进城的时候，她就买了那个录音。我永远也不会忘记那个场面——她回到家里，把那个唱片放到唱机上了。我听过的所有唱片都是那种小小的、78转的东西，一共只有四五分钟长。这个唱片可是33 1/3转的。它持续了25分钟。有一年的时间，我连这张唱片的另外一面都懒得听。我变得非常有雄心，我想学那些重要的曲目。"

然后，他挑了一首非常难的古典音乐曲子，告诉钢琴老师说，他就想学这首

| 第十章　学习的各个阶段 |

曲子。

"老师自己暗想，'他永远也学不会这首曲子，它有4个升号。但是也许打击他情绪是不太好的，因为他正处于这么糟糕的一个时期。'所以她就给了我第一乐章。我挣扎着弹下来了。我一点也不会视奏，那简直太可怕了（他笑着说）。我得一个音符一个音符地认。我真的没法做到。但是，至少我在练习，在用一种激情弹琴。"

钢琴课开始显得有趣起来了。"我觉得那就是玩的时间，是有乐趣的时间。我会弹我的那些（重要的）曲子，把它们弹得很糟糕。她会给我一些建议。然后我会再试。"

这位钢琴演奏家被一种激情给抓住了。有一段时间，三四年吧，他尝试了音乐创作方面的各种可能性。他弹了"重要的"曲目，加入了两个唱片俱乐部，听了各种各样的古典音乐，他对音乐创作的热情，在父母、老师和其他人那里得到了很大鼓励。

比起我们访谈过的多数人，这位钢琴演奏家把学习当作娱乐的阶段到来得很晚。但是，它与3～7岁孩子们玩钢琴的阶段有着同样的特点和效果。学习是有乐趣、吸引人的。学生所做的活动并没有什么固定的特点。学生们选择这些活动只是因为好奇心，只是因为它们有趣，可以带来意想不到的回报，也许还会带来持续的激动和挑战。学生们只要付出一点点努力，就能得到比预料中要多的回报。这第一阶段的学习，主要作用似乎是让学生投入进去，被吸引住，让他们上瘾，让学生感到自己需要、想要得到更多的信息，想要拥有更高的水平。

这些钢琴演奏家在钢琴上用的时间越多，他们的水平就越高。这和大多数的游戏一样。但是，在探索的过程中，他们发现了一些方法，使得后来的练习更加系统和有条理。这些发现也越发让钢琴演奏家们意识到，创造音乐不仅仅是游戏，那也是可以严肃认真学习的事情。

有些钢琴演奏家还记得，有一些戏剧性的时刻，让他们的态度发生了变化，从觉得钢琴仅仅是很好玩，突然转变成重视钢琴学习。这些时刻包括：在演出的时候忘了曲子的一个段落，或者在一个音乐厅里听到一位杰出音乐家的演奏。其他的演奏家则是逐渐意识到，自己在钢琴上度过的时间越来越多，比以前任何时刻都更加认真地练习。所有人都得到了父母和老师的督促、提醒、鼓励和支持。在这个时候，父母和老师已经得出了自己的结论，认为是孩子应该更加认真地考虑和学习音乐的时候了。

在钢琴演奏家们从玩着学琴过渡到认真对待音乐的时候，父母和老师很有策略地应付了这个变化。最明显的事情，是他们安排孩子从"态度好"的老师那里转到了因水平高而得名，并且在当地音乐圈子里交往很广的老师那里。在20个人当中，有9个是由老师告诉他们的父母说，孩子"需要一个比我懂得多的老师"，或者"需要一个最高水准的老师"。这些老师是在孩子跟他们学习了6个月、1年、2年或者3年之后这么说的。如果老师没有觉得钢琴演奏家们需要更好的老师，父母则最终会做出这个决定。

从轻松的上课过渡到更加严格的课程，是一个很明显的标志，说明学习的实质发生了变化。但是，在这个转变发生之前很久，小钢琴演奏家就开始有了想要更加认真练琴的愿望，也逐渐有了认真练习的能力。在那些玩琴和探索的年头里，父母和老师都为孩子创造了环境，促成了他们在未来有系统的、自律的学习。

有些父母跟着孩子去上课，以便了解一周当中应该如何帮助孩子。所有钢琴演奏家的父母都监督孩子每天的练琴，如果不看质量，至少也要看练琴时间，但是，他们监督的方式通常不会让孩子感到害怕。有时候，父母会陪孩子坐在琴凳上，"如果自己坐下练习，没有人在身边，那是很难的事情"（P-4的母亲）。

但更经常的是，他们会在另外一个房间里听，在他们认为合适的时候表扬孩子，鼓励孩子，给孩子辅导。在这个活动还主要是"有趣"的时候，父母就帮助孩子建立了练琴的习惯，自律，以及对细节的注意。

学习的第二阶段——中期阶段

在某一个时刻，孩子会变得沉迷于音乐，沉迷于突如其来的想要演奏的愿望，沉迷于想要出类拔萃的愿望。这会在10~14岁的任何时刻发生。突然之间，孩子开始感觉到，有什么变化发生了，他这才真正开始工作。这时候回想起来，最初那五六年就像是儿戏，就是小孩瞎玩瞎闹。

艾萨克·斯特恩

斯特恩看到的这个规律，与我们这些钢琴演奏家的说法似乎是一致的。

学习的中期阶段，一般开始于10~13岁，这个阶段最主要的特点，就是准确性。

这个阶段的标志，是学生们在细节上要花极其可观的时间。他们会不断重复同一件事情，每一次都有意识地做一点小小的变化。他们忙着在自己的演奏里寻找瑕疵，也在伟大演奏家的演奏里寻找瑕疵。他们相信，所有的缺点都是可以被改正的。他们也有一种梦想，那就是，他们可以弹得像他们的榜样一样好，甚至更好。有见地的批评，不管是来自老师的，还是来自考试和比赛评委的，都像早期阶段的掌声和赞扬一样，被他们当成是收获。

钢琴课的内容起了重大的变化。

"一堂课会非常长，非常非常具体。总是在调整手的形状及诸如此类的最为细节的事情。她让我给乐曲分句。让我不断地重复、重复、重复练习，直到曲子

达到尽可能的优美。我们对细节非常重视。"（P-13）

"我得到的训练非常全面。他给我的一些基本技术练习，我到现在还在用。"（P-10）老师"总是要求我做到完美"（P-6）或者"要求每件事情都做到恰好这样或者那样"（P-15）。

在学习的第二个阶段，教学变得更加理性，比起以前来，不再那么随意，不再那么个人化。技术能力和音乐词汇是上课的核心。老师和学生用一种非常严谨、系统的方法来对待音乐创作过程里的规则和逻辑。考试和比赛结果成了衡量成功的客观标准，它们给个人提供了一种成就感，也为下一步的教学计划提供了一个依据。老师和学生之间个人的纽带从爱转成了尊敬。

大多数钢琴演奏家是通过老师让他们学习的曲子而学习"技术"的。每一个新的、更难的曲子都被看成一套新的题目。

很多钢琴演奏家都说道，他们会花 8～10 节课来学习一首曲子，一个音符一个音符、一个句子一个句子地琢磨，"直到搞对了为止"。

除了要掌握技术之外，一个新的音乐维度开始逐渐在钢琴演奏家面前展开了。"他不断地强调说，在音符的背后，或者在音符的下面，有些东西是我们一定要尊重的。除了尊重乐谱上的标记之外，还有一些更加重要的东西，音乐想要表达什么，音乐的内涵，这才是问题的核心。"（P-7）

父母们还开始考虑，有哪些其他活动可以允许孩子们参与，而不会影响他们发展音乐能力。但他们同样也会考虑，应该允许孩子和他们自己在音乐方面做出多大的投入，而不会影响孩子其他方面的发展。他们的行动，不管是有意识做出的，还是下意识的，一般来说，都很强有力地支持了孩子音乐才能的发展。

父母开始在金钱和时间上都做出重大的牺牲，以让孩子能够跟着一个更好的老师学习，或者能够有一台更好的钢琴，能够出去参加比赛。他们重新安排了家庭生活，以保证孩子的音乐活动。父母和孩子都开始心甘情愿地放弃其他的课外活动，在有些情况下，甚至放弃了一个全面的基础教育，以便能够集中精力练琴。

是什么让一个孩子能够坚持进行单调枯燥的练习？为了获得自己所追求的技能，这些小钢琴演奏家为什么能够忍受艰苦？这部分可能是因为，高超的技术，用杜威教育理论来说，是从"有智慧"的教学当中得到的，而不是机械的教学。教学的设计，似乎是要"激发智力上的热情，唤醒对于智力活动和知识的强烈渴望，以及对于学习的热爱"。

在课堂上，需要解决的问题是什么，需要深入讨论的主题是什么，大多数是由老师来决定的。但是，学生们似乎并不在意他们自己在这些方面还无法做决定。似乎老师和学生都知道，需要有人给这些学生指出方向，因为他们自己还不太可能找到自己的方向。不管怎么说，学生们还是在学习如何找到通向成功的道路。但是，尽管老师们给学生设定了学习方向，但是，老师对小钢琴演奏家的期望是，他们应该在解决技术问题和思考音乐问题的时候起一定的主动作用。学生和老师是在共同努力，培养准确、有约束的技术能力，开始更广阔地认识音乐。

在老师和学生之间，有着相互的尊重。老师们发现，与他们一起工作的这些学生，很有可能会成为非常出色的音乐家，这些年轻人有很强的能力，而且已经建立起对于音乐的强烈热情。学生们发现，他们是在与忠于音乐的老师一起工作，这些老师欣赏学生的能力，也欣赏学生对于音乐的忠实。

学生与老师之间的关系远远不止于每周的一次课。老师们鼓励、吸引、督促学生去参加公开的音乐活动。他们给学生比赛、考试的信息，花费额外的时间帮助学生准备参加这些活动，有时候，甚至还自己开车几百英里，送学生去参加这些活动。老师安排学生参加演奏会，设法让学生为本地音乐家或更高一级的老师写推荐信、打电话，让小钢琴演奏家们得到在暑假里去参加特殊的音乐夏令营的机会，也得到最终能够跟随全国最好的音乐家学习的机会。这些经历，对于了解音乐界及最后进入音乐界，都是非常重要的。

为什么这些小钢琴演奏家会如此努力地做这些严肃而又艰苦的工作？另外一部分原因，可能也是因为他们通过这些工作而得到了持续性的回报。演出和比赛，在越来越多、欣赏水平越来越高的观众面前演奏，是让人激动又有挑战性的经历，这些经历打破了枯燥练习的单调性，又证明了这些枯燥练习的必要性。看到自己的名字出现在报纸上，受到邀请去给各种各样的团体演出，去特殊的音乐夏令营，受到鼓励，梦想作为职业音乐家的人生——在舞台上，与交响乐团一起，面对观众。这些经历，都能够给人以极大的鼓舞。

在4~6年的一段时间里，尽管他们在这个时候仍然只是出色的业余钢琴演奏家，但是这些小钢琴演奏家发展自己的技能，培养出对自己能力的自信，也确立自己小音乐家的身份。有些人在学习的中期阶段建立了与音乐之间非常强的纽带，为了成为职业音乐家，他们会毫不犹豫地做任何需要做的事情。也有一些人在心理上拒绝做出这样的承诺。但是，不管对于音乐的选择是坚定的还是不坚定的，所有人都在继续付出努力，他们的努力方式，对于未来的成功是非常重要的。在16~20岁之间，钢琴演奏家们通常开始向学习的第三个阶段过渡。

学习的第三阶段——后期阶段

在学习的第三阶段，重点是让音乐创作个人化，或者说，创造个人化的音乐。这次过渡是从技术的准确过渡到个人化的表达。像前一次过渡一样，这在有些人那里是逐渐的，在另外一些人那里则会是突然的。有一位钢琴演奏家（P-23）发现："突然一下，我的耳朵就开始告诉我，我弹奏的方式里面有些东西不太对劲。

| 第十章　学习的各个阶段 |

有些技术方面的东西听起来非常刺耳。我听那些大师的录音越多，就越会想：'天哪，他们的音色如此美妙，我的音色是怎么了？'"

所有钢琴演奏家和他们的老师都面临一个问题：从一个学生目前所掌握的知识来看，他能不能跳出这些知识之上，去理解、去欣赏，最终在音乐里加入他们自己的独特品质？

我们访谈过的大师级教师，有不止一位说，年轻人有时候"听起来非常不得了，但是突然一下，他们止步不前，再也没法往前走了"。有一位老师告诉我们说，"有一种经常出现的情况。你教了一个年轻学生多年，他也弹得非常好，但是，到了他需要自己独立做什么事情的时候，你却一下子发现，似乎有一个天花板，他怎么也上不去了。有些时候，那是因为缺乏想象力，或者缺乏智慧上的一种把握。"

有些学生仅仅是出色的模仿者。另外一位老师评论道："如果模仿只是一种帮助启发想象力的方式，那没问题，但是，如果它就是最终的产物，那就有问题了。在某种程度上，我们都需要通过模仿来学习。但是，我们必须要有一种方法把音乐变成我们自己的。"

在跟随大师级老师学习的过程里，年轻的钢琴演奏家学会了如何为自己的音乐负责。这些老师是专业音乐学院里最受尊敬的老师，他们自己当时或者在过去是著名的钢琴演奏家。年轻的钢琴演奏家能够跟随这些老师学琴，是因为他们过去的老师，或者他们在比赛和夏令营中认识的人帮助他们做了这个安排。年轻的钢琴演奏家、父母和老师都有一个同样的想法，那就是，"如果你自己没有过某种经历，你就没法教学生去理解这个经历"。在这个学习的第三阶段里，有一个清楚地显露出来的主题，那就是老师"想教我成为一名音乐家，而不仅仅是教我成为一名钢琴演奏家"（P-4）。

在参加暑假特别训练项目的时候，在与其他职业音乐家见面的时候，钢琴演奏家们得到了一些概念，大概知道学习的第三阶段会是什么样子的。但是，大多数还是感到了意外，也或许震惊是个更准确的词，因为在这个阶段，对他们的要求是极其高的。

一开始，在这个阶段里，学生和老师之间的关系跟奴隶和奴隶主之间的关系差不多，这是因为，这些年轻的钢琴演奏家很明显地成为了音乐创作的奴隶。有一位（P-5）这样描述了一种几乎所有人都有过的经历："他是个不可救药的紧盯着任务的人，让人非常难以置信。他能把你的魂儿吓掉。他会坐在那儿……你像是在演出一场音乐会，而不是上课时候给老师弹琴。你走进琴房，要做好演出的准备……然后的一个小时，你会被批得体无完肤。"

对年轻演奏家的期望，是他们"每天练琴的时间要在 4~7 小时"（P-23）。老师们没有容忍马虎和懒惰。他们布置的学习任务需要极其大量的时间和专注才能够完成。如果一个学生没有达到他们的要求，他们就会马上表现出失望。

有些人记得，在上课之前他们吓得半死，上课之后则眼泪汪汪。但是他们也记得老师是怎样的受人尊敬。在他们逐渐习惯于这种新的工作方式的时候，这个念头经常就足以让他们熬过一些很考验人的日子。这些钢琴演奏家是充满敬仰地谈到与这些顶尖音乐家学习的机会。"一想到这个人居然肯教我，居然肯把他的时间给我，就让我觉得不可思议。"（P-6）"她对我说的话就像上帝的旨意一样。"（P-13）

"学生不仅仅是在跟一个钢琴老师学琴，更是在跟一个全面的音乐家在学习。他审视一首曲子的方式，跟绝大多数人相比，可能就是从一个宽得多的角度出发。关于音乐创作，他的整体的态度很特别。与这样的人一起工作，真是巨大的荣幸。"（P-22）

在这第三阶段，年轻的钢琴演奏家学会了放弃一些音乐创作之中的细节。这些细节在以前对他们来说是非常重要的，但现在他们则转而追求情感、深层的意义及音乐的表达。钢琴演奏家们不再是仔细看自己迈出的每一步，而是在老师的帮助下去看"那些丘陵和山谷"（P-23），看那些不同的曲子和不同的音乐风格里面的更宽广、更普遍的意义。

"我们变得越来越有智慧，句子结构是怎样起作用的，它的含义是什么，你要表达什么，而不仅仅是你要怎样在一个特定的乐器上表达。"（P-4）

大师级的老师试图让学生明白，任何两个音乐家都不应该以同样的方式去弹奏同一首曲子。演奏应该反映出钢琴演奏家自己，表现出他最认真的想法和最强烈的情感。

"问题不在于他是否在教我怎么弹琴，他不会去教初学者的。你得已经有一些成就。他不是教你怎么弹琴。他教你的，是音乐上的正直、忠实，是完全彻底地献身于音乐的创作，完全彻底地做一名艺术家。"（P-6）

在这个时候，练琴不仅仅是用手进行的活动了，而同样重要的是用脑进行的活动。每天用来弹奏音乐和思考音乐的时间比以前还要多，也许达到了每天8小时或者10小时。在这个时候，他们研究著名钢琴演奏家的演奏，是为了学习他们的长处，而不是找他们的弱点。

在这个阶段，这些钢琴演奏家通常是和其他像他们一样的年轻音乐家生活在一起，大家有共同的目标，互相激励，互相挑战。他们在这时参加了一些比赛，也知道这些比赛对自己今后的事业发展很重要。这些比赛要求他们在技术上做非常严格的准备。它们也给了年轻钢琴演奏家机会，让他们遇到、结识国际知名的、更年长的音乐家，以及他们同龄人当中的最好的音乐家。这些人往往能够让年轻的钢琴演奏家得到鞭策。在这些年里建立起来的关系，在那之后的年代里会变得很有用。

学习的第三阶段，是把学到的东西变成自己的一部分，是发现自己人生经历的意义，发现自己的情感，让音乐成为自己的声音。钢琴演奏家学会了自己做决定，从技术知识、对历史的了解、和与其他音乐家的深入又亲近关系出发，决定如何表达和诠释音乐。有一位钢琴演奏家（P-24）是这样总结她与自己的最后一位老师的关系的："他让我思考，让我试验，让我明白我需要找到自己想要的表达方式。你要知道什么是正确的，什么是错误的，但同时，声音和音色的可能性又是无穷无尽的。"

在这几年里，年轻的钢琴演奏家开始意识到自己的音乐风格是什么样的，并把它加以发扬光大。他们开始自己找出问题、解决问题，让自己对自己满意，而不是让老师对自己满意。按照一位（P-1）的说法："最终，你会到达一个时刻，在那时候你必须成为你自己的评论家。当你的演奏很扎实的时候，你自己知道；不扎实的时候，你自己也知道。"

下面的3个小节，是特别为喜欢学术的读者写的。它们提供了一个历史和理论的框架。对于教育工作者和社会科学工作者来说，如果有兴趣解释钢琴演奏家经历中的一些特点，以决定它们是否也适用于其他人群，或者也想做类似的研究，这3个小节可能很重要。但有些读者也许会决定只粗略看一下这些更加学术化的讨论，或者把它们整个跳过去。

历史上关于学习各阶段的观点

在学习的过程里，有一些变化，不仅是教育工作者和外行都能理解，而且也被认为是学习过程里不可缺少的部分。例如，学习过程里会有"啊哈"一声茅塞顿开的时刻，有飞速进步的时期，有停滞不前的时期，也有退步的时候，还有觉

| 第十章　学习的各个阶段 |

得自己学到头了、再也学不动了的时候。这些词汇传达出一个对于学习的印象，那就是，学习的过程是灵机一动、是一些瞬间的体验。有些时候，一些人把学习看成是一个一个孤立的时间段里的事情，也从这个角度出发，给学习的过程总结了一些规律。著名的教育心理学家杰罗姆·布伦纳认为，这个角度的重要性可以从学校的日程表里看出来，几乎所有学校都把课程分成一个一个的单元。这种把学习分成孤立时间段的方法，也隐含了一种思维，那就是把学习看成一个不规律的、不连续的、总的来说难以预测的过程。钢琴演奏家的学习过程却比这要系统得多。

教育和教育学研究有一个共同前提，即经过一段长时期的学习，系统的、有规律可循的变化是会发生的。有两组教育工作者，教育心理学家和教学计划专家都已经做了多年的工作，想要得出一个系统的理论去描述和解释这种变化。一般来说，教育心理学家关心的是在学生身上会发生哪些有规律可循的变化，而教学计划专家则努力去理解学生对于一个学科是怎么逐渐掌握的，这个过程合乎什么样的逻辑。

在这方面，心理学家的贡献，包括关于皮亚杰认知发展各阶段的浩如烟海的文献，以及相关的语言发展、道德观发展的研究，也包括在实践中用年龄做标准把学生分组进行教学，以及如何特别为"青春期"学生和其他心理、社会发展阶段的学生设计教学计划。但是，这些心理学家所关心的、系统的变化是广义的，是儿童发育过程中的思维方式和行为的变化，而不是特指在学习过程中出现的那种变化。

一位认知心理学家，大卫·费尔德曼，研究人类发育过程中的共性与个性，他指出，大多数关于头脑发育的研究，都做了一些假设，似乎与学习的意义是完全抵触的。在《超越认知发展的共性》（*Beyond Universals in Cognitive*

Development)一书里,他总结出目前心理发育理论的 4 个基本假设:所有人都会经历同样的发育过程,发育过程的发生是自发的,发育的顺序是固定的,发育过程中的各个阶段是直线型整合在一起的。费尔德曼注意到,"这些假设反映出一个事实:发展心理学的主要目的是要了解儿童行为当中特定的一类,也就是不需要特殊的环境因素、可以自发产生的行为"(第 7 页)。

但是,学习和心理发育不同。要学会什么东西,是需要由外界因素促成的,包括有意识的学习,包括教学,也包括从人生经历中学习。

教学计划专家需要直接面对的是一些教学方法的问题:教什么,在什么时候教,怎么教,为什么教。这些专家也许了解科学的结构和知识结构。在他们的工作中,有一个假设似乎是:只要你把什么事情教给学生,学生就应该能够学会。但是,了解一个学科里的知识结构,与了解学习过程中存在的规律是很不同的。在学习的过程当中,随着学生的发育和进步,学习的方式和效果是否有所变化,这些变化有什么规律,通过研究学生在特定环境下学习一个学科的过程,我们能否找到这些规律,这样的问题还没有怎么被人注意到。只有几个历史上知名的教育学人物提到过这个问题。

在这一问题上,最著名的尝试之一是阿尔弗雷德·诺思·怀特海做的。在 1929 年,他试图描述学习是怎样随时间而变化的。在《教育的节奏》(*The Rhythm of Education*)和《自由与约束的律动》(*The Rhythmic Claims and Freedom and Discipline*)里,怀特海定义了学习的 3 个阶段:浪漫、精准和综合。

浪漫的阶段是最初接触的时期。某个学科因为新奇,所以有动人之处。在它内部有等待探索的事物,新的可能性在一瞥之下若隐若现,遮盖在丰富的内容后面。在这个阶段,人们获取知识并非主要通过一个有系统的程序。这种系统最终是会有的,但它是从无到有,一点一滴建立起来的。

第十章 学习的各个阶段

在浪漫的阶段，重点必须总是放在"自由"二字上，要允许儿童自己去看、自己去行动。浪漫是一个被唤醒、被扰动的阶段。通过持续的投入，它启动学习的过程，这样，在将来获得准确性，最终取得成就，才成为可能。

在精准的阶段，学习的广度让位于知识形成的精确。这是语法的时期，文字的语法、科学的语法。在这个时期，若要取得进步，就需要强制让学生接受一个已经建立的、从细节出发分析事物的方法。但是，如果没有前一个时期的浪漫，这样的精准是不会结出果实的。

精准时期是掌握技术的阶段。这个阶段要学习的，是一个学科所使用的语言，以及其中的规则和例外。这个阶段，是要理解和认同一个学科当时的发展水平。

最后的一个阶段是综合的阶段，那是回到浪漫阶段，但是具备了附加的优势，即有条理的思维和相关的技能。这是精准阶段的成果和目标。

这是一个去掉细枝末节、重点放在积极运用所学原理的阶段，细节已经退到背景，成为下意识的习惯。如 R.S. 彼得斯所解释的，"学生已经进入了某项学科的核心，已经掌握了这个学科的现有知识，以及这个学科赖以发展的方法。他们现在所处的位置，让他们可以自己修正和发展这个学科，可以在他们自己的探索中发现和拓展出新的道路"。

怀特海提到，他这个阶段论的基础，是把人生看成一个总体来说是周期性、循环性的过程，但是，尽管各个阶段是在每个周期里重复出现的，每次我们从一个周期到下一个周期的时候，却又是不同的。他认为，如果人生是这样的，那么教育就也应该是这样的。

教育应该由这样的、不断重复的周期组成（浪漫、精准、综合）。每一次课都应当以它自己的不起眼的方式，在它自己所处的过程中，帮助形成不断循环的周期。一段较长的学习时期则应该保证学生能够获得新的知识和能力，形成下一

成才之路　　发展青少年的天赋

个新的周期的基础。我们应该摈弃那种对于教育的终点所抱的神秘主义的、不着边际的想法。学生必须要能够不断地享受到教育的成果，又能够从新的基础上再次开始。要想让这成为现实，教师就要能够在合适的时机激励学生，能够成功地满足周期性出现的、学生对于学习的渴望。

在讨论好奇心的时候，约翰·杜威也很简要地描述了类似的"阶段或者层次"。在怀特海和杜威之前，G.斯坦利·豪尔也提出了这样的周期理论。在一篇名为《建立在儿童研究基础上的理想学校》（*The Ideal School as Based on Child Study*, 1901年）的文章里，他做了一些细致的描述。豪尔也为全国教育协会做过演讲，那是一篇猜测性质的演说，他的论述是，如果教育应该基于童年的本性和童年的需要，那它应该是什么样的。豪尔的理论是怀特海的浪漫、精准和综合三段论的前兆。

根据豪尔的说法，在两三岁到六七岁之间，"儿童更需要的是母亲，不是老师"。早期的教育一定要尊重"悠闲和遐想"。"在游戏中，也只有在游戏中，人生才显得很真实。"

在儿童八九岁的时候，一个新的教育阶段开始了，它会延续大概4年。儿童的天性，很清楚地表明，这个阶段应该主要让他们反复练习、形成习惯，让他们用固定的方式学习。应该强调的词是"纪律"。准确性，如果是在不适当的时候要求，就会对头脑和身体构成许多危险。但是在这个阶段，应该要求。在这个阶段，理想的老师应该是一个严格让孩子执行纪律的人，友好和善是最好的，但是一定要严格，要不懈地追求准确性，不能容忍任何懒散的工作。

教育的最后一个阶段开始于学生十三四岁的时候，持续大约10年。

前一个阶段里重复的练习和按照固定方式的学习，必须要放松下来了，要鼓励学生追求自由和兴趣。牵制着个性的那条锁链，一定要非常长。我们必须要一边引路，一边激发学生自己的主动性。

学生这时有很多自己的见解，也接受别人的见解。他刚刚进入人生的学徒时期。他就像第二次降生一样被人生唤醒，发现所有事情都是崭新的、美好的。

教师必须要教得更多，懂得更多，他必须是一眼活泉，而不是一潭死水。他不应该只是贩卖风化了的二手知识，不应该仅仅是接收和分发教学内容。

这些观点与天赋发展的关系

我们在前面描述过的钢琴演奏家天赋发展的几个特点，在我们访谈了五六位钢琴演奏家之后，这些特点就已经变得明显起来了。正因为它们是如此的明显，所以我们认为，应该开始去寻找一些理论，看看是否能够帮助我们理解这些发现。毫无疑问，学习是一个长期的过程，但这个学习阶段性的特点一直被人忽略，所以，我们似乎只能从人类发育的理论里去寻找关于学习的理论。怀特海的学习周期性理论似乎能够更好地代表钢琴演奏家发展的大致过程；杜威和豪尔的理论添加了一些细节。但是，所有这些理论似乎都是在某些方面不太适合，在某些方面有所欠缺。

在我们试图把怀特海、杜威和豪尔的理论与钢琴演奏家的经历联系起来的时候，我们发现了一个更大的问题，那就是这些人都是从生物学规律出发的。这之所以是个问题，有两个原因。第一，我们很难理解为什么他们都把自己的理论建立在人的生物学本性上。教育不是一个在生物界里正常的、自然发生的现象。另外，怀特海、杜威和豪尔都很清楚，教育可以不以他们提倡的顺序而发生，也经常不以这个顺序发生。但是，当遇到这种情况的时候，他们就会认为这种教育不合适或者不够好。当然，他们也注意到，并不是所有的孩子都会体验到他们所描述的学习的各个阶段。

第二，尽管他们所描述的学习各阶段有很多共性，但他们对于人类天性和儿童发育的观察却是有区别的，而且是很重要的区别。例如，怀特海展望中的浪漫阶段，是从婴幼儿一直到十三四岁，精准的阶段是 14~18 岁，而综合的阶段是 18~22 岁。豪尔却认为，精准阶段是从八九岁开始的一段 4 年的时期。两个人还似乎都假定，23 岁以上的人就不再被归入学习者的行列了，至少这些人不再以任何系统的方式学习了。

怀特海和豪尔的学说都有一个问题，那就是他们想要在理论里包括一切：人类发育、学习和学校教育的整个过程。他们关于学习的理论跟课程设计的理论也混杂在一起：他们二人都列出了一些学科的特殊之处，他们不仅说明应该怎样教育不同年龄的儿童，也说明哪些学科适合教给儿童。但是，怀特海和豪尔不仅给相同的学习阶段定下了不同的年龄，他们也为每个阶段的教育指明了不同的学科。

尽管这两位人士的著作中有很多不一致和不完全的地方，他们两人的著作却也并不能够被随便摒弃。他们二人所描述的每一个学习阶段的本质，与钢琴演奏家和他们的父母认真描述的经历是惊人的相似。这种相似传达了两点信息。第一，我们需要在研究学习过程的时候采取一种长期观察的方法，其实我们早就应该如此做了。我们应该认识到，学习是发生在很长的时间范围内的，要想研究学习的过程，就要研究它是怎样随时间而变化的。第二，一种系统的、成功的学习方式很可能真的是存在的，但是，要想找到这种方式，我们需要区分开两个不同的概念，一个是学习的概念，一个是更加广义的人类发育的概念。

学习和人类的发育是不同的，我们希望，对于后者的了解会帮助我们了解前者，但这不一定，因为这两者的区别很大。约翰·加德纳提醒我们，"在一生中，学习的过程既不是连续的，也不是无所不在的。否则，年龄和智慧就会是完全相关的，也就不会有老笨蛋了。而这与通常的经验是完全相反的。"

不过，如果我们想帮助人们"学得比平均水平要好"，或者比他们没有投入任何有意识的努力的时候学得好，那么我们就还是需要提升我们对于学习的理解，不能仅仅是了解人类发育的规律，这些规律更经常的是以年龄为标准，自然发生，在群体当中也比较一致。

当我们提升了自己的认识之后，我们还有一个时间的维度要考虑。这不仅与对于学习的研究有关，也与所有人类发展的研究有关。但是，在前一类研究里，这个因素常常被忽略掉。但是，我们越能够体会到学习一样东西所需要的时间，特别是想要把它学好的时候，我们就越可能去创造出好的环境来鼓励长期的进步。

学习阶段并不一一对应生理发育阶段

大多数钢琴演奏家从父母和老师那里得到了非常多的提示、指导、鼓励、支持，在如何安排学习上，也得到了帮助，他们似乎很顺利地度过了学习的 3 个阶段。他们在这 3 个阶段之间的过渡，是以不同的速度和不同的方式发生的，但是中间没有太多的停滞和间断。我们可以说，他们的学习有一种内在的节奏。

但是，有几位钢琴演奏家在某些时刻似乎没有得到足够的指导和支持，他们在学习各阶段之间的过渡似乎也就没有那么顺利。在特殊情况下，在某些时刻，一个人学习的方式与学习阶段理论会有很大偏离。很清楚的是，在这些时刻，这些钢琴演奏家学习的过程在分崩离析，有完全被破坏掉的危险。

前面有一个例子描述了一位钢琴演奏家在刻苦、长期地学习钢琴之后，需要回过头去，以娱乐的形式玩一段时间的琴，然后才能够继续下一个成功的学习阶段。如果学生在某一个阶段里停留得太久，要么是以玩为主的阶段太长，超过了让孩子受到吸引所需的时间，或者是追求精准的时间太长，让学生失去了兴趣，又没有让他们看到除了掌握技术之外还能够有什么其他收获，那么学习的过程就似乎也会出现问题。钢琴演奏家们举了一些例子来说明这两种情况。因为他们及时对有问题的学习方式做出了"修正"，使得这些例子要表达的意思很清楚。

有两位钢琴演奏家在某个时刻得到建议，让他们脱离早期的、跟着本地钢琴老师、以玩为主的学琴方式。这两位的老师跟孩子父母说，他们"已经到了我所能够教他的极限，他应该往前走了"。但不幸的是，虽然他们的第二任老师具有更多的知识，却没有系统的教学方式，也没有严格要求学生。有一位钢琴演奏家（P-10）说："在跟第二任老师学了一段琴后，我的父母好像和老师有一次非常大的争执，因为他们觉得我所接受的训练是不够的。老师会给我布置协奏曲之类的作业，但是他没有给相应的技术指导。所以，在某一时刻，危机就出现了。后来，我去××那里考试。我觉得，他才应该是我的第一任老师，因为他帮助我打下了非常坚实的技术基础和给予了我一个出色的曲库。"

这位钢琴演奏家其实是很喜欢他与第二任老师的钢琴课的，但是，在后来，他也觉得，如果他没有转到下一任老师那里，就是被他现在认为是自己的"第一任老师"的那一位，那他就永远也不可能成为一位出类拔萃的钢琴演奏家。"我那时候不知道我在技术训练方面缺的是什么。"

另外一位钢琴演奏家也发现，自己在学习基本技术的时候，"玩"得太多，学得太少。"这种学琴方式带来了很多好处。但是长远来看，我也缺少了一些基础，因为这些是要花时间去巩固的。"（P-23）当他转去了下一位老师那里的时候，用他的话说，他得"回回炉"，好去掌握钢琴演奏的原理和基础。

最后，还有一个例子，说明学习循序渐进的过程是多么重要，以及这个过程可以如何受到环境影响。在这个例子里，学习的过程在追求精准的阶段几乎停止了。有一位钢琴演奏家（P-20）在9年的时间里，上钢琴课时都是学习技术（这

| 第十章 学习的各个阶段 |

发生在大约 4 年的和音乐的"浪漫"期之后）。他对此感到越来越不安，而且开始盼望着高中毕业，进一所文理学院，之后就准备停上钢琴课。但是，在高中的最后一年，他开始跟一位新的钢琴老师学习。

"我从他那里得到的最主要的东西就是一种激励。他给了我极大的自由，让我成长，让我表现自己。在我弹琴的时候，他跟我说，'那十分有个性，我从来没有听到有人这么弹过。我觉得你可以这样在卡内基音乐厅演奏。'那正是我需要的鼓励。"

这个学生在本地的一所文理学院注了册，但是没有去上课。他进了一所音乐学院，"成了一位钢琴演奏家"。

以上都是学习阶段出了问题的例子，然后，以某种方式改正了过来，使得学习能够继续。它们的意义有两重。第一，一个学生在某个学科里的学习体验，它是什么样的类型，持续了多长时间，都可以影响后来的教学，其重要性与学生的年龄和心理状态是等同的。第二，学习各阶段的顺序对于教学来说是很重要的，但这个顺序可能并非纯粹是由学生心理和生理特点决定的。

我们在前面已经提过钢琴演奏家在每一个阶段里的典型年龄，但这些年龄却是一个很大的范围。每个人落在这个范围内的什么地方，似乎与他们老师的水平有关，也和各个家庭里不同的音乐环境有关。吉恩·班姆博格做过一些研究，目的在于发现人们怎样理解音乐的旋律，她的研究进一步说明，人类发育的各个阶段与学习的各个阶段是不同的。她发现："根据皮亚杰的理论，有一些特点，先是出现在年幼儿童的行为里，然后会在年长一些的儿童那里重新出现，甚至在成年人遇到一个新的领域里的问题的时候，也会重新出现。"

我们从钢琴演奏家的经历中总结出来的各个学习阶段，不是像怀特海和豪尔所描述的几个学习阶段那样是由生物因素决定的，但这些阶段很可能是学习成功的必需。所有这些阶段加在一起，共同代表学习的完整经历：从开始接触到一个学科，到掌握技巧、技术，到理解实质，学习解决问题的方法，到找到更高层次的意义，把学习变成个人化的经历，变成有价值的经历，最后在某个学科上成为受过良好教育的人。还有，如果想要在一个阶段里得到尽可能多的收获，那么，就必须在前一个阶段里学到应该学的东西。例如，怀特海和豪尔注意到，真正的学习可能开始于第二个阶段，尽管那可能是"枯燥"或者"孱弱、有间断性"的。这似乎是钢琴演奏家的共同经历。在那个时候，对他们的期望是在能够自由创造音乐、被音乐创作彻底吸引之前，先要练习技术。如果在学习的第二阶段没有做足够的工作，在进入第三阶段之后，学生就会有一些永久的缺陷，因为他们对音乐创作的规则没有足够的理解，他们就不会知道这些规则在什么时候可以被摈弃。

其他领域里的学习阶段

这些可以清楚区分的学习阶段，加在一起是很多年的时光。每个阶段有自己突出的特点，在每个阶段里，"应该学会什么"是不同的，学生对于学习也会有不同的态度。第一个阶段是玩耍和"浪漫"的阶段，在这个阶段里，学生得到大量的鼓励，建立兴趣，投入学习，头脑得到激发，有探索的自由，有立刻的回报。第二个阶段是讲究精准和纪律的阶段，在这个阶段里，最重要的是培养能力、技术和追求准确的习惯。第三个阶段是综合和整合的阶段，在这个阶段里，最重要的是个人风格和思维深度的发展。还需要清醒地认识到，音乐可以是人生中的一个重要组成部分。

这些阶段不是仅仅由内在因素决定的，也不是由一个学科、课程，或者是教学大纲的安排而产生的。它们的出现，来自学生、教师和学科的互动——是在学习这一行为当中出现的。大多数学科中的内容都可以经过合理的编排,让学生在任何阶段都能够学习。而大多数的内容也是可以在合理安排之后,既可以用来让学生产生对学科的兴趣,也可以培养他们基本的技能和对学科的理解,还可以鼓励学生把学到的特定的知识扩展出去。此外,一名学生,不管是什么年龄,都可以在适当指导之下走过所有这几个阶段,事实上,如果一名学生想要尽可能地在合理限度之内学习一门学科,也许他就必须经过所有的这几个阶段。

我们试图勾画出学习过程的一些系统的规律,一些从实践、逻辑和教学上都讲得通道理的规律。这3个阶段的具体时间,对每一位钢琴演奏家都是不同的,在这3个阶段里,工作方式和思考方式里的细节也是不同的。但是,在所有演奏家的经历中,这3个阶段的本质和发生的顺序却都是一样的。

学习的每一个阶段都在学习的整个过程里起着重要的作用。但是,这个规律如何显现,取决于学生能够得到的机会,也取决于老师和父母及其他与孩子交流的人,取决于这些人的水平、直觉,以及他们的教育方法是否适合学生。在教育的各个方面,这个规律也可能会以不同的形式出现。在有些情况下,在有些学科里,需要的和想要的可能只是精准,或者只是浪漫。但是,如果我们想培养出学生很高的能力和很宽的技术基础,这个用3个阶段来理解学习过程的思路,就可能比其他大多数思路都有用。

我们刚刚描述的这3个阶段理论,对于研究天赋发展的人员来说是很有用的,不管他们是研究音乐家、奥运游泳运动员,还是数学家。在这本书的各个章节里,读者会发现这3个阶段的发展规律被反复提到,用来描述游泳运动员、网球运动员、雕塑家、数学家和神经医学研究人员的成长。在这里,我会简要叙述一下,这些学习的阶段是如何与这些天赋发展的领域联系起来的。

这本书的不同章节虽然是由不同的作者所写,但是这项天赋发展的研究是一项团队工作。每一位研究人员都为这个项目带来了自己的兴趣和专长。虽然每一位都只做了这个项目的一部分，但是，我们所有人都一起工作了3年，有很密切的关系。我们不仅参加正式的研究人员会议，研究每个人的访谈记录，阅读每个人的文章草稿，我们还在同一个办公室里工作，每天都有机会交谈。其他研究人员所做的发现和猜想，帮助了这一章里的理论成形和框架建立，而我的工作同样也会影响他们的工作。下面的一些想法，是关于学习的各阶段在各个天赋发展领域里是如何体现的，这些想法就是这种合作的成果。

从表面上看，运动员的经历与钢琴演奏家的经历非常相似。运动员最初接触到他们的体育项目是通过一些很不起眼的方式。那些项目就是他们应该参加的活动，因为他们周围的人都参加了。通常，在遇到他们的教练之前，他们就已经学了很多东西了。早期的训练也不是很正规。他们上的课、接受的训练，在最初的时候只是玩玩而已。

我们看到，运动员父母的掌声，运动员在观看一些公开比赛的时候所感到的兴奋，以及他们自己的小小的成功，都吸引他们更加努力地训练和更认真地对待自己的体育项目。我们也发现了同样的事情，孩子们的热情，也会让父母在孩子的活动里投入更多的兴趣和精力。而且，像其他章节里叙述的那样，孩子们的游戏会逐渐转变成认真的工作。

显然，只有在这些运动员坚定地选择了一条艰苦的道路之后，在每天坚持训练，把自己的身体调整到最佳状态，对自己所做的工作有了一个清楚的认识之后，他们才会把自己的眼光放到远处，去展望自己在这个体育项目里能够走多远。最初，他们训练时的严格似乎本身就是一个目的，他们就是这样完善一个接一个的技术。但是，最终，当运动员们掌握了他们的运动项目里各个技术环节之后，他们就需要把这些环节整合在一起，形成一个不同于部分的整体。尽管运动员的父

第十章 学习的各个阶段

母和教练都非常尽心尽力，但是，最终，这个工作只能由运动员自己完成。

数学家和神经医学研究人员的成长轨迹中也有类似的学习阶段，也许，比起运动员来，他们的经历与钢琴演奏家更加相似。但是，数学和神经医学这两个领域，不像体育那样容易与其他领域比较。我们在判断他们的学习过程是否相似的时候，特别是审视数学家的时候，有一个明显的困难，那就是，他们的成长过程里很多事情是不容易看到的。你没法观看数学家做功课，或者学习数学，几乎所有的工作都是在他们的头脑里进行的。父母和老师在他们的成长过程中起了什么作用，哪些事情给了他们鼓励，他们得到过什么回报，他们在各个阶段成功的标志是什么，这些，也都不如钢琴演奏家和运动员的看得清楚。

但是，尽管如此，数学家和神经医学研究人员的经历也显示出，他们与自己学科的关系是在不断变化的，而且这变化是有一定规律的。就像在本章里讲述的那样。他们似乎也经历过一个阶段的自由探索时期，他们这样做，受到了鼓励，也有即时的回报。在这个阶段之后的下一个阶段是深度学习的时候，一次一次重复做题，重复做实验，试图把事情做成，试图理解事情为什么能够做成。在他们所做的事情越来越对路之后，他们很显然地也看到了自己所做的事情有越来越重要的意义。为了取得他们日后所取得的成就，他们也一样要在自己学到的规则和秩序里加入自己的个人风格。

在试图比较数学家、神经医学研究人员、雕塑家、钢琴演奏家的时候，还有一个局限性，那就是我们不能把这各个组的人在同一年龄加以比较。与钢琴演奏家和运动员相比，数学家、神经医学研究人员和雕塑家的成长需要更长的时间。他们比起钢琴演奏家和运动员来，需要用更多的时间来做准备，在他们日后取得成就的学科里学习。例如，钢琴演奏家在大约 6 岁的时候就开始正式学习了。而数学家要到高中才会接触到正式的数学学习。如果我们要用一个人学习某个学科的时间作为标准，来确定他处在学习过程里的哪个阶段，那么，数学家的早期学习就会发生在钢琴演奏家和运动员的第三学习阶段。数学家、神经医学研究人员和雕塑家在成长过程当中，有一个独特之处是他们都需要很多年的时间去学习技能、培养习惯和心态，这些，他们在日后会用在一个当时他们还不知道的学科上。

从钢琴演奏家的经历中推导出来的学习三阶段，在我们这项研究所关注的其他5组人中，也都看得出来。这个阶段论是否在各个学科都适用，还有待更多的研究。但是，要想判断这个理论的正确性，不应该仅仅去看它是否能在一个人学习生涯结束之后去解释已经发生的事情，而且也要看它是否能够用来帮助更多的学生来更好地学习。

第十一章

家庭对于天赋发展的影响

凯瑟琳·D. 斯隆

第十一章 家庭对于天赋发展的影响

　　这一章的重点是讨论游泳运动员、网球运动员、钢琴演奏家和雕塑家的家庭环境。在前面的章节里，我们描述了这几组里每一组人成长的规律，我们也用了一些篇幅描述父母和其他家庭成员在天赋发展过程里的作用。这一章的目的是要把4组（游泳运动员、网球运动员、钢琴演奏家和雕塑家）的家庭情况组合到一起，来讨论父母的支持和鼓励在天赋发展中的作用。

　　这一章里的归纳总结，主要是来自对有天赋人士的父母的访谈。从对有天赋人士的访谈中，我们也得到了一些有关他们家庭环境的信息。来自这两个渠道的信息极少有不一致的情形。但是，我们从对父母的访谈中得到了更多的天赋发展早期的信息，也了解到，在天赋发展的整个过程里，人们在做出各种决定的时候，其原因和背景是什么。

在这一章里，我们要分析4组人的资料[1]。我们的目的是找出在这4个领域里天赋发展过程中家庭给予孩子支持和鼓励的时候，是以什么方式进行的，有些什么规律。我们会尽可能地用这4个领域里的每一个来举例展示这些方式和规律。如果有某个规律或者方式不适用于某个领域，我们也会提出来讨论。

家庭的价值观

对于成功的态度

这些家庭向我们描述了他们的日常生活、工作习惯和闲暇时间的活动，从这些描述中，可以看出父母都是努力工作、很活跃的人。他们的生活里充满各种各样的活动。这些父母想要投入到一些事情中去，学习一些事情，做一些事情，越经常越好。

不管什么工作都要做到最好，这个观念在这些家庭里非常重要。光忙是不够的，要把重点放在尽一个人所能做到的最好水平。把工作做好之后，他们的自豪感就是他们得到的回报。有些父母被别人看成"完美主义者"。几乎所有人都对自己有高标准，要求自己成功地完成自己的工作。

这些父母安排自己每天的日程，决定事情重要与否，都是为了能够参与多种活动，他们同时又持有这样一个信念：如果一件事情值得做，那它就值得做好。工作绝对比玩重要。在这些家庭里，浪费时间、无所事事和做事不认真、逃避责任一样，都会招致家里人的不满。

---

[1] 在这一章里，我们集中讨论几个需要动脑筋的体育运动和审美领域。但是，在这一章里所描述的家庭支持和鼓励孩子的机制，在认知领域也同样适用。读者可以在讲述数学家和神经医学研究人员的章节里找到具体的描述，看看在这些领域里家庭在天赋发展中的作用。

第十一章 家庭对于天赋发展的影响

即使在闲暇时间，这些父母也会选择那些需要练习和学习的活动。他们喜欢的业余爱好、参加的工作之外的活动，极少是消极的、不需要主动参与的，例如看电视。需要积极参与的业余活动对这些父母更有吸引力，比如做木工、收拾花园、缝纫、体育活动、阅读、演奏乐器、旅行、摄影。当他们在某个活动里当观众而不是积极参与的时候，比如去听音乐会或者看体育比赛的时候，他们也会研究和讨论演员和运动员的表现，来增加他们自己的知识、提高技巧和欣赏水平。

在这些父母教给孩子的价值观里，有两条十分明显：一是要有成效地使用时间；二是做事要做到最好。父母希望所有家庭成员都学到这样的行为准则，孩子们也清楚地看到了父母努力工作、对自己要求高，而这样的行为成为了孩子的榜样。

"父亲就是一个非常诚实、努力工作的人。当我说努力工作的时候，我的意思是他真的很努力。当他晚上回家之后，他还是会继续工作。他总是一直在忙碌。"（A-14）

"我能记起我爸爸在家里做家务，我没法给你一个具体的例子，但是如果什么东西没做好，他会拆开重新做。"（S-5）

"我们全家人都认为工作就是人生的目的。"（P-15）

除了以身作则，父母也和孩子直接讨论努力尝试把事情做好的重要性。

"我们一直坚持的是，如果一件事情是值得做的，那就把它做好。一件事情，不管你已经做过多少次，你永远应该争取把它做得和上一次一样好，或者更好。"（S-14 的母亲）

"我们一直强调，他对待自己人生的态度应该是，做到自己的最好，能够达到任何人的期望。"（A-5 的母亲）

父母也把这些讨论和信念付诸实践。他们会检查孩子的作业，或者至少大致看一下，看看是否写得工整、是否有明显的错误。孩子们的校外课程和练习是由父母监督的。所有家庭成员都要共同承担家务和家庭里的其他责任，父母也会监督孩子们做这些事情。

"我们的想法是每人都要有具体的家务活儿。实际上，我们并不是说由某一个人专门负责倒垃圾，某一个人专门负责这个或者那个，但是相信我，人人都参与了做家务。我从一开始就认为所有人都应该参与，在这个世界上所有人都有一份责任，不管是在家里还是在别处都应该是这样。"（T-7 的母亲）

在学习的早期阶段，是父母在引导和监督孩子如何使用自己的时间，因为"小孩不会掌握时间。他们会计划做什么事情，但是如果他们不被引导着去开始，他们就不会真正去做"（P-13 的母亲）。在后来的年头里，孩子们学会了安排家务活儿，学校的作业、练习，以及其他的活动。他们学会了遵守家里的行为规则，"先要把工作完成，然后我才能出去玩"（S-19）。

孩子们玩耍、自由支配的时间，在一定程度上也是由父母监督的。主要的观念是，一旦自己分内的事情做完了，孩子就可以"自己支配时间"，但是父母们也反对在这些时间里无所事事。所以，他们安排孩子去做"有建设性"的活动。他们给孩子读书，或者和孩子一起做游戏，或者给孩子们介绍新的爱好，或者他们会利用本地的设施或者社区里的活动，让孩子们在这些地方释放能量。有一个例子，是一个游泳运动员的母亲（S-1 的母亲）回忆的，他们是怎么加入本地的一个体育俱乐部的："我就是要让孩子们暑假里有事做。我一个夏天都和他们泡在那里。你得有事和孩子们一起做，他们不能整个暑假就混着。我在任何时候都知道他们在哪里。"

很有意思的是，父母自己的兴趣和倾向影响了孩子们在"自由时间"进行什么样的活动。例如，那些把体育当作主要业余爱好的父母，就更愿意鼓励孩子到外面去玩，要多活动，而不是读书、画画或者听音乐，而喜欢音乐或者艺术的父母就会做相反的事情。

总的来说，运动员、音乐家和艺术家的父母相信努力工作和尽力而为的重要性。他们安排自己的时间，把事情排出轻重顺序，对要做的工作提出要求。他们为自己的成就和能力而自豪。这种对于自我约束、对于尽可能做到最好的重视，以及对于工作成绩所感到的满足，也许可以称作"对成就的重视"。

在最初的时候，父母对于成就的重视主要反映在短期目标上，反映在家庭里的日常活动上。在孩子还小的时候，这些父母很少有人对孩子有具体的职业规划和设定人生目标。但是，大多数人很清楚地表示："不管他做什么，我希望他做得好。"（P-4的母亲）最初，他们只是认为教育很重要，他们的孩子在学校应该努力学习。

父母对孩子的期望就是在学习和生活当中，他们都应该持有这种重视成就的价值观。他们自己是这种价值观的榜样，他们也通过和孩子讨论、通过对家庭日常活动的安排，向孩子们传达了这样的期望。他们监督孩子的努力，确保他们在认真工作，在完满地完成自己的任务。这些行为准则是家庭里一个不可缺少的部分，这就是他们家庭的行事之道，是这些家庭的"家风"。

"一旦做事就要干到底，并且要尽力做到最好，这是一种家庭氛围。如果家里每个人都自我约束，我觉得，那么大家就会都有一种观念，就是一个人做事就应该是这样的。"（S-6的母亲）

对于孩子表现出天赋的领域所持的态度

我们样本里的父母提到了他们自己的很多兴趣，但是在每个家庭里，有一种兴趣爱好会特别明显，它是个特殊的兴趣，是全家出去度假和闲暇的时候喜欢做的事情。

在一些家庭里，体育和体力活动是大家闲暇时喜欢做的事。不过，只有个别父母是以体育活动为职业的（有3名是网球教练）。大多数都是积极参与业余体育运动，或者是喜欢看比赛。

"我们两个体育都很好。"（S-5的母亲）

"我一辈子都在参加各种体育活动。"（S-1的母亲）

"我对所有的体育活动都感兴趣。在上学的时候，有很长一段时间，我对体育比对书本更感兴趣。我什么都参加：曲棍球、棒球、骑马、网球，不过我直到30岁左右才开始打高尔夫球。一旦开始，我就非常认真地去打球，我很有竞争心，一直到我出去工作为止。"（T-7的母亲）

这些父母参加体育俱乐部，频繁使用社区里的健身设施。他们的朋友也多是有体育爱好的人。这些家庭一起参加体育活动，看体育比赛，讨论本地运动员的成绩。他们也鼓励孩子出去跑步、游泳、打球，而不鼓励孩子待在家里。

其他父母则倾向于把自己的时间花在欣赏音乐、文学、艺术和"文化"活动上。有两个父母是交响乐团的成员，有一个父母是一个商业艺术家，但是，大多数父母都是把这些活动当作业余爱好来做的。

这些父母当中，有些是水平很高的业余艺术家或者音乐家。他们把练习当作生活常规，阅读艺术技法方面的书籍或者音乐史书籍，了解这些领域里的著名人物和最新进展。

"我从10岁开始练弦乐器，跟我妈妈一起拉奏鸣曲和其他曲目，我到现在也还经常练琴。说到听音乐，那就像是家常便饭。我在童年时候就是这样。我太太也热爱音乐，但是她自从还是个孩子的时候就再没练过钢琴了。我们两个都热

| 第十一章　家庭对于天赋发展的影响 |

爱音乐，喜欢去听音乐会，在日常生活中每天都听一点音乐。"（P-8的父亲）

其他父母没有专业知识和水平，但是当他们看到有知识、有水平的人的时候，会欣赏这样的人，对这些人留下好印象。他们认识搞这些专业的人，或者水平高的业余爱好者，他们喜欢听这些朋友聊天，也乐意跟这些朋友聊这些领域里的事。

"我有一个朋友钢琴和管风琴都弹得很好，我喜欢听她演奏。她做的是我想做的事情。"（P-4的母亲）

"我不能说我丈夫特别有创造力。但是他喜欢艺术，我们一起去剧院，看歌剧，听音乐会。我们两个都特别喜欢做这类事情。"（A-4的母亲）

在我们研究的大多数家庭里，父母对哪个领域有特殊兴趣，孩子最后就会在哪个领域取得成功。用另外的话说，游泳运动员和网球运动员的父母特别喜欢体育和体力活动。音乐家和艺术家的父母则喜欢音乐、艺术和文学。

这些父母给孩子们灌输了他们的理念，体育、音乐或者艺术是重要的。出于他们自己的兴趣和正面的经历，他们认为这些活动有价值、有乐趣，所以，他们也希望孩子们能够喜欢这些活动。

"我自己是个满脑子装着体育的人。在我看来，每个人都应该对体育有兴趣。我努力让他们什么都接触一下，给他们创造机会，让他们试一项一项的运动，这样，他们至少会了解一下每一项运动的具体内容。我家每个孩子都学了游泳、打高尔夫球，参加棒球儿童联盟。"（S-8的母亲）

简要地总结一下，我们样本里的父母偏爱某些种类的活动，闲暇的时间——晚上、周末、假期，经常是用在这些活动上了。父母在体育、音乐和艺术上的水平和专业知识有差异，但是他们觉得自己的这项爱好很有乐趣、有价值。他们是孩子的榜样，让孩子看到，自己有天赋的那些领域也是有价值的，不管那是体育、音乐，还是艺术。他们也想与孩子分享他们在这些领域里的经验和乐趣。

父母在计划家庭活动、出游和度假的时候，多多少少是从他们自己喜欢的活动出发的，所以全家一起参与的很多活动都是与孩子发展天赋的领域有关的。

在下面一节里，我们要描述，孩子们通过这些家庭活动是怎样得以接触到他们有天赋的领域的，怎样开始正式学习的。

天赋发展的早期阶段：父母让孩子开始学习

把孩子引入有天赋的领域

我们样本里的大多数人都是最早由父母、亲戚或者朋友引导而接触到他们有天赋的领域的——体育、音乐或者艺术。度假、周末出游，或者与家人之间的交流，经常涉及这些领域。

"我们经常会带孩子一起去艺术馆。他们会在展厅里走得飞快，我们则会站在一幅画前面，然后他们会回来，指着一幅画说，'我们最喜欢这个。'很多时候，那还真是一幅好画。他们喜欢和我们一起去，我不知道这是因为他们喜欢跟我们出去呢，还是因为喜欢艺术。"（A-6 的母亲）

"我们总开玩笑说，女儿会在我们放在网球场旁边的一个汽车婴儿床上醒来，因为她听见打网球梆梆的声音——那有可能是她最早记得的声音。我们加入了一个网球俱乐部，周末总在那里打球。"（T-11 的母亲）

"在他特别小的时候，我就带他去游泳了。我们会让他套上游泳圈，把他放到水里，让他习惯水。"（S-4 的母亲）

在家里的活动或者和家人一起出去参加的活动里，孩子们开始在自己有天赋的领域里发展出一些基本技术。每当这些孩子显露出兴趣的时候，或者当他们家

| 第十一章　家庭对于天赋发展的影响 |

做这些活动的时候，父母、兄弟姐妹，或者亲戚，就会给他们上一些不正规的"课程"。比如，如果小孩对钢琴产生了兴趣，父母就会给孩子弹首简单的曲子或者"教他怎么弹音阶"（P-2的母亲）。如果一家人在游泳池里（或者湖里、海边），父母就会教孩子在水里浮着或者打腿、划水。

在大多数家庭里，这样的引导和最初的学习，是以如下的方式出现的。父母或者其他家庭成员在做自己感兴趣的事情时，创造了一个让孩子感到着迷、有趣和愿意参与的环境。父母对孩子初期的兴趣有积极的回应，允许孩子参与进来，或者专门给孩子安排了特别的机会。这样，孩子的兴趣得到了回馈和鼓励，孩子也确实学到一点基本技能。

"在儿子大概4岁左右的时候，我丈夫有个网球比赛，他一开始打球，我儿子就拿起一个球拍，说，'我能打吗？'我丈夫说，'当然。'从那时候开始，他手上就总有个拍子。"（T-10的母亲）

父母鼓励了孩子的兴趣，也给孩子提供了学习机会。例如，他们特意为孩子提供了学习的资源和材料——唱片、玩具乐器、速写本、水彩颜料和体育用具。在有些例子里，提供这些材料是为了引起孩子的兴趣，让孩子对某一个学习领域感兴趣。

在其他例子里，当父母观察到孩子的一些行为，觉得这像是对学习有兴趣的时候，父母就会回应这个兴趣，给孩子提供学习材料。有一个3岁的孩子"在房子里走来走去，在家具上敲节奏"。他父母的回应就是给他买了个玩具鼓，"就为了让他能有个乐器玩"（P-7的母亲）。

孩子参与这些活动，开始学习一些技能，都被看成"自然的"或者"正常的"。很少有父母或者兄弟姐妹在教孩子这些技能的时候心里有什么目标，他们只是想帮助孩子参与家庭的活动，或者让孩子开心。

成才之路　　发展青少年的天赋

"水没有吓着她,也没有吓着我们家其他孩子。我们就是这样让他们开始游泳的。她努力想跟着哥哥。她在水底下的时间比在水面上的时间还多——这没有什么不寻常的,我就是在水边长大的,我丈夫也是,所以这就是用我们学游泳的方法让孩子学。在我看来那就是非常自然的事情。"(S-3的母亲)

"奶奶会把报纸拿过来,让我照着画上面的一些画,奶奶也会画些画。这些画跟摩西奶奶①的作品不能比——那些不是完成得很好的画,也不是在油画布上的,她常常随便拿一张做手工的纸就开始画……我没有模仿她,但是我会坚持画画,而她也会给我一些帮助……就这样,我跟奶奶度过一段一起画画的时光。"(A-14)

应该注意到,教了孩子一些基本技能或者激发了孩子最初兴趣的,不一定总是父母。亲戚、朋友、邻居、兄弟姐妹、同伴有时候也会引导他们去接触这些活动。但是,父母一般都对孩子的这种经历给予正面的回应,并且开始给孩子提供学习的材料和机会。

我们可以这样总结:在我们的样本里,大多数人在很小的时候就有机会去熟悉某个领域,他们后来也在这个领域里发挥了自己的天赋。他们的机会来自:1.旁观父母、兄弟姐妹及家人的朋友怎样参加这些领域里的活动,怎样从中得到乐趣。2.有条件得到学习的资源和材料。这要么是因为父母本身参加这些活动,要么是因为父母特意给孩子提供了这些材料。3.听父母谈论参加这些活动有什么好处,这些谈论要么是和孩子,要么是和朋友或者亲戚进行的。在这个背景下,孩子们对一个领域有了兴趣,学到了一些基本技能。他们的兴趣得到了父母的积极回应,得到了鼓励。在这个时候,孩子们是在非正式的"课程"中,或者是利用现成的材料和资源,开始掌握初步的技能。

---

① 译者注:摩西奶奶(Anna Mary Robertson Moses),1860—1961,美国著名民间艺术家。

体育、音乐和艺术肯定不是这些孩子在家里参加的仅有的活动。运动员的父母也听音乐，钢琴演奏家也学游泳。但是在每个家庭里，对于一些特定的活动肯定是有偏爱的，于是这些活动就做得更多。孩子们如果对父母偏爱的活动感兴趣，喜欢参与，就会从父母那里得到更多的关注和回应；但如果孩子喜欢其他活动，就不会得到父母同样的关注。

在有天赋的领域给孩子提供正式学习的机会

在这4组里面的每一组，父母都很心甘情愿甚至是非常急切地在学校教育之外给孩子提供额外的教育机会。

但是，父母在给孩子提供什么样的早期教育上也是有选择的。有些他们认为很重要的事情要被推迟一下。例如，很多运动员的父母想让孩子上音乐课，但是他们会认为这样的机会在以后还会有。而在那个时候，他们的体育俱乐部开设了游泳或者网球课，所以他们就利用了这样的机会。相反地，钢琴演奏家的父母却早早就计划了音乐课。

平均来说，运动员和音乐家们在六七岁的时候就在自己这个领域里开始上课了。[①]对于刚上小学的孩子来说，游泳、网球或者钢琴课在学校里一般是没有的。父母会决定请老师给孩子一对一地上课，或者报名上集体课。为了在这些领域里开始接受一些正规教育，父母会出学费、接送孩子、买器材用具及各种所需的材料。

父母之所以给孩子报名学这些，是因为他们相信这样的经历会很有价值。有些父母很急切地给孩子报名上课，只要老师肯收就让他去。有些是在孩子主动要

---

① 雕塑家们在自己的领域里并没有像音乐家和运动员那样这么早就开始上课，就算上课也不是很系统。只有几名在校外正规地上课，这些课通常也只持续了几个星期，最多一两年。雕塑家的家庭就由此没有被我们收入到这个讨论里。请看这一节后面的注释。

求上课的时候，父母才去找老师，这通常是因为他们的兄弟姐妹或者朋友在上课。还有些情况是在孩子用其他方式显露出兴趣之后，父母去找老师。

偶尔，父母能够意识到孩子的兴趣，但是会等到他们的观察得到"外界的确认"，才会给他们找老师。有一位父亲说，他知道儿子喜欢玩音乐游戏，但是他等了一段时间。"可能会有倾向性。我不太相信自己。"（P-22的父亲）当邻居们开始撺掇他的时候（"他到我们家来，在钢琴上'砸'了一通，对这么小的孩子来说，有的旋律听起来真好听，你绝对应该给他买架钢琴"），他给5岁的儿子找了位老师。其他父母会接受学前班老师，或者由当地俱乐部或公园系统的教练建议，让孩子开始上课。

对这些父母来说，让孩子尽早开始上体育课或者音乐课是很重要的。选择哪个运动项目或者哪个乐器，在某种程度上说，是有些随意的。选择钢琴作为第一个乐器似乎是有逻辑的，但是父母的假设是，如果孩子愿意，以后他们可以换其他乐器。选择游泳通常是因为有场地和有教练。网球选手的父母更加愿意给孩子做决定，他们想让孩子学网球则是因为他们自己就很热衷打网球。当然，必需的前提是有场地、有网球课程。

在选择第一任老师的时候，尽管距离的远近和哪些老师有空缺是重要因素，但是父母的选择也是很精心的。他们会请朋友提建议，或者在有些情况下，看上某个老师是因为他有口碑，他特别会教年幼的孩子。在这个时候，父母选择老师的标准是他教小孩子的能力。父母希望启蒙老师能够用孩子喜欢的方式来教基本的知识和技能。他们想让孩子学到东西，但是也需要鼓励孩子的兴趣，而不是要一位太"严厉"或者"要求过高"的老师，把孩子的兴趣给扼杀掉。

父母们努力想找到有好的性格而且愿意把他们的孩子当回事的老师。有时候，他们把选择范围缩小到两三位口碑好的老师，然后再从中选择，看哪个老师能够最好地给予自己孩子所需要的关注和鼓励。"会和孩子相处"比老师的技术水平更加重要。

"第一任教练是个体育素质特别好的人,除了教一对一的课,他还特别会教集体课。他训练的时候投入了感情,给孩子解释得也清楚,连我都能听懂。他带着他那组学生取得了一些好成绩。他跟孩子相处得很好,是个好教练。"（S-2的父亲）

"他不是一位特别好的老师,但是他很有音乐素质,懂得基础的东西,而且他和××相处得很好,这是很重要的一点。学生能够理解老师所讲的东西是很重要的。"（P-22的父亲）

父母通常会跟着孩子一起上前几次课,以确定他们确实选了合适的老师。如果父母不看好老师的教学方法或者性格,他们很快就会另找一位老师。

"我开始琢磨给她找老师的事儿。我认识一些人,他们有过好几位老师,我从他们那里得到了一些建议。有一位女老师,从我们家这条街转过去,再走一条街就到她家了,我们让她试着教了一下。她有一只金丝雀,总是在叫,她就把它放在钢琴上方。女儿就总是去看那只鸟。她没法集中注意力上课,这也说明那位老师也没把她当回事。然后我就想,好吧,我得另外找一个人。我们了解了另外一位女老师,我觉得她们和我女儿的性格不是很般配。还有一个选择是××女士,我们就马上到她那里去了。结果她从一开始就很喜欢我女儿。"（P-24的母亲）

父母在孩子上课和练习中的作用

尽管老师的责任是在一个正面的环境里提供好的教学,父母却不认为孩子的进步只应该由老师来掌握。他们会认为自己有责任让孩子为上课做好准备,有规律、全面地练习，努力学习，尽力做到最好。正如一位母亲（S-9 的母亲）所说："我们从来就不是把孩子送到老师那就不管了的父母，那些父母指望俱乐部能够把孩子的一切都管起来。"

很明显，这些父母自己会努力了解老师和教练给孩子的要求，孩子需要达到什么标准。有些父母在陪孩子上了最初的几次课之后，会继续经常陪孩子上课。他们这样做，是因为他们"觉得观摩上课会很有意思"（P-15 的母亲），也是为了帮助孩子练习。在课上，这些父母开始学到这些领域里的具体教学内容。

"他上课的时候，我们就坐在那里，这样他学，我们也学，这样你就知道学习的重点在哪里。"（T-18 的母亲）

"我觉得我所知道的一切都是从孩子的第一任教练那里学来的。我只是记住了他所有的指导，头应该是什么姿势，怎么样把手臂放进水里，怎么踢腿，怎么呼吸。"（S-2 的父亲）

偶尔，父母也单独上课。"为了帮助孩子，我们想尽自己的所有努力。"（P-4 的母亲）也为了更好地了解老师对孩子的要求。那些没有陪孩子上课的父母也经常与孩子交流情况，与老师和教练交流情况。父母们还买了书籍，订阅杂志，来更多地了解教学方法和取得成绩的条件。

父母们了解到，要想在一个领域里进步，每天的练习是很重要、不可忽视的。在体育上，在游泳池里和网球场上的训练是由教练安排的。父母为了配合教练的安排，会调整家里的生活常规。他们开车接、送孩子去训练，周末陪孩子去游泳和参加网球比赛。如果练习是在家里进行，特别是如果学的是音乐，父母就会帮助孩子安排和计划练习时间。他们安排了一个常规时间，确保其他家庭活动不会干扰孩子的练习。

大多数钢琴演奏家的父母都监督着孩子在家每天练习的量。他们要么听，要么看,来保证孩子练习了足够时间。孩子们不许"瞎弹",不许跳过技术练习,或者时间没到就停止练习。练习是重要的事情,每天都要做,就算时间不方便也要做。父母从"注重收获"的理念出发,教育他们的孩子,练习一定要做。"如果不努力,那你就会一事无成,会没有做好下次去上课的准备。况且,明天可能又会有其他事情出来,你又会想要去做那件事,所以你明天也可能练不成琴,那为什么今天不把琴练了呢?"(P-4)

除了监督练琴时间之外,父母也做了自己所能做到的一切,让练习既有收获又很有趣。那些有足够专业水平的父母也会给孩子纠正错误和提供指导。

"我就会在家里干活,但是我一只耳朵是在听他在干什么,如果他什么地方弹错了,我会给他纠正。"(P-22的父亲)

在孩子有进步的时候,父母也给了孩子掌声和鼓励,他们也努力向孩子表示,自己对孩子的学习有兴趣、愿意参与。就算那些没法给孩子指导、纠正错误的父母,也会以其他形式帮助孩子。例如,有一位母亲记得,在她儿子练习某一个特定曲子的时候,比如葬礼进行曲,她会以一个特定的速度在房间里走来走去,就像一个行走的节拍器。

"他会说,'你参加过葬礼的,你觉得这个速度合适吗?'我就得一边给他纠正错误,一边想着我锅里的土豆。但是他总是最重要的。土豆烧糊就糊了吧,如果他需要找帮忙,我还是会帮他。"(P-15的母亲)

父母通过参与每天的练习,给孩子提供帮助,为他下一次的课程做好准备。这保证了孩子的练习时间,防止孩子练错,或者"瞎弹"而不把注意力集中在自己的任务上。同时,父母的参与也起了鼓励孩子努力、给孩子动力的作用。

"孩子喜欢这样,因为他们觉得他们不是被逼练琴的。她特别喜欢我们陪着她练。"(P-1的母亲)

成才之路　　发展青少年的天赋

"我总会坐下陪他练习。我觉得这很有帮助，特别是在他的小时候。因为，如果自己坐下练习，没有人在身边，那是很难的事情。"（P-4 的母亲）

运动员和音乐家的父母学会了判断孩子的进步，衡量他们的长处和短处。除了跟老师经常交流之外，父母也去观看比赛和演出，通过这些，了解孩子的进步。他们去了所有的比赛和演出。通过参与每天的练习，他们知道老师和教练的目标是什么。他们对这些领域的了解越来越多，懂得了什么样的进步速度是合理的、应该期望的，孩子今后的目标应该是什么。在公开的活动里，父母还可以把孩子的成绩与过去的成绩相比较，也可以和孩子的同龄人相比。

"我们不需要教练告诉我们孩子们的情况都怎么样。我们去观看他们比赛的时候，自己就能看出来。他们的成绩越来越好，他们在自己做的事情上有越来越好的前景。"（S-12 的母亲）

"他演出时一直就是明星，因为他比其他一起上课的小孩进步得多。"（P-15 的母亲）

为了让孩子在这些领域里学得更好、得到更多鼓励，父母提供了越来越多的学习条件和机会。父母订阅了有关的杂志，买了作曲家的书，周末带全家出去参加比赛，或者去听音乐会。所有这些，都是要让孩子们在这些领域里可以学到更多，可以去观看比自己水平更高的人比赛和演出。生日礼物、一些特殊的奖赏，越来越多的是跟他们发展与自己天赋有关的材料和用品。

孩子在这个领域里的努力，成为了家庭生活的一个中心内容。晚饭桌上的讨论话题常常集中在练习、进步、将来的比赛或者其他的表演上。音乐家的家人们学会了要适应无时无刻不在的钢琴声音，有这声音在，做其他事情的时候就很容易分心。在运动员的家里，全家人的假期是围绕着比赛而安排的，吃饭时间则是由训练时间决定的。他们还和其他有相似兴趣的家庭形成了紧密的联系。

第十一章　家庭对于天赋发展的影响

在这些早期年间，孩子发展天赋的努力也给这些家庭提供了充分的机会，让一家人可以共同参与这些活动，得到乐趣。在去训练和回家的路上，父母和孩子有时间交谈，他们也有可谈的话题。比赛、演出、音乐会都成了全家人的事情。一次又一次地，我们听到父母描述这些早期与孩子共享的经历是多么有趣，让人觉得多么有成就感。

"我们以前带着小的孩子们一起去参加比赛，到他去了奥运会的时候，我们都没有像他9岁、10岁、11岁的时候那么感到激动。"（S-10的母亲）

"他特别喜欢跟我一起弹二重奏，那是个重要的事，比其他什么事都有意思。"（P-4的母亲）

"我喜欢开车带孩子们去比赛。我真的很喜欢带他们到处去。那是我的一大乐趣。"（T-11的母亲）

孩子们的活动，除了给这些家庭提供机会，让全家人可以一起参与活动之外，还是一个途径，把家庭里追求成功的价值观转化为具体行动。上课和训练的规则，父母和孩子的期望，都显现了目标和自我约束的重要性。父母会保证孩子稳定地向着老师或者教练设定的目标努力。父母也会在孩子练习和公开表演的时候观察孩子的进步。在有些家庭里，目标和进步是要在图表或者笔记本里记录下来的。如果孩子进步不稳定，父母会与孩子和老师一起讨论可能的原因，立刻找出解决问题的办法。

尽力而为一直都受到强调，这不仅指公开的表演，也包括平时的练习。在练习当中"不尽力"或者同样的错误重复出现，是要受到指责的。父母会用不同的方法来处理这样的情况，这符合我们的预料。有的会提醒孩子，孩子自己说过他们热爱这个领域，有的则会提醒孩子他们下一步的目标和可能会取得的成绩。其他人会强调他们已经付出的时间、精力和学习资源。还有人会威胁孩子说，如果孩子不肯刻苦努力，他们就会停止支持孩子参加这项活动，停止提供学习条件。

伴随着自我约束、尽力而为的要求，还有在孩子成绩非常好的时候所得的奖赏和称赞。家里的客厅里摆满了缎带和奖杯；剪贴本里满是剪下来的报纸上的报道文章。他们强调了在胜利时的喜悦和自豪，也强调了尽力而为之后的满足感，即使你这一次不是第一名，也没有关系。父母在孩子实现了自己的目标时，会给予掌声和口头的称赞，如果目标没有达到，就会给孩子安慰和鼓励。

关于雕塑家的特别说明

和音乐家、运动员一样，雕塑家也从父母、亲戚或者家人朋友那里受到熏陶，把他们以后发展天赋的领域看得很有价值。对于他们来说，这就是艺术和文化活动。周围的成年人鼓励他们去画画，尝试做模型、做木工。他们得到了学习条件和所需的材料，在很多情况下，这些成年人还教了孩子们一些具体的技能。

但是，和音乐家、运动员不同的是，在小学期间，除了公立学校的艺术课之外，很少有雕塑家上过这一领域里的正规课程。父母在孩子的"练习"里所起的作用、参与的程度，也和运动员、音乐家的父母很不一样。在雕塑家的家里，独立学习、独自工作比较受重视。对孩子们的期望是他们应该自己决定做什么项目，并且自己去做。与艺术有关的活动和其他活动都没有固定时间，比如做模型。孩子任何时候想做这些事情都可以做。而且，父母虽然教了孩子一些木工技术或者画画的技术，这些"教学"主要是为了帮助孩子开始一个项目。那之后，父母起的作用就是帮孩子解决问题，鼓励他们付出努力，以及为取得的成绩喝彩。

| 第十一章　家庭对于天赋发展的影响 |

天赋发展的中期阶段：父母根据孩子的需要而调整自己

在几年正规学习之后，在父母的支持之下，我们样本里的人士都取得了很好的成绩。他们为上课做了很好的准备，同时有很强的学习动力，也在稳步地进步。

父母和这些学生本人都从这早期的进步中得到了鼓舞。孩子们发现，学习游泳和网球的基本技术，或者学习音乐，是很有乐趣、让人愉快的事情。父母则认为，听孩子练琴和观看当地体育比赛，是愉快的经历，并且是与孩子共同获得的经历。但是，到了某个时刻，他们开始展望更高的目标和更出色的成绩。父母不再觉得孩子的课程仅仅是让孩子接触一项既有意义又有收获的活动。他们开始考虑，如果投入更多时间、有更好的老师、去参加更有挑战性的比赛、学习更有挑战的内容，孩子能够取得什么样的成绩。

天赋发展的下一个阶段，在前面的章节里被称为中期阶段[①]。向这个阶段的转变有一个经常性的标志，那就是从启蒙级老师转到一个水平更高的老师那里。在新老师手下，课程的难度和强度都增加了。练习的时间比以前长，也更加辛苦。孩子们在这个时候要和其他一些孩子竞争，这些竞争对手也在努力学习，发展自己的能力，比以前的竞争对手都强。在这个时候，他们的目标比以前高了。没有几个人在这个时候是要达到"学习的极限"，但他们是在努力学习去取得更好的成绩，态度更加认真，对这个领域也更加有献身精神。在这个时候，孩子进入了一个新的阶段，家庭也进入了一个新的阶段。家庭的注意力、时间和学习资源更多地集中到了孩子及其发展天赋的领域里。

[①] 中期阶段的定义，对雕塑家们而言是有点不一样的。对于雕塑家来说，这个阶段的标志是对艺术的更加"严肃"的态度，就如运动员和音乐家在他们的领域里也以更加严肃的态度来对待他们的学习。但是，对于多数雕塑家来说，这个阶段是他们开始正式学习艺术的时候，要么是在高中，要么是在其他艺术班里。

促成换老师的催化剂从一个家庭到另一个家庭都是不一样的。赢得一场重要的比赛，有时候会让孩子和父母、老师确信，应该更加认真地考虑孩子的潜力了。比赛和考试所取得的好成绩也为孩子打开了一些门，给了他一些机会。孩子、父母、老师、亲友，这些人当中的一个或者一些人会注意到，因为一些原因，换老师成为了必要的事情。

新老师用不着是启蒙老师那样热情洋溢、以鼓励为主的老师。孩子发展到了这个水平，这时候的老师需要有技术水平、有专业知识、有"关系"，可以扩展孩子的教育面，给孩子找到机会。在通常情况下，父母需要从老师、教练和专家那里寻求指导，得到信息，看看哪些人有可能成为孩子的新老师。

寻找一位水平更高的老师，反映出父母对孩子天赋的发展是认真负责的。高水平的老师可不像启蒙老师那么多。水平高的老师也更贵，常常离学生家也更远，而且只收很少的学生。父母会安排让学生去老师那里考试，付额外的学费，还要开更长时间的车，更频繁地送孩子去上课和参加训练。我们在本章后面还要谈到，在有些情况下，为了给孩子提供高质量的课程，父母和其他家庭成员还需要做出重大的牺牲。

父母在上课和练习过程中作用的变化

在表面上，与早期阶段相比起来，这个时候的父母不怎么直接参与孩子上课和练习。孩子在自己领域里的进步，已经使得他们超过了父母的水平，所以父母也没法帮助他们练习了。早期的激励孩子的方法，比如弹二重奏和照着节拍器的节奏走路，或者因为练习得好而给孩子一些小奖励，对孩子来说已经不适用了。这些孩子的目标是在某个领域里达到极高的水平，在高水平的比赛里有竞争力。

第十一章 家庭对于天赋发展的影响

尽管如此，父母需要付出的时间、金钱和感情上的投入却都增加了。在这天赋发展的第二个阶段里支持和鼓励孩子，就意味着让孩子的学习成为家庭里的重点。这些父母对孩子付出的努力和取得的成绩有很大的尊重，他们也心甘情愿做任何需要的事情，去继续支持孩子。

孩子在自己领域里学习的时间增加了，这就意味着，家庭里的日常生活规律也又一次需要调整，去适应孩子的练习日程。父母要开车送孩子每天去训练两次，或者到附近城市去上音乐课。他们调整吃饭时间，以适应训练日程，或者在钢琴学习与家庭里其他活动冲突的时候，把家里的其他活动往后放。

"如果他要在楼上弹斯坦威钢琴，我们就会另外找个地方干我们要干的事。在任何时候我们都听得见钢琴声，这就是我们生活的一部分。"（P-7 的母亲）

"早上的训练时间让全家很为难，但是我可以在家里其他人都起来之前送孩子过去再回来。早饭仓促一点，晚饭晚一点，事情就解决了。"（S-5 的母亲）

孩子的课、练习、比赛，占据了家庭生活的中心地位。全家的假期、周末、社交活动，都越来越多地围绕着孩子的学习转。其他的兴趣逐渐都放弃了。这些家庭变成了"游泳之家""网球之家"或者"音乐之家"，在学校和工作之外的时间，大多数都用在了孩子的活动上。

"老实说，我们的大多数假期都跟网球有关。"（T-7 的母亲）

"全家都围着音乐转，没办法，我觉得想要成功这就是必须的。"（P-13 的母亲）

"游泳就是我们的生活方式。我们的所有的假期和剩余的钱都放到周末游泳里去了。那就是我们的娱乐活动。"（S-1 的母亲）

设备和学习用品的费用也大幅度增加了。例如，钢琴演奏家需要一架三角钢琴。去地区和全国比赛的旅行费用也成了家庭预算里需要考虑的花销。要想继续进步，运动员需要与水平更高的对手比赛，积累经验。钢琴演奏家则需要公开演出的经验，也需要在进修班、考试的时候让专家评价。送孩子出去比赛或者和孩子一起去比赛的费用可以达到每年几千美元，而多数时候，父母是陪着孩子一起去的，因为他们感到全家一起参加这些活动很重要。

除了金钱和感情上的支持，为了让孩子能够上课、训练，父母也需要投入时间，还要陪孩子参加比赛和考试，父母还找到其他方法让自己也参与这些领域里的活动。运动员的父母在比赛的时候负责计时，做比赛的工作人员，给队里集资，给教练做助手。有些音乐家的父母自己还成了教初学者的老师，把他们在辅导自己孩子时候学到的技能派上了用场。

"我只收初学的。如果他们显露出真正的天赋，我就把他们送到其他老师那里去。我不能拖他们的后腿。"（P-4 的母亲）

这些父母做了所有自己能做的事情，帮孩子扫除障碍，在失败的时候安慰他们，帮孩子迈过困难的坎。当孩子因为训练和出去比赛要在学校缺课的时候，父母会去做学校老师的工作，或者做一些特殊的安排。他们"威逼利诱"孩子，带有同情心地倾听孩子，孩子遇到问题的时候帮着找对策，和孩子同悲同喜。比如，有两个游泳运动员在自己年龄组竞赛里往上走的时候曾经遇到困难，我们可以注意一下他们的父母是怎样对待这个问题的：

"在 10 岁以下组，她是全国最好的 10 岁小孩之一。在 11 岁的时候，她的成绩是那组垫底儿的。她说，'妈妈，我这是怎么了？'我们就会谈，'你长个儿了，需要有一个适应过程。'她用了将近两年的时间才适应了自己身高的变化。"（S-9 的母亲）

"在他换了一个年龄组之后，我记得，一开始他的成绩是在自己年龄组的最前面，在 10 岁组里他是得第一名的。然后等他到了 12 岁的时候，他的成绩成了垫底儿的了。其他这些孩子都在准备进入 14 岁组，可他总是输，他会说，'我不想继续游泳了。'我会说，'有这么一个原则。如果你决定停止游泳，我想让你在赢的时候停止。你先去努力争取赢，等你赢了，你想停就停，但是不要在输的时候停。'然后，到他又赢了的时候，他就不想停了。"（S-10 的母亲）

  对这些父母来说，给孩子提供感情支持和帮助孩子保持学习动力不是什么新鲜事。他们希望看到自己的孩子付出努力、取得成绩，他们喜欢和孩子一起共度时间，也愿意参与孩子的活动，他们也重视和尊重孩子发展天赋的领域。但是，父母需要付出的时间越来越多，对家庭生活方式和家庭财政的影响也越来越大，他们需要做出一些困难的选择和决定。父母有时会怀疑，把孩子在天赋发展领域的努力当作家庭生活的重点，是否明智。他们并不总是知道，他们选择的老师，或者一个比赛的时机，对孩子的发展是不是最好的。他们也担心孩子会因此失去参加其他活动的机会，其他少年人参加的"正常"活动，或者孩子本来很喜欢但却不得不放弃的活动。

  "她以前很喜欢打网球，但问题是，对网球有好处的对钢琴就没好处。她的老师告诉她，不要去打网球，她很不喜欢这一点。她的协调能力很好，本来有可能成为一名优秀的网球运动员的，但是她没有往那方面发展。"（P-8 的父亲）

  "我想，他的童年不正常，因为打网球让他付出了太多。他回家之后根本没有时间，打完网球就得写作业，然后时间就晚了，他没有时间到处转，跟同伴聚会……我们觉得那是个好的选择。他结识了这么多很好的人，成就了很多事情。"（T-10 的母亲）

  "他放弃了很多东西，聚会和社交生活减少了很多。在我们家，如果你想获得成绩，游泳必须是第一位的。"（S-12 的母亲）

  前面的这几段话说明，这些父母认为，孩子在某一个领域里投入，得到的好处能够补偿他们所做的牺牲。有效率地利用时间，设立目标，尽力而为去达到目标，遇事分清轻重缓急，这些就是生活的方式。"你在任何时刻只能把一件事做好"，他们是这样想的，所以，确定一件事，坚持做下去，是取得出色成绩的方法。有一位母亲（S-12 的母亲）说："当你最终尽心尽力为一场全国比赛准备的时候，你必须把这当成第一位的，因为如果你把它放在次要地位上，很快它就会被扔到一边，被忘记了。我们家的生活是按照训练的日程进行的。在 1976 年夏天的预选赛之前，我们全家好像都在训练。"

每家一个孩子

父母把注意力集中在一个孩子身上，帮助其在一个领域里发展天赋，其结果之一就是他们很少有时间与家里其他人相处。帮助这一个孩子学习和取得成绩，结果经常是父母与这个孩子之间的关系要比与其他家庭成员的关系更加亲密。

"她从来就没有经历过一个反叛的阶段，不像大多数孩子那样，比如她姐姐。但是我觉得这是因为我们特别亲密。她开始游泳之后，我们总是和她在一起。这让我们建立了一个非常亲密的关系。有时候这让我很担心，事实上，我担心我们是不是太亲密了。"（S-17 的母亲）

其他家庭成员意识到，家里有一个孩子是"特殊的"，这个孩子从父母那里得到了更多的时间和关注。

"我另一个女儿说，'每次到我过生日的时候，你从来就不在家，你总是跟她一起在游泳池边。'她也在游泳，但是她参加的是另外一场游泳比赛，是跟朋友一起去的。"（S-4 的母亲）

"我女儿说，我们偏心老大，我想这样的情况的确发生了。我们非常为他骄

| 第十一章　家庭对于天赋发展的影响 |

傲——他的演奏等。不是说我们就不为其他孩子感到骄傲。但是，因为我们喜欢音乐，而且我们对音乐懂得比较多，相对来说，对大儿子参加的活动就懂得不那么多，这就形成了区别。"（P-23 的母亲）

如果我们样本里的人是家里的独生子女，或者比哥哥姐姐小好几岁，父母把时间和学习资源集中到这个孩子身上，就不会产生什么问题。但是，在几个比较极端的例子里，父母感到他们的关注偏得太多了。

"我想给孩子还小的父母一些忠告。不要把所有注意力都给家里的'明星'，因为还有其他孩子。我不会说我小儿子的所有问题都是因此而起，但是我觉得这是部分原因。我敢肯定这影响了我的小儿子，但是现在已经没法从头再来一次了。"（S-4 的母亲）

从有些家庭做出的选择里可以很清楚地看到，他们对一个孩子的支持，对他在有天赋领域里成长所投入的心血，就算在我们的样本里看，也是很极端的。例如，在他们家附近找不到高水平老师。于是，为了给孩子提供高水平的教学，全家就需要做一些重大的改变。有几个家庭是全家搬到了另外一个城市，甚至另外一个州，以便让孩子可以跟一个广受尊敬的老师或者教练学习。在其他情况下，一家人分了两处。选择了这条路的家庭一般是采取了两种方法：要么是孩子搬到离老师或者教练更近的地方，进寄宿学校，或者跟朋友和亲戚住在一起；要么父亲成了一个"周末父母"，在一周当中住在离工作地点比较近的地方，孩子和母亲则住在离老师或者教练比较近、开车能到的地方。

在孩子成长的这个阶段，没人可以确定这个孩子将来肯定会成功，甚至没人知道最终的目标是什么。那么，为什么父母会情愿增加他们的投入，把精力集中在一个孩子在一个领域里的成长上，还要应付增加投入之后新出现的负担和责任？即使在那些不需要采取极端做法的家庭里，也会有一些重要的牺牲、怀疑，有必要做出一些困难的决定。

对此，父母给出的一个原因，是他们在看着孩子成长的过程里得到了喜悦和愉快。这些孩子的进步如此之快，总是赢得比赛，是他们为父母的努力提供了持续的动力。

还有另外一个原因，那就是一种对发展孩子天赋的责任感。对有些人来说，之所以有这种责任感，是因为他们观察到孩子在这个领域里有潜力。其他人则听了老师、亲戚和朋友的建议，这些人对孩子的能力和进步印象深刻，他们会敦促父母给这个孩子提供更多的机会。

另外，还有比例很小的一部分父母，在孩子发展天赋的领域里有很高的水平，懂得很多，他们很了解一个人在提高能力的过程里需要多少时间，需要产生哪些内在变化。这些父母知道，在这些领域里，能否达到更高的水平，取决于在适当的时候能否找到适当的老师，还取决于孩子能否长时间地艰苦练习。因为他们自己就重视这些领域的价值，也能够了解孩子的需要，所以更愿意在孩子成长的这个阶段里让自己的家庭做出改变，以适应孩子的需要。

音乐家和运动员的家庭有相似之处，这些家庭肯为了孩子发展天赋而把时间和资源集中在这一个孩子身上。这个集中，在具体的行为上不一样。例如，一名游泳运动员的家庭和一名钢琴演奏家的家庭会有不同的侧重点、不同的活动、不同的谈论话题，甚至家里的书籍和杂志也不一样。但是，在这4组人才里面的每一组，家里都有学习资源、有对孩子的鼓励和支持、有榜样、有得到高质量教学的机会。

在雕塑家的家里，父母、亲友的支持，在态度和行为上如何表现出来，与我们在钢琴演奏家、游泳运动员和网球运动员家里看到的很不一样。就像我们在这一章早些时候讨论过的一样，在雕塑家的家里，强调得更多的是独立的学习。比起音乐家和运动员的父母来，这些父母会较少地监督和指导孩子的学习。

雕塑家们在高中选了艺术、建筑或者描图课。这样，父母通常不用参与到找老师、安排上课时间这样的事情里去。当雕塑家们报名上了一些特殊的课程的时候，他们的父母给交了学费，也安排了接送孩子和买了学习用品等事情。

在这个阶段，雕塑家教育里的很多内容是参观博物馆、读艺术书籍，或者用各种艺术工具和材料进行试验。这些活动多数是独自进行的，父母在多数情况下也尊重并且鼓励了这些活动。

父母的支持和鼓励是以多种形式出现的。有些父母把家里的一个空间，例如地下室、阁楼，改建了一下，让孩子有私人的空间来学习和工作。他们提供了材料和用具——用来黏合雕塑材料的喷枪、油画布、颜料、木头和其他工具。有几位在家里显眼的地方放了孩子的作品。在雕塑家们的记忆里，最重要的支持形式，也许仅仅是让雕塑家们有自己的时间和空间去做和艺术有关的事情。

雕塑家的父母很少给孩子在艺术方面做出榜样，也很少谈论概念和技术话题，或者学习新概念和新技术。在高中时期做了这些事情的雕塑家（很多是到大学里才得到机会的）是从其他成年人那里受到影响的。家人的朋友、邻居、亲戚经常扮演了这样的角色。

有些雕塑家的父母，在孩子提起要把艺术作为可能的职业的时候，一开始是很担心的。对艺术有兴趣是可以的，也值得鼓励，但是艺术家在收入上的不确定性，让人心有不甘。有些父母给孩子以暗示，希望孩子考虑建筑或者商业艺术，或者会提到认识的某个人是业余爱好艺术的。其他父母会更直接地表达自己的忧虑，但是，所有的父母最终还是同意了继续支持孩子的艺术教育。

父母在天赋发展后期的作用

在天赋发展的后期阶段，我们样本里的人一般是跟随本领域里的一位大师级的老师学习。他们在自己领域里所受的教育，在这个时候是由专家辅导和指引的。我们所研究的这些人，在这个时期是少年和青年了，他们承担了督促、鞭策、激励自己的主要责任。他们需要把自己有天赋的领域真正变成"自己的"领域。

父母对孩子的支持并没有减少，对于孩子是否能够在这些领域里得到最高成就，他们曾经有过疑惑，但现在，这种疑惑之心即便没有完全消除至少也减少了，在年轻人受教育的这个新阶段，父母对于上课、练习的要求知道得很少。他们不再是那些能够帮孩子打开人生下一道门的人，这个责任，被这些领域里的专家和"有关系"的人接手了。

但是，父母仍然给了孩子帮助，使得他们从前一个阶段转换到新的阶段。他们咨询了老师和专家，为孩子找到最好的老师或者学校。他们和孩子讨论了各种选择，比如，掂量音乐学院和文理学院里力量雄厚的音乐系之间的利弊。他们去大学参观，和可能成为孩子未来老师的大师交谈，最终，他们则信任孩子和自己导师共同做出的决定。

而且，在一般情况下，在孩子们教育和训练的这一最后阶段里，父母仍然要给孩子支付学费和生活费用。很多运动员在大学期间得到了奖学金，但是他们仍然可能需要巨额开支，特别是如果他们没有在自己就读的大学找教练，却要在校外找一位本领域的专家作为教练。音乐家和雕塑家尤其需要财务上的帮助，因为这两组人当中很少有人能够得到奖学金，或者得到团体和慈善家的资助。在这两组人当中，很多父母在孩子大学毕业之后还一直在财务上支持孩子，孩子则在这段时间里在自己领域里慢慢建立自己的地位，成为一名有前途的年轻新星。

| 第十一章　家庭对于天赋发展的影响 |

在天赋发展的后期阶段，事情的复杂性往往让父母无法在他们的孩子需要做决定、需要取得进步的时候起主要作用。但是，他们在幕后仍然是一个强大的力量，不仅给孩子提供财务上的支持，也提供感情上的支持。也许更为重要的，是他们提供了一个让孩子得到滋养、得到理解的环境，使得孩子在必要的时候可以回到那里。因为他们多年来让自己投入孩子的成长过程，所以，他们可以分享和欣赏孩子的成功，而在孩子失败的时候，可以带着同情与理解倾听他们。

我们样本里的父母一直继续欣赏和支持孩子的工作。游泳运动员的运动生涯随着奥运会的结束而结束了，但是钢琴演奏家、雕塑家，以及在一定程度上网球运动员也可以算上，是有着长期的职业规划的。父母们仍然去看比赛、听音乐会、看艺术作品展。在每一组人里，都有很多父母本人也继续参与这些领域的活动，在这些活动里，他们还会用到因为参与自己孩子的活动而获得的技能和经验。

关于研究结果的讨论

这一章的前几个小节总结了天赋发展期间父母支持和鼓励孩子的通常做法。我们访谈的这些父母在价值观、态度和行为方面都谈到了很多更加细节的事情，还可以更深入地分析和讨论。但是，本书篇幅有限，不便提供更加详尽的分析，去研究这4组家庭环境里的细微差异。我们只想提出3个共同方面，希望读者特别注意。这些共性，在钢琴演奏家、游泳运动员和网球运动员的家里都很明显，但是在雕塑家的家里不太适用[①]。

[①] 在雕塑家的家里，学习资源是有的，家长也认为孩子最终的职业兴趣是有价值的并且给予支持，也给孩子提供了很多机会去发展艺术方面的技能和兴趣。但是，在这些家庭里，集中关注一个孩子、集中于一个发展天赋的领域的现象却没有那么明显。

第一点，我们强烈地感受到，运动员和音乐家的家庭是以孩子为中心的。在这些家庭里，绝大多数母亲都不在外面工作，这在20世纪50年代并不少见。但是，她们当中有很多都说，她们很少把孩子留给保姆照管，甚至是从来不会这样做。这些父母也愿意以孩子的活动作为自己的兴趣，投入大量的时间去监督孩子练习、参加比赛、训练。

这些父母也鼓励全家人共同参加活动，而全家人共同参加活动的一个非常好的途径就是从孩子有天赋的领域开始，让父母和孩子从家庭成员的互动之中得到乐趣和极大的满足。父母把和孩子在一起、投入到孩子的活动中当成非常重要的事情。他们认为，父母和孩子共同拥有的经历是家庭成员关系亲密的基础，而全家参与到孩子的活动中去，就是一个对父母和孩子而言都很有吸引力的方式，以此来建造共同的经历。有一位母亲（S-12的母亲）的话代表了很多母亲的想法，她说："我所考虑的就是，孩子有天赋的这个领域使得我们的家庭真正成为一个家庭，因为我们共度了这么多时光。"

第二点，是这些家庭在孩子发展天赋的领域里投入的关注。很明显，孩子的进步对父母来说是非常重要的事情，但是，孩子却也不是只参加这个领域里的课程和训练。父母都希望孩子也在其他领域里有发展机会、有些尝试。童子军、女童军、舞蹈课、棒球、学校剧社、夏令营，都是运动员、钢琴演奏家和雕塑家童年生活的一部分。但是，父母也承认，对于这些"额外"的活动，他们就不像对待孩子有天赋的领域里那些课程那样投入了。在这些其他活动里他们没有要求孩子投入很多时间，对孩子成绩要求也不那么高。

为什么这些父母会对孩子参加的有天赋的领域里的活动格外关注？原因并不总是很明显。他们自己就对孩子有天赋的领域有兴趣，这起了一定作用。他们自己喜欢一些活动多过另外一些活动，也愿意花时间去参加他们感兴趣的活动。

第十一章　家庭对于天赋发展的影响

第三点，父母对成绩的重视也似乎起了作用，让他们把孩子有天赋的领域看得比其他活动都重要。这些父母非常强调做事要尽力而为、要争取好成绩。因为很多原因，他们的孩子从最初上课的时候开始，就在有天赋的领域里表现很好。这可能是因为父母的指导，也可能是因为父母提供了好的学习条件，让孩子很早就能接触到这些领域，也可能是因为父母对这些领域的重视。而这些父母因为自己也参与孩子的活动，所以意识到了孩子的进步。而他们对孩子在其他方面的成绩就不一定意识得到。当孩子需要在有天赋的领域里投入更多的时间，去上课和练习的时候，父母就会鼓励孩子为此放弃其他占时间的活动。他们相信孩子在这一个领域里更有可能取得成就。而因为这个领域是孩子成绩最好的领域，所以这就最应该受到父母的重视。

那些最终在自己领域里达到了人类学习极限的人，很早就被看成家里"特殊"的孩子。父母不仅把注意力放在这个孩子成长的一个方面，他们也把注意力和家里的学习资源集中在了这一个孩子身上。

通常，家里不止一个孩子上音乐课或者体育课。这些是全家的活动，所以，家里多数的孩子，会接触这些课程。但是，只在很少的几个家庭里，我们样本里有天赋人士的兄弟姐妹当中，会有一个达到与有天赋的那个孩子水平接近的程度。

那个成功了的孩子，并不总是被人们认为最有天赋的那个。很多父母讲道，他们的另外一个孩子具有更多的"天生的能力"。多数父母认为，取得了很高成就的那个孩子，之所以能够有别于他们的其他孩子，是因为他心甘情愿努力工作的态度和想要出类拔萃的愿望。坚持不懈、竞争心和热情是他们常用的其他一些词汇。在学习的早期阶段，父母会从孩子对待某个学科上课和练习的态度上看到这些特点。这个孩子会更加乐意接受每天的常规练习。他听老师的指导，能够把注意力集中在自己的任务上，而且似乎很喜欢练习，而不是把它看成一件烦心事。

父母很欣赏孩子对于上课和练习的态度。和这个孩子一起学习——带他去上课，和他讨论学习进展，帮他练习——是愉快的事情，因为孩子愿意做功课，很有热情。

虽然父母并不一定感到这个孩子比家里其他孩子更加有天赋，他们却相信这个孩子会更有发展前途。当他们了解到，要想掌握某种技术，需要多少个小时的练习，他们就意识到，这个更愿意下功夫练习的孩子才更有可能取得好成绩。在学习的早期阶段，我们开始看到迹象：这个孩子之所以在家里开始得到特殊的关注，是因为他是最有潜力取得成功的那个。

最初，这个孩子是否很特殊，迹象是不那么明显的。在这些家庭里，极少有人公开声明，说他们要给这个孩子特殊照顾、特殊条件了。相反，这看起来是个渐进的过程。父母最初是做了一些小的让步。例如，这些孩子会被免于做家务及在家里承担一定责任，因为"我们觉得作业和练琴已经占据了他的太多时间。我们让他完全自主支配时间，以便练琴，没有要求他做家里其他孩子必须做的事情"（P-15 的母亲）。只要孩子在练习，在父母看来这就是有益的事情，父母就会觉得孩子是在学习和工作。他们也理解一个孩子不可能在所有方面都很出色。所以，我们看到，这些父母虽然对成功看得非常重，但是，在孩子学校功课只达到平均水平甚至仅仅是凑合说得过去的时候，有些父母却也就此满意了，这也是为了发展天赋所必须付出的代价。

我们看到，在这些特定的领域里，父母虽然与所有在上课的孩子一起努力，但他们为这一个"特殊"的孩子投入的时间，比他们给其他孩子的时间要多。多数父母都说，他们有意识地努力做到把自己的时间和注意力平均分配给孩子，但是，想要这样做，越来越难。比如，就算家里所有孩子都游泳，父母经常也要选择去观看哪个孩子的比赛。我们在前面引用过兄弟姐妹的抱怨，"每次到我过生日的时候，你从来就不在家，你总是跟××一起在游泳池边"。

回顾

我们样本里的父母把孩子发展自己天赋的过程看成家庭生活的重要部分。尽管有各种各样的挑战，有些我们在前面已经提到过，但他们还是强烈地认同这个说法。他们会说："全家都围着音乐转。没办法，我觉得要想成功这就是必须的。"但是，这些领域也提供了"全家共同的兴趣和共同的目标。我所考虑的就是，孩子有天赋的这个领域使得我们的家庭真正成为一个家庭，因为我们共度了这么多时光"。

回过头来看他们在孩子成长过程中所起的作用，父母都感到很欣慰，但是也对最终的结局感到有些发蒙。他们回忆说，在他们还是年轻父母的时候，他们会有一些朦胧的想法，想让孩子有一些什么样的经历，希望孩子能够达到什么样的水平。他们想尽自己所能，给孩子以支持，让孩子能够成功。但是，他们逐渐发现，想要达到这些看起来很简单的目标，父母就需要付出越来越多的时间，提供越来越多的资源。他们几乎是在还没有意识到自己一直以来的投入产生了什么效果的时候，就发现自己深深陷进去了。有一位母亲（S-9 的母亲）说："突然一下，游泳就变成大事了。那时候再想停下来就已经太晚了。我想，如果我们参与进去的时候就知道我们要面对的是什么，我们还是会做同样的选择。但是，我当时根本不知道我们被卷入的是什么样的事情，一点都不知道！"

另外一位母亲（S-10 的母亲）的说法是："很好笑，你被卷进这些事情的时候，还根本不知道这意味着要做多少付出。"

在每次访谈结束的时候，我们都问父母，如果再来一次，他们会不会做不同的选择。多数都说不会，他们相信，他们多年以来的各种决定和行动对孩子的成功是必要的。他们也知道，这些选择经常是不容易的。

"我们确实感到一种责任,要给孩子提供机会,有时候事情会很困难,因为你不知道你所做的决定是否正确。我们到现在也还在想,如果我们做了不同的决定,后来会发生什么。"(P-5 的母亲)

他们是可以做出各种各样的"不同决定"的。比如,父母可以不那么投入,或者,他们也可以引导孩子去发展另外一个领域里的天赋。我们现在大概知道为什么这些父母会把注意力集中到一个孩子和一个领域上。但是,如果父母对体育和音乐不那么投入,事情会是什么样子的?这个问题,我们和这些父母现在都只能猜测了。就如一位母亲(S-13 的母亲)所说,"我经常想,对于我们自己和孩子来说,可能在多个领域里都有天赋,但是没有被发现。我有时候会问自己,'你充分发挥出来的天赋是最好的那个吗?'"

我们和这些父母都相信,父母的兴趣和对孩子学习的参与,对这些孩子的成功做出了极大的贡献。我们很难想象,如果父母没有给予孩子足够的指导和支持,这些孩子如何能够找到好的老师,养成练习的习惯,进行细致认真的练习,建立对某个领域的重视和对成功的不懈追求。在天赋发展的长期过程中,家庭所起的作用只是众多因素之一,但这是至关重要的因素。

第十二章

长期的认真学习

劳伦·A. 索斯尼亚克

第十二章 长期的认真学习

在前面的几章里，我们看到，成功需要多年的刻苦努力的学习。我们也看到，一般来说，成功的学生和父母虽然是投入了必需的时间和精力，但是在很多年的时间里，他们都没有意识到他们到底要往哪里去。成为钢琴演奏家、奥运游泳运动员、数学家及其他成功人士，都是这些人已经往这些方向做了很多努力之后才立下的志向。在这之前，是什么让他们能够在这些领域里坚持学习？要取得不同寻常的成就，需要相当长时间的努力，在这些年月里，他们是怎样保持了自己的热情？我们又应该怎样解释他们这种意志，十几年如一日愿意坚持在一个领域里工作？

这一章的目的是要探讨人们如何开始、如何保持在学习上的长期努力。钢琴演奏家的经历会给我们提供一些细节。但是，我们要讨论的主要规律却适用于我们这项研究里所有6组人。在其他非音乐的领域里如何开始和保持长期的学习，这个问题的一些细节没有被包括在这一章里。但是，我们希望，虽然我们把讨论集中在钢琴演奏家身上，但我们仍然可以清楚地展示最重要的一些特点。读者可能会发现，他们可以很容易地把这些主要规律应用到他们最熟悉的领域里去。

兴趣初起

钢琴上最早的"工作"，是在幼儿时期"砸琴键"，在5岁的时候用一个手指头弹出一首旋律，这些似乎都很容易理解。本杰明·斯波克、阿诺德·戈萨尔及其他一些人都注意到，这些行为是儿童成长过程中很正常的一部分。至少，在那些有钢琴和其他乐器的家庭里，如果父母愿意忍受噪声，允许孩子探索，那么这样的行为就很容易出现。儿童用这样的行为来尝试着探索、改变、控制环境，儿童心理学家们早就熟悉这样的行为了。如果儿童所处的环境里有某件东西或者某种事情，在某个时刻，儿童就会去试着摆弄它们。除非有人刻意去阻止他们，否则，用玩耍的方式去摆弄一个乐器，就很可能是几乎所有儿童生活的一部分。

但是，跟一个老师在一个特定地点和一个固定时间去系统地学习某件事情，还要每天练习，准备上下一次课，这样的行为，就不是在正常的生理、心理发育过程中自发产生的了。在今天的社会里，多年坚持做一件事其实是很不寻常的，特别是对5~22岁的人来说更是如此。在听钢琴演奏家讲述是什么让他们坚持学习钢琴的时候，我们立刻就能强烈地意识到，他们的努力与多种动机和回报是密切相关的。

最初，年幼的孩子之所以对这项活动有兴趣，一般是因为家里人有兴趣。开始上钢琴课、每天练琴、为每周的课做好准备，这些都是父母为孩子做出的决定。

| 第十二章　长期的认真学习 |

父母接送孩子去上课，保证孩子每天练琴。在刚开始的时候，不管钢琴演奏家喜不喜欢上课和练琴，他们其实没有什么选择余地。

父母下了很大功夫，去找一位能够让孩子感觉愉快的钢琴老师。他们找的老师很会跟孩子相处，而且这是公认的。父母也观察孩子最初的学习情况，有些人去旁听孩子上课，以保证孩子和老师"相处得好"。有几位父母感觉到，他们的孩子在课堂上感到不自在，或者没有得到他需要的引导，在这些情况下，他们很快就给孩子换了老师。

大多数孩子很喜欢上课。他们的老师很热情，很会教育孩子。去上课"是件大事"，而这件大事还经常充满奖励：有微笑，有金色的小星星，有糖果和饮料。有几位钢琴演奏家很快就开始把他们的老师当作"第二个妈妈"。

但是，有几位钢琴演奏家却发现，他们的处境非常不愉快。"我恨那些东西，我只是做了别人要我做的事。"（P-8）"我总是把钢琴课当成我要赶紧做完的一件事。那是我不得不做的事，但是我真不会盼着上课。"（P-20）"我父母会坚持让我上课。我就是得去上课。"（P-7）

大多数刚开始学习的小钢琴演奏家则是幸运的。他们的老师是那种让孩子觉得舒服的人，会让最初的课程显得很有趣。但是，不管最初上课情形如何，钢琴演奏家的父母都会坚持让他们家所有的孩子都至少要接受一些最基本的音乐教育。音乐对他们很重要。他们为给孩子提供音乐教育，是因为他们希望音乐能够让孩子的人生更加充实。音乐教育是这些家庭里人人都得接触的东西。

这些父母也许比一般父母对音乐教育要更加重视一点。他们不仅对于上课持比较坚定的态度，对每天的练习也是如此。如以上提到的，有些孩子很喜欢练琴，有些则不喜欢，但是在学还是不学这个问题上，哪个孩子也没有什么选择权。

在有些家庭里，父母和孩子每天在一个固定时间一起在钢琴前面坐下来。这些经常给父母和孩子都带来愉快的时光，但也并不总是如此。有几个在当时对练琴没有那么大热情的钢琴演奏家回忆说，如果他们没练琴，或者练得不够好，父母就会威胁要停他们的钢琴课。但大多数钢琴演奏家说，练琴是生活常规，不过，他们可能没有像父母或者老师希望的那样练得那么多，有时候，也需要一个成年人提醒一下才会去练。

在孩子们刚开始学习的时候，父母的把关似乎有极其重要的影响。父母想要保证孩子和老师能够"相处得好"，结果就是，他们给孩子找到的教学方式，会容易让孩子本人有学习的动力。父母也会坚持让孩子每天练琴，这样他们就帮助孩子建立了自律和学习习惯。这些钢琴演奏家说，在日后，这个习惯是很难打破的。最后，父母还保证了孩子们去上课就要有收获，这样，孩子们学得也比那些没有父母辅导的学生要快。

建立一种与众不同的感觉

在钢琴演奏家开始学琴之后，他们很快就为自己找到了一些为什么要学琴的原因，而不仅仅是不得不学。在与钢琴演奏家的谈话中，关于早期阶段对于钢琴和创造音乐的兴趣，有一个重复出现的主题，那就是："如果不弹琴，我就不知道做什么其他事情才能像弹琴那样，既让我感到激动，还能得到奖赏。"对于几位钢琴演奏家来说，学琴是一个早就计划好的活动，而且他们很快就和老师建立起了良好的关系，这本身就足够成为他们继续学习的动力。

所有的钢琴演奏家都发现，他们的努力会立即得到回报。他们提到最多的是来自父母的赞许和关注。

"我妈妈喜欢听我弹琴。我知道这给她带来快乐。所以当她回家的时候，我

| 第十二章　长期的认真学习 |

有时候就在她进门的时候冲到钢琴那里,弹她喜欢的曲子。"（P-20）

"他当然也喜欢弹二重奏,那是一件大事,比其他任何事情都有趣。当然,他爸爸非常喜欢听我们两个一起弹琴,这可以把整个家庭的成员都凝聚到一起了。"（P-4的母亲）

朋友和亲戚来家里的时候,孩子们也被要求为他们演奏。

"我受到好多好多的表扬和关注。给家里人弹奏,给这个人弹奏,给那个人弹奏。弹奏带来这么多奖赏,我那时候就喜欢上了钢琴。"（P-24）

孩子们认识到,音乐是他们家里有特殊意义的事情,是值得得到掌声的事情。如果上课认真听,每天练琴,那就会得到奖励。如果不做这些事,那就是一种损失。

在一段时间之后,孩子们也明白了,弹钢琴是一个机会,让他们有些特别之处,与他们同龄人或者家里其他孩子都不同,或者比那些孩子更好。"我想,我就知道自己很特别。在我认识的同龄小孩里面没有其他人学钢琴。"（P-24）

"我把钢琴演奏家当作了自己的身份。那是我能够站在众人之上、成为一个特别的人的唯一途径。尽管我对这个特点有些抵触,但是从很小时候起那就是我身份的一部分。"（P-8）

"我当时肯定很喜欢与众不同。"（P-10）

一开始,这种自己很特殊的感觉,是孩子们从家人那里得到的。但是很快地,家庭以外的人也加强了他们这种特殊的感觉。很多钢琴演奏家说,老师会跟他们说,"我是她最喜欢的学生"或者"我是她最好的学生"。

老师似乎也很喜欢给这些学生上课,他们给这些学生的关心和关注要比一般学生从老师那里得到的多一些。孩子们得到了额外的课时、特别的鼓励、认真选择的教材,以及在演奏会上最好的位置。

"我觉得我是她那里最有前途的学生,所以她给了我很多的关注。我去上一

479

个小时的课,但是最后总是上一个半小时。"(P-1)

"我知道他很为我高兴。我从他那里得到很多赞赏。我父母跟老师谈过之后,我从父母那里也得到很多赞赏。"(P-15)

朋友和亲戚也贡献了自己的一份关注,让钢琴演奏家感觉到自己很特殊。有一位父亲比较了他的两个孩子,一个孩子成为了钢琴演奏家,另一个更小的孩子从事了一个完全不同的专业。他说,弹钢琴的孩子"得到了这么多聚光灯",而更小的那个孩子"通常是'还有我呢'的那个"。这位父母说,他曾经努力让小的那个孩子也能够站在聚光灯下,但是,"大家总是问我那个学钢琴的孩子怎么样了。人可以很残忍却意识不到这一点。他们只对一件事有兴趣,别的都不在意"(P-22的父亲)。

孩子们被邀请在小学的集会上演出。他们在同学里显得很不寻常,这一点,尽管在几个例子里是让人觉得难为情的,但它的确是一个途径,让一个人确定自己很独特、有不寻常的价值。"我觉得,弹琴是唯一一件给我带来某种荣耀、可以让学校里同学仰视我的事情。"(P-24)另外一位钢琴演奏家(P-15)说,当他的三年级老师建议他在学年结束的才艺表演中演出的时候,那对他来说太重要了:"我说,我会觉得难为情。她说,'不会的,你不会的。大家会喜欢你的演奏,大家也会因为这个而喜欢你。'所以我就冒了一把险。当然我很紧张。小孩们却疯了,因为他们没有料到。他们使劲地跺脚、高喊、尖叫、狂呼,我一下子感觉到自己特别受欢迎。这是一件非常棒的事情。"

这些小钢琴演奏家一次又一次地被告知,因为他们弹琴的能力,他们是多么有价值的人。

"我只是个小孩,可是我的父母、我的老师们、我学校的校长都跟我说我将来会非常出色,会出名,说我很不寻常。"(P-13)

第十二章　长期的认真学习

这一组孩子到底有多么不寻常？演出和比赛提供了一些比较客观的证据，表明有几个孩子确实很出色。有6位钢琴演奏家在进入青春期之前就有了引人注目的成绩。这些少年人，有些是在某场儿童钢琴比赛上得了奖，之后，得到和一个交响乐团合作演出的机会；也有些是有机会为某位著名的钢琴演奏家或老师演奏，而他在听了演奏之后，会决定要教这个孩子。

另外15位钢琴演奏家，则一直到青春期的后期，或者20岁之后，才开始有这种机会来确立自己的特殊地位。尽管如此，他们仍然在当地的演奏会和其他演出机会当中发现了自己成功的可能性，感到了自己的特殊性。另外，他们被当地最受尊敬的老师接受，在学校和社区里也有个明星一样的地位，这些也让他们感到了成功和自己的特殊。至少在某种程度上，因为他们比也在学钢琴的兄弟姐妹和邻居家的孩子出色，所以他们由此得到了一些自信。从某种角度来看，他们的感觉并不取决于他们在全国范围内水平如何，而是取决于他们在自己的生活环境中是什么地位。

一个在社区里甚至在州里被贴上了"特殊"标签的孩子，在全国甚至世界范围内来看，就不一定很特殊了。孩子本人和那些给他标签的人不太可能意识到社区、州、全国和世界水平之间的巨大差异，但是那些进入了全国和世界舞台的人就知道。尽管如此，贴了标签的作用还是很重要的，它可以让学生保持学习的动力，保证学生尽可能得到最好的教育机会。哥伦比亚大学的教授霍普·詹森·莱赫特在研究家庭教育的时候就发现，"如果家庭成员把某些情境当成是真实的，那么它们的效果就是真实的"（1974年，第37页）。

到了大多数钢琴演奏家十一二岁的时候，他们在家里都得到了一些特殊待遇，这是毫无疑问的。

"我是毫无疑问的明星。"（P-5）

"我们确实给了他一些特殊的优待。我们没有干扰他的音乐活动。我们觉得，他不应该在家里干家务活儿，因为这些会减少他学习的音乐时间。当我们意识到他确实有音乐这方面天赋的时候，我们就让他自由支配时间，不逼他做家里其他孩子必须要做的事情。我们意识到他是一个特殊的孩子，不会要求他去洗车。"（P-15的母亲）

在多数情况下，小钢琴演奏家很热切地回应了所有的关注和称赞。他们觉得自己很特殊，这又强化了他们要更多地学习音乐的愿望。

在孩子们因为自己参与音乐活动而被贴上了"特殊"的标签之后，音乐就变得更加重要了，不仅对孩子如此，对他们的父母也如此。以前是"对孩子有好处的一件事"或者"好玩的事"，现在就成了很严肃的事情。父母观察到，孩子很有音乐天赋，这就会导致父母采取行动，去增加孩子学习和成功的机会。

相信自己的能力

一天天的弹琴变成了一年年的弹琴，"圣诞节是唯一可以休息的一天"（P-13的母亲）。练琴变成了少年人生活里的一个常规。

"我早上起床就会练琴，就像你早上起床会洗脸、刷牙一样。那是一件非常自然的事情，你把它当作很自然的事情来接受。"（P-4）

"当你学了四五年，或者三四年之后，习惯的力量就非常强大了。"（P-10）

这些钢琴演奏家说，在最初，他们之所以学钢琴，更多地是为了得到关注，得到让人另眼相看的机会，而不仅仅是出于一种强烈的愿望要把钢琴弹好。但是，后来他们的想法就变了。随着时间慢慢流逝，钢琴演奏家们发现弹琴不再仅仅是好玩的事情了，它要求自己付出很多的努力。但是，努力的初衷也逐渐变了，它不仅仅是钢琴演奏家为了自己父母而尽的责任，而成了比这多得多的东西。钢琴演奏家们开始意识到，他们在音乐创造上很有能力。那是他们会做而且做得很好的事情。

对这些少年人来说，他们有意识地把自己的能力看得和早些时候的掌声一样重要了，掌握技能和得到关注与赞赏一样，都同样可以激发他们的上进心。"钢琴是一件我能够做得好的事情，那对我来说很重要。我总得有一件能够做得好的事情吧。"（P-8）能够把什么事情做好，能够做什么事情比同龄人都做得好，这些成了很强的动力，让他们更加高强度地去学习。"我的心气高得不得了。我觉得我需要证明自己是有价值的，而最好的证明方法就是通过钢琴。"（P-7）

有一种理论可以用来理解钢琴演奏家为什么会坚持投身到音乐当中去，这是由罗伯特·怀特提供的，他的工作是研究高能力与环境的相互作用。怀特在一个很广的生物学范围内把高能力定义为"一个生物体有效地与环境交流的能力"（1959年，第297页）①。这些钢琴演奏家所描述的经历，与怀特用来证明自己理论的例子非常相似。不管是幼儿时期在钢琴上砸琴键，然后跑到妈妈身边要妈妈夸奖自己弹了好听的曲子，还是少年时期一遍一遍反复练习某个段落，从而让自己创造出来的声音与录音里听到的那个声音一模一样，我们可以看到，这些钢琴演奏家在主动地寻求影响自己生活中的其他人。他们不一定有这个需要，但他们还是这样做了。按照怀特的解释，这些钢琴演奏家"不需要只为了母亲做这件事，作为一个有主动性的、活着的个体，他的成长对他自己而言也是举足轻重的"（1960年，第114页）。

父母和老师创造了一个环境，让音乐上的成功成为了孩子与环境有效交流的

---

① 罗伯特·怀特把高能力的效应当成是一个生物学的现象，他写道："它在适应自己处境上的重要性表现在，它能够促使人利用自己的闲暇时间去获得能力的全面增长。"因为我们这项研究关注的只是一些特殊的发展能力的行为，所以我们既不能接受也不能排除怀特所提出的生物学基础。

一种途径。他们也提供了必需的环境,让孩子的能力不断提高,而且也对自己的能力有清楚的认识。

有些父母,在孩子们达到了一个比较基本的能力水平之后,自己也开始学习音乐。

"我记得有那么一两年的时间,我父母都决定也上课,学其他的乐器,这样他们就可以和我一起演奏室内乐。"(P-5)

有一位母亲(P-8的母亲)的说法是:"我们能够欣赏她所做的事情,她也能够感到我们对她的支持。"另外一位钢琴演奏家(P-4)说:"我觉得,作为一个小孩,这些事情给我留下了非常好的印象。首先,他们自己会参加那样的活动,我指那些非常正式的音乐活动。其次,他们对我的学习也表现出了极大的兴趣。"

父母开始建立庞大的古典音乐唱片收藏,经常去听音乐会。"我们每周去听音乐会是为了他。我们当然也喜欢,所以那就是我们全家会一起做的事情。"(P-15的母亲)

父母也开始仔细观察孩子的进度,因为孩子取得了各种好成绩而去给孩子寻找一位更好的老师,也或者因为孩子没有取得好成绩而去给孩子找更好的老师。孩子的成绩,对父母和对孩子一样重要。

"我父母好像是和老师有一次非常大的争执,因为他们觉得我所受的训练是不够的。老师会给我布置协奏曲之类的曲子,但是又没有给我合适和相应的技术练习。所以在某一刻,危机就出现了。"(P-10)

"我妈妈当时也意识到了我是音乐学校那个'池塘里最大的鱼',我觉得她很对,我爸爸也是这么认为的,我在13岁的时候弹琴比大多数学生都好,比大多数老师也好。她也认识到,在某一个时刻,学生会超过自己的老师。"(P-15)

"在我十一二岁的时候,我一点进步都没有,我父亲觉得,如果他给我交学费，那么就算最后我学不出什么来，我也得学得比当时那样好。比如，我需要老师教我怎么练琴。我当时就是随便怎么弹老师都没意见。所以我爸爸就给我找了位新老师。"（P-22）

老师也是同样重要的。他们帮助孩子发展技能，让孩子感觉到自己在音乐上很有潜力，而这潜力也很有价值。这些老师对音乐是认真的，他们对学生的要求也很高。

"我从来也没觉得我能有机会逃避掉一些任务。换句话说，如果有什么东西做得不是很到位，你知道，他们不会说，'得了，我们往前学吧，下次再改。'我从来就没觉得有这个可能性。我一直就知道，我必须要完成任务，要做到让老师满意为止。"（P-4）

每次从老师那里得到新的学习任务的时候，钢琴演奏家们都知道，这是因为他们的前一个任务已经完成得很好，也很具体地知道他们做到了哪些要求。在他们得到了老师举办的学生习奏会上最好的位子的时候，被邀请举办一场独奏音乐会的时候，由老师免费给上课或者加课的时候，被鼓励参加学生钢琴比赛的时候，这些钢琴演奏家也拥有了一种感觉，感觉到自己在过去的时间里积累了一些成功，有了长足的进步。

演奏会、比赛、考试也是很有用的提高能力的方法，对自己的音乐能力做出评价，建立自信。这些活动给了学生和老师一些非常具体的事情去做，也提供了一个手段，检验一段时间以来学生的进步。它们也把孩子在平日里独自所做的工作带进了公众的视野。这些活动本身所带有较强的社会性，也帮助孩子们把自己的工作看成了在广大的世界里真实而重要的东西。

尽管比赛获奖或者在考试里取得高分肯定是促进学生继续努力的动力，但是，如果没有得奖，或者考试没有得到最好成绩，似乎也没有让小钢琴演奏家觉得特别泄气。老师和父母会帮助孩子们利用这些机会去珍惜自己已经取得的进步，也帮助他们认识到前面还有很长的路要走。老师们似乎会特别强调，这些活动最重要的价值在于学习，在于发现下一步应该做什么，这样，下一次才会取得更好成绩。

怀特的理论是："当某个环境已经被充分利用，到了不能再产生新的可能性的时候"，继续前进的动机就没有了。但是，在老师和父母的帮助下，小钢琴演奏家从来也没有到达这个地步，从来没有感到他们把音乐创造里的所有可能性都已经尝试过了。每一次新的经历都让他们发展出一些新的能力，发现一些新的、需要学习的东西。当小钢琴演奏家"与环境互动的能力"不断增加的时候，在他们的环境里，他们得到的挑战也增加了。

小钢琴演奏家一开始是"玩钢琴"，然后，他们转成了学习技术，再然后他们学到了诠释音乐的艺术。他们最初是为自己的父母表演，然后是在社区里表演，最后，听众就会越来越多、越来越多样。他们最初是掌握了一些曲子，之后是掌握一整套曲目。他们开了独奏音乐会，之后又与交响乐团一起演出。他们演奏的音乐在变化，他们的诠释和演奏也在变化。

这些钢琴演奏家为自己的持续努力找出了一些理由，这些理由在本质上很多都是他们成功地以音乐为工具与环境互动。他们用音乐来获取父母和老师的认可和奖赏，用音乐来寻找作为一个人的意义，也用音乐来寻找自己在社会上的位置。

优势的积累

感觉自己有些特殊之处，对自己的能力有自信，这两者似乎起了重要的作用，不仅让孩子们能够继续学习钢琴，也保证了他们接受到最好的钢琴教育，在学习过程中也能够不断得到机会。看上去，小钢琴演奏家越觉得自己很特殊、很成功，他们就越情愿（甚至是急切地）在音乐活动中投入更多的时间和感情。同样，父母和老师越觉得孩子特殊，他们就越会愿意为孩子最终的成功而做出投入。

很重要的一点值得记住：在大约10来年的时间里，这样的感觉在强度和广度上都是在不断增加的。也许正是因为这段时间很长，所以钢琴演奏家和父母在音乐上的投入就变得很自然了。孩子和父母都并没有太意识到，他们逐渐做出的一些决定和选择，对于促进孩子在音乐方面的发展是多么重要。孩子们已经很多年如一日地练琴，他们的努力也得到了很好的回报，他们最后发现，想要停止创造音乐，是很困难的事情。他们没有在任何其他事情上投入这么多努力，他们在任何其他事情上也都不能做得这么好。他们的父母在很长时期里已经把自己的时间、金钱和情感资源都越来越多地投入到孩子的音乐学习当中去了，他们似乎也发现，和停止学琴相比，继续学习才是更自然的选择。

社会学家默顿、科尔和祖克曼等人的工作提供了另外一个角度，来理解这些钢琴演奏家为什么能够持续工作，投入大量时间，以保证最终的成功。这些研究人员感兴趣的是科学家，特别是获得过诺贝尔奖的科学家，他们的研究是关于这些人如何取得成功的。学习只是获得成功的过程中的很小一部分，也只是这些社会学家所做的分析里很小的一部分。但是，他们的工作揭示出来的一系列事件，以及他们提出的"累积优势"，在理解钢琴演奏父母的付出和最后的成功的时候，似乎提供了一个有用的理论基础。

罗伯特·默顿提出了科学界里的"马太效应"："已经卓有声誉的科学家，在做出某项科学贡献时会更容易得到认可。而还没有什么名声的科学家，在做出同样贡献时，则暂时不会得到这样的认可。"

他发现，著名的科学家"在与别人合作的时候，或者与其他人同时却独立地做出了发现的时候，会得到与他的贡献不成比例的高回报"，他们对科学的贡献

成才之路　　发展青少年的天赋

非常容易被别人看到，而不太出名的科学家则容易被忽略。这些著名科学家的自信，"部分是天生的，部分来自经验，部分是科研环境里人们愿意把重大成果与著名科学家联系起来的结果，部分也是人们对他们的社会地位给予认可的结果，这些都让他们得到鼓励，去寻找更加有冒险性质却很重要的问题，而且把自己的研究成果广为宣传"。

科尔兄弟提出的"累积优势"的假说，是对于"马太效应"的延伸："那些一开始就成功的人会有更多成功的机会。"科尔兄弟注意到，如果能够成功地获得地位和声望，并且因此得到关注，那么这就会带来一些社会优势，在分配资源和争夺奖赏的时候，也有当时和以后的优势。他们发现，社会上有一个贴标签、给人分轨的体系，这个体系和一个自圆其说的预言有很多相似的特点。他们这样描述这个过程：

"在研究生院里，有些学生被贴上了'聪明''有前途'的标签。他们通常就会去最有势力和声望的教授那里当学生。作为研究生，他们得到了更多的研究资源，经常有机会和他们的导师一起发表论文。也许更重要的是，他们从这里建立了自信和一个信念，即他们有成功所需要的素质。这些著名教授手下的、'被封了爵士'的学生，往往也最有可能在最有名的学术机构和研究院里得到他们的第一份工作。在这些研究院里，他们又有了研究资源上的优势，发表论文也就更容易。

"在这个时候，累积优势的下一步也要发生了。如果一个领先的科研机构里的一名年轻科学家发表了一篇论文，别人给贴的标签是'有点意思'。然后，在他逐渐被'体系'接纳的时候，他就会得到更多的研究资源。在这个时候，和那些在研究生院里没有被贴上'聪明'标签的同事相比，他就千真万确地有了更大的优势，那些同事，很不幸地，就不会得到著名教授的帮助，也没有得到足够自信去做高质量的科研工作。那些受到青睐的年轻科学家得到研究资助的可能性，在一个有利于科学发现的环境里工作的可能性，与其他有想象力的科学家合作的可能性，都和那些没有受到青睐的同事完全不一样了。这些被选中的人得到了其他人得不到的优势。"

在钢琴演奏家的成长过程中，肯定也有这样的贴标签和分轨系统。在音乐家的成长过程中，这可能比科学家的成长更为重要，因为它是从童年时候开始的，而不是在大学或者研究生院里开始的。在有些情况下，优势开始积累是从父母给自己两三岁的孩子贴上"有音乐天赋"标签的时候开始的。

不管一个小孩在摇篮里唱歌是不是真的不寻常，一些钢琴演奏家的父母都会觉得这不寻常，他们也因此开始和孩子互动，提供一些物质上的条件，而这些可能是大多数 2～4 岁小孩在一般情况下得不到的。这些父母给孩子唱歌，跟他们玩音乐游戏，给他们买音乐玩具、唱片，花时间帮他们查他们一起听的曲子是什么，做很多类似的事情。有一位父亲（P-1 的父亲）回忆了女儿上学以前，他和女儿的一段经历："她开始唱一些非常好听的歌曲，比如圣诞歌曲。所以我们就给她买了一架立式的小钢琴当作圣诞礼物。"

在这些钢琴演奏家开始上钢琴课之前，他们在家里得到的音乐体验，在强度上差异很大。而父母对于孩子是否有音乐感受力的观察相差也很大。但是，在他们开始上第一节"真的"钢琴课之前，所有钢琴演奏家都有过一些非正式的音乐熏陶。"他在开始上课之前就认得所有的音符和类似的东西。"（P-23 的母亲）"就像是预习一样"，一位钢琴演奏家（P-15）说："她只是想让我起跑的时候领先一点。"

这些钢琴演奏家早期在家里的音乐经历给了他们起跑时候的领先条件，这正是他们的父母所希望的。他们当中的大多数在开始上钢琴课的时候都对钢琴有兴趣，也对钢琴感到很熟悉，他们相信，学得越多可能就越好玩，他们也比很多初学的学生多一些知识和技术。老师通常会分得出"学得快"和"学得慢"的学生，在前一组里，老师还会确定哪些是他们"最好"的学生。我们访谈过的钢琴演奏家就是这样，很快就被老师看中了。作为老师看重的学生，他们得到了老师额外的教学时间、关注、特殊的鼓励、仔细选择的教学内容和演奏会上最好的出场顺序。在这些情况下，这些孩子很有学琴动力，就一点都不奇怪了。

至少在富有音乐性地演奏的时候，小钢琴演奏家建立起了相当可靠的自信。这在他们学习的早期阶段，从他们走上台的姿势和演奏的方式里都很容易看得出来。对所有年龄的演奏者来说，演奏都是个有风险的行当。但是，这些钢琴演奏家从一开始就为自己的家人和朋友演奏，他们信心十足地迎接挑战。而因为他们具有这样做的能力，他们又从两个方面增加了优势。第一，他们作为年幼的优秀钢琴学生，得到了更多的来自社区的认可。第二，这些经历让他们在当地音乐圈子里更加引人注目。

我们还发现，在钢琴演奏家学习的早期阶段，他们还得到了相当多的教学上的优势。从效果上来看，他们受到了双重的教育，因为他们的父母和老师在价值观和行为上都有很多默契。尽管每周只有一次钢琴课，但是两次课之间那6天，孩子是由父母指导练琴的。父母和老师都奖励同样的行为，都赞同并且帮助彼此对孩子的教育，虽然有时候老师并不知道父母所给予他们的帮助。

因为早期的钢琴课和演出，别人会认为这些孩子有天赋，别人也是这样告诉他们的。说他们走到了班级的最前列，不仅很形象，有些时候也非常准确。于是，发展音乐能力所需要的重要资源，从父母和老师那里源源不断地来了。我们想，孩子接触音乐的那种自然的方式，加上孩子从弹琴当中得到的那种认为自己很特殊的感觉，几乎是从一开始就给了钢琴演奏家们很大的优势，这是他们的同龄人所没有的。

每一次演出，老师或者邻居的每一个评论，也让父母更加确信他们孩子的潜力。老师也加入了给孩子以"认可"的行列。到一定时候，大家还会共同开始努力，给孩子找一位更好的老师，一位在音乐上知识更广博的老师，在他所在的地区是被大家认可的专家，与当地音乐圈子也有密切联系。

这些新老师给学生提出了更高要求，他们还要求学生具有准确性，要重视细节。

"我记得有一次她说，'你每天要练琴两小时。'我想，我的天，那可真够多的。但是我记得后来我就每天练了两小时。"（P-23）

通过给学生设定高要求、坚持让学生达到这些高要求，以及给学生示范怎样达到这些高要求，这些老师给了学生一个机会去接受好的教育，这在今后多年都是这些学生的优势。

老师们也保证了这些钢琴演奏家除了每周一次的钢琴课，还能够有其他各种各样的经历，让音乐创造成为他们生活中一个真实的、不可或缺的部分。他们让小钢琴演奏家去比赛、考试，也参加其他有挑战性、有收获又能够激励他们今后学习的活动。与他们那个地区最好的老师学习、经常参加公开的活动，也都帮助了钢琴演奏家建立自己的名声。

当他们在音乐圈子里逐渐为人所知的时候，机会和收获就来得更容易了。例如，如果因为参加了某场地区性的比赛，钢琴演奏家的名字上了报纸，这就可能会让他得到邀请，在当地的某个社交俱乐部演出。当然，每一个公开演出的机会又都会帮助他在下一次比赛当中取得好成绩。

到了这些钢琴演奏家进入青春期的时候，他们已经得到了非常多的机会，来促进自己的学习和成功，而他们也利用了这些机会。一个没有这么多优势的孩子，比如，开始学琴比较晚的孩子，或者从父母和老师那里没有得到很多关注和支持的孩子，想要打入这个系统，想要赶上这些钢琴演奏家，已经是极其困难的了。而另外一方面，这些钢琴演奏家已经利用了这么多机会，在这个时候，让他们停止学琴，改学其他一些事情，也已经是极其困难的了。

这些小钢琴演奏家对自己的音乐能力、技术能力是很清楚的，他们同样也很清楚，相对来说，自己在其他事情上则缺乏技能。这就使得他们很难找到其他任何活动，能够像音乐那样给他们带来满足。他们已经能够把弹琴这一件事情做得非常好了。尽管他们可能没有意识到自己用了多长时间才达到这样的水平，但他们逐渐开始感觉到，即使自己想做其他事情，似乎也做不了了，至少是不太可能接近他们弹钢琴的水平了。

钢琴演奏家和父母也都已经为了学习音乐而做出了很大牺牲，这实际上也都已经把其他"门"在他们身后关上了。一般来说，他们对待音乐的态度比对待学校功课的态度要严肃得多。这些少年人已经失去了在其他方面发展的机会，例如科学和体育。当然，所有这些都不是一夜之间发生的。在前面描述过的那些变化是逐渐发生的，是在十几年的时间里，每一个变化都发生在之前那些变化的基础上。

到了他们进高中的时候，大多数都已经被看成是小音乐家了。在很多年里，他们因为自己的音乐能力而被贴上了音乐家的标签，得到了特殊的待遇，一开始是从自己的家庭里得到这些，再后来从同学那里，最后是从他们的社区里。过了一段时间之后，这些钢琴演奏家想要把他们是谁与他们的钢琴学习分开，就已经不可能了。他们把自己看成一组特殊的人群——音乐家。通过参加夏令营或者参加比赛，他们与其他音乐家接触越多，他们对自己是什么人的看法就越来越坚定。就像一位父亲（P-22 的父亲）所说，到了高中毕业的时候，他儿子"已经赢了很多场比赛，所有人都觉得，除了搞音乐之外，他没有更好的选择了"。

从一个有天赋的少年人过渡到向着专业钢琴演奏家的方向前进，在这个过程

| 第十二章　长期的认真学习 |

中，最关键的一步，似乎是学生投到一位大师级老师门下。小钢琴演奏家能够跟这些老师学习，是因为他们在学习的过程中已经积累起来的优势。他们处在有利的位置上，在夏令营，或者在参加比赛的时候，他们可能会被大师级的老师看中，也可能得到圈子里的一些人的推荐，这些人时常把"最好的"学生输送到"最好的"老师那里去，就这样，年轻的钢琴演奏家到了大师级老师的门下。

要想在音乐界成功，很重要的一点是要认识合适的人，知道合适的学校和活动。但是我们的访谈也揭示出，一个人或者一个家庭，不需要在孩子出生的时候就认识合适的人或者知道合适的学校。我们发现，如果他们开始学习的时间足够早，学得足够努力，又有足够的重视，那么他们就能够开通这个系统，事实上他们也的确做到了。

优势不是那么容易得到的，那是用大量刻苦努力换来的。在每次机会来临的时候，有人需要做出行动，需要坚持不懈地努力，需要做出牺牲。在学习的早期，大部分的行动是由父母完成的。到了后来，老师和钢琴演奏家就开始更加多地加入了创造和建立优势的过程中去，而这些换来的则是学生长期坚持把自己投入到音乐中去。

对有些钢琴演奏家来说，音乐创造几乎成了一种信仰。

"我还记得有这么一种意识，一种使命感，我好像应该起一种作用，在音乐上的重要作用。我便是我，在某些作品里有一些话要说。"（P-5）

他们谈到下面的种种经历，"我觉得我的头都要炸开了，我当时说那就好像是个信号。"（P-8）"让音乐听起来和你想达到的效果一模一样"成了必要的事情，"你已经听过其他人弹奏某个曲子，比你弹得还好，但是他们仍然无法把曲子弹得完全合乎你想要的效果。"（P-2）

有一位钢琴演奏家解释了为什么有些人让音乐创造带上了一些神秘的色彩。

"我感觉到一股巨大的力量。当你做一件事情做了很长时间之后，会有一种心理效应在起作用。你会觉得，仅仅是在这件事情上面花了这么多时间，这本身就有不得了的价值。如果要把这个习惯打破，用其他东西取而代之，那只有经受某种巨大的创伤才能做到。"（P-10）

但是，不管有没有一股暗中的坚不可摧的力量在起作用，所有人都意识到，他们是与音乐创造紧密联系在一起的，如果在高中毕业的时候还没有意识到这一点，那么在之后的两三年内也肯定会意识到了。

"没有其他事情像音乐那样让我有兴趣，我学音乐的时间远比做任何其他事情的时间都长。"（P-10）

"音乐是我所知道的最容易的谋生方法。那是我会做的事情，那是我受了训练要去做的事情。我不知道怎么把任何其他事情做得同样好。"（P-24）

其他人的影响

还有另外一个角度，也可以用来理解这些钢琴演奏家是怎样做到坚持长时间学习音乐的。有一个主题是被一个又一个钢琴演奏家不断提到的，那就是，在学习成为音乐家的过程中，他们从其他人那里得到很多情感上的支持和激励。

在做这项研究的时候，我们从一开始就假设，学习是一个需要与人交流的过程，而不是能够在孤独中独自完成的。对于一个人决定学什么，能够学到什么程度，以及能够坚持多久，家人、同伴和其他人都会起重要作用。所以，我们设计的访谈是要让我们能够看到钢琴演奏家在和谁一起工作，他们怎样与这些人一起工作，以及父母、老师和其他人为他们的成长做了什么。但是，我们没有料到的是，所有这些人提供的情感上的支持，被钢琴演奏家看得那么重要。

第十二章 长期的认真学习

我们已经发现有一件很普遍的事情：在最初，帮助小钢琴演奏家投入到钢琴当中去、向这个职业方向迈出了第一步的是钢琴演奏家在感情上对他们的第一任老师的回应。钢琴演奏家与后来的老师也有类似的感情纽带，这个现象也许被我们一带而过了，但正是这个事实帮助钢琴演奏家保持和延伸了他们对音乐学习的投入，去学习音乐创造中的艺术和科学。我们用一些例子来具体地说明这个观点。

有一位钢琴演奏家（P-20）在12岁的时候"开始有了非常大的进步"，那时候他已经松松散散地学了7年钢琴了，他父母已经给他换到第四任老师了。"我意识到这个女人真是认真的。她可不是一个只想着收我们钱的人。她急切地想看到我的进步。她是个非常尽职的老师。她一堂课能给我上两三个小时，而我们只给了她一个小时的学费。她和我一起如此努力地学习，在她教学的时候，她会满身是汗。"

在他和这位老师学习了不到两年之后，这位老师就去世了，但是，在之后的很多年里，她都是他音乐创造中的一个重要力量。直到上了大学之后，他才找到另外一位老师可以让他同样地尊敬。这位老师，也"让我觉得我想要把琴弹好，所以我就开始好好练琴了"。这位钢琴演奏家说，在他增加了每天练琴的时间之后，"我当然就开始进步了"。然后，"我看到老师也对此做出了回应，所以我就开始每天练琴4个小时，然后每天5个小时，然后6个小时……"

我们刚刚描述的这位钢琴演奏家，虽然他成长的故事比其他人多一些戏剧性，但他绝对不是一个特例。另外一位钢琴演奏家（P-7）说："我一直就很有雄心壮志。在被钢琴吸引之前，我对数学入了迷。在一段很短的时间里，我的志向是当一名探险家。当我决定要当一名探险家的时候，我就想当一个世界著名的探险家。然后我10岁的时候喜欢上了网球。我真的学得很刻苦，练得很刻苦。一直到我13岁的时候，我才真正决定下来，我想学音乐。可是那也有可能只是一时的兴趣，

成才之路　　发展青少年的天赋

但是，就在那个时候，我在另外一个小城市里找到了一位特别好的老师。他是一个可以激励我的人。"

在这之前，他的雄心壮志和充沛的精力是没有聚焦的，这位新老师的出现给他带来了一股巨大的力量，这个问题就彻底被解决了。这位钢琴演奏家补充说："我知道他真的相信我的实力。和他在一起的时候我就是个非常不寻常的人。"

还有另外一位钢琴演奏家（P-8）这样解释他为什么大量增加了练琴的时间："因为我喜欢我的老师……"另外一位（P-4）说道，他去给好几位大师级的老师弹了琴，之后选择了后来他从师的那一位。他选择的原因之一是："我感到他对我的才能也有着极大的兴趣。"这些钢琴演奏家一次又一次地提到那些他们热爱、敬佩和尊重的老师对他们的影响，以及他们从这些老师那里能够感到对音乐创造的忠诚，对学生成长的全心全意的关心。有几位说，他们感到，在与缺乏这些品格的老师学习的时候，自己"没有什么进步"。

老师不可能为钢琴演奏家提供他们所需的全部情感养料，让他们能够年复一年地持续努力。幸运的是，钢琴演奏家的父母及其他一些人，例如朋友和已经事业有成的音乐家，也给了他们类似的支持。总是有个人在倾听孩子，参与到孩子的活动里去，这些都帮助了他们，让他们得以拥有成长所需要的坚持不懈的品质，特别是父母和老师，他们似乎和钢琴演奏家一起创造出了一个互相依赖、不需要其他外力的系统，他们互相鼓励，互相支持。

一位钢琴演奏家（P-10）说，父母很清楚地向孩子们表明，"他们相信我所做的事情的价值，而且总是能够有钱来支持任何与音乐有关的活动"。"我们只能做出一些牺牲，没有其他选择，"一位母亲（P-23的母亲）说，"因为我们希望他能够有另外一架钢琴。他在进步，他学得非常好。""我觉得他们对我特别支持，总是在我背后支持我，但是又没有逼我学音乐。"（P-15）

"他们非常明确地鼓励我，这是毫无疑问的。他们对我所做的事情非常积极地表示感兴趣，他们还鼓励我、倾听我。但是他们不会拿个大棒子逼我学。从没有发生过这样的事。"（P-5）

有一位钢琴演奏家（P-23）是这样总结的："别人给我的感觉就是，这是值得做的事情。"这些钢琴演奏家的回忆里充满了对自己能力的信任，对自己能够成为出类拔萃的音乐家的自信，他们深信音乐事业是一个值得努力追求的目标。

约翰·加德纳写道："一个在心理上被打垮了的、没有希望的人是不可能成为优秀的人的。我不是说那些获得了成功的人要更快乐、更乐观，或者更无忧无虑。这些人可能在遭受痛苦，可能会有绝望的时刻，可能在生活的很多方面都对自己没有信心。但是，在内心深处，他们有一种坚定的意志和对自己的信任，是这些让成功成为可能。"

钢琴演奏家们并非在出生的时候就有这样的意志和自信，但是，他们似乎都发展出了这两种品质。他们能够做到这一点，是因为身边有支持和鼓励他们的成年人，这些成年人往往在钢琴演奏家对自己有自信之前，就先对他们有了信心。

建立和再建立专业志向

这些钢琴演奏家的学习动机和他们对音乐的追求是随着时间而变化的，而且，因为以下3个原因而不得不变化。第一，他们可以怎样利用自己的时间，什么因素可以成为他们学习的动力，一些事情如何能够激发他们学习的动力，这些都是受年龄影响的。例如，金色的小星星和糖果对小孩子是很管用的，但是少年人就会对此嗤之以鼻，成年人会觉得这没有意义。在全世界出名，对少年人和年龄更大的学生来说，很能激发他们的想象力，但是年幼的学生几乎从来不会想到这些，对他们来说，家庭和朋友的夸奖就足够了。而当他们长大，进入了比家庭和社区要大得多的环境之后，他们可以有什么样的机会，他们如何选择去利用自己的时间，就成了比以前复杂得多的事情。

第二，当教学内容起了变化、对学生的要求提高了的时候，这项活动的本质也会发生变化。他们需要一次次决定全身心投入到"新的"活动中去。每一次新的决定都需要比前一次更坚定，这是因为他们需要在钢琴上投入大量时间和努力，也就不可能再去做其他事情了。一个6岁小孩能够每天弹45分钟钢琴的原因，和他在13岁的时候每天练琴两三个小时的原因，是完全不同的。而这些原因也都不能解释为什么一个18岁的学生能够每天练琴6小时以上。就算是把一首曲子从头到尾弹下来能够带来的乐趣，在6岁、16岁和26岁的时候也是不一样的。在这些不同年龄，怎样弹才称得上弹得好，也是不一样的。

第三，在一件事情上所花的时间、多年累积起来的经历，以及他们掌握的专业能力，也会改变他们做事的出发点，以及他们如何应对后来发生的变化。坚持一个职业志向和最初建立一个职业志向是不一样的。让自己对志向的追求越来越强烈，与这两者又是不同的，它是所有经历累积起来的结果。

大多数钢琴演奏家说，他们没有觉得自己"生来就是要当钢琴演奏家的"（P-7）。他们讲了一些很滑稽的故事，讲述他们在很多年里在音乐方面头脑是多么的简单，他们甚至不懂得欣赏。

"我记得在我大约9岁的时候，我听过霍洛维茨的演奏。"（P-5）

除了几个例子之外，钢琴演奏家的父母也没有敦促孩子选择音乐作为职业。事实上，典型的情况是父母需要很多年的时间才意识到自己的孩子是朝着职业音乐家方向走的。

"我当时只是觉得，如果一个人拥有的事物里包括音乐，那会是多么美好。

| 第十二章 长期的认真学习 |

所以，我也没有特意计划让他当钢琴演奏家，也没有推孩子往这方面努力。即便在我做最离谱的白日梦的时候，都没想到我孩子会成为一名钢琴演奏家，我一直以为他会当个物理学家或者工程师什么的。"（P-15的妈妈）

"现在回想起来，我觉得，如果我知道他会成为一名钢琴演奏家，我会给他找一个更好的启蒙老师——音乐学院老师。那个时候，我没觉得这有多么重要。"（P-22的母亲）

"我们家的背景不是很有知识的那种，我们做事基本就是凭普通常识。如果事情做成了，就成了；如果没成，我们就想办法找出另外的解决方法。我们有计划，但那不是什么宏大的计划，计划中有好多事先想好的细节，把以后10年都想好了，就好像你是个行政人员似的。我们只是简单地把事儿做了就行了，如果没做好，想想如何改进。所以，那就是我们家做事的风格，很长时间都是这样。"（P-23）

但是，在钢琴演奏家的家庭里，音乐和音乐创造是受到重视的。他们的家庭是以孩子为中心的：孩子具有特殊地位；父母不仅在理念上以孩子为中心，而且每天努力做对孩子最有益的事情；为了孩子未来的成功，父母做任何牺牲都不过分。

这些钢琴演奏家的另外一个幸运之处，是他们能够跟那些不遗余力帮助学生成功的老师学习。除了两个例外，其他所有钢琴演奏家都有过至少一位这样的老师。他们不把这些钢琴演奏家简单地看成普通学生，而是认为他们有些特殊之处。这些老师主动积极地为这些学生提供任何他们所需要的机会，让这些学生达到自己潜能的极限。

小钢琴演奏家就这样投入到了一个由父母、朋友和老师支持的活动当中去。他们为自己很能干、很特殊的感觉而兴奋，他们生活的环境里有着对他们潜能的无限信任，也有几乎是无限的资源，以使这种信任成为现实。他们深深沉浸在学习当中，事实上，他们也学得非常好。

总结

仅仅在一个活动当中投入许多时间，并不能保证学习的成功。投入到学习里的时间还一定要利用得好。但是，要想出类拔萃，也没有捷径可走。

既然要想在任何事情上取得成功，都必须要持续投入多年的时间，那么，一个核心问题就是：如何让学生能够在一个学习项目里做到这一点。从对成功人士的访谈中，尽管我们并没有发现一个明确的答案，但这些访谈明确揭示出了一些重复出现的主题，能够帮助我们理解这些成功人士为什么能够长期坚持自己的事业。我们把这些主题呈现出来的时候，只使用了从钢琴演奏家的经历中得到的例子，但是，在我们研究的其他5组人士当中，这些主题也是非常明显的，虽然有时会有些许变化。

在最初，这些成功人士是以很自然的方式接触到后来他们取得了成就的领域。在他们所处的环境里一直都有在这个领域里的活动，这些活动也很受重视。他们的家人经常会鼓励孩子发展这些方面的兴趣，但这仅仅是他们家正常的生活方式。当然，孩子显露出来的任何兴趣都是会得到回应的。

孩子们很快就意识到，某个领域在自己家里是有特殊意义的。在这些事情上试着玩一玩，就比做几乎其他任何事情都能够让他们得到父母更多的关注。过一段时间之后，他们就也会发现，在这个领域里发展，是一个让他们可以与众不同的机会——与他们的同龄人和家里的兄弟姐妹不同，甚至比他们更好。在这些人成长的过程中，这种觉得自己很特殊的感觉是他们努力工作的动力，但是在学习的早期尤其如此，因为在那个时候，其他的动力还没有被挖掘出来。

最初，这些活动并不需要很多努力。虽然在孩子接触这个领域之后不久，正式的教学就开始了（钢琴、游泳、网球），但是在很长一段时间里，教学强调的重点仍然是这些活动里有趣的一面。在学生需要达到越来越高的要求的时候，他们也开始需要越来越充分的理由去坚持努力。在这些理由当中，最突出的是这些人开始意识到，他们已经在掌握相当可观的技能。这些活动也就成了他们证明自己能力的途径，那也是他们与自己所处的环境互相作用的方式。当然，这些之所以成为可能，也是因为，在这些学生的生活里起了重要作用的人，对学生所从事的活动非常重视。

在孩子们自始至终的学习过程里，他们发展天赋的这个领域一直是他们生活中不可缺少的一部分，这个事实很可能至为关键，作为前提，让他们最后能够取得不同寻常的成就。它可以通过很明显的方式，也可以通过很细微的方式，来促使学生成长，保证他们长期的投入。这其中，就包括父母对孩子的活动和学习的投入和支持。

最初，是父母给了孩子可能性，让他们接触到这些领域，而且觉得这些领域很有趣，这些事情为早期的学习建立了一个框架，也使得孩子在所有活动当中最注重这一项。这些都是因为父母自己很重视。早期的接触给了孩子机会，他们被培养出一些最初的能力，让后来的学习和成功成为可能。这些能力，在早期的正式教育（学校教育）里很可能是被忽略的。例如，对艺术家来说，训练自己的"耳朵"和"眼睛"是非常重要的。对运动员来说，学习很自如地运用自己的身体很重要。而对数学家和神经医学研究人员来说，则是在观察到的现象和抽象概念之间建立起逻辑联系的能力，以及把各种理论联系起来的能力是重要的。其他的那些孩子，父母对这些活动懂得很少，也不那么关心，相比之下，我们研究的这些人肯定是在起跑时就领先了的。

再有，因为父母重视这些活动，孩子一般就会得到"双重"的指导，至少在学习的早期阶段如此。除了正规的上课之外，他们在家里也学到了学习方法和心态，这些是非正式的，父母和孩子教和学的时候经常也并非是有意识的。看上去，最重要的是父母自愿在必要的时候改变自己的生活，以适应孩子成长的需要，促进孩子今后的发展。相比于其他那些没有从父母那里得到类似支持的孩子，我们所研究的这些孩子，在学习过程中得益于父母的大量投入，也就在学习的过程中积累了可观的优势。

学习的过程也会与孩子生活里其他各个方面相互作用，带来更多看得见的结果。尽管成功的学习需要相当程度上的独自工作，我们访谈的这些人却也有机会在公众场合展示他们的技能、锻炼自己、因为过去的努力而得到奖励、为未来继续工作找到理由。除此之外，在各自的领域里学生们也有成年人做他们的榜样，不仅可以从这些人那里得到激励，也可以找到线索，去了解自己下一步应该学什么。

这些成功人士没有把他们的成功归结于任何一个单一的原因。相反，从他们的叙述里可以看到，他们的工作背后，是多个动机的组合。建立长期学习的动力，并能够坚持下去，就意味着要有一种态度，使得自己能够一天天不断学习、持之以恒。他们还需要理解，只有这每天的努力，才能够在多年之后积累出成果。学生既需要把注意力集中在细节上，也需要有宽广的视野。怎样让学生在一个短暂的时间内把注意力集中在学习任务上，这个问题，教育学工作者已经有了相当多的了解。但这样的方法却不太可能帮助学生建立长期的坚持，而长期的坚持才是学习成功的必需。但我们至少知道，如果学习不是一个学生生活里重要的组成部分、没有受到各方面重视，那么，要想开始并且保持长期的坚持努力就会是很困难的事情。

第十三章

天赋发展的普遍规律

本杰明·布卢姆

第十三章　天赋发展的普遍规律

这本书自始至终的重点都是个体在特定领域里天赋的发展。在每个领域里，我们选择了大约20多位在40岁之前就取得了世界级成就的人士。我们访谈了这些人当中的大多数，以及他们的父母，在有些情况下也访谈了他们那些出色的老师、教练们。

在第二章到第十章里，我们描述了每个天赋发展领域之内的特殊情况，也指出一些天赋发展的共性，以及每个组与其他组的不同。在3章里（第三、第六、第九章），我们各描述了一个个案。我们在这几章里特别关注的是要尽量准确地展现出每一个特定领域之内天赋发展的主要特点。我们的研究人员互相检查，以确定我们的描述能够代表我们访谈过这些成功人士、父母及老师所得到的材料。毫无疑问的是，在某种程度上，每一个有天赋的个体都有一些独特的经历。但是，除了我们描述的3个个案之外，在其他章节里，我们主要考虑的是要发现所

成才之路　　发展青少年的天赋

有天赋发展领域里的共性，也要发现每个领域以内的特点。

我们研究的几个大方向是：音乐（钢琴）、艺术（雕塑）、体育（网球、游泳）、科学（数学、神经学）。从第十一章到第十三章，我们的重点是要找到每一个大方向内的共性。我们也想找出所有这些方向里存在的共性。我们希望，在这几章里找到的一些天赋发展的普遍原则，能够推广到我们访谈的这些人以外的人，也推广到我们研究领域以外的方向。我们找到的这些普遍的特点、过程和原则，它们的准确性如何，需要让未来的研究来检验，要看它们是否能够在其他领域里获得证实。我们希望这本书的读者在读第十一到第十三章的时候，把它们当作对天赋发展过程普遍原则的一个系统性的观察、思考和总结。

在这最后的一章里，我们描述天赋发展过程中的一些主要特点，提出一些普遍原则。关于天赋发展过程的这些理论，也许可以用以下的论述来总结。这些理论在这一章和在第十一、第十二、十三章里都有更加详细的阐述。

●天赋的发展，在最初的阶段通常是被小孩子视为玩耍和娱乐的。在这之后，是一个很长的学习过程，包括更高的要求、更多的时间和大量的刻苦练习。最后，有一些特殊的学习经历会促成一个人对某种事业的坚持不懈，最终，这个事业既成为了工作，同时也是娱乐。它既是业余时间的追求，也是一种召唤，还是一生的事业。（另见第十一章）

●家庭环境让人建立起了好的工作习惯，也认识到在任何时候都尽力而为的重要性。最初，这一点适用于家里和学校里的大部分活动。后来，这个价值观与这些人最直接的联系，就是在他们所选择的发展自己天赋的领域。（另见第十二章）

●如果孩子在父母高度认可的一个领域里发展自己的才能，那么，每一组人的父母都极大地鼓励了他们，在其他也有可能发展的领域，父母的支持则会少得多。（另见第十二章）

第十三章 天赋发展的普遍规律

●没有人是完全靠自己走到了任何一个领域的最高处的。在通往优秀的道路上的每一处，家庭和老师都至关重要。家庭的具体作用随着时间的变化有了很大的变化，教学的质量和教师的水平也有了很大变化。很显然，在每个领域里，家庭和教师在不同时间所做的事情及具体做法，都为孩子们最终出类拔萃的成就搭好了舞台。（另见第十一、第十二章）

●在10多年越来越复杂、越来越困难的学习过程中，如果想要坚持在某个领域不懈努力，那么，不断取得卓越的成果和进步，就是不可缺少的。

教学和学习环境对于天赋发展的影响

我们所研究的这些人，在许多年的学习和训练之后，天赋得到了充分的发挥。尽管每个个体和每个发展天赋的领域都有很多独特之处，在这一章里，我们还是会描述一些具有共性的特点和过程，这些是在本书各章里一再出现的。尽管我们无法为发展天赋需要什么样的教学、什么样的学习方法开出一个处方，但是我们可以描述一些我们在各个天赋发展领域里所看到的、有正面作用的状态。在这里，我们试着指出，有哪些状态和过程，在我们研究过的3个大方向（艺术、认知和体育）里都能够看到。对某一特定领域有兴趣的读者会发现，在关于那个领域的那一章里，我们也描述了很多同样的状态。

在描述正面状态的时候，我们会考虑那些有天赋的个体、父母、老师及其他人在天赋发展的每一阶段所起的作用。为了简洁起见，在这3个大方向的每一个里面，我们都只用一个领域为例（游泳、钢琴、数学），但是这种现象在其他领域（网球、雕塑、科学）也是同样存在的。

家庭环境和早期的学习

有天赋人士的父母在他们所受教育的程度、所从事的工作、家庭收入水平和业余兴趣爱好上都有非常大的差异。但是，他们都真正重视自己的孩子，在孩子成长的任何阶段，都想尽可能地做最好的父母。在很大程度上，他们以孩子为中心，愿意投入自己的时间、资源和精力，给孩子提供最好的成长条件。几乎没有任何牺牲是他们觉得太大而无法做出的，只要他们觉得这样做能够帮助孩子更好地成长，他们就会去做。

我们发现，在大多数这些家庭里，父母极其强调成绩、成功，在任何时候都愿意尽力而为。这些父母也是这种"工作道德"的榜样，他们被别人认为是勤奋工作的人，不管做什么都是全力以赴。他们相信工作比玩乐要重要，相信一个人应该为了未来的目标而努力。他们期望自己的孩子也能够建立起同样的价值观。他们给自己所有的孩子都灌输了这样的观念，在孩子们偏离了这些观念的时候，也会时时提醒他们。

对孩子们的期望，也包括分担家里的劳动，承担家庭的责任，并且把自己分内的事情做好。对他们的期望是先要把家务和学校作业做好，然后才能出去玩。在安排家庭里生活常规的时候，包括吃饭、作息时间、家庭成员的互动，以及娱乐，父母都会让孩子们承担适当的责任，帮助他们成为有自我约束的人。当一个孩子对某个天赋发展的领域感到有兴趣的时候，父母也会要求他在这一领域里使用同样的一套价值观。要出类拔萃，要尽力而为，要刻苦努力，要有积极意义地使用自己的时间，这些价值观都一再地被强调。

这几组父母最大的区别，就在于他们对哪个领域更有兴趣，更愿意参与，更加重视。比如，运动员的父母对体育（网球和游泳）感兴趣，他们鼓励孩子在一

| 第十三章　天赋发展的普遍规律 |

项或者几项体育运动中出成绩,他们相信孩子会从参加体育运动当中得到收获,他们一般对体育也了解得很多。这些父母当中,有一些人自己非常积极参加体育活动,其他人也会参加体育活动,或者喜欢观看体育比赛。在这些家庭里,孩子们从很小的时候就受到父母的鼓励,去参加体育活动。他们在和家人聊天的时候、在观察父母的时候,就学到了有关各种体育运动的知识。在有些情况下,他们是网球俱乐部或者乡村俱乐部的成员,这样全家就都参加了这些体育项目,把它们当成是休闲的最佳方式。这些孩子很多都是很小就学会了游泳或者打网球,有的是通过正规上课,有的没有。

在钢琴演奏家和雕塑家的家庭里,重点强调的则是音乐和艺术。这些父母很喜欢音乐和艺术,他们去听音乐会,看艺术展览,也期望他们的孩子对这些领域产生兴趣。这些父母当中,只有一小部分在这些领域里相当有造诣,但是多数人都至少对这些美学领域里的一个或者几个分支有着强烈的兴趣。在这些家庭里,孩子们很小就学到了相当多的音乐和艺术知识。他们观察到自己父母的兴趣,自己也非正式地开始参与音乐和艺术活动,还和父母一起讨论,这些讨论的过程也让他们感到愉快。这些孩子当中,大多数很早就产生了对这些领域的兴趣,也把它们当作是很自然的、家庭成员共同进行的活动。

在数学家和神经学家的家里,父母对智力活动有着强烈的兴趣,也积极参与。在这些家庭里,父母或是以智力活动为职业,或是对智力活动有着强烈兴趣。这些兴趣是家里人聊天时候的话题,父母从这些活动中给孩子树立榜样,让孩子看到他们如何对待工作、如何对待兴趣爱好。而且,在父母和孩子讨论学校里的学习和长期教育计划的时候,这些兴趣也经常被强调。在大多数这样的家庭里,对孩子们的期望是在学校学习要好,要上大学。让孩子接受专业教育或者研究生教育,被这些父母认为是孩子"与生俱来的权利"。在这些家庭里,父母从孩子很

509

小的时候起就鼓励孩子的好奇心，非常认真地解答孩子提出的问题。当孩子的问题变得太复杂的时候，父母就会在回答孩子之前先做些准备。读书是家里的一个重要活动，父母给孩子大量地读书，直到孩子能够自己阅读为止。这些家庭里的很多孩子受到鼓励，去玩搭建模型的活动，独立做越来越复杂的科学和技术项目。

在早期阶段，大多数父母发现，让孩子参与父母喜欢的活动是很自然的事情。在把孩子领进这些领域的大门的时候，父母是很好的老师，他们耐心地帮助孩子学习最基本的技能，孩子在这些领域里付出的一点努力都会得到他们的夸奖和掌声。尽管在早期的年间，他们没有一个人会想到自己的孩子将来会在这些领域里做出重大成就，他们倒的确给了自己所有的孩子以鼓励，让他们对这些领域有兴趣。

学习早期

我们已经提到，奥运游泳选手、钢琴演奏家和数学家，是分别来自于喜欢体育、音乐和智力活动的家庭。在还是小孩子的时候，他们就已经从父母、兄弟姐妹和父母的朋友那里学到了这些领域的一些事情。在学习的早期阶段正式开始之前，大多数的游泳运动员都已经学会游泳了，很多钢琴演奏家也能够在钢琴上自己弹出旋律，或者能够认出一些音符并且在钢琴上把它们弹出来了（通常这是有一个家庭成员帮了忙的结果），而很多数学家已经做了一些有点科学性质或者类似的小项目了，也在家里听见和参与过与智力活动有关的谈论。

在钢琴演奏家平均6岁的时候，他们会开始定期跟着一位钢琴启蒙老师上课。游泳运动员是在平均8岁的时候开始有系统地上竞技游泳课。数学家们则是在初中或者高中的时候才接触到真正的数学。一般情况下，游泳和钢琴最初的课程时间是一个星期半小时或一小时，数学则是每周大约 4 小时。所有的课程都包括对于重点问题的讲解，观察并且纠正学生在演奏（或者作业）中的问题。此外，老师会给学生布置一些学习任务和作业，让他们回家练习，在下一次上课之前需要把该练好的东西都练好。

游泳选手和钢琴演奏家的老师

在比较典型的情况下，游泳和钢琴启蒙老师之所以被选中，是因为老师离孩子的家很近。最初的课程费用很便宜，就算这些课程需要特殊的设施，比如公共游泳池，或者乡村俱乐部（父母如果是会员），花费也很低，甚至没有额外花费。

很少有第一任老师是因为他们不寻常的教学水平而被选中的。在大多数情况下，这些父母在这几个领域里都没有什么教学的经验，在那个时候也不太理解用什么标准可以找到出色的第一任老师。他们最后选的老师，在各自的领域里，可能确实最适合教初学者。这些老师当中，极少有人是自己领域里出类拔萃的人物，他们本人都不是出色的钢琴演奏家或者出色的游泳比赛选手，也没有取得过自己这些学生在日后所取得的成就。

但是，在多数情况下，这些老师（钢琴和游泳）教年龄小的学生几乎是最合适的。他们喜欢孩子，特别会鼓励人，经常给他们以夸奖、认可，在孩子们表现好的时候甚至也会给他们糖吃。他们对自己教学的领域和对自己要教给这些孩子的东西都充满激情。在很多情况下，学生的家庭对他们很了解，在对待孩子的时候，他们就像是孩子父母的朋友。

也许，这些老师最重要的特点是他们把最初的学习搞得非常愉快，也能让孩子感到有收获。他们让孩子在最初接触某个领域的时候，感到自己在很大程度上就是在做一些很好玩的活动，学习很像是在玩游戏。这些老师给了孩子很多正面的强化，只在偶尔的时候才会批评孩子。但是，他们对孩子是有要求的，也希望孩子不断进步，但是这主要是通过肯定和夸奖来做到的。

这些老师是非常有经验的，这体现在他们能够帮助孩子在短期内取得进步。他们很会从孩子的表现当中发现问题，并且解决问题。他们每周给孩子布置任务，检查孩子的进展。在孩子取得任何进步的时候，他们都会想方设法去夸奖孩子，鼓励孩子。

一般情况下，钢琴老师与学生的父母保持着很好的关系，他们会经常跟孩子妈妈交代孩子下一周应该做什么，通常妈妈也会在家里督促并监督孩子练习。在游泳方面，教练则会在游泳池里监督孩子的训练。

数学家的老师

这些学生最初的数学老师就是中学的数学老师。他们当中，有一些是很好的教初等数学的老师。在我们的数学家眼里，最成功的那些老师，是帮助他们把握了这个学科里的宏观图景和学习研究过程的老师，是鼓励他们去"发现"表面现象背后的理论和过程的老师。这样的老师会允许学生在解决数学问题的时候自己去发现和使用"另类"方法。

在有些例子里，当一位老师太过教条，坚持让学生只能用一套标准程序解题的时候，我们研究的这些数学家会感到非常难以适应。当有人进行了干涉，允许这些年轻学生在课堂以外读数学书自学，情况才好转起来。

学习的动力

在一般情况下，最初的钢琴课是每周半小时。但是，接下来的一周里，老师会希望孩子每天练琴1小时左右。在开始的时候，妈妈要经常监督孩子的练习，偶尔还要提醒孩子，老师重点说了什么。

游泳的上课和训练都是每周几个小时在游泳池里完成的，由教练或者助手指导进行。在这里，训练、完善划水动作、练换气、加强某个肌肉群的力量，所有这些都是在教练安排的日程下进行的。教练会时刻观察和监督学生，给出建议。训练的时间常常是在游泳池对公众免费开放的时候，所以，在游泳的人当中常常会有非正式的比赛，其他去游泳的人也会给这些孩子一些技术上的建议。

对大多数数学家来说，发现一个新的解题方法所得到的愉悦，比考试分数高，或者因为功课做得好而得到老师的夸奖都更重要。他们有能力独立找出新的解题方法，偶尔从其他某个同学或者家人那里得到一些帮助。

在所有这几个领域里，这些学生虽然年龄很小，但都被他们的第一任老师认为是学得非常快的孩子。每次上课的时候，他们都做好了充分的准备，一般都完成了老师给他们布置的任务。不过，他们和其他学生相比，是不是真的学得很快，就不得而知了。但是，很清楚的是，他们当中的大多数，从一次课到下一次课之间，能够有扎实的进步。而且，他们的第一任老师能够把他们归入到学得快的学生当中，这也成了他们学习上的一个主要动力。老师很快就把他们看成很"特殊"的学生，也是这样对待他们的，学生也很看重这一点。

老师一般会表扬他们的进步，而这又成了学生下一步练习和进步的重要动力。很多老师都会记录学生的进展（特别是钢琴和游泳），让孩子看到他们一直是在进步的，而只要他们继续努力，他们就会有更大的进步。

孩子们所在的地方一般都会有些公开活动，比如钢琴演出、游泳比赛、数学竞赛等。这些活动给小孩子们提供了刻苦训练的动力，使得他们能够在这些公开活动里尽可能取得好成绩。在我们研究的这些人士里，有很多是把赢得比赛和在这些活动里出色的表现当成重要的奖赏，也把它们看作得到其他人赞扬的机会。

常规练习及背后的动力

前面已经提过，钢琴学习中常规的练琴是在家里进行的，至少在最初阶段里，是由母亲监督着完成的。如果学习数学，那么作业是在家里完成的，但是这些年轻的小数学家很少需要或者寻求父母和其他人的帮助。学习游泳的时候，训练是在游泳池进行的，由教练和助手监督。

在最初这些年里，训练量大概是每天1小时。一般会在之后的一两年里增加到每天1.5小时或者2个小时。学生们接受了这样的练习日程，这就使得他们能够很好地掌握具体的技术、方法，有出色的表现。练习和训练成了非常重要的任务，比玩耍、看电视和交朋友及其他几乎任何事情都重要。

父母起了重要的作用，帮助孩子建立早期训练和完成作业的习惯。他们帮孩子建立起一个意识，把这些事情看得比其他活动都重要，他们赞扬孩子的进步，也帮孩子认识到，父母对孩子的期望就是要持续进步。孩子们经常遇到困难，在这种时候，父母会坚持让孩子练习，帮助孩子建立一个时间表并且让他遵守这个时间表。在极端的情况下，他们会威胁孩子要停他们的钢琴课，或者把钢琴卖了。在游泳上，父母威胁孩子的方法是要让孩子从游泳队退出来，或者不让他们继续跟教练上课。在数学家那里，这些学生年龄要大一些了，他们已经从数学和科学作业或者项目里得到了非常多的乐趣，做功课的时候，很少需要来自父母的压力。

孩子之所以遵守训练和练习的常规，部分是因为他们进步的时候会得到父母和老师的奖励和肯定，在表现好的时候会得到同伴和观众的肯定。有时候，物质奖励也可以起作用。

在学习的早期阶段，当他们因为自己的天赋开始得到注意的时候，孩子们付出的努力就更多了，主要的动力也不再是为了取悦父母和老师了。现在，这个领域成为了孩子自己的特殊领域。孩子在这个领域里的能力比他在其他任何领域里的能力都强，表现也更加出色。别人也会认为这些孩子在他们有天赋的领域里有特殊的能力，他们在这一领域里的投入，也是他们本人和他人都看得到的。

学习早期的总结

这个阶段是最初开始正式学习的时候。我们看到，这些孩子开始学习主要是由于环境原因，而不是他们自己的选择。在几年当中，一个孩子如果进步很快，那么，原因之一会是他有一位非常好的老师，让孩子有兴趣，努力之后也能得到回报，另外一个原因是父母对孩子的肯定，以及父母的帮助，让孩子建立练习的习惯，有效利用上课和练习的时间。从兄弟姐妹、同伴甚至从公众那里得到的赞赏和认可，也提供了学习的动力。孩子们选择发展自己天赋的领域也很适合自己的身体条件和个性特点。在早期阶段，学习进展得很好。孩子投入了必要的时间和努力，也越来越多地把自己和这个学习领域联系在一起。

在早期，教学和学习大多是好玩的。孩子喜欢学习，因为这给他带来如此多的奖赏。用不着怎么努力，一个人就可以做些很有趣的新鲜事。自己一个人，或者让老师帮一下，就能够发现、探索那么多事情。在大多数情况下，孩子们从早期的学习当中得到了很大乐趣，他们很少或者根本不需要别人督促，他们愿意去上课、去向其他人证明自己已经学到了什么。

在正规教学的最初阶段，很明显的是，学习的动力和付出的努力比孩子的天赋和特殊才能更加重要。来自家庭和老师的支持和动力，来自兄弟姐妹和朋友的赞扬，让孩子们学习基本技能的时候感觉很美好，这又使得他们愿意投入到常规的训练中去，做任何需要做的事情。在 2～5 年之内，我们样本当中的多数人都开始把自己与自己学习的项目联系在一起，而把自己与其他方面的天赋、其他方面的学校生活和朋友圈子拉开了距离。他们在十一二岁之前就开始成为"钢琴演奏家""游泳运动员"，在十六七岁之前就开始成为"数学家"。

学习中期

寻找新老师

我们样本里这些有天赋的人士，大多数都从他们的第一任老师那里得到了非常美好的学习经历，很多人也和老师建立了非常愉快的关系。但是，在一些年之后，他们已经有了长足进步，在那时候，有某个人，可能是父母之一、父母的一个朋友、某个专家，或者是老师自己，会感到如果给孩子找一个新的、专业水平更高的老师，孩子会有更大的进步。

在这个时刻，父母开始寻找当地最好的老师。虽然第一任老师一般就和学生住在同一个社区里，这第二任老师就很少同一社区里的了。在寻找第二任老师的过程里，父母会询问专家及其他信息灵通的人，来决定孩子在这个阶段需要什么水平的老师。他们会列出一个能够满足他们要求的老师名单，这个名单通常很短。第一任老师在很多情况下也参与了这个选择第二任老师的过程。

典型的情况是，第二任老师有很好的声誉，对学生天赋发展能够起很大作用，住在离学生家比较远的地方，课时费要高得多，在挑选学生的时候也非常仔细。在大多数情况下，在老师正式把学生收下之前，学生需要给老师演奏，或者接受一个小考试。老师要寻找一些迹象，能够证明学生当时的能力，他对这个领域的认真程度，老师也会考查学生对这个领域是否有浓厚兴趣。

钢琴演奏家的新老师一般都有口碑，被公认为是非常好的甚至是极其优秀的老师。他们每一个都在自己所在的地区被公认为是最好的老师之一，在音乐圈子里也非常受尊敬。这些新老师当中，有一些也被公认为是一个很好的钢琴演奏家。在所有我们研究的例子里，新老师对这些年轻学生的要求都比以前的老师高得多。

游泳运动员的新教练常常是那个地区一个重要的游泳馆里的教练，有非常好的名声，能够带出出色的运动员。他们执教的游泳队也一般是在他们那个地区成绩最好的队伍之一。新教练也对这些年轻的运动员们有着更高的要求，比以前的教练的要求和期望都高得多。

数学家的情况是，新老师通常与某所大学的数学系有些联系。在很多情况下，这些数学老师也教高等数学课程，甚至研究生课程。在很短时间之后，他们就会鼓励本科生去选修他们开设的研究生数学课程。经常的情形是，这些教授的朋友或者他们所尊敬的同行会把出色的学生介绍给他们。

教学

新的老师，与前一任老师相比，有更宽广的视野。他们通常只教自己领域里最出色的学生，他们的期望是，自己的学生里面，至少有一些人会取得重大成就。他们是完美主义者，坚持要求孩子在自己的能力范围之内达到最高的标准。他们要求学生大量练习，要求他们在短时间内就能够取得很大的进步。

对于钢琴演奏家来说，老师强调的是高质量的技术，例如指法、分句、声音质量，还要能够对具体作品里作曲家的音乐意图有深刻的领会。老师和学生会一起讨论对音乐的不同诠释方法，讨论怎样从音乐当中体会到作曲家对于音乐的态度。对学生的要求是每天练琴两三个小时，这样才能够为下一次课做好准备。在这些年里，有很多演出和其他公开活动，老师会用这些活动来衡量学生的进步，找出缺陷或者需要克服的困难。

对于游泳运动员来说，新的教练强调的是划水动作的准确性、耐力及为具体的选拔和比赛所做的准备。教练和运动员一起，决定非常具体的目标，为了达到这些目标而长时间地训练。在这些年间，教练利用比赛和其他公开的活动来观察运动员的进步，也要决定哪些具体的方面还需要更多地训练，决定训练日程，以及运动员的心态上需要有哪些调整。这些有天赋的运动员，在成长的中期阶段，每天要训练3~5个小时。

对于数学家来说，新的老师只是给他们上课，很少给予这些有天赋的学生比其他学生更多的关注。我们样本里的本科生，一般来说，即使与研究生相比成绩也很好。但是，在这个阶段，他们仍然会用很多时间从书本和其他阅读材料中自学。有时候，这些学生会与其他数学专业学生一起讨论一些想法。老师们会鼓励这些学生，与他们讨论数学问题，或者给他们推荐在某个课题上某位杰出数学家的工作。在这个时候，这些学生投入到数学上的时间，比他们投入到任何其他大学课程里的时间都多。

父母

在学习的早期，父母对孩子发展天赋的活动是非常投入的。但是，在学习的中期阶段，新的老师就承担了给学生确定目标和要求的主要责任。父母会帮助孩子计划练习的日程、制订练习的计划，但是到了这个时候他们就不再需要监督孩子练习了，因为学生们已经建立了很好的习惯。但是，父母（或者其他资金来源）仍然需要支付新老师更高的学费、特殊器材的花销（比如一架三角钢琴），以及参加一些公开活动所需的费用（例如比赛）。除此之外，因为新老师的钢琴工作室、新的游泳馆一般都要更远，钢琴演奏家和游泳运动员的父母就经常要花很多时间开车接送孩子去上课和训练。他们还调整了家庭里日常生活的规律、吃饭时间，以及其他需要调整的常规，去适应这些学生的特殊需要。

也许，在学习的中期阶段，最重要的一点是，大多数有天赋的人士坚定地选择了自己的领域，在投入大量时间坚持练习方面，越来越不需要父母在心理上提供支持。他们在安排学习和其他活动的时候，仍然需要父母的帮助。但是，在学习的中期阶段，外来的学习动力和指导是由老师提供的。

时间上的投入

在中期阶段，大多数学生都在自己发展天赋的领域里投入得越来越多。在这些年里，老师和教练的影响非常大，因为是他们帮助学生确立了长期和短期的目标。这些老师给了学生一个展望这个领域的角度，这包括从宏观的层面与视角看待，这个领域的意义、价值和目的。老师也帮助学生展望自己在这个宏观图景里可以占有什么样的位置。

成才之路　　发展青少年的天赋

在中期阶段，对于大多数学生来说，他们最亲近的朋友和同伴也都是在同一个领域里努力学习的学生。拥有这样的同伴，会促进他们把自己和这个领域联系在一起。这些同伴经常与我们样本里的人士有着同样的目标，为了这些目标，他们既是朋友，也是竞争者。

他们参加的公开活动有很多（演出、比赛、集体活动）。我们样本里的学生，在得到别人的注意和认可，在这些公开活动里越来越成功的时候，他们就越来越把自己看成"游泳运动员""钢琴演奏家""数学家"。

这些有天赋的人，在学习的中期阶段，为自己建立起了长期的目标，要成为"一个出色的游泳运动员"、一个知名的"钢琴演奏家"，或者一个"数学研究人员"。现在，他们在自己领域里努力工作，想要获得非常具体的能力和技术、要有出色的成绩，他们做这一切的动力越来越多的是出于"内在的动力"。那就是，尽管这些年轻人仍然会回应来自老师、同伴、父母和其他人的外在压力和鼓励，他们要求进步、努力工作的动力却主要是来自他们自己了。他们成了自己在这个领域里所做的工作的评论员，他们成为了自己上进动力的主要来源，鼓励自己追求未来的进步。

学习中期的总结

在中期阶段，学习的重点是精确和准确，在天赋发展领域里的所有方面都如此。在这个阶段，老师一般都只肯教自己领域里最出色的学生，他们对学生的期望也非常高。在教学中他们采取公事公办的态度，要求学生做事要完美。[①]

[①] 我们猜测，如果这些老师是我们样本里研究的人士的第一任老师，很多这些有天赋的学生估计在几年之内就会弃学。另外一方面，如果这些有天赋的学生一直跟着那些让人非常愉快、给学生很多奖励、以玩为主的第一任老师，他们也不会在中期阶段结束的时候达到他们的天赋允许他们达到的水平。

对学生的期望，就是要把发展天赋的这一领域放在其他所有活动之前。在这个时期，学生们的典型做法是每周训练、为上课做准备要花大约 25 个小时。只有那些几乎已经确定要以这个领域为职业的人，才能够投入足够的努力，取得老师所要求的进步。

在这个时期，这些学生大多数都有非常强的学习动力，而较少地依赖于来自家庭的鼓励和支持。他们的动力在很大程度上是来自自己的进步，来自老师和同伴的支持，也来自他们在公开场合里所取得的成功，例如比赛、演出，等等。尽管他们的父母从很多角度去支持他们，这些有天赋的学生却在越来越多地为自己的努力和进步负责。现在，他们开始为自己领域里最高的目标而努力了。

学习后期

寻找新老师

在学习的中期，有天赋的学生在一个出色的老师的指导和教育下，去在他们的领域里追求一些成功。到了他们已经取得一些成功的时候，他们对自己的领域也充满了热情。这时候，这些学生自己、父母、老师、领域里的其他专家就开始计划，让他们去一位大师级的老师那里继续学习。这些人花了大量的时间和精力，也询问了很多专家和信息灵通的人，以决定在几个有可能性的老师（或者学校）当中选择一位最适这个有天赋的学生的老师。

应该注意到，在任何一个发展天赋的领域里，在全国范围内，大师级的老师总人数都很少，也许每个领域只有 8~10 个人。这些老师的声誉，来自他们培养钢琴演奏家、奥运游泳运动员，或者杰出数学家的经验。关于这些大师级老师的信息是非常多的，这包括他们培养的学生最后是否成功，以及他们本人的个性特点，这些信息，可以从他们领域里其他关键人物那里得到。

这些大师级的老师在选择接收高水平学生的时候是非常小心翼翼的。要想成为他们的学生，通常需要以前的老师和领域里的其他专家去和这些大师级老师进行大量的沟通、极力推荐这些学生。通常，学生和其他人要花很多功夫，才能够在这些大师级老师那里得到一个面试机会，给老师演奏、试课。如何利用这些见面的机会，又是更加小心翼翼地计划、更加认真地做了准备的，比学生以前参加重要公开活动时做的准备可是要多得多了。

大师级的老师愿意接收这些高水平的学生，这本身就传达了一种期望，即这些学生在自己的领域里是有可能走得很远的。但是，这个期望的必要条件就是学生要全心全意地学习，要全心全意对待老师所提出的要求，达到完美。学生和老师都把这说成是"毫无保留地把自己托付给老师"。在这个师生关系刚开始的时候，不管老师传递给学生的期望是什么，在之后的学习过程中，这些期望和要求都会被一再提高，最后，就是学生要做到人类能力所能达到的极限。在有些情况下，对他们的要求则是要超过其他任何人在过去曾经达到的高度。这对奥运游泳运动员来说尤其如此，对他们的要求就是要超过任何人在过去取得的成绩。对数学家来说也是如此，他们得到的期望就是要解决从来没有被解决过的难题。

教学

在这个时候，钢琴演奏家是在跟着音乐界大师级的老师学习，试图给自己的音乐赋予意义和目的。老师的作用则是在他们的音乐演奏中找出缺陷，帮助他们克服具体困难。在每次与老师见面之前，他们的练习，就像是为一场满座的音乐会做准备。大师级老师会倾听，发现瑕疵，要求学生在下一次见面的时候有很大进步。钢琴演奏家也会学到他们这个领域的历史，寻找他们自己的风格和适合他们的作品。在这个时候，对音乐整体的把握比细节要更重要了。他们基本上是把所有时间都用在完善自己的风格和演奏上了。

他们去理解批评家和老师的意见，主要是为了进一步发展自己的个人风格、自己把握音乐的方式。与同学的接触也很重要，他们用这种方式交换思路，观察其他人怎样处理个人风格、寻找音乐的意义。

在顶级教练的教学体系之下，游泳运动员发展出了一套战术，也发展出了一套方法来分析对手的主要特点。他们把技术细节练到了完美的地步，也训练出了很强的耐力和力量，还会分析自己的表现，以找出需要改进的地方。他们把注意力越来越多地放到了研究游泳的过程上，看自己比赛的录像，分析录像，来找出哪些细节需要改进才能够提高成绩。教练对他们的期望是对游泳要全心全意，要投入大量的时间训练，要能够迅速地学会新的或者需要改变的细节。教练和运动员努力的目标，都是要让这些有天赋的运动员能够达到自己能力的极限，能够在与世界领先选手比赛的时候取得好成绩。

数学家与自己的大师级老师一起工作，向老师咨询，也观察这些老师做创造性研究的方法。他们主要是在学习做研究的策略，不仅仅是攻克数学难题，而且要知道如何找出新的问题，这些新问题应该不同于以往已被解决的问题。他们全心全意投入了这一领域，这从他们投入的时间里可以看得出来，从他们怎样把自己与这个领域紧密联系在一起，也可以看得出来。从他们与其他出色学生的交流当中，从这个领域里过去的杰出人物的著作里，他们也都学到了很多。他们的学习，在很大程度上是通过做研究来进行的。通过做数学研究人员所做的事，他们得以学习如何成为一名数学家。他们在这个时候的志向就是要做前人没有做到的事情。

学习的动力

在学习的后期阶段，学生们越来越多地为自己找到学习动力。他们和大师级的老师一起确定自己的目标，记录他们向这些目标前进过程里的进步。他们参加公开的活动演出、比赛、讲座等，也把自己与同学做比较。他们做项目，接受一些任务，和老师一起来评价自己是否成功地达到了自己的期望。

学生们在这些公开和半公开活动里的表现，又被大师级老师和学生自己拿来分析，这是为了改进某些方面，达到完美。这些活动能够非常有效地帮助学生，让他们在心理和技术上都尽可能地达到最高水平。学生愿意为这些活动尽其所能做好准备，而这些比赛或者演出也成了让学生认真准备、保证尽其全力的方法。

这些公开的活动也给学生带来机会，让他们接触到自己领域里其他出类拔萃的学生，以及最杰出的人物。每个学生都研究了这些榜样，以决定他们自己还需要做些什么，才能够取得最高水平的成就。

学习后期的总结

在学习的后期阶段，学习的重点在于完善自己的能力，达到最高的水平，建立个人独特的风格，为自己的天赋找到更广阔的目的和意义。大师级的老师之所以重要，是因为他们帮助每个学生找到自己独特的方式来发挥自己的天赋。

在这些年里，几乎所有学生都把自己的所有时间用在发展天赋的领域里，他们用很多时间来准备每一次与大师级老师的课。在这些课上，老师会在学生的表演和比赛中寻找任何需要改进的地方，哪怕是非常细微的改变，老师也会寻找途径，让这些学生更好地表达自己的想法和风格。

另外一个很重要的学习途径，是与其他高水平学生交流和比较。这些通常是大师级老师手下的其他学生。同学之间的这些关系，既是竞争性质的，也是有教育意义的，因为大家可以看到其他人怎样解决学习上的类似问题。

在这些年间，学生们对自己发展天赋的领域是完全投入的。在这个时候，主要的动力是内在的了，与学生在这个领域里的长期目标有关。公开的活动，例如音乐会、演出、比赛、学术讲座，也有着重要意义，因为它们可以衡量学生的进步和成功。

机遇和目标在天赋发展中的作用

发展天赋是需要一定运气的，这包括在某个领域里初学的时候要能够得到一个正面的体验，在关键时刻能得到一个善人的帮助，特别是一个人的身体、智力、个性特点要正好符合在一个领域里成功所需要的特点。通常会有一个反复试验、从错误中学习的过程。例如，一个孩子可能会参加各种体育活动，直到他发现，有某一个体育项目是自己最喜欢也最有可能成功的。很多数学家和神经医学研究人员在确定要从事这两种职业之前，也探索过其他学术领域。大多数雕塑家在选择雕塑之前都画过素描、油画等。同样，有几位钢琴演奏家也试过其他乐器，最后才发现钢琴是最让他们满意的选择。

就像我们在这本书里一次次看到的那样，父母的价值观和行为有着决定性的作用，它决定孩子是在体育、音乐还是智力活动当中得到鼓励。但是，最后孩子选择哪个领域去发展天赋，还要取决于他们可以使用什么设施，例如游泳馆、网球场，他们可以有什么乐器或者美术材料，是否可以很容易地得到需要的学习材料，以及老师和父母能够给他们什么样的支持。通常的情况是，某个孩子参加了

成才之路　　发展青少年的天赋

某项活动，可能只是因为某次比赛里还需要一名游泳选手或者一名网球选手，或者只是因为有一个课时费不高的钢琴老师，或者在学校里正好有一名特别优秀的老师，能够让学生对某一门科学或者数学课程感兴趣，或者因为兄弟姐妹或者朋友已经开始在某个领域里学习。父母会鼓励孩子往某个大方向发展，但是在大方向里具体选择哪个项目，则经常取决于那个时候有些什么机会。

只在很少的情况下，父母很有经验，知道怎样给孩子在某个领域里启蒙，或者怎么找到一位出色的启蒙老师。更加典型的情况是，第一任老师之所以被选上，只是因为他们住得离孩子的家很近，或者他们正好能够在公园或者乡村俱乐部教孩子游泳或者打网球，或者他们在片内的学校里正好被分去给孩子那个班级教课。有时候，最初的教学是由父母、朋友或者亲戚教的，很不正规。

但是，我们发现，我们样本里这些人，一旦正式踏上在某个项目里学习的路，机会、运气所起的作用就比较小了。在发展天赋的过程中，有一个占有重要地位的因素，那就是处理各种情况的方式有着很强的目的性。

孩子在某个项目里接受的启蒙教育应该是什么样？大多数父母对此都知之甚少，但是，他们却能够通过观察，来保证孩子投入到学习中去。他们仔细地观察孩子的进步，逐渐了解了什么时候事情进展很好，什么时候进展得不好。当事情进展不好的时候，他们会分析情况，让孩子放心，在可能的时候找到可以帮助孩子的人，或者，当他们认为必要的时候，给孩子找新的老师。父母一直跟踪观察孩子的进展，做了很多事情去保证孩子建立起好的练习习惯，合理安排自己的时间，把训练和练琴放在比其他活动都重要的位置上。在孩子学习的早期阶段，父母还会保证让孩子会因为努力学习而得到鼓励。

最早的学习强调的是简单的任务、短期的目标，让孩子很容易就能成功。初学时候还有一个重点是，学习应该是让孩子喜欢的事情。在孩子成功地做到了简

第十三章　天赋发展的普遍规律

单的事情之后，学习的难度就增加了，孩子也会得到帮助来达到一些更加长期的目标。他们会参加一些公开的活动，例如演出、比赛和艺术展览，孩子从中可以感到成功，也可以向父母、老师和其他人证明自己在这些领域里的进步。逐渐地，随着孩子的进步，他们开始参加越来越重要的公开活动。初学时候，在孩子迈出的每一步当中，只要有老师的参与，那么老师和父母之间的沟通就都是非常好的。父母用各种方式在家里支持和鼓励孩子，配合老师。而且，如果父母观察到有些什么问题和困难，老师也会把父母反馈纳入考虑范围，在问题变得严重、让人放心不下之前就解决掉。

当学生在自己领域里水平逐渐提高的时候，父母和其他人会觉得，孩子在目前情况下已经学到尽头了，需要一些新的、不一样的经历，需要新的老师和新的学习环境。当需要新老师的时候，父母会从前任老师和其他人那里得到建议，了解在这个阶段什么样的老师是最合适的。新旧老师衔接的过程是由父母有效地完成的，在这个时候，父母也已经学到了很多如何发展孩子天赋的知识，比他们以前懂的是多得多了。

新老师一般是在某个相当大的地域范围之内非常出色的老师，父母也就需要付出更大的花销，要提供更好的器材和设备，还要接送孩子去老师那里。新老师对孩子的要求更高，学习任务要以更高的质量完成，学习进度要更快，还要增加练习时间，所以父母就特别需要帮助孩子安排一些很困难的日程，又要发展天赋，又要保证学校学习和完成其他的任务。

在中期阶段，孩子要参加很多公开的活动，例如演出、比赛、艺术展览，这些都需要学生做非常充足的准备。在这方面，父母和老师都极其支持孩子，鼓励他们，帮助安排这些活动，也要保证孩子在技术和心理上都为这些难度很大的活动做好准备。在活动之后，如果孩子感觉失败，特别是当孩子的成绩没有预期的

成才之路　　发展青少年的天赋

那么好，老师和父母就都会为孩子提供情感上的支持，以帮助孩子从容对待。

在这一段时间里，有天赋的孩子们变得越来越独立，在发展天赋的过程中需要做各种决策和计划的时候，他们自己越来越多地参与了进来。尽管父母仍然在提供感情和财政支持方面起重要作用，发展天赋的过程在这时候已经变得技术性更强、更为复杂，很少有父母还能够跟得上学习的要求了，越来越多的是老师和学生要做出一些决定，而圈子里知情的人会给他们以帮助。

到了这个有才华的学生需要换到一位大师级老师那里去的时候，或者要读一个最终的学位的时候，他们会花大量时间去决定，在几位有可能的老师（或者几所有可能的学校）当中，哪一位才是最适合自己的。做这个选择的主要责任是由学生本人来承担的，但他们也会得到一些知情人的帮助，例如过去的老师、领域里的专家、其他同学及他的赞助人。父母虽然在这里也会起到支持的作用，但他们的主要作用是帮助学生做出感性决定，要继续在这个领域里学习。

学生们的最后一任老师，在选择收下高水平学生的时候，是非常小心翼翼的。能够被这些老师收下，需要以前的老师大力推荐和领域内其他专家的支持。典型的情况是学生和其他人要费很大力气才能够得到一个为这些大师级老师演奏或者面试的机会，去证明学生已经具备进入下一阶段学习所需要的水平。跟老师的这种见面所需要的准备，比以前参加演出、比赛和其他重要公开活动所做的准备还要多。

一旦学生被大师级的老师收入门下，父母的主要作用就是给孩子提供经济上的支持了。学生现在是由老师指导和支持的了。其他同学也经常和他既是竞争对手，又提供心理上的支持，但现在，主要是由学生本人和老师共同决定下一步应该怎么走了。另外，这些最后一任老师在帮助学生结识"圈子里的人"，帮助他们成为职业音乐家、运动员、学者或研究人员的时候，也有重要的作用。

在每个阶段，父母都尽力提供更好的条件，以保证孩子有最好的学习和发展环境，为天赋发展的下一个阶段做好准备。但是，很少有父母完全了解天赋发展的长期过程，他们也无法给孩子制订一个各时期发展的完整规划。就算是孩子的第一任老师，有些也懂得不多，制订不出这样的计划。对于多数学生来说，早期年间所制订的计划，只是个短期计划。在他们需要新的老师、新的体验和新的资源的时候，他们会咨询其他懂行的人、老师和专家，直到完成所需的转变。当他们的需要超出了父母的能力和可以提供的资源的时候，其他专家、其他资源就起了越来越大的作用。逐渐地，学生自己在老师、同伴和其他懂行的人的帮助下，就在需要做重大决定的时候起了越来越重要的作用。

在天赋发展的过程中，肯定是会出现很多错误的，在从一个阶段向另外一个阶段过渡的时候尤其如此。我们样本里的这些人也出过这些错误，但我们看到，这些错误很快就被纠正了。学习过程里的偶然性和无法避免的错误，也许可以解释，为什么这么多人开始在这些领域里学习，但却有这么少的人会坚持下来，投入充分发展天赋所需要的、多年的学习时间。如果没有一个有目的的、一步一步的天赋发展过程，那么，就算是我们所研究的这些人也很难达到成就的最高峰。

对学习各个阶段的思考

尽管我们的样本里这6个领域120位天赋超群的人士都是成就卓著，但是，在他们小时候，只有个别几个人被老师、父母或者专家认为是神童。即使是这几个孩子，也没有让人觉得，他们那个时候能够做到同领域里比较成熟的人可以做到的事情，也没有人预言他们多年以后能够取得如此大的成就。有两位钢琴演奏家赢得过儿童钢琴比赛的奖项，这给了他们机会，能够在10岁以前就与著名的交响乐团合作演出。有一位游泳运动员在 11 岁的时候，在仅仅参加了两年高强度的游泳训练之后，就在他自己的年龄组里得了全国冠军。有一位数学家在 13 岁的时候就选修了大学数学课。这些虽然都是相当了不起的早期成绩，但是，这些人当中也没有一个在十一二岁的时候就能够达到自己领域里比较成熟的水平。

有一个观点，尽管我们不能确定，但是我们很愿意相信，那就是在这些有天赋的人当中，只有极个别的（10% 或者以下）在十一二岁的时候，水平已经发展到让别人能够做出预言，认为他们将来在二三十岁的时候能够成为这个领域里最领先的 25 人之一。在青春期开始的时候，为什么很难识别这些将来会做出重大成就的人？为什么他们当中没有更多的人当时就让人能够看出来，10 年之后他们能够取得成就？就算回头去看，我们也不相信我们能够通过能力测试或者其他预测将来的考试，在发展的早期预言这些人将来的成就。

我们相信，预测这些人日后的成就之所以如此困难，是因为这些人在 10 岁、11 岁的时候学了什么，跟他们再大一些之后要学什么、怎么学，区别非常大。要想达到天赋发展的顶峰，需要学习的东西是如此之多，不管一个人在发展早期学了多少，那也只是他在这个领域里所需要学习的内容当中极少的一部分。在一个学习阶段里成绩出色，不等于下一个阶段里也能够出色，就算这两个阶段里学的是同一个学科也是如此。在早期阶段里学习的动力，与后期阶段里学习更复杂、更困难的内容的时候所需要的动力，也不见得有什么关系。最后，一个人要从最初的学习阶段过渡到更加困难、更富有挑战性的后期学习阶段，父母、老师和其他人持续不断的支持，也是不可缺少的。

我们的访谈帮助我们理解了在天赋发展过程中从七八岁到二三十岁会发生哪些重大变化。学习的内容和方法会起变化，教学也会起变化。在本书前面的章节里，我们描述了每一个领域里早期、中期、后期阶段学习和教学的不同。

早期

教学的早期主要针对的是最基本的体育运动、音乐艺术和认知领域的技能，例如，网球运动员在早期的年间是在学习好的击球动作，游泳运动员在学习游泳的基本动作。这两组学生都在逐渐开始热爱自己的领域，开始喜欢与同龄人竞争。在这些年间，小运动员们还缺乏力量、耐力、技术和比赛风格，这些是在以后发展起来的。

在这个时候，钢琴演奏家在学比较简单的曲目，艺术家在学画画、使用颜料，画比较简单的物体和景色。但是，这两组人都从学习的过程里找到了兴趣和愉悦。这对钢琴演奏家来说尤其如此，因为他们的老师非常愿意奖励、鼓励孩子。除此之外，父母和其他人也对他们在这些领域里的最初尝试给予了鼓励。在这些早期年间，钢琴演奏家和艺术家在建立一些技术能力，建立对音乐和艺术的感觉，但是他们离全心全意投入到学习当中去差距甚远，他们对于音乐和艺术的深刻理解也是后来很多年当中才发展起来的。

数学家和神经医学研究人员在学习比较简单的数学和科学概念，在发展自学能力。当他们能够在这些领域里独立做出一点简单发现的时候，他们开始对此感到着迷，也喜欢有这样的机会。数学家尤其有兴趣用自己的方法来自学，只是偶尔从老师和其他成年人那里得到些许帮助。这两个组也在学习一些数学和科学的基本思维方法，但这和他们后来建立起来的对于新问题的洞察力还是离得很远的。

中期

在学习的中期，学习的内容和方法都有了重大变化。网球运动员在培养击球的高度精确性，克服他们在比赛中的具体弱点，提高比赛能力。游泳运动员在完善他们的游泳动作，使其更加有效，也在学习怎样为比赛做准备，以使自己有速度和耐力在与同龄人的比赛中获胜。他们越来越多地从与他人的比赛中得到满足，而不是满足于教练、父母的表扬。在这个阶段，教练对这些运动员在各方面的要求都非常高，包括练球，练体能，练耐力，以及完善某些具体技术。

在这个阶段，钢琴演奏家在学习以完美的技术弹琴，老师对他们练琴的要求非常高，包括指法、节奏、分句等各方面的精确性。在这个时期，艺术家们也在绘画和雕塑方面发展更高的技巧，老师对他们很少有满意的时候，总是认为他们没有把题材完美地表现出来，没有把使用的表现介质很好地利用起来。

与此类似，数学家和神经医学研究人员在这个时候接触了更加复杂和抽象的数学和科学概念。老师对他们的要求更加严格，他们也在提高自己学习这些概念的能力。在有些情况下，通过读书和与老师的讨论，他们开始在这些领域里探索新的想法，尝试有创新性的实验方法。在很多例子里，他们也跟着比他们年长很多的学生学习，开始被他们的老师注意到，认为他们在这些领域里对比较复杂的概念有非常出色的理解。

后期

在学习的后期阶段，学习的内容和方法又一次起了重大变化。网球运动员和游泳运动员逐渐发展出一套比赛战术，也在提高自己分析对手特点的能力。他们现在正在完善自己的技术细节，发展出强大的耐力和力量，也会分析自己的比赛，找出需要改进的地方。他们跟随顶级的教练进行训练，教练则要求他们把全部精力都投入到自己的运动项目里去，要有大量时间训练，要迅速地掌握新的或者需要修改的细节。教练和学生现在都在努力使这些运动员达到自己项目里最高的水平，能够与最好的选手竞争。

钢琴演奏家和雕塑家也在跟随大师级的老师学习。他们在努力给自己的音乐和艺术赋予意义和目的。对他们来说，评论家和老师的主要作用是帮助他们进一步发展个人风格和艺术表现方法。他们与同学的交流也很重要，这是一个好途径，让他们可以交流想法，观察别人怎样处理在风格和意义上的类似问题。

总结

尽管我们是按照阶段性顺序描述这些变化的——早期、中期和后期，这些变化却仅仅是一个漫长、连续的学习过程里的一些路标。典型情况是，这些人需要 10～15 年的时间从学习内容比较简单的启蒙时期过渡到内容复杂且困难的学习后期，在每个领域都是如此。而且，只要他们继续在同一个领域里工作，他们的学习就永远也不会结束——即使在他们不再有一位老师或者教练的时候也是如此。

一名出色的学数学的学生及学音乐、网球、游泳的学生等要想成为一个杰出的数学家、钢琴演奏家，等等，还有很长的路要走。在某个领域里是个学习好的年轻学生，与今后发展道路会是如何，这两者之间的联系并不是很大。在小时候的成绩和最终的成就之间，是一个漫长的成长过程，要求极大的学习动力、家庭的极大支持、最好的老师和榜样、大量的时间，以及对一个目标的义无反顾，这最后一点，目前在美国尤其少见。

在有天赋的领域里表现出的早熟不应该被否定，但是在现实中，它只能被看作天赋发展的早期阶段。在最后获得成熟和深刻的能力之前，需要有很多年的时间来接受越来越困难的挑战。不管一个孩子在10岁或者11岁的时候多么早熟，如果这个人没有经历过天赋发展所需要的多年历程，他就很快会被那些坚持多年努力的人甩得远远的。如果一个人想要在某个领域里达到最高的水平，对天赋发展领域的长期投入，以及对它的越来越强烈的激情，就是不可或缺的。

每个家庭只有一个孩子受到特殊对待

我们要提醒读者，我们研究的这120位成功人士，之所以被我们选上，是因为在各自的领域里，他们被认为是全美国最有成就的25位人士之一。只在两个家庭里，各有两个孩子在同一个领域里都取得了如此高的成就。在另外大约10个家庭里，另外还有一个孩子取得的成就与我们收入了样本的那个孩子比较接近。一般来说，我们这项研究里涉及的人代表的是人数非常少和极其少见的一个群体，他们家里还能够有另外一个孩子，居然也能够在同一个领域里达到与他们接近的水平，这应该是让人惊奇的事情。

这一节的主要观点是，这些孩子，在被自己领域里的专家看成不平凡的人物很久之前，就得到了自己家庭、老师和熟识的人的特殊对待。

大多数父母非常强调敬业精神。他们也教育孩子，要相信把事情做好的重要性，要把工作和责任放在享乐之前，要相信努力工作是有价值的，为了未来的目标要肯付出努力。父母自己一般就是这种敬业精神的榜样，他们把这些准则用在自己的工作和生活上。父母期望自己所有的孩子也都按照这些准则行事，当然也

第十三章 天赋发展的普遍规律

为那些学到了这些准则的孩子感到非常自豪。典型的情况是，我们研究的这些有天赋的人士，基本上是这些工作准则的优秀执行者，这在他们发展天赋的领域里尤其如此。

父母也在一定程度上参与了孩子在这些领域里发展天赋的过程，甚至是非常投入，不管是体育、音乐、艺术还是认知领域，都是如此。他们的任何孩子，如果在父母感兴趣的任何领域里表现出潜力，父母对此就会很珍视。他们做了很多事情来鼓励孩子们在"合适的"领域里的进步（在其他领域里则没有这么支持）。父母做了很多事情，帮助孩子接受最好的教育，监督他们练习，激励他们进步。父母把自己的很多时间和家庭的资源都给了孩子，让他们得以在天赋发展领域里进行学习。

尽管多数父母在开始的时候并没有为了为时漫长和花费巨大的天赋发展过程作过一个计划，他们却每天都参与到了学习的过程里去，随着时间的推移，对这个过程也懂得更多了。他们观察每个孩子的进步，与老师保持频繁的交流，从这些过程里学到了很多。他们找到了一些可以给他们以指导的专家，也慢慢认识了在天赋发展的道路上比自己家起步早的其他孩子和父母。很多父母都从老师和其他人那里了解到了重要的信息：在每个发展阶段需要什么，父母可以怎样帮助自己的孩子（特别是我们样本里所选入的这些人），怎样走过这漫长而艰苦的发展天赋的道路。

在开始的时候，投入的时间和资源都不是很多。第一任老师的课时费不高，孩子也没有被要求（或者鼓励）花很多时间去练习。当一个孩子表现出了进步和兴趣的时候，父母就会给他更多的关注和支持。典型的情况是，第一任老师注意到了孩子的进步，与父母沟通了这一情况。如果老师没有注意到进步的迹象，父母经常也会注意到，会把自己的判断跟老师的判断或者其他懂行人的判断加以比较。需要指出的是，在这个时候，父母和老师只是把孩子与其他几个在同一位老师那里上课的孩子，或者在同一个课堂里学习的孩子进行比较。大多数这样的比较都是限于本地的，只局限于他们家和老师认识的其他孩子。在这个最初的学习阶段，不太有人会把这个孩子看成一个会取得重大成就的人。

当老师、父母和其他懂行的人觉得孩子应该开始在一个更高的层次上学习的时候，他们就会寻找新的学习机会。典型的情况是，这些包括水平更高的老师，对孩子要求更高的学习方式，和其他水平更高的学生相处的机会，还有更复杂的学习过程、方式、内容。所有这些都要求学生投入多得多的时间，去学习，去练习，对于这个领域的态度也要更加认真。特别是如果他们找到了一位新的老师的时候，新老师就会对孩子的表现有更高的要求。孩子在这个时候接近青春期了，他们被要求减少在其他活动里投入的时间，例如，其他学习科目，或者其他课外活动，这些都是为了能够更全心全意地投入到他们选择的领域中去。

如果家里其他孩子也参加了同一个领域里的活动，那么，在这个时候，那个最终进入了我们样本的孩子就已经显示出了比家里其他孩子更大的潜力。如果兄弟姐妹之间有竞争，那么，在这个时候，那个"有天赋"的孩子会开始获得比其他孩子更好的成绩。当这个孩子因为自己的进步得到了更多的认可的时候，父母就会把他们的时间和注意力更多地给这个"特殊"的孩子。越来越多地，他们把注意力集中到了这个孩子的特点和成绩上去。

父母也会把家里的物质资源更多地给这个"特殊"的孩子，如果一个家庭是一个星座，那这个孩子就会占据中心的位置。父母为这个孩子的进步会感到尤其的骄傲，他们会奖励这个孩子在天赋发展领域里越来越多的投入，例如，让这个孩子免做家务（而一般会要求其他孩子做这些事），以便让这个孩子能够把时间用来发展自己的天赋。对这个孩子的学习成绩和在其他活动里的成绩，他们也不

| 第十三章　天赋发展的普遍规律 |

会做那么高的要求，孩子在发展天赋的领域会有越来越重的任务，他们也会在其他方面给孩子网开一面。

在天赋发展的中期阶段，这个孩子尤其会被别人看成与众不同。在天赋发展要求的时间、花销、关注越来越多的时候，家里的其他孩子相比之下就经常会受些委屈，而且肯定自尊心受到了打击。家里为这个"特殊"孩子所做出的牺牲，他发展天赋所需要的付出，常常由家里其他孩子承担了。圣经里面约瑟夫[①]和他兄弟们的故事似乎与发展天赋的过程有相似之处。

在天赋发展的这个阶段，很多学校里的同学和孩子认识的成年人也开始把他看成"特殊"的孩子。当孩子因为在比赛、演出和其他公开活动里取得好成绩的时候，尤其如此。孩子慢慢得到了一些名声，逐渐在当地就成了个小名人了。

在这个孩子进入天赋发展后期阶段的时候，家庭就需要做出更多的牺牲，尤其是金钱上的牺牲。大师级的老师课时费不菲，为了孩子能够全日制在天赋发展领域里学习，家里还要支付特殊的学习项目及专业学校的费用。这些花销常常会由奖学金和特殊的奖金支付一些，但是家庭的开销经常也是巨大的。在学习后期的这些年内，我们研究的这些年轻人被老师和其他一些业内人士看成是自己领域里最出色的年轻人。他们现在不仅是被自己家人看成"特殊"的人了，而且也是被公众如此看待。

总的来说，我们样本里的这些人，因为早期的学习进展，被自己的家人、被他们的第一任老师看成"特殊"的人。之后，他们又因为跟随后来的老师学习，因为自己的能力不断提高，而被业内的专家和大范围内的公众所注意到，在他们取得了与小时候别人的期望很一致的成绩的时候，他们就真的成为了特殊的人。

天赋发展的过程要求大量的时间和金钱的投入，还要求有天赋的这个人与他

[①] 约瑟夫：在圣经里是雅各布的儿子，父亲有12个儿子，只偏袒第11个儿子，即约瑟夫。

537

的家庭在心理上付出巨大的代价。在很多年间，家庭生活和资源都是围绕着这一个孩子的。很少有家庭能够给家里一个以上的成员提供心理、时间和资源上的支持，以让他们把天赋发展到极限。大多数家庭并没有预见到他们需要在很多年间为了孩子发展天赋付出巨大代价、做出很大的牺牲，但是，他们对孩子不寻常的关注，成为了他们的动力，让他们去做任何需要的事情，在孩子成长的每一步都帮助孩子。

我们这项研究包括的有天赋的人士，在他们各自的领域里达到了令人惊叹的水平。他们在这些领域里很明显是属于一个世界水平的小群体。在很多年间，他们投入了巨大的努力和时间来发展自己的天赋。在很多年间，他们把发展天赋的领域当成了自己生活的中心。这个发展过程也包括父母和兄弟姐妹付出的巨大代价和做出的巨大牺牲。至少，从父母的角度来看，如果他们的孩子之一要把天赋发挥到最高水平，这些牺牲就是必需的。

人类的潜力和天赋的发展

我们只研究了天赋发展的6个领域。尽管这些是重要且彼此不同的领域，它们却也远远无法代表天赋发展的所有可能领域。我们希望其他研究人员会把这一类型的研究推广到其他领域里去。毫无疑问，更多的研究会增加我们对各种各样学习领域的认识，天赋发展的图景也就会随着变化。

从我们目前的发现中可以得到的结论是：天赋如果要发展到超群水平，就需要在每个发展阶段都有某些特定的来自环境的支持、特殊的经历、出色的教学和合适的鼓励，这样才会让孩子有学习的动力。不管最初时候孩子天赋如何，我们所研究的每个人都在父母的关注和照顾、在一系列出色的老师和教练的指导和教育之下，经历了很多年的发展过程。我们访谈过的所有有天赋人士都投入了相当可观的训练和练习时间，比他们投入到学校学习和其他活动里的时间都多。这些时间，从很多角度来看，比他们用在其他活动上的时间，有更高的强度，但是收获也更大。

只在极个别的情况下，我们样本里的某个人最初开始上课，是因为父母或者老师看到了孩子在某一方面有不同寻常的能力。大多数情况下，他们最初开始上课并且得到鼓励，只是因为他们的父母把某一个领域看得很重要，这有可能是音乐和艺术，也或者是体育，也或者是智力活动。父母想让他们的所有孩子都有机会学习一下他们自己喜欢的学科。

我们猜测，如果这些有天赋人士是成长在一个非常不同的家庭环境里，有可能他们最初上的课和受到的鼓励就也会是非常不同的。那么，他们想要在后来选定的领域里达到最高成就，就不太可能了。

老师和父母注意到的，是孩子在学习的早期所取得的小小的成功，以及孩子的兴趣，这些小小的成功让孩子的兴趣更浓，更多地投入到发展天赋的领域中去，也进一步促使父母增加给孩子的鼓励和支持，给孩子找更好的老师，让孩子有更好的学习体验。父母和老师之所以给孩子提供更多机会去发展天赋，正是由于这些早期时候的、不太重要的成绩，而不是因为有什么迹象说明孩子有不同寻常的天赋和特质。

普遍的素质

在具体讨论几个天赋发展领域的那些章节里，我们注意到一些普遍的和特殊的特点（对每一个领域来说特殊的特点），似乎与那些领域里天赋的发展有关。

在所有领域里都存在的普遍素质似乎包括如下这些：

●对某个领域的强烈兴趣和感情上的投入。

●想在发展天赋的领域里取得很高成就的愿望。

●愿意投入大量时间和努力以取得成就。

这些普遍存在的品质，虽然在每个例子里都是与不同的领域联系在一起，但它们是一再出现的。

在有些例子里，这些品质的某些方面是小时候孩子在家里学到的，那个时候，孩子在自己天赋发展领域里的学习还没有开始。在那之后，父母和老师共同的努力，让孩子能够在发展天赋的领域里取得极大的进步。我们相信，这些普遍的素质之所以在很早的时候就建立起来，是与这些家庭养育孩子的方式有关的（见第十二章），也与父母对某个领域的兴趣有关。

我们觉得，这些素质是孩子从父母、老师、同伴和兄弟姐妹那里学到的。从理论上说，只要家里和学校有合适的互动环境，只要能够得到老师的支持和鼓励，只要有同伴和兄弟姐妹的支持，就应该有相当大比例的人可以拥有这些素质。我们相信，如果这些素质在一个人的周围环境里是受到重视的，它们就更容易被学到，而如果一个人的父母和他生活环境里其他有重要地位的人都不重视这些素质，甚至持批评态度，那要拥有这些素质就是很难的事情了。

我们在所有天赋发展领域里都注意到了的另外一个普遍存在的特点，就是学习得既快又好的能力。这个学习能够既快又好的能力，在这些人成长的中期阶段尤其突出。每个领域里的老师在选择高水平学生的时候，这个特点都尤其重要。大师级的老师和顶级的教练，在筛选学生的时候，都会找有这样的能力的学生。我们访谈过的一些老师很激动地描述了有这种能力的、最有代表性的学生，也说到了这种能力的具体表现形式。

这种学习能力，似乎与具体的学习领域是有直接联系的。也就是说，一个人在某个领域里学习得非常快，但是在另外一个领域里就不见得了。我们访谈过的很多有天赋人士都表达过一些遗憾，因为他们在其他领域或者在学校课业上，就无法很容易地学好。

我们相信，这种学习能力在一定程度上是这些人从早期的学习经历当中获得的。在那个阶段，对他们的期望是，如果做某件事情的时候能够达到很高的要求，才能开始做下一件难度更大的事情。总的来说，我们以前的研究（布卢姆，1976）证明，在进入难度更大的学习阶段之前，如果先把所需要的知识和技能掌握好，那就会对学习的质量和速度都起到积极作用。

与特定领域有关的特殊能力

如果想在网球或者游泳上取得进步，那么，在这两个项目里很早就必须做到的事情，就应该是建立有效的网球击球动作或者游泳动作。在我们描述这两个项目的章节里，我们注意到，教练在孩子成长的早期阶段对此就很注重，这些年轻运动员在完善他们的击球技术和游泳动作上也投入了大量训练时间。其他特殊的能力，包括身体状态、耐力和力量，在某种程度上是通过网球和游泳项目里的体能训练培养起来的。

在这些体育项目里，其他一些素质，包括动作的协调性、条件反射的速度和手眼协调能力，都被教练看成是重要的能力。我们相信在这些能力当中，有些可能是天生的，有些也是在发展的早期阶段培养起来的。这些能力可能在某个特定年龄之后就很难培养了。

对声音的敏感及出色的辨音能力，被认为是早期音乐学习时候的宝贵能力。

有些钢琴演奏家在很小的时候就有这些能力，而且是出色的能力，其他人则是在晚些时候，在适当的条件下学会的，要么是在家里学的，要么是跟一个非常出色的老师学的。

对形状、颜色和质地的敏感，在艺术上被看成特殊的才能。在艺术家学习的中期和后期阶段，这些能力特别受到强调，也是可以通过学习而提高的。

我们研究了两个认知领域——数学和神经医学，要想进入这两个领域，博士学位就是必需的。要想进入一个博士培养项目，所要求的学术潜力（以及过去的学术成绩）一般都是很高的，我们研究的这些人很可能具有高得异乎寻常的学术潜力。至于这个潜力主要是先天的，还是在一定程度上是在家里和学校培养起来的，就不得而知了。

不同领域需要不同的能力

在我们回顾这几个不同的发展天赋领域的时候，让我们印象深刻的，是这样一个事实，即发展音乐和艺术天赋所需要的特殊素质，与发展游泳和网球天赋所需要的素质是非常不同的。此外，发展数学和科学天赋所需的素质，与在其他领域里发展天赋所需的素质也是不同的。这些素质、能力，有些可能是天生的，有些正如我们已经指出的那样，有可能是在多年间由父母和老师帮助孩子发展出来的。

我们也在整本书里不断提到（特别是在第十二章里），父母的价值观、兴趣和参加的活动，以及他们养育孩子的方法，从一个天赋发展领域到下一个，差异是很大的。尽管在两个体育项目里，养育孩子的方式有着一些相似之处，它们在某些方面与在数学家、神经医学研究人员家里的情形是很不同的，在其他方面，它们又与钢琴演奏家和雕塑家家里的情况很不同。

就这样，我们看到了在体育、音乐和艺术、智力和认知学科这几个领域里，一些个人素质、养育孩子的做法和教学方法上的不同。在某一类领域里有重要作用、看上去是必需的素质和做法，在其他领域里似乎就不是最基本的了。

不过，我们只研究了6个领域。我们承认有一种可能性，就是天赋发展的领域可能会有不同的几百个。例如，即使我们把体育研究限制在奥运项目上，仍然会有200多个体育项目。在所有这些奥运项目里，如果运动员想要有资格入选奥运代表队，很可能都会需要具备或者训练出不同的力量、协调性、特殊的技术、耐力，以及其他能力。

同样地，要想在这么多不同的学术和专业领域里做出成绩，可能会需要很多不同种类的智力能力。在不同的艺术、音乐和文学领域，也需要具有或者获得不同的兴趣、技术和特殊的能力。所有这些都说明，可以发展天赋的领域极其多，区别极其大。一个人也许有一套能力和素质，可能是天生的，也可能是后天培养的，能够让他在某个领域里成功。但是，到了另外一个领域里，这些却甚至可能成为他的弱点。在当代社会里，在很多天赋发展的领域里，所要求的素质是很多人都可以学会的，也就是说，可以在某一个或者几个领域里学得很好的人，在人群中可能占有很高比例。但这个前提是，如果他们的家庭、学校及其他学习场所能够给他们提供必要的条件。不过，这并不是说，每个人都能够达到天赋发展的极限，例如，我们的研究里所收录的每个领域里的前25名。

在多数社会里，最可能发生的是，人类发展天赋的潜力是巨大的，可能比一个社会所能够支持的要大得多。例如，很少有哪个社会能够给10000名出色的钢琴演奏家、10000名出色的网球选手或者10000名数学家提供生活保障。

在本书的各章里，我们描述了6个领域里天赋发展那十几年的过程和所需要的条件。我们把注意力集中在那些在自己领域里取得了最高成就的人士。但很有可能的是，那些低于这个最高水平的成就，是可以通过更短时间的投入、更少的支持和培养而达到的。一个人如果想要让自己的天赋发挥到可以在同学和朋友之间很出众，那就比想要在一个地区里出众更容易。当这个"众"扩展到了一个城市、州、全国、全世界的时候，对天赋发展的要求就会越来越高。

所有这些都是要指出，每个社会里人类的潜能都是巨大的，但是，很可能仅有非常小的一部分潜能被发掘了出来。我们相信，每一个社会都能够极大地增加它所能够发掘的潜能的数量和种类。我们希望这本书提供了一些线索，能够让人们看到，要想更好地发掘人类潜能，我们需要什么样的正面环境。

附录

| 附录 |

关于作者[①]

本杰明·布卢姆博士 芝加哥大学查尔斯·H.斯威夫特杰出服务奖教授（已退休），西北大学教育学教授。在40多年的教授和研究生涯中，他出版过17本著作，有多本被翻译成10种以上的文字。他是国际教育成就研究会的创始人之一。他的关于教学大纲和教学成果检验的理念构成了40多个国家的教育体系的基础。

布卢姆博士关于人类成长和学习的研究，对美国创建"起跑线计划"[②]起到了关键作用，也引发了很多国家儿童早期教育运动的兴起。他的工作证明，大多数学生在学习上的潜力都远远大于他们在一般教室里表现出来的能力，他指出了家庭环境在儿童早期学习中的深远影响。

劳伦·A.索斯尼亚克博士 天赋发展研究项目的研究协调人，她写过一系列关于这项研究的文章。目前，她的研究兴趣是在公立学校里怎样学习最为成功。索斯尼亚克博士在芝加哥大学取得博士学位，在小学和大学都做过教学工作。

安东尼·G.卡林诺夫斯基 芝加哥大学教育系度量、检测和统计分析博士。他设计和进行了所有对奥运游泳选手的研究。除了撰写本书中关于游泳运动员的两章内容，卡林诺夫斯基博士还写过关于天赋发展过程中家庭和教练的个人影响的文章，以及自由和责任如何影响天赋发展。他目前是一位心理测量学家，从事人才测评工作。

威廉·C.古斯廷 芝加哥大学教育系在读博士。他的主要兴趣是教学大纲设计。古斯廷先生曾经当过数学和科学老师。现在，他正在参与南卡罗来纳州查尔

[①] 译者注：以下介绍的作者情况是本书英文版第一版出版时候的情况。
[②] 译者注：创建于1965年，这个由美国政府主办的计划为低收入家庭的儿童及他们的父母提供教育、卫生、营养、养育儿童方面的帮助，目的在于促进家庭稳定，增进儿童的生理和心理健康，让他们发展良好的认知能力。

斯顿市的查尔斯顿学区数学教学的检验和研究工作。

朱迪丝·A.曼萨斯 芝加哥大学教育系的在读博士生。她也是罗斯福大学教育系的兼职讲师。她的主要兴趣是检测、度量和统计分析。目前，她在为美国临床病理师协会工作，设计针对医疗人员的考核和资料分析。

凯瑟琳·D.斯隆 芝加哥大学教育系的在读博士生。在她的论文和其他专业文章和报告里，她分析了在创造家庭环境、促进和鼓励超常天赋发展的过程中，各个家庭所使用的方法。她计划继续研究环境对于具体的价值观、心态、兴趣和能力发展的影响。斯隆女士现在正在进行的工作，是作为一个检测学者对数学和医学教育中一些项目进行测试和检验。